中国基础教育课程与教学改革前沿问题研究

王鉴 著

中国社会科学出版社

图书在版编目（CIP）数据

中国基础教育课程与教学改革前沿问题研究／王鉴著．--北京：中国社会科学出版社，2024.12.
ISBN 978-7-5227-4458-2

Ⅰ．G632.3

中国国家版本馆 CIP 数据核字第 2024CG1901 号

出 版 人	赵剑英
责任编辑	高 歌
责任校对	李 琳
责任印制	戴 宽

出　　版	中国社会科学出版社
社　　址	北京鼓楼西大街甲 158 号
邮　　编	100720
网　　址	http://www.csspw.cn
发 行 部	010-84083685
门 市 部	010-84029450
经　　销	新华书店及其他书店

印　　刷	北京明恒达印务有限公司
装　　订	廊坊市广阳区广增装订厂
版　　次	2024 年 12 月第 1 版
印　　次	2024 年 12 月第 1 次印刷

开　　本	710×1000　1/16
印　　张	24.5
插　　页	2
字　　数	380 千字
定　　价	99.00 元

凡购买中国社会科学出版社图书，如有质量问题请与本社营销中心联系调换
电话：010-84083683
版权所有　侵权必究

前　　言

进入 21 世纪以来，中国基础教育领域启动了新课程改革，这是一场自上而下的政府行为与自下而上的课堂教学革命的有机结合。一方面，国家层面为了适应时代发展的需要而提出对基础教育的课程结构、课程内容、课程实施、课程评价等进行全方位的改革，从课程方案、课程标准、教材等方面持续推进课程改革工作。另一方面，广大中小学教师深受应试教育之苦而积极探索新型的教学方式。经过 20 余年的课程改革，不仅改变了自工业革命以来建立的传统课堂教学模式，而且为课程与教学论学科的建设与发展提供了丰厚的实践材料。

课程与教学理论本应先行，作为基础教育课程与教学改革的先导。20 世纪 90 年代正是因为理论界对于应试教育的集中批判，才使素质教育从学术理念发展到治国策略。但是随着教育改革的不断深化，课程与教学理论出现了落后于实践发展的状况，这也迫使大批课程与教学理论工作者开始俯下身子，扎根课堂教学做研究，旨在形成与实践相契合的理论，或者形成能够指导课程与教学改革的理论。正是实践的呼唤与理论工作者的主动作为，使中国课程与教学论学科把握住了时代发展的脉搏，为中国特色的课程与教学论自主知识体系的建构创造了条件。课程与教学改革的实践探索，为课程与教学论学科的自主创新提供了质料准备。自新课程改革以来，素质教育、全面发展、立德树人、教育根本问题、五育整合、课程思政、课程标准、教材国家事权、统编教材、数字教材等中国特色的概念不断涌现，为课程理论的发展提供了新的思维与方法。自主学习、合作学习、探究学习、综合学习、跨学科学习、真实情境学习、实践育人、智慧课堂等原创性概念及命题的成熟，为教学论学科的自主知识体系提供了素材。中国特色的课程与教学论自主知识体系呼之欲出。

中国的课程与教学论自古就十分丰富，当近代西方教育学范式传入中国之后，中断了中国传统的课程与教学理论研究，近代科学主义理论主导下的课程与教学论成为学科、学术与话语的主流，当马克思主义与中国的传统文化相结合、与中国教育的现实问题相结合时，中国特色的课程与教学理论自主知识体系的建构成为今天这个时代课程与教学论研究者的历史使命。因此，在回顾总结中国课程与教学论百年发展历程与经验的背景下，结合中国基础教育课程与教学改革与创新，接续中国传统课程与教学论的优秀思想，创建中国特色的课程与教学论学科体系、学术体系和话语体系将成为学科建设的主要任务。

正是基于这样的时代发展背景与学科建设任务，笔者申报并承担了浙江省哲学社会科学规划领军人才培育重大项目"基础教育课程与教学改革前沿问题研究"（24YJRC08ZD），从中国基础教育课程与教学改革的理论基础研究、中国基础教育课程改革研究、中国基础教育课堂教学改革研究三个方面，深入系统地总结课程与教学改革的经验与创新，反思中国课程与教学论学科建设的问题与策略，最终形成此专著。

本书努力从三个方面体现研究特点。首先，加强理论反思与建设。该成果不仅对中国近百年来的课程与教学论学科的发展历程与建设路径进行了总结与反思，而且对课程与教学论学科的未来发展及自主知识体系创新问题进行了积极探索。在关于基础教育课程与教学改革的理论基础研究中，对立德树人根本任务、"培养什么人、怎样培养人、为谁培养人"根本问题、中国基础教育课程改革的理论基础、中国基础教育课程改革的实践逻辑等重大理论问题进行了深入研究，形成了严密的逻辑体系。其次，紧扣时代改革主题。中国基础教育课程改革20余年来，形成了丰富的课程与教学论概念与命题，这是中国特色课程与教学论自主知识体系建构的重要素材，该研究成果紧紧抓住新课程改革中涌现出的新概念、新命题、新理论开展研究，不仅为中小学教师深入理解新课程新概念新理论提供了理论支持，而且为课程与教学论学科建设提供了质料准备。20余年来，笔者正是基于课堂教学实践的研究而提出课堂教学论的新理论。最后，突出实践探索与创新。课程改革在设计层面主要表现在国家课程方案、课程标准、教材之中，课程改革"最后一公里"必然要打通课堂教学。在这一过程中，为了回答如何在实践中理解我国基础教育课程改革的逻辑与体系，如何从实践逻辑的层面推进课堂教学改革，如何理解多样化的教学方法及其体系，如何推进学生学习方式的变革等问题，笔者带领团队长期深入基础教育课堂教学之中，和中小学教师开展合作研究与行动研究，探索并总结了中国基础教育课程改革的理论基础、实践逻辑、方法体系、评价制度等，从而为新理论的落地生根进行了深入探索，总结出了学校落实新课程的方案与程序以及教师变革课堂教学方式的理念与方法。

在该成果的研究过程中，我的学生李泽林、安富海、胡红杏、龙红芝、杨鑫、王明娣、刘莹、张盈盈、单新涛、景艳、王子君等均参与了部分成果的合作研究任务，我的团队成员刁益虎、郭洪瑞、高淮微、吴方文等均承担了各自的子课题，使得本书能够顺利完成，在此一并向他们表示我诚挚的谢意。

中国基础教育课程与教学改革前沿问题研究并未涵盖全部的前沿问题，还有待继续深化研究，在此研究的基础上，更期待为中国课程与教学论自主知识体系的建构贡献自己有限的力量。

2024 年 6 月 28 日

目 录

第一编　中国基础教育课程与教学改革的理论基础

第一章　立德树人根本任务的百年历程与基本经验 （3）
　　第一节　立德树人教育思想发展的基本样态 （3）
　　第二节　立德树人教育思想的探索历程 （7）
　　第三节　立德树人教育思想百年发展的主要经验 （19）

第二章　教育根本问题的中国表达与实施方略 （29）
　　第一节　教育根本问题的历史考察 （30）
　　第二节　教育根本问题的中国表达 （34）
　　第三节　解决教育根本问题的中国方略 （37）

第三章　中国课程理论的百年发展与主要特点 （42）
　　第一节　中国课程理论百年发展的历史轨迹 （42）
　　第二节　中国课程理论百年发展的主要特点 （50）
　　第三节　中国特色课程理论发展的未来展望 （56）

第四章　中国特色现代课程理论学科建设的问题与反思 （63）
　　第一节　课程本质是课程理论学科建设的逻辑起点 （64）
　　第二节　课程理论学科体系建设的基本共识 （68）
　　第三节　课程理论学科体系建设的未来指向 （75）

第五章　中国特色现代教学论学科体系的形成与发展 （81）
　　第一节　中国特色现代教学论的借鉴与探索阶段 （82）

第二节　中国特色现代教学论的孕育与初创阶段 …………（84）
　　第三节　中国特色现代教学论的成熟与完善阶段 …………（91）
　　第四节　中国特色现代教学论发展的基本经验 ……………（94）
　　第五节　中国特色现代教学论发展的主要策略 ……………（99）

第六章　中国特色现代教学论学科建设的困境与出路 …………（108）
　　第一节　新时代背景下教学论学科建设的主要困境 ………（109）
　　第二节　坚持实践取向是中国特色教学论学科建设的
　　　　　　基本思路 …………………………………………（111）
　　第三节　中国特色现代教学论学科建设的实践路径 ………（119）

第七章　现代课程与教学论研究的进展与反思 …………………（124）
　　第一节　现代课程与教学论研究的进展 ……………………（124）
　　第二节　当前课程与教学论研究发展的主要趋势 …………（156）

第二编　中国基础教育课程改革前沿问题研究

第八章　课程改革：从"学术理念"到"治国策略" ……………（163）
　　第一节　教育领域的学术研究与课程改革的背景 …………（164）
　　第二节　教育领域的学术研究与课程改革的实施 …………（166）
　　第三节　教育领域的学术研究与课程改革反思 ……………（172）

第九章　中国基础教育课程设计的理论逻辑 ……………………（175）
　　第一节　中国基础教育课程设计的理论逻辑演进 …………（175）
　　第二节　中国基础教育课程的设计模式 ……………………（180）
　　第三节　中国基础教育的课程设计体系 ……………………（184）

第十章　中国基础教育课程实施的实践逻辑 ……………………（189）
　　第一节　课程实施的实践逻辑内涵 …………………………（190）
　　第二节　课程实施的实践逻辑体系 …………………………（196）
　　第三节　课程实施的实践逻辑路径 …………………………（202）

第十一章　中国基础教育的学校文化特点及其转型 ……………（210）
　　第一节　关于学校文化的理解 ………………………………（211）

  第二节 传统学校文化的形成及特点 …………………… (213)
  第三节 课程改革背景下重建学校文化的理念与方法 …… (216)
第十二章 教材驱动课程与教学变革的逻辑与路径 ………… (220)
  第一节 教材的历史演进及其与教学关系的嬗变 ………… (220)
  第二节 教材驱动课程与教学变革的逻辑表征 …………… (224)
  第三节 教材驱动课程与教学变革的实现路径 …………… (228)
第十三章 教师评价改革：从破"五唯"到立"四有" ……… (235)
  第一节 教师评价改革的意义 ……………………………… (235)
  第二节 教师评价改革的路径 ……………………………… (240)
  第三节 教师评价改革的策略 ……………………………… (245)

第三编 中国基础教育教学改革前沿问题研究

第十四章 中国基础教育课堂教学的独特性及价值取向 ……… (257)
  第一节 中国基础教育课堂教学活动的独特性 …………… (258)
  第二节 中国基础教育课程教学研究的独特性 …………… (262)
  第三节 中国基础教育课堂教学研究的价值取向 ………… (271)
第十五章 中国基础教育课堂教学方式的变革特点 …………… (277)
  第一节 中国基础教育课堂教学方式变革问题的提出 …… (278)
  第二节 中国基础教育课堂教学方式变革的研究设计 …… (282)
  第三节 中国基础教育课堂教学方式变革的研究结果 …… (287)
  第四节 中国基础教育课堂教学方式变革问题的
      讨论与建议 ………………………………………… (296)
第十六章 中国基础教育实践育人的内涵、特征与路径 ……… (301)
  第一节 中国基础教育实践育人的内涵 …………………… (301)
  第二节 中国基础教育实践育人的特征 …………………… (307)
  第三节 中国基础教育实践育人路径 ……………………… (312)
第十七章 中国基础教育真实情境教学：内涵、特点与
     策略 ……………………………………………………… (318)
  第一节 中国基础教育真实情境教学的内涵 ……………… (319)

第二节　中国基础教育真实情境教学的特点 …………… (322)
第三节　中国基础教育真实情境教学的策略 …………… (326)

第十八章　中国基础教育综合学习：内涵、特点与策略 ……… (333)
第一节　中国基础教育综合学习的内涵 ………………… (334)
第二节　中国基础教育综合学习的特点 ………………… (337)
第三节　中国基础教育综合学习的策略 ………………… (340)

第十九章　中国基础教育大单元教学：内涵、特点与策略 …… (345)
第一节　中国基础教育大单元教学内涵 ………………… (345)
第二节　中国基础教育大单元教学特点 ………………… (349)
第三节　中国基础教育大单元教学策略 ………………… (352)

第二十章　中国基础教育课堂教学方法改革及体系建构 ……… (356)
第一节　基础教育课堂教学方法改革的历程反思 ……… (357)
第二节　中国基础教育课堂教学方法的方法论基础 …… (360)
第三节　中国基础教育课堂教学方法体系 ……………… (365)

参考文献 ………………………………………………………… (373)

第一编

中国基础教育课程与教学改革的理论基础

中国基础教育课程改革的理论基础是马克思主义教育理论，即马克思主义人的全面发展学说、教育与生产劳动相结合理论。这一理论在中国化的过程中，与中国传统文化相结合形成了立德树人的根本任务，与中国教育实践的问题相结合形成了"培养什么人、怎样培养人、为谁培养人"的根本问题。中国基础教育课程改革从理论设计到实践推进都在奋力落实立德树人根本任务和解决教育根本问题。

第一章

立德树人根本任务的百年历程与基本经验

中国共产党的教育方针、政策是在继承马克思主义理论的基础上，以理想信念教育、道德情操教育、思想政治教育、科学文化教育、体育、劳动教育、审美教育等为内容，培养社会主义的各级各类劳动者、建设者和接班人，在一百余年的历史发展过程中，逐渐形成了立德树人教育思想。这一思想充分体现在中国共产党不同历史时期的教育方针之中，体现在不同历史时期中国共产党领导人的教育思想之中，成为指导中国教育事业发展的根本思想。通过考察立德树人教育思想的百年历程，可以全面系统地把握立德树人教育思想不断完善发展的过程，总结这一教育思想的基本经验，为新时代基础教育课程改革提供历史的、理论的启示。

第一节 立德树人教育思想发展的基本样态

立德树人是中国共产党在十八大以后明确提出的一个教育概念，并把它作为中国教育的根本任务。作为一种教育思想，立德树人始终是蕴含在中国革命、社会主义建设、改革开放、新时代中华民族伟大复兴的历史进程之中的。立德树人教育思想有两种基本的存在样态：立德树人教育思想的自在发展样态与立德树人教育思想的自觉发展样态。具体来说，以党的十八大首次明确提出立德树人是中国教育的根本任务为时间节点，在此之前，立德树人教育思想是以自在的样态发展演进的，党的十八大以后，立德树人教育思想便以自觉的样态发展创新。立德树人教育思想自在发展阶段，中国共产党在不同历史时期的教育方针政策中都会涉及"培养什么样的人"的问题，都会从人的道德与文化素养方面提出具体的要求。立德树人教育思想进入自觉发展阶段之后，成为中国教育的根本任务，成为中国教育方针与教育目的构成的主要内容。自在发展为自觉发展创造了条件、打下了基础；自觉发展是自在发展从量变到质变的必然结果，是中国共产党领导中国教育事业发展进入成熟阶段的主要标志。

一 立德树人教育思想的"自在"发展

立德树人教育思想有两个基本来源：一个是中国传统文化中自古就有的"立德"与"树人"思想，另一个是马克思主义人的全面发展学说。立德树人教育思想的百年发展历程中，始终在继承中华优秀传统文化的过程中发展马克思主义教育理论。

中国共产党立德树人教育思想继承了中国传统文化中"立德"与"树人"思想，这已是学界的共识。[①] "立德"与"树人"这两个词，在中国的传统教育中是独立使用的，并没有组合在一起使用。《左传·襄公》有言："太上有立德，其次有立功，其次有立言，虽久不废，此之谓不朽。"这是对"立德"一词的最早表述。《管子·权修》载："十年之计，莫如树木；终身之计，莫如树人。"这是最早对"树人"一词的表述。在中国传统文化中，"立德"与"树人"的关系主要体现为德与才、德与艺、德与道的关系之中。在德与才的关系上，有诸多观点，如，"才者，德之资也；德者，才之帅也""才德全尽谓之圣人，才德兼亡谓之愚人，德胜才谓之君子，才胜德谓之小人""君子挟才以为善，小人挟才以为恶"。在德与艺的关系上，也有一些观点，如，

[①] 李长吉：《要重视"立德树人"的中国传统文化根基研究》，《当代教育与文化》2019年第1期。

"艺者德之枝叶也，德者人之根干也""人之才艺善行，得为道德者，以身有才艺，事得开通，身有美善，于理为德，故称道德也"。在德与道的关系上，同样，论者不少，如，"通于天地者，德也；行于万物者，道也""是故古之明大道者，先明天而道德次之"。由此可见，中国传统文化中蕴含着丰富的立德树人教育思想。① 中国传统教育培养人的目标上注重德的统率作用，强调德才兼备、德艺双馨、德道合一，即强调立德与树人有机统一，所谓格物、致知、正心、诚意、修身、齐家、治国、平天下的"八条目"就蕴含着丰富的立德与树人的辩证关系。

中国共产党自成立以来，就十分重视把马克思主义的理论与中国的传统文化和社会实践有机地结合起来，辩证地提出教育中的思想道德教育（立德）和人才培养（树人）关系。马克思针对资本主义社会人的片面发展而提出人的全面发展学说，强调人的精神与身体、个体性和社会性都得到普遍、充分而自由的发展，并指出，教育与生产劳动相结合是实现人的全面发展的唯一途径。中国共产党在不同的历史时期都十分重视马克思主义人的全面发展学说，并把它作为党的教育方针、政策的理论基础，形成了德智体美劳全面发展的教育方针。新民主主义革命时期，毛泽东提出教育的方针是"无产阶级领导的人民大众的反帝反封建的文化教育"。在社会主义革命和建设时期，毛泽东提出："我们的教育方针，应该使受教育者在德育、智育、体育几方面都得到发展，成为有社会主义觉悟的有文化的劳动者。"②

改革开放之后，邓小平强调教育要培养"有理想、有道德、有文化、有纪律"的社会主义"四有"新人。社会主义现代化建设时期，江泽民提出教育要"培养德、智、体、美全面发展的社会主义事业建设者和接班人"③。胡锦涛强调教育要培养千千万万具有高尚思想品质、

---

① 曾云：《立德树人：中国古代教育思想嬗变的视角》，《当代教育与文化》2019年第1期。
② 中共中央文献研究室编：《毛泽东文集》第七卷，人民出版社1999年版，第226页。
③ 江泽民：《江泽民文选》第二卷，人民出版社2006年版，第332页。

良好道德修养、丰富学识和扎实本领的优秀人才。① 这些领导人关于"立德"与"树人"的论述与中国共产党的教育方针始终保持一致。

二 立德树人教育思想的"自觉"发展

党的十八大以后,习近平总书记对"立德树人"根本任务作了一系列重要论述,提出了一系列新思想、新观点、新论断和新要求,在多个维度上阐释了"把立德树人作为根本任务"的重要意义、价值导向和策略方法,直接促进了立德树人教育思想体系的形成。② 由此,"立德树人"被赋予了新的内涵,成为中国特色社会主义教育理论的核心思想。

首先,立德树人教育思想有深厚的文化根基。中国传统教育思想和文化的基本精神、价值理念、育人方式内在地蕴含着立德树人逻辑。在立德与树人的关系中,立德最终是为了树人,树人最根本的在于立德。③ 中国传统文化中所崇尚的人才培养逻辑是:以"德"帅"才"。习近平总书记高度重视中华优秀传统文化的传承发展,他认为中华优秀传统文化是"中华民族的基因"、是"民族文化血脉"、是"中华民族的精神命脉"。④ 中华优秀传统文化中立德树人的思想不仅是中国人精神的内核,对解决人类普遍的教育问题也有重要价值。立德树人成为中国古代历朝共同遵循的文教政策,也是贯通中国近现代教育思想的一条主线。⑤ 其次,立德树人教育思想有广阔的实践基础。中国共产党在领导中国教育事业发展的征程中,对于"培养什么人,怎样培养人,为谁培养人"的教育根本问题积累了丰富的经验和智慧,而立德树人正是对这些教育经验和育人智慧的高度凝练和理论升华。最后,立德树人

---

① 胡锦涛:《在全国加强和改进大学生思想政治教育工作会议上发表重要讲话强调进一步加强和改进大学生思想政治教育工作大力培养造就社会主义事业建设者和接班人》,《思想教育研究》2005年第2期。

② 王鉴、姜纪垒:《"立德树人"知识体系的百年演进及其经验总结》,《东北师大学报》(哲学社会科学版)2020年第6期。

③ 王群瑛:《把立德树人作为教育的根本任务》,《中国高校社会科学》2018年第6期。

④ 薛庆超、薛静:《习近平与中华优秀传统文化》,《行政管理改革》2017年第12期。

⑤ 姜纪垒:《立德树人:中国传统文化自觉的视角》,《当代教育与文化》2019年第1期。

教育思想有科学的理论根据。从中国共产党成立至今，马克思主义人的全面发展学说始终是党制定教育方针政策的根本依据，"全面发展"是贯穿我们党的教育方针的核心和灵魂。党的十八大提出把立德树人作为教育根本任务，用立德树人统率全面发展，将立德树人定位于全面发展之上，这是对马克思主义人的全面发展学说的重大创新，或者说，立德树人教育思想是马克思主义教育理论中国化的产物。

第二节 立德树人教育思想的探索历程

根据中国共产党党史划分的发展阶段，围绕"立什么德""树什么人""如何立德树人"的基本问题，从教育目的、教育内容和教育方式三层维度，将中国共产党百年立德树人教育思想的发展历程划分为四个阶段：初创阶段（1921—1949年）、规整阶段（1949—1978年）、重建阶段（1978—2012年）和形成阶段（2012—2021年）。在每个阶段的发展演进中，可以洞察中国共产党立德树人教育思想如何从自在走向自觉、从初创走向成熟的理论发展规律。

一 新民主主义革命时期，立德树人教育思想的初创阶段（1921—1949年）

新民主主义革命时期，中国经历了大革命、土地革命、抗日战争和解放战争，阶级矛盾、民族矛盾异常尖锐。在文化领域也面临着新旧之争、东西之争的混沌局面。1921年7月，中国共产党成立，为破解中国社会和文化发展困局指明了前进方向。面对复杂严峻的政治和军事斗争形势，中国共产党开始了对"树什么人""立什么德"以及"如何立德树人"的探索与实践。

新民主主义教育的目的主要是根据政治、军事斗争形势的需要而培养人才，培养具有共产主义理想信念的无产阶级革命者和接班人。这是中国共产党在新民主主义革命时期首先要解决的"树什么人"的问题。党的早期代表人物，李大钊、陈独秀等率先发起了用马克思主义教育青年的运动。"盖青年者,国家之魂",要"厚青年之修养,畅青年之精神,壮青年之意志,砺青年之气节",① 号召青年积极主动承担起"觅新国家,拓新世界"的责任。在土地革命和中央苏区时期,党的教育目的进一步明确为培养无产阶级革命者,发展和壮大革命力量,引领广大民众参加革命和阶级斗争。抗战时期,党的教育方针又根据社会主要矛盾的变化调整为:"为争取抗战胜利,建设独立自由幸福的新中国,培养有民族觉悟,有民主作风,有现代生活知识技能,能担负起抗战建国之任务的战士和建设者。"② 解放战争时期,中国共产党在继续坚持教育为解放战争服务这一宗旨的前提下迎来新的任务,教育要为建立人民政权和新中国培养各级各类建设人才。

新民主主义教育内容主要是宣传党的政治主张、政治纲领与各项政策,传播马克思主义,启迪千百万民众。这是中国共产党在新民主主义革命时期对于"立什么德"的初步探索。1931年,中央苏区首次全国工农代表大会明确提出:"取消一切麻醉人民的封建的、宗教的和国民党的三民主义教育。"③ 1934年,毛泽东提出,中华苏维埃共和国的教育"在于以共产主义的精神来教育广大的劳苦民众,在于使文化教育为革命战争与阶级斗争服务,在于使教育与劳动联系起来,在于使广大中国民众都成为享受文明幸福的人"④。抗日战争时期,抗日根据地执行教育为抗战服务的政策,毛泽东提出:"实行以抗日救国为目标的新制度、新课程。"⑤ 教育要突出配合全民抗战形势的政治性,以提升民族意识、爱国情怀、革命精神和抗战救国为主要内容。解放战争时期,各解放区的主要任务是迅速清除封建教育、奴化教育的残余,引导人民群众树立正确的世界观。因此,这一时期的教育内容主要是深入学习马

---

① 中国李大钊研究会编注:《李大钊全集》第一卷,人民出版社2013年版,第332—333页。

② 中央教育科学研究所:《老解放区教育资料》(二),教育科学出版社1986年版,第135页。

③ 中央教育科学研究所:《老解放区教育资料》(一),教育科学出版社1981年版,第27页。

④ 中共中央文献研究室:《建国以来重要文献选编》第十一册,中央文献出版社1995年版,第418页。

⑤ 《毛泽东选集》第二卷,人民出版社1991年版,第356页。

第一章 立德树人根本任务的百年历程与基本经验

克思主义理论和新民主主义理论，从思想层面对旧知识分子进行改造，使广大人民群众正确认识、理解和接受马克思主义，使人民群众对中国革命的基本问题、道路和前途有更深入的认识。

从教育方式看，新民主主义革命时期，由于严酷的政治和军事斗争形势所迫，教育方式在规范化、系统化方面存在欠缺，在灵活性、多样化方面却有很多创造性的实践探索。如，土地革命和中央苏区时期，中国共产党立德树人主要通过开办红军学校、红军大学、马克思主义大学、干部训练班等进行干部教育；在群众中主要通过扫盲运动，开办冬学、夜校、半日校、识字班，以及媒介宣传等方式，传播马克思主义和党的政策方针，提高群众的文化水平和政治觉悟。使教育与生产劳动相结合，"要用教育来提高生产劳动的知识技术，使教育与劳动统一起来"[①]。使教育与革命斗争相结合，"共产主义的文化教育是革命的阶级斗争的工具之一，必须运用实际斗争的教训和经验来实施教育，使教育与斗争联系起来"[②]。抗战时期，通过开办中国人民抗日军政大学、陕北公学、鲁迅艺术学院等，为抗日战争培养大批军事、政治领导干部。重视发挥宣传媒介在教育中的重要作用。毛泽东提出："新闻纸、出版事业、电影、戏剧、文艺，一切使合于国防的利益。禁止汉奸的宣传。"[③] 解放战争时期，解放区的教育逐步走向正规化，立德树人教育形式更加多样。时事报告、学校教学、读书看报、学习实践、军事训练等都是重要的教育方式，注重把马列主义的立场、观点和方法渗透在教育活动之中，使文化知识学习与思想政治教育相结合。

中国共产党立德树人教育思想的初创阶段，从教育目的、教育内容、教育方式上奠定了"树什么人"的重要基础，即通过灵活多样的、创造性的教育方式，以马克思主义理论和党的纲领与政策为主要内容，为新民主主义革命培养政治人才、军事人才、知识分子和广大

[①] 江西省教育学会：《苏区教育资料选编（1929—1934）》，江西人民出版社1981年版，第97页。

[②] 江西省教育学会：《苏区教育资料选编（1929—1934）》，江西人民出版社1981年版，第97页。

[③] 《毛泽东选集》第二卷，人民出版社1991年版，第348页。

劳动人民。

二 社会主义革命和建设时期，立德树人教育思想的规整阶段（1949—1978年）

新中国的成立，一方面标志着中国共产党领导的新民主主义革命取得胜利，另一方面也标志着社会主义革命的开始。面对严峻的国际国内斗争环境，新生的人民政权亟需巩固。在教育领域，旧教育体制被打破，社会主义教育体制尚待建立，教育领域最迫切的工作就是如何统一思想，用无产阶级政权思想和用马列主义、毛泽东思想来指导新中国的学校教育，从国家整体层面上思考"立什么德"的问题。[①] 这一时期是中国共产党立德树人教育思想统一规整和发展的关键期。

一是教育目的逐步明确。1951年，第一次全国中等教育会议首次明确提出智、德、体、美全面发展的教育目标。1957年，毛泽东在《正确处理人民内部矛盾的问题》一文中明确提出："我们的教育方针，应该使受教育者在德育、智育、体育几方面都得到发展，成为有社会主义觉悟的有文化的劳动者。"[②] 这是中国共产党的领导人第一次从党的教育方针的高度提出"培养什么人"这一重要问题。1958年9月颁布的《中共中央、国务院关于教育工作的指示》中进一步明确了中国的教育目的是"培养有社会主义觉悟的有文化的劳动者"[③]。这一时期，中国共产党立德树人的教育目的就是"培养有社会主义觉悟的有文化的劳动者"，毛泽东将之形象地概括为"又红又专"。

二是教育内容的规整与拓展。新中国成立初期，立德树人教育主要集中在爱祖国、爱人民、爱劳动、爱科学、爱护公共财物的"五爱"公德方面，其中，爱国主义教育是最迫切和最重大的教育任务，是一切教育的基础。"爱祖国为人民最高的公德。"[④] 1954年，政务院提出中

[①] 王鉴、姜纪垒：《"立德树人"知识体系的百年演进及其经验总结》，《东北师大学报》（哲学社会科学版）2020年第6期。
[②] 中共中央文献研究室编：《毛泽东文集》第七卷，人民出版社1999年版，第226页。
[③] 中央档案馆、中共中央文献研究室编：《中共中央文件选集（1949年10月—1966年5月）》第二十九册，人民出版社2013年版，第37页。
[④] 徐特立：《论国民公德》（上），《人民教育》1950年第3期。

学教育要加强集体主义、爱国主义、劳动教育和纪律教育，树立社会主义的政治方向，培养唯物主义世界观和共产主义道德。① 这一时期，立德树人教育内容得到统一规整和拓展。具体来说，"立什么德"既包括爱国主义、社会主义教育等"明大德"内容，也包括社会层面的集体教育、劳动教育、纪律教育等"守公德"内容，还包括勤劳、勇敢、诚实、守信等"严私德"内容。

　　三是教育方式的多样化。这一时期，中国共产党在立德树人教育方式上探索出了很多颇具实效性的做法，积累了丰富的经验。其一，思想道德教育要用讨论的方法、说服的方法、批评和自我批评的方法，反对用强制、压服的方法；道德教育应齐抓共管，党组织、团组织、政府主管部门、学校、教师都应承担德育责任，要形成合力。② 其二，注重教育与政治运动、生产劳动和日常生活相结合，特别注重通过劳动教育来开展思想道德教育。如开设生产劳动课、倡导勤工俭学、重视半工半读，并不断加强劳动教育。其三，榜样教育是立德树人的重要形式。这一时期，我们党通过各种途径宣传英雄人物和劳动模范的先进事迹，取得了良好的教育效果。"青年人要身体好学习好工作好。"③ "三好"榜样教育对中国教育，特别是基础教育产生了极其深远的影响。其四，这一时期，学校教育在实践中不断深化对立德树人规律的认识。落实立德树人要尊重儿童身心发展规律，在内容设置和教育方式上要充分考虑学生的发展状况和接受能力。其五，重视通过课外、校外活动来落实立德树人。此外，用"忆苦思甜"的方法进行阶级教育也是这一时期立德树人的重要教育形式。

　　总之，在社会主义革命和建设阶段，中国共产党立德树人教育思想取得了卓有成效的发展，不论是在教育目的上，还是在教育内容和教育

---

① 何东昌主编：《中华人民共和国重要教育文献（1949—1975）》，海南出版社1998年版，第305—306页。
② 《毛泽东著作选读》（下），人民出版社1986年版，第780页。
③ 中共中央文献研究室编：《毛泽东著作专题摘编》（上），中央文献出版社2003年版，第1108页。

方式上,都有了较明确的规定。此阶段中国共产党立德树人教育思想基本完成了"立什么德"的任务,即以毛泽东提出的"又红又专"作为社会主义建设者和接班人的政治素质和文化素养。

三 改革开放和社会主义现代化建设新时期,立德树人教育思想的重建阶段(1978—2012年)

十一届三中全会以来,党和国家的工作重心转向经济建设,社会主义经济建设需要"一大批实现这个路线、方针的人才"①,"人才"问题受到党和国家的空前重视,教育亟需为社会主义现代化建设培养各类人才。中国共产党立德树人教育思想必须根据社会改革发展的实践需要进行重构与整合。

在"树什么人"的问题上,我们党立足于改革开放实践进程的现实需要,对人才培养的规格要求进行了逐步深化的探讨。一是改革开放初期,提出培养社会主义"四有新人"。1985年3月,邓小平在全国科技工作会议上明确提出,教育要培养"有理想、有道德、有文化、有纪律"的社会主义新人,为改革开放时期的教育发展指明了方向。1985年5月,在全国教育工作会议上,将培养"四有新人"作为中国教育的指导方针和基本目标,并提出"教育体制改革的根本目的是提高民族素质,多出人才,出好人才"。② 二是改革开放全面展开时期,提出培养德智体美等全面发展的社会主义建设者和接班人。社会主义市场经济体制的建立使改革开放步伐加快,中国教育事业面临新的挑战。1993年,中共中央、国务院颁布的《中国教育改革和发展纲要》明确提出:"教育必须为社会主义现代化建设服务,必须与生产劳动相结合,培养德、智、体全面发展的建设者和接班人。"③ 到了1999年,《中共中央国务院关于深化教育改革,全面推进素质教育的决定》中提出:"造就'有理想、有道德、有文化、有纪律'的德、智、体、美等

---

① 邓小平:《邓小平文选》第二卷,人民出版社1994年版,第220页。
② 《关于教育体制改革的文件》,人民出版社1985年版,第37页。
③ 中共中央、国务院:《中国教育改革和发展纲要》,《中国高等教育》1993年第4期。

第一章　立德树人根本任务的百年历程与基本经验　　13

全面发展的社会主义事业建设者和接班人。"① 2006 年 8 月 29 日，胡锦涛在中共中央政治局第三十四次集体学习会议上明确提出，教育工作的核心是"要解决好培养什么人、怎样培养人的重大问题""要坚持育人为本、德育为先，把立德树人作为教育的根本任务""努力培养德智体美全面发展的社会主义建设者和接班人"。②

在"立什么德"问题上，主要进行了两方面的探讨。一是在教育领域进行拨乱反正和解放思想，使教育重新回归立德树人发展轨道，尊重知识、尊重人才，加强道德教育。邓小平指出，要坚持党的基本路线一百年不动摇。因此，党的基本路线教育成为这一时期教育的核心内容。此外，将马克思主义理论教育、社会主义理想教育、集体主义教育、国际主义教育等也纳入德育的重要内容。在基础教育领域，各学段的德育内容，其侧重点亦有所不同。小学阶段主要以"五讲四美""五爱"等为德育内容，初中阶段主要讲授遵纪守法、社会发展规律、社会主义建设基本问题等，高中阶段主要聚焦于世界观、人生观、价值观、经济学常识教育。③ 二是在改革开放全面展开时期，针对市场经济导致的利益至上、价值迷失、道德滑坡等现象，加强社会主义意识形态和思想政治教育。1994 年，《中共中央关于进一步加强和改进学校德育工作的若干意见》指出，德育内容包括马克思主义理论教育，爱国主义、集体主义和社会主义教育，中华优秀道德传统教育、素质教育等。2007 年 8 月 31 日，胡锦涛接见全国优秀教师时指出："加强爱国主义教育，深入开展理想信念教育，加强和改进学生思想政治工作，把社会主义核心价值体系融入国民教育体系，引导学生树立正确的世界观、人生观、价值观、荣辱观。"④

这一时期，在"如何立德树人"的问题上，中国共产党特别重视立德树人工作的针对性和实效性，尊重人的成长规律，注重发挥学校教

---

① 中共中央、国务院：《中共中央国务院关于深化教育改革全面推进素质教育的决定》，《中国高教研究》1999 年第 4 期。
② 胡锦涛：《努力办好让人民群众满意的教育》，《人民日报》2006 年 8 月 31 日。
③ 邓跃茂：《立德树人：成就最好的学生和老师》，东方出版社 2020 年版，第 125—126 页。
④ 胡锦涛：《在全国优秀教师代表座谈会上的讲话》，人民出版社 2007 年版，第 3 页。

育的主渠道和主阵地作用，在道德教育的科学化、规范化、系统化方面做出有益的实践探索。邓小平指出，教育必须面向现代化、面向世界、面向未来。在教育方式方法上，要扬弃简单灌输，尊重学生的主体地位，注重发挥学生的自觉性和能动性。1985年《关于改革学校思想品德和政治理论课程教学的通知》要求，采取启发式教学方式，引导学生自由讨论，要善于组织学生进行社会实践和社会调查。1988年《中学德育纲要（试行）》明确提出，德育要重视培养学生的道德判断能力和自我教育能力。1994年《中共中央关于进一步加强和改进学校德育工作的若干意见》强调，德育要与学生的学习生活相结合，思政课与其他学科教育相结合，要重视校园文化建设，把家庭教育、学校教育、社会教育相结合。《国家中长期教育改革和发展规划纲要（2010—2020年）》明确提出德育为先，坚持立德树人，把社会主义核心价值体系融入国民教育全过程。① 总之，这一时期的德育改革，普遍要求采取灵活多样、生动活泼的教育方式实施德育。

重建阶段纠正了"文化大革命"时期的错误做法，总结了中国共产党在领导教育工作方面的经验教训，系统提出了"树什么人""立什么德""如何立德树人"的根本问题，并结合教育实践，提出了教育为社会主义现代化建设培养人才的任务，中国共产党"立德树人"教育思想呼之欲出。

四 中国特色社会主义新时代，立德树人教育思想的形成阶段（2012—2021年）

党的十八大以来，中国经济社会发展面临的国际、国内环境更加复杂多变。国际上，世界多极化、经济全球化、文化多元化、信息技术飞速发展，大国竞争和意识形态冲突空前激烈。国内改革事业进入深水区，社会转型、矛盾凸显加剧了社会治理的复杂性和艰巨性。中国面临百年未有之大变局。这要求我们必须培养千千万万能够与时代同步伐、

---

① 中共中央、国务院：《中共中央国务院印发国家中长期教育改革和发展规划纲要（2010—2020年）》，《人民教育》2010年第17期。

与祖国共命运、与人民齐奋斗的中国特色社会主义事业的合格建设者和可靠接班人。

这一时期,"培养什么人、怎样培养人、为谁培养人"的根本问题更加凸显出来,立德树人教育思想也从"自在"发展走向"自觉"构筑。习近平总书记针对立德树人根本任务提出了一系列新思想,深刻阐释了立德树人教育思想的内涵、意义、价值和方法。① 其发展脉络如表1-1所示。

表1-1 党的十八大以来中国共产党立德树人教育思想的自觉发展

年份	立德树人教育思想、政策的相关论述
2012	党的十八大报告提出,把立德树人作为教育根本任务,培养德智体美全面发展的社会主义建设者和接班人②
2014	习近平总书记同北京师范大学师生代表座谈时的讲话,指出教师要"尽到教书育人、立德树人的责任"③
2015	"十三五"规划和《中华人民共和国教育法》相继将立德树人纳入其中。
2016	习近平总书记在全国高校思想政治工作会议上的重要讲话,提出"要坚持把立德树人作为中心环节""高校立身之本在于立德树人"④
2017	在党的十九大报告上,习近平总书记提出:"要全面贯彻党的教育方针,落实立德树人根本任务,发展素质教育,推进教育公平,培养德智体美全面发展的社会主义建设者和接班人。"⑤
2018	习近平总书记在北京大学师生座谈会上的讲话提出:"要把立德树人的成效作为检验学校一切工作的根本标准""做到明大德、守公德、严私德""做到以树人为核心,以立德为根本"⑥

---

① 王鉴、姜纪垒:《"立德树人"知识体系的百年演进及其经验总结》,《东北师大学报》(哲学社会科学版) 2020年第6期。
② 胡锦涛:《坚定不移沿着中国特色社会主义道路前进 为全面建成小康社会而奋斗——在中国共产党第十八次全国代表大会上的报告》,《人民日报》2012年11月18日。
③ 习近平:《做党和人民满意的好老师——同北京师范大学师生代表座谈时的讲话(2014年9月9日)》,人民出版社2014年版,第10页。
④ 习近平:《习近平谈治国理政》第二卷,外文出版社2017年版,第376、377页。
⑤ 习近平:《决胜全面建成小康社会 夺取新时代中国特色社会主义伟大胜利——在中国共产党第十九次全国代表大会上的报告》,人民出版社2017年版,第45页。
⑥ 习近平:《在北京大学师生座谈会上的讲话(2018年5月2日)》,人民出版社2018年版,第7页。

续表

年份	"立德树人"教育思想、政策的相关论述
2018	在全国教育大会上,习近平总书记强调:"要把立德树人融入思想道德教育、文化知识教育、社会实践教育各环节,贯穿基础教育、职业教育、高等教育各领域,学科体系、教学体系、教材体系、管理体系要围绕这个目标来设计,教师要围绕这个目标来教,学生要围绕这个目标来学。"①
2019	在学校思想政治理论课教师座谈会上,习近平总书记强调:"办好思想政治理论课,最根本的是要全面贯彻党的教育方针,解决好培养什么人、怎样培养人、为谁培养人这个根本问题。"②
2019	《国务院办公厅关于新时代推进普通高中育人方式改革的指导意见》提出,坚持把立德树人融入思想道德教育、文化知识教育、社会实践教育各环节③
2019	中共中央、国务院印发《新时代公民道德建设实施纲要》,提出把立德树人贯穿学校教育全过程,筑牢理想信念之基,培育和践行社会主义核心价值观,传承中华优秀传统文化,弘扬民族精神和时代精神④
2020	中共中央、国务院印发《深化新时代教育评价改革总体方案》,要求完善立德树人体制机制,推进落实立德树人根本任务,坚持把立德树人成效作为根本标准

从教育目的、教育内容、教育方式三个维度可以看出新时代中国共产党立德树人教育思想体系(见表1-2)。

表1-2　　新时代中国共产党立德树人教育思想体系

维度	观点	主要内容
教育目的	立德树人	培养一代又一代拥护中国共产党的领导和社会主义制度、立志为中国特色社会主义事业奋斗终身的有用人才。 1. 社会主义事业的建设者和接班人。具有坚定的理想信念、高尚思想品质和良好的道德修养; 2. 德智体美劳全面发展的人。掌握现代化建设所需要的丰富知识和扎实本领; 3. 担当民族复兴大任的时代新人。能够与祖国共命运、与人民齐奋斗、与时代同步伐

---

① 习近平:《习近平著作选读》第二卷,人民出版社2023年版,第203页。
② 习近平:《习近平谈治国理政》第三卷,外文出版社2020年版,第328页。
③ 国务院办公厅:《国务院办公厅关于新时代推进普通高中育人方式改革的指导意见》,《人民教育》2019年第Z2期。
④ 人民出版社编:《新时代公民道德建设实施纲要》,人民出版社2019年版,第10页。

续表

维度	观点	主要内容
教育内容	共产主义理想信念	1. 真学真信真懂真用马克思主义、毛泽东思想与中国特色社会主义理论体系，特别是习近平新时代中国特色社会主义思想； 2. 树立共产主义远大理想、中国特色社会主义共同理想、中华民族伟大复兴的中国梦； 3. 增强中国特色社会主义道路自信、理论自信、制度自信、文化自信
	爱国主义情怀	1. 热爱和拥护中国共产党，深刻领会爱党、爱国、爱社会主义是一致的； 2. 热爱中华人民共和国，热爱中华民族，维护国家统一和民族团结，维护国家尊严、荣誉与利益； 3. 认同中华文化，弘扬中华优秀传统文化，继承革命文化，发展社会主义先进文化
	法治意识	1. 崇尚和推进依法治国，坚持党的领导、人民当家作主、依法治国的有机统一； 2. 崇尚宪法、法律，树立法律面前人人平等的理念；尊法学法守法用法，自觉参加社会主义法治建设； 3. 依法行使权利、自觉履行义务，维护公平正义，崇尚、遵守、捍卫中国特色社会主义法治
	科学精神	1. 坚持马克思主义的科学世界观和方法论； 2. 树立以人民为中心的发展思想和正确的人生价值观
	社会公德	1. 践行社会主义核心价值观，遵守和培养社会公德、职业道德、家庭美德； 2. 理性面对经济发展、文化冲突、科技进步、生态环境中的伦理问题； 3. 积极承担社会责任，以国家利益、集体利益为先；维护公共利益，有序参与公共事务
	品德修养	1. 健康情感：珍爱生命、热爱生活、增强体质、健全人格、自尊自信、意志坚强；具有高雅的审美情趣、审美意识，能够在生活中感受美、鉴赏美、创造美； 2. 奋斗精神：具有志存高远、乐观向上、勇于奋斗、自强不息的人生态度和精神状态； 3. 崇尚劳动、尊重劳动、积极参加劳动，为国家富强、社会进步和人民幸福而努力工作

续表

维度	观点	主要内容
教育方式	学校育人	1. 把立德树人贯穿学校教育各环节，实现全员、全程、全方位育人； 2. 课程与教学育人。推动思政课程与课程思政建设，直接德育与间接德育相结合；注重教学的教育性，通过教学内容、教学方式方法育人，发挥教师的示范引领作用； 3. 校园文化育人。发挥校风、教风、学风、校规、校训、校史等的育人作用；通过美化校园环境，创办校报、校刊、校园网、校园体艺活动等方式育人； 4. 活动育人。通过班会、团学活动、运动会、艺术节、读书会、传统节日、庆典节日等开展主题教育；利用劳动教育、研究性学习、综合课程、参观访问、社会调查等开展社会实践教育； 5. 管理育人、服务育人。尊重学生主体地位，引导学生自我管理、自我服务和自我教育
	家庭育人	1. 增强家庭育人意识，重视家庭教育的奠基作用； 2. 营造良好家风，发挥家长言传身教的榜样作用
	社会育人	1. 立德树人是全社会的责任，社会各部门要积极参与，搭建社会育人平台，构建社会共育机制，提高整个社会的教育能力； 2. 发挥爱国主义、民族团结、纪念馆等各类教育基地的作用，有效组织开展主题教育实践活动； 3. 积极开展学雷锋、志愿服务、社会关爱等精神文明创建活动； 4. 发挥新闻媒介、电视节目、影视音乐、文艺作品等的舆论宣传作用，营造良好社会风尚； 5. 重视教育同生产劳动相结合，树立社会各行各业榜样和先进人物。榜样教育是立德树人的重要形式
	网络育人	1. 加大网络监管与整治力度，消除网络不良因素的影响； 2. 创作和传播健康、高雅网络文化，建构健康向上的网络育人空间
	协同育人	1. 党组织、团组织、政府主管部门、学校齐抓共管，建立立德树人协同机制； 2. 学校、家庭、社会建立联合教育机制，形成育人合力

中国共产党立德树人教育思想的"自觉"发展，形成了完整的思想体系。从教育目的上，对于"树什么人"越来越明确，即培养德智体美劳全面发展的、能够担当民族复兴大任的社会主义建设者和接班人。从教育内容上，对于"立什么德"，形成了共产主义理想信念、爱

国主义情怀、法治意识、科学精神、社会公德、品德修养六大方面的教育内容。从教育方式上，对于"如何立德树人"，不仅要发挥学校育人的主渠道、主阵地作用，家庭育人的奠基性作用，还要发挥社会育人、网络育人的重要作用，形成各种教育方式协同育人的联合机制。中国共产党立德树人教育思想体系的形成，为中国各级各类教育提供了指导思想，立德树人作为中国特色社会主义教育事业的根本任务，必须贯彻到各级各类教育中，必须落实到教育实践的各个环节中，从根本上保证中国共产党对教育事业的绝对领导。

第三节 立德树人教育思想百年发展的主要经验

立德树人教育思想的形成和发展，是中国共产党百年来探索领导中国教育事业的过程中，用马克思主义教育理论指导中国教育实践的产物，也是中国共产党在领导中国教育事业的百年发展过程中集体智慧的结晶。

一 立德树人教育思想始终坚持以马克思主义教育理论作为指导思想

中国共产党立德树人教育思想的精髓在于为社会主义和共产主义培养全面发展的人，它一方面指出了教育的阶级性，另一方面指出了人发展的全面性。中国共产党立德树人教育思想是指向未来的共产主义社会理论。"人以一种全面的方式，也就是说，作为一个完整的人，占有自己的全面的本质。"[①] 资本主义社会对人的异化，造成的结果是人的片面发展，马克思正是看到了这一问题的本质，才系统论述了未来社会人的全面发展问题，并提出了教育与生产劳动相结合的发展途径。无论在新民主主义革命时期、社会主义革命和建设时期，还是在改革开放和现

---

① 中共中央马克思恩格斯列宁斯大林著作编译局编译：《马克思恩格斯全集》第四十二卷，人民出版社1979年版，第123页。

代化时期、中国特色社会主义新时代,中国共产党立德树人教育思想始终坚持以马克思主义理论作为指导思想。

新民主主义革命时期,中国共产党的成立,既是马克思主义传入中国大地之后解决中国问题的产物,也是马克思主义思想与中国实际相结合进而中国化的开始,中华民族的精神面貌从此焕然一新。在根据地、解放区各类学校中开展思想政治教育,马克思主义基本知识和理论成为培养革命人才的重要内容。中国共产党人把马克思主义理论与革命形势教育、革命人生观教育、共产主义理想信念教育相结合,提升学生思想觉悟,鼓励和引导了一大批青年走向新民主主义革命道路。社会主义革命和建设时期,中国共产党始终把立德树人、坚定政治立场放在首位,把培养又红又专、德才兼备的社会主义建设人才作为教育根本任务。在教育内容上,一大批无产阶级革命家和马克思主义的专家学者,不仅从理论上翻译介绍马克思主义理论,而且不断加强中国特色马克思主义理论建设。马克思主义政治经济学理论、科学社会主义理论、辩证唯物主义理论、历史唯物主义理论等成为中国共产党立德树人教育思想的重要组成部分。改革开放至20世纪末,中国共产党立德树人教育思想得以重构和整合,重新走上规范化、系统化发展道路。中国经济社会结构的重大变革与调整,必然导致教育根本任务的变化。在经历西方自由化思想以及市场经济利益至上的冲击之后,我们更深刻地认识到加强思想政治教育的重要性。中国共产党立德树人教育思想的功能与定位更加明确,马克思主义理论的指导地位,不仅是中国共产党领导教育事业取得成功的基本经验,也是中国共产党领导中国特色哲学社会科学发展所取得的基本经验。

党的十八大以来,马克思主义理论与中国特色社会主义现代化建设相结合结出了时代的花朵,习近平新时代中国特色社会主义思想形成,标志着中国社会发展进入了现代化建设的新的阶段。历史已经证明,马克思主义理论是不断发展的理论,马克思主义与中国的社会实践结合也是不断发展的,不同的历史时期产生了不同的理论,这些理论共同组成了马克思主义理论中国化的思想体系,实践证明,马克思主义与中国具体实践相结合而形成的理论,能更有效地指导中国教育事业的发展。至此，以马克思主义教育理论为指导的中国共产党立德树人教育思想体系基本形成，体现在中国共产党的教育方针之中，在新修订的《中华人民共和国教育法》中明确为："教育必须为社会主义现代化建设服务、为人民服务，必须与生产劳动和社会实践相结合，培养德智体美劳全面发展的社会主义建设者和接班人。"党的教育方针落实为国家法律规范。党的教育方针，从逻辑上清晰地回答了"培养什么人、怎样培养人、为谁培养人"的问题，即，"培养德智体美劳全面发展的社会主义建设者与接班人"是对"培养什么人"问题的回答；"教育必须与生产劳动和社会实践相结合"是对"怎样培养人"问题的回答；"教育必须为社会主义现代化建设服务、为人民服务"是对"为谁培养人"问题的回答。这三个问题的时代回答，与马克思主义教育的基本原理是一致的，即马克思详细论述的人的全面发展问题、教育与生产劳动相结合问题，为未来共产主义社会培养人问题。

二 立德树人教育思想始终坚持服务于"中华民族伟大复兴"事业

"古今中外，每个国家都是按着自己的政治要求来培养人的""我国社会主义教育就是要培养社会主义建设者和接班人"。[①] 立德树人从根本上说就是要明确"培养什么人、怎样培养人、为谁培养人"，就是要为广大青年打好中国底色、铸牢中国"基因"，就是要为实现"中华民族伟大复兴"的奋斗目标铸魂育人。中国共产党百年立德树人教育思想发展的历史经验表明，党的教育方针始终与中华民族伟大复兴密切相关，尽管不同时期立德树人的具体内容有所不同，但立德树人的初心在于实现中华民族伟大复兴，这一崇高而伟大的理想始终没有改变过。

近代以来，中华民族遭受了悲惨和屈辱，中国人民和无数仁人志士进行艰苦的探索和不屈不挠的斗争，实现中华民族伟大复兴是近代以来

[①] 习近平：《在北京大学师生座谈会上的讲话（2018年5月2日）》，人民出版社2018年版，第6页。

所有中国人的共同梦想。中国共产党的成立，标志着为人民谋幸福的政党的产生，标志着为中华民族谋复兴的初心正式形成。不论是为了中国的独立和富强，还是为了世界无产阶级的彻底解放，不论是中华民族伟大复兴，还是人类命运共同体的发展，中国共产党始终把自己的奋斗目标与中华民族的复兴事业联系起来，与全人类共同的利益联系起来，树立了远大的理想和目标。党的十八大以来，习近平总书记多次走进大学、中学和小学，在与师生座谈时多次深入阐述立德树人教育思想的重要意义。习近平总书记多次强调教育的多种服务功能，主要包括教育"为人民服务，为中国共产党治国理政服务，为巩固和发展中国特色社会主义制度服务，为改革开放和社会主义现代化建设服务。"① 在2018年全国教育大会上，习近平总书记进一步明确指出："坚持把服务中华民族伟大复兴作为教育的重要使命。"②

不论是中国人民站起来，还是富起来和强起来，不论是实现中华民族伟大复兴的中国梦，还是构建人类命运共同体，中国共产党的教育方针指导下所培养的人才，既立足于中国，又放眼全世界，这才是真正共产主义的理想和情怀。因此，中国特色社会主义教育必须把立德树人根本任务与中华民族伟大复兴紧密结合在一起，这样就能从根本上解决"培养什么样的人、怎样培养人、为谁培养人"的问题。"用新时代中国特色社会主义思想铸魂育人，引导学生增强中国特色社会主义道路自信、理论自信、制度自信、文化自信，厚植爱国主义情怀，把爱国情、强国志、报国行自觉融入坚持和发展中国特色社会主义事业、建设社会主义现代化强国、实现中华民族伟大复兴的奋斗之中。"③ 这既是对中国共产党立德树人教育思想与中华民族伟大复兴关系的高度概括，也是对新时代教育任务和使命的明确指示。

---

① 习近平：《习近平谈治国理政》第二卷，外文出版社2017年版，第377页。
② 《习近平在全国教育大会上强调　坚持中国特色社会主义教育发展道路　培养德智体美劳全面发展的社会主义建设者和接班人》，《人民日报》2018年9月11日。
③ 《习近平主持召开学校思想政治理论课教师座谈会强调　用新时代中国特色社会主义思想铸魂育人　贯彻党的教育方针落实立德树人根本任务　王沪宁出席》，《党建》2019年第4期。

三 立德树人教育思想始终坚持人的全面发展方针

马克思指出:"人的本质不是单个人所固有的抽象物,在其现实性上,它是一切社会关系的总和。"[①] 马克思把对人的本质的理解置于现实的社会关系之中,人的本质及其道德状态是与其所处的现实的社会关系密切相连的。因此,要立足于社会历史的现实条件来理解和促进人的全面发展。中国共产党始终根据中国社会不同历史发展时期社会主要矛盾的变化,制定相应的人的全面发展的教育方针。"树什么人""立什么德""如何立德树人"这三个基本问题,归根到底都是围绕"现实的人",解决的是"现实的人"的需要,实现的是"现实的人"的全面发展问题。

新民主主义革命时期,中国共产党提出"培养无产阶级革命者"的立德树人教育方针。这一时期,国内阶级矛盾、中日民族矛盾是中国社会的主要矛盾。在帝国主义、封建主义的双重压迫下,中国人民生活在水深火热之中,用马克思主义思想开启民智、启迪民众,动员群众参加革命以获得自身解放和民族独立,就是促进人的全面发展。新中国的成立、社会主义生产关系的建立,为培育社会主义道德和社会主义新人提供了制度保障。20世纪50年代,中国社会的主要矛盾是人民对于建立先进的工业国的要求同落后的农业国的现实之间的矛盾,在此社会背景下,中国共产党确定的教育的根本任务是为建设工业化强国而培养德育、智育、体育几方面都得到发展的、有社会主义觉悟的有文化的劳动者。改革开放以后,中国社会的主要矛盾发生了变化,主要表现为人民日益增长的物质文化需求与落后的社会生产现实之间的矛盾,在此社会背景下,中国共产党提出教育的根本任务是培养中国特色社会主义事业的合格建设者和可靠接班人。党的十八大以后,中国社会的主要矛盾发生了重大变化,表现为人民日益增长的美好生活需要与发展不平衡不充分的现实之间的矛盾,在此社会背景下,中国共产党确定的新时代教育

---

① 中共中央马克思恩格斯列宁斯大林著作编译局编译:《马克思恩格斯选集》第一卷,人民出版社2012年版,第135页。

任务是"培养担当民族复兴大任的时代新人",充分体现了新时代促进人的全面发展的新要求。根据不同时期社会基本矛盾的变化,中国共产党相应地提出教育的根本任务,体现了中国共产党的教育方针与立德树人根本任务之间的内在关系,反映出中国共产党立德树人教育思想既一脉相承,又与时俱进,其宗旨都是为了贯彻既定历史条件下人的全面发展的根本方针。

四 立德树人教育思想始终坚持总结教育创新成果

中国共产党在领导中国教育事业发展的百年历程中,始终重视将党的理论创新成果贯彻到立德树人教育实践之中。由此,党的伟大事业就有了源头活水,党的事业不断地后继有人。

新民主主义革命时期,根据地、解放区将"论持久战""抗日民族统一战线政策""矛盾论""实践论""新民主主义论"等作为立德树人的教育内容,进行宣讲和教授。这些都是中国共产党人把马克思主义基本原理与中国革命实际相结合的理论成果,在当时动员和组织群众参加革命、宣传党的理念、政策等方面发挥了重要作用。有评论认为,抗日战争时期"中国军民对日作战中,最厉害的武器,不是机枪,也不是坦克,而是毛泽东的《论持久战》"[1]。社会主义革命和建设时期,《中国革命与中国共产党》《毛泽东著作选读》(乙种本)、时事政策、党的会议公报等,都被纳入当时学校教育的内容之中,毛泽东思想成为这一时期立德树人教育的指导思想和主要内容。改革开放以来,邓小平、江泽民、胡锦涛等先后发展了中国特色的社会主义理论,为构建中国特色社会主义理论体系打下了基础。党的十八大以来,习近平总书记继往开来,高瞻远瞩地作出中国特色社会主义进入新时代的伟大论断,再一次创造性地发展了马克思主义理论,形成了习近平新时代中国特色社会主义思想,其中就包括教育思想。习近平总书记在教育领域特别强调立德树人根本任务的落实,提出了教育必须回答的三个基本问题,即

---

[1] 石鸥、张文:《根据地教科书的精神遗产及其现代价值》,《课程·教材·教法》2017年第2期。

"培养什么人、怎样培养人、为谁培养人"的问题,并把思想政治教育作为铸魂育人的抓手,把"三全育人"作为培养人才的途径,形成了以教育目的、教育内容、教育方法、教育途径、教育评价等为体系的教育思想。中国共产党立德树人教育思想是随着马克思主义中国化的历史进程而不断发展完善的,它充分反映和体现了中国共产党不同历史时期的教育创新成果,并在不断吸收中国化马克思主义教育理论成果的基础上,得到丰富、拓展和系统化发展。

五 立德树人教育思想始终坚持立足中国的教育实践变革

中国共产党立德树人教育思想产生于中国大地的教育实践,是对中国社会教育问题的深切观照,反映广大人民群众的呼声、代表历史进步的方向,积极服务于教育实践的需要,具有强烈的实践性特征。这一思想扎根于中国大地、反映中国教育实践和任务,充分体现了实践精神、传统文化和时代要求。马克思说:"全部社会生活在本质上是实践的。"[1] "我们的出发点是从事实际活动的人,而且从他们的现实生活过程中还可以描绘出这一生活过程在意识形态上的反射和反响的发展。"[2] 教育实践是人的道德品质形成、人的综合能力发展的根本途径,人正是在教育实践活动中获得自身发展的,因此,立德树人教育思想必须回应和体现教育实践的需要。

新民主主义革命时期,中国社会教育实践面临的最重要问题是根据政治军事斗争形势的需要,为革命准备人才,培养无产阶级革命者和接班人,因此,当时立德树人教育思想的主要内容是宣传党的理念、政治纲领与政策,普及马克思主义思想。社会主义革命和建设时期,教育实践最迫切的任务是清除资本主义和封建思想的影响,构筑统一的无产阶级政权思想和话语体系,以最快速度和最大力度用马列主义、毛泽东思

---

[1] 中共中央马克思恩格斯列宁斯大林著作编译局编译:《马克思恩格斯文集》第一卷,人民出版社2009年版,第501页。
[2] 中共中央马克思恩格斯列宁斯大林著作编译局编译:《马克思恩格斯文集》第一卷,人民出版社2009年版,第525页。

想占领学校课堂。这一时期，立德树人教育思想的主要内容是强调共产主义道德、无产阶级思想、马克思主义世界观和方法论，提升广大人民的思想政治觉悟，培养"有社会主义觉悟的有文化的劳动者"。改革开放以来，中国经济建设和现代化建设进入一个新的阶段，形成了教育为社会主义现代化建设服务、为人民服务的重要思想。党的十八大以来，"培养什么人、怎样培养人、为谁培养人"被提升到前所未有的高度，立德树人教育思想内容不断向筑牢理想信念之基、践行社会主义核心价值观、传承中华传统文化、弘扬民族精神等方面拓展。

立德树人首先是一个教育实践的问题，然后才是一个教育理论的问题。立德树人教育思想具有强烈的问题意识和实践导向，在不同的历史发展阶段，具有不同的立德树人要求。在对立德树人教育思想内涵的理解上，中国共产党始终坚持实践性、具体性与历史性的统一，不空谈普遍的"德"和抽象的"人"。中国共产党立德树人教育思想正是在反思和回应不同时代教育实践的问题中逐步形成和发展的。

六 立德树人教育思想始终坚持理论与实践相结合的育人方式

教育目的、教育内容的落实离不开科学教育方式方法的指导与运用。"树什么人""立什么德"最终要通过"如何立德树人"去实现。因此，关于立德树人教育方式方法的探索是一个不容忽视的问题，甚至可以说，教育方式方法是立德树人真正落地、做实的关键环节。中国共产党的百年历史中，落实立德树人根本任务最有效的方式就是坚持理论与实践相结合。"中国共产党组织的早期运动从一开始就是一个知识分子同工人群众相结合的运动。"[1] 教育和生产劳动的结合是"造就全面发展的人的唯一方法"。[2] 新民主主义革命时期，主要通过开展扫盲运动、开办学校、理论灌输、媒介宣传、军事训练等灵活多样的教育形式，使教育与革命斗争和生产劳动相结合，使知识学习与思想政治教育

---

[1] 中共中央党史研究室、胡绳主编：《中国共产党的七十年》，中共党史出版社1991年版，第25页。

[2] 中共中央马克思恩格斯列宁斯大林著作编译局编译：《马克思恩格斯选集》第二卷，人民出版社2012年版，第230页。

相结合，把马列主义渗透在教育活动之中。社会主义革命和建设时期，主要通过开展社会主义教育运动，加强思想政治课程建设，结合生产劳动和生活实践开展全方位、多形式的教育。改革开放以来，立德树人在科学化、规范化、系统化方面取得了重大成效。在教育方式上更加注重发挥学校教育在立德树人中的主渠道、主阵地作用，注重发挥学生的主体性、自觉性和能动性。在育人方式上鼓励采用启发式教学、自由讨论、社会实践、社会调查等灵活多样、生动活泼的教育方法。党的十八大以来，中国共产党更加关注立德树人教育的实效性，注重发挥学校育人、家庭育人、社会育人、网络育人的作用，努力构建各种教育方式协同育人机制。要构建网络化、数字化、个性化、终身化的教育体系，建设"人人皆学、处处能学、时时可学"的学习型社会。[1] 要努力构建德智体美劳全面培养的教育体系，形成更高水平的人才培养体系。[2] 要健全家庭、学校、政府、社会协同育人机制，形成全员育人、全程育人、全方位育人的格局。[3]

新时代扎根中国大地办教育，落实立德树人根本任务，必须坚持教育同生产劳动和社会实践相结合，要不断创新学校育人、家庭育人、社会育人、网络育人的方式方法，形成全社会协同育人的联合机制。特别是在学校教育中，必须坚持全员、全程、全方位"三全"育人机制，把立德树人成效作为教育评价的根本标准，切实扭转唯成绩、唯升学的错误做法，促进学生的全面发展，真正发挥立德树人的主渠道、主阵地作用。要培育和践行社会主义核心价值观、加强中华民族优秀传统文化教育。学校要加强体育工作，开齐开足体育课，让学生的体质、意志、人格等在体育运动中不断增强和完善。学校要全面加强和改进美育工作，培养学生对美的鉴赏能力，形成创造美的素养。学校要加强劳动教育和社会实践，引导学生热爱生产劳动和生活劳动，尊重劳动人民，鼓

---

[1] 中共中央宣传部编：《习近平总书记系列重要讲话读本（2016年版）》，学习出版社、人民出版社2016年版，第216页。

[2] 习近平：《习近平著作选读》第二卷，人民出版社2023年版，第203页。

[3] 教育部课题组：《深入学习习近平关于教育的重要论述》，人民出版社2019年版，序言第4页。

励学生热爱劳动并投入劳动和社会实践之中。

总之，中国共产党立德树人教育思想的百年历程告诉我们，中国特色社会主义教育事业的健康发展离不开党的领导，离不开理论联系实际的法宝，离不开中国教育实践的探索，离不开历史经验的总结和理论创新的成果支持。中国共产党立德树人教育思想真正体现了社会主义教育的本质要求和价值诉求，是对马克思主义人的全面发展教育理论的创新发展。

第二章

教育根本问题的中国表达与实施方略

习近平总书记在中国共产党第二十次全国代表大会的报告中指出："教育是国之大计、党之大计。培养什么人、怎样培养人、为谁培养人是教育的根本问题。育人的根本在于立德。全面贯彻党的教育方针，落实立德树人根本任务，培养德智体美劳全面发展的社会主义建设者和接班人。"[①] 这为全面建设社会主义现代化国家、全面推进中华民族伟大复兴的新征程上，坚持教育优先发展，深入实施科教兴国战略指明了方向。党的十八大以来，习近平总书记围绕中国教育的根本问题作出了一系列重要论述，多次阐释立德树人的根本任务，深刻回答了"培养什么人、怎样培养人、为谁培养人"这一根本性问题，形成了新时代党的教育方针。"教育必须为社会主义现代化建设服务、为人民服务，必须与生产劳动和社会实践相结合，培养德、智、体、美等方面全面发展的社会主义建设者和接班人。"[②] 在培养什么人的问题上，我们的教育要培养社会主义建设者和接班人；在怎样培养人的问题上，我们的教育要以树人为核心，以立德为根本，立德铸魂；在为谁培养人的问题上，我们的教育要为党育人、为国育才，要为人民服务，为社会主义现代化

---

① 习近平：《高举中国特色社会主义伟大旗帜　为全面建设社会主义现代化国家而团结奋斗——在中国共产党第二十次全国代表大会上的报告（2022年10月16日）》，人民出版社2022年版，第34页。

② 《中华人民共和国教育法》第一章第五条。根据2021年4月29日第十三届全国人民代表大会常务委员会第二十八次会议通过的《全国人民代表大会常务委员会关于修改〈中华人民共和国教育法〉的决定》第三次修正。

建设服务。习近平总书记关于教育根本问题的论述十分丰富，形成了中国特色社会主义教育思想体系的核心内容，体现了中国特色社会主义教育根本问题表达的中国智慧。

第一节 教育根本问题的历史考察

教育的根本问题是什么？这是人类思考教育时首先要回答的问题。认清了教育的根本问题，才能确定教育的目标、选择教育的内容、优化教育的方法、实现教育的理想。认识教育的根本问题，最重要的是坚持马克思主义科学的世界观和方法论，"只有把马克思主义基本原理同中国具体实际相结合、同中华优秀传统文化相结合，坚持运用辩证唯物主义和历史唯物主义，才能正确回答时代和实践提出的重大问题，才能始终保持马克思主义的蓬勃生机和旺盛活力"[1]。

在中国传统教育的历史长河中，形成了关于教育根本问题的哲学基础和文化根基。中国古代哲学家和教育家们试图从"人性论"出发找到教育的起点，确定教育的目标。人性本善还是人性本恶？由此出发，关于教育的假设便会完全不同。哲学家和教育家们还试图从"知行观"出发回答教育的方法问题，"次序之问"与"难易之辨"均表现出对教育过程与方法的不同选择。教育无论是作为文化传承的手段还是作为培养人的工具，都要从人性的假设出发，经由教育的活动与过程，而让人成为有道德的人，即人的自立、自强、自达，而教育工作者便成为立人、强人、达人之人。统观中国传统教育，主线是在"立德"和"树人"两个维度上讨论人的教育问题。中国传统社会的"三纲""五常"教育，就是要将受教育者培养成遵守社会伦理纲常的君子，既有私德又有公德，或仁或义或理或智，形成德之四端。于是中华文化与教育史中便有了仁义并存的孔孟之道。先秦形成的百家思想，到了汉代独尊儒

---

[1] 习近平：《高举中国特色社会主义伟大旗帜　为全面建设社会主义现代化国家而团结奋斗——在中国共产党第二十次全国代表大会上的报告（2022年10月16日）》，人民出版社2022年版，第17页。

术,逐渐形成较为系统的汉儒思想体系。儒家所谓"八条目"十分明确地提出了教育发展的基本路径:格物、致知、诚意、正心、修身、齐家、治国、平天下。即认知从格物开始,即从行到知,由物及人,由小到大。到了宋代,"北宋五子"中张载首倡"德性所知"与"闻见之知",提出了"闻见之知"之外的"德性所知",这样就形成了"尊德性"与"道问学"的教育论题。到了南宋时期,朱熹与陆象山之间举行了多次辩论,到底教育的首要目的是"尊德性"还是"道问学"?[①] 如果是尊德性,那就要将立德作为教育的首要任务;如果是道问学,那就要把知识的系统学习作为主要任务。归根结底,就是教育中的道德与知识"孰先孰后""孰轻孰重""孰易孰难"的问题。到了明代,王阳明打破了这一思维模式,不是从格物致知,而是从已知致知,由此形成所谓的顿悟心学,创立了所谓的"四句教""致良知""事上练"的心学教育体系,同样将育人的根本问题放在道德良知方面,并强调知行合一。

西方教育史上关于教育根本问题的论述同样值得我们借鉴。西方关于人的教育问题从哲学的"爱智慧"中分化出来以后,形成了专门的教育学理论体系。西方历代教育家都十分关注人的教育问题,从古希腊的三贤到古罗马的孔体良,都认为教育就是培养人的正义和勇敢的品质,就是要培养有德行的人。即使是中世纪的最黑暗时期的教育,也特别在人的道德教育方面有所贡献,成为当时的亮点。文艺复兴之后,西方思想家和教育家又想回到理想的社会,构建了一系列理想的教育。法国思想家、教育家卢梭以文学的笔调畅想了教育的理想,出版了教育名著《爱弥儿》,提出了自然主义与浪漫主义相结合的教育主张,他的儿童中心的理论,通过裴斯泰洛齐而影响到了初等教育,通过福禄贝尔影响了幼儿园教育。工业革命之后,科学勃兴并逐渐发展,科学教育的力量越来越大,面对现代教育出现的问题,教育家们又不得不思考教育的本质问题。赫尔巴特认为教育的目的是培养道德性格的力量,主要体现在道德观念上,实现这种教育目的的途径是管理、教育性教学和训育。

---

① 余英时:《宋明理学与政治文化》,广西师范大学出版社2006年版,第78页。

赫尔巴特进一步提出"通过教学来进行教育"的观点，他指出："我得立刻承认，不存在'无教学的教育'这一概念，正如反过来，我不承认有任何'无教育的教学'一样。"① 美国教育家约翰杜威更是十分明确地论述了知识教育与道德教育的关系。杜威提出在民主民治民享的社会中，教育要培养的是有良好素质的公民，教育的最高目的、最后的目的是道德教育。既然教育的最高目的是道德教育，那么学校为什么给学生读书、写字、计算等知识的教育呢？如何通过知识教育的途径而达于道德教育的目的呢？杜威提出真正的知识教育的方法与道德教育是相通的，教育者应该在知识教学中找到方法使受教育者的行为与道德相通，知了便去行，这样就可以做到道德为最高最后的教育目的的希望。② 难怪英国哲学家、教育家罗素对未来的年轻人发出警告时强调："对于未来一代人，我想要说两点，其一关乎智慧，其二关乎道德。关于智慧我想对他们说的只是简单地去审视，什么才是事实。关于道德，我想说得也十分简单，爱是明智的，恨是愚蠢的。在这个日益紧密相连的世界，我们必须学会容忍彼此。"未来社会，人类面临的两大挑战是智慧与道德，人类智慧将面临人的生存、人与自然、人与社会等日益复杂的问题，人类的道德将面临在多极化的世界中如何构建人类命运共同体的问题。

当前，当面临百年未有之大变局与 AI 时代叠加的技术影响时，人类的道德与智慧正在受到前所未有的挑战。教育将为人类解决未来社会面临的各种问题做些什么样的努力呢？我们不妨盘点一笔教育之账：今天在学校中的受教育者，从幼儿园到大学，从四五岁的孩童到二十三四岁的青年，正是今天教育的对象，幼儿园教育、基础教育、高等教育都承担着各自的责任。再过三十年，也就是到了 21 世纪中叶，正值中华民族伟大复兴的时代，这些人将是 30—50 岁的社会中坚力量，今天教育的质量直接决定着中华民族的未来。教育培养什么人、怎样培养人、为谁培养人，同样事关每个国家的命运。在构建人类命运共同体的时代

---

① ［德］赫尔巴特：《普通教育学》，李其龙译，人民教育出版社 2015 年版，第 6 页。
② 吕达、刘立德、邹海燕主编：《杜威教育文集》第 3 卷，人民教育出版社 2008 年版，第 153 页。

背景下,人类的教育应该在教育的根本问题上达成共识,不仅培养有利于各个国家发展的各级各类人才,而且要培养具有国际视野和情怀的人才,要培养全人类利益的维护者。中国教育政策的理念,面向人类共同的未来培养年轻的一代。联合国教科文组织的报告中同样倡导面向全人类的未来培养人才。2015年,联合国教科文组织发布了题目为《反思教育:向"全球共同利益"的理念转变?》的研究报告,将复杂世界中的教育政策指向共同利益,将全人类视为一棵树,而我们每个国家都是这棵树的树枝,每个人都是这棵树的树叶,离开这棵树,离开他国或离开他人,我们无法生存。[①] 2021年联合国教科文组织发布的题为《一起重新构想我们的未来:为教育打造新的社会契约》的全球报告,延伸了共同利益这一理念,报告指出:为了应对与气候、民主参与、数字化和工作相关的关键破坏性影响,提出了一项面向教育的新社会契约,旨在重新平衡我们与彼此、地球和技术的关系。这一新社会契约必须基于终身接受优质教育的权利,并加强教育作为一种公共社会事业和共同利益的作用。[②] 联合国教科文组织倡导的教育关注人类共同利益、共同命运,值得各国教育政策制定者深思。在教育的根本问题,即教育的终极目的上,人类应该达成共识,培养为全人类发展有益的下一代,不仅仅是知识与能力的问题,更应该是道德的问题,正因如此,我们的教育不得不重新思考道德与智慧在教育中的地位。今日之学校,是教育本质问题解决的重要场所,我们的学校教育给了学生什么样的道德与智慧,直接关系这些青少年的素养,直接关系国家和民族的发展,直接关系人类未来的命运。鉴于此,今日之学校教育就要为每一位受教育者的人生奠基,就要为民族和国家的事业奠基,就要为人类的命运发展奠基。中国的教育就要为铸牢人和自然和谐共处的共同体服务,要为铸牢中华民族团结的共同体服务,要为铸牢人类命运共同体服务。

---

① 联合国教科文组织编:《反思教育:向"全球共同利益"的理念转变?》,联合国教科文组织总部中文科译,教育科学出版社2017年版,第12页。
② Scientific and Cultural Organization, *Reimagining Our Futures Together – A New Social Contract for Education*, France: the United Nations Educational, 2021, p. 1.

第二节　教育根本问题的中国表达

　　百余年来，中国共产党关于教育方针的探索始终以马克思主义人的全面发展学说为指导，始终以中国社会的主要矛盾为实践依据，逐步确立了"培养什么人、怎样培养人、为谁培养人"的方针体系。新民主主义革命时期，中国共产党提出"培养无产阶级革命者"的教育方针。新中国的成立、社会主义生产关系的建立，为培育社会主义道德和社会主义新人提供了制度保障。1956年，中共八大提出："我们国内的主要矛盾，已经是人民对于建立先进的工业国的要求同落后的农业国的现实之间的矛盾，已经是人民对于经济文化迅速发展的需要同当前经济文化不能满足人民需要的状况之间的矛盾。"在此社会背景下，毛泽东提出中国共产党的教育的方针是"我们的教育方针，应该使受教育者在德育、智育、体育几方面都得到发展，成为有社会主义觉悟的有文化的劳动者"[1]。改革开放以来，社会主义教育事业重新走上健康发展的道路。1981年，《关于建国以来党的若干历史问题的决议》把主要矛盾概括为"人民日益增长的物质文化需要同落后的社会生产之间的矛盾"[2]。在此社会背景下，中国共产党根据改革开放实践进程的现实需要，先后提出教育方针是培养"四有新人"，培养德智体美全面发展的社会主义建设者和接班人，培养中国特色社会主义事业的合格建设者和可靠接班人。[3] 中国特色社会主义进入新时代，中国社会的主要矛盾转化为人民日益增长的美好生活需要和不平衡不充分的发展之间的矛盾。在此社会背景下，中国共产党确定的教育方针是"培养德智体美劳全面发展的社会主义建设者和接班人""培养担当民族复兴大任的时代新人"，充

---

[1] 中共中央文献研究室编：《毛泽东文集》第七卷，人民出版社1999年版，第226页。
[2] 中共中央文献研究室：《关于建国以来党的若干历史问题的决议注释本》，人民出版社1983年版，第63页。
[3] 王鉴、姜纪垒：《中国共产党立德树人教育思想的百年历程与基本经验》，《教育研究》2021年第7期。

分体现了新时代促进人的全面发展的新要求。尤其是党的十八大以来，以习近平同志为核心的党中央高度重视教育工作，决定把劳动教育纳入社会主义建设者和接班人的要求之中，提出"德智体美劳"的总体要求。习近平总书记在全国教育大会、学校思想政治理论课教师座谈会等会议上发表重要讲话，并多次赴各级、各类学校考察调研、致信回信，作出重要指示批示，对新时代全面贯彻党的教育方针提出明确要求。经第十三届全国人大常委会第二十八次会议审议，《中华人民共和国教育法》第五条修改为："教育必须为社会主义现代化建设服务、为人民服务，必须与生产劳动和社会实践相结合，培养德智体美劳全面发展的社会主义建设者和接班人。"将党的教育方针落实到国家教育法典之中，使党的教育方针有了法律效力，更加有利于加强党对教育事业的全面领导，更加有利于加强立德树人根本任务的贯彻落实，更加有利于"培养什么人、怎样培养人、为谁培养人"的教育问题的解决。

中国共产党教育方针的内涵包括三个方面，即教育"培养什么人、怎样培养人、为谁培养人"。这三个方面相互支持，形成中国共产党领导中国教育事业的方针体系。

教育培养什么人？ 中国共产党在百年的奋斗历程中，需要大量的各级各类人才，这些人才的素养决定了革命事业的成败，其中最基本的经验就是坚持不懈地培养全面发展的社会主义的建设者和接班人。从"德智体"的"三好"到"德智体美"四个方面再到德智体美劳全面发展，对教育对象的基本素养作出了全面系统的规定，并把教育对象培养成社会主义的建设者和接班人，从"树人"到"立德"，明确了中国教育的根本任务。中国共产党教育方针的三个方面有着内在的逻辑关系，解决了教育培养什么人、怎样培养人、为谁培养人的根本问题，是马克思主义教育理论与新时代中国教育实践相结合的产物，是中国共产党领导教育事业经验的结晶。在培养什么样的人的问题上，党的教育方针给出了明确的回答：培养德智体美劳全面发展的社会主义建设者和接班人。一方面是对人的全面发展的素质的要求，进一步明确了劳动教育的地位，确保人的全面发展，是对马克思主义人的全面发展学说的坚守；另一方面是对全面发展的人的价值的规定，即社会主义的建设者和接班人。

教育怎样培养人？中国共产党百余年历程的基本经验就是坚持马克思主义理论的指导地位不动摇，在教育领域就是坚持马克思主义人的全面发展学说，在怎样培养人的问题上，坚持教育与生产劳动相结合、教育与社会实践相结合。教育与生产劳动相结合是马克思主义倡导的人的全面发展的基本途径，强调学校教育与社会生产劳动的关系，批判那种脱离生产劳动的关门教育，也否定没有教育的生产劳动，而倡导教育必须与生产劳动相结合，倡导生产劳动中提升人的素质。随着社会的进步和发展，社会分工越来越复杂，劳动的范畴得到发展，教育除了与生产劳动相结合外，还必须与社会生活及各种各类的实践活动相结合。因此，实现人的全面发展的途径拓宽了，党的教育方针的表述中体现了这一时代发展的特点，提出了两种结合，即教育与生产劳动相结合、教育与社会实践相结合，以此实现人的全面发展，既是马克思主义理论的主要内容，又是中国共产党领导中国教育发展的经验总结，反对闭门办学，反对脱离实际，倡导理论联系实际，倡导教育与社会生产和生活的密切关系，体现了中国特色人的全面发展的基本途径。

教育为谁培养人？经过中国共产党领导的中国教育事业百年历程的探索，从教育为无产阶级革命服务，到教育为经济建设服务，最终形成教育必须为社会主义现代化建设服务、为人民服务的规范表述。这一表述使教育的政治性、经济性、社会性更加规范和科学，同时将教育与社会、教育与人的发展的关系蕴含其中，将教育的阶段性、政治性、社会性、个体性等属性有机地融为一体。因此，党的教育方针明确规定了中国教育就是为中国特色社会主义现代化建设培养各级各类人才，为人民的幸福和中华民族伟大复兴培养人，即为党育人，为国育才。

由此可见，中国共产党的教育方针立足于"培养什么人、怎样培养人、为谁培养人"的教育根本问题，明确规定了教育对象的基本素养、培养途径、服务方向等教育方针的内容体系，其中人的全面发展是教育方针的核心，实现人的全面发展的途径是教育方针的保障，"两个服务"是教育方针的方向。

第三节　解决教育根本问题的中国方略

教育目的就是指通过有计划有组织的教育活动，将教育对象培养成什么样的人的问题，教育目的也是一个国家、民族的人才质量定位的根本性问题。中国共产党百余年来，始终坚持马克思主义的人的全面发展学说，把受教育者培养成德智体美劳全面发展的社会主义的建设者和接班人。党的十八大以来，立德树人确立为中国教育的根本任务，是对党的十七大"坚持育人为本、德育为先"教育理念的深化，指明了今后教育改革发展的方向。党的十九大报告重申了立德树人根本任务，并系统提出"培养什么人、怎样培养人、为谁培养人"的教育根本问题。党的二十大报告中再次强调优先发展教育，深入实施科教兴国战略，并将全面贯彻党的教育方针，落实立德树人根本任务，培养德智体美劳全面发展的社会主义建设者和接班人，加快建设高质量教育体系，发展素质教育，促进教育公平等作为教育工作的基本任务。立德树人，即教育事业不仅要传授知识、培养能力，还要把社会主义核心价值体系融入国民教育体系之中，引导学生树立正确的世界观、人生观、价值观、荣辱观。教育根本问题要体现在课程教材内容之中，教学活动过程之中，教育评价体系之中，将根本任务落实在培养人的目标、内容、过程、评价之中，将教育的根本任务与根本问题有机地统一起来。

中共中央《关于培育和践行社会主义核心价值观的意见》指出："培育和践行社会主义核心价值观要从小抓起、从学校抓起。坚持育人为本、德育为先，围绕立德树人的根本任务，把社会主义核心价值观纳入国民教育总体规划，贯穿于基础教育、高等教育、职业技术教育、成人教育各领域，落实到教育教学和管理服务各环节，覆盖到所有学校和受教育者，形成课堂教学、社会实践、校园文化多位一体的育人平台，不断完善中华优秀传统文化教育，形成爱学习、爱劳动、爱祖国活动的有效形式和长效机制，努力培养德智体美全面发展的社会主义建设者和接班人。"这是将培育和践行社会主义核心价值观与中国教育方针结合起来的重要表述，是落实全面发展教育的重要依据。教育领域在落实立德树人的根本任务方面，把坚定不移加强理想信念教育，千方百计促进学生身心健康，多种形式提高学生实践能力结合起来，形成新时期以立德树人为根本任务的中国学生的全面发展教育内容体系。习近平总书记在全国高校思想政治教育工作会议上强调指出："高校思想政治工作关系高校培养什么样的人、如何培养人以及为谁培养人这个根本问题。要坚持把立德树人作为中心环节，把思想政治工作贯穿教育教学全过程，实现全程育人、全方位育人，努力开创我国高等教育事业发展新局面。"[1] 在党的十九大报告上，习近平总书记作出"中国特色社会主义进入新时代"的重要论断，提出："要全面贯彻党的教育方针，落实立德树人根本任务，发展素质教育，推进教育公平，培养德智体美全面发展的社会主义建设者和接班人。"[2] 习近平总书记在北京大学师生座谈会上的讲话提出："要把立德树人的成效作为检验学校一切工作的根本标准""做到明大德、守公德、严私德""做到以树人为核心，以立德为根本"。[3] 在全国教育大会上，习近平总书记强调："落实立德树人根本任务""培养德智体美劳全面发展的社会主义建设者和接班人"。[4] 习近平总书记关于教育根本任务与根本问题的论述十分丰富，成为新时代指导中国教育事业发展的重要思想。教育部在《关于全面深化课程改革落实立德树人根本任务的意见》中指出："立德树人是发展中国特色社会主义教育事业的核心所在，是培养德智体美全面发展的社会主义建设者和接班人的本质要求。"学校课程是教育思想、教育目标和教育内容的主要载体，集中体现国家意志和社会主义核心价值观，是学校教育教学活动的基本依据，直接影响人才培养质量。与时俱进，全面深化课程改革，是适应教育内涵发展、基本实现教育现代化的必然要求，对于全面提高育人水平，让每个学生都能成为有用之才具有重要意义。

---

[1] 习近平：《习近平谈治国理政》第二卷，外文出版社 2017 年版，第 376 页。

[2] 习近平：《决胜全面建成小康社会 夺取新时代中国特色社会主义伟大胜利——在中国共产党第十九次全国代表大会上的报告》，人民出版社 2017 年版。

[3] 习近平：《在北京大学师生座谈会上的讲话（2018 年 5 月 2 日）》，人民出版社 2018 年版，第 7 页。

[4] 习近平：《习近平谈治国理政》第三卷，外文出版社 2020 年版，第 328 页。

为了进一步落实立德树人的根本任务，将立德树人根本任务与学校课程教学改革有机结合，2014年教育部研制印发了《关于全面深化课程改革落实立德树人根本任务的意见》，教育部组织研究提出了各学段学生发展的核心素养体系，明确学生应具备的适应终身发展和社会发展需要的必备品格和关键能力。2016年9月，中国学生发展核心素养研究成果发布，中国学生发展核心素养以培养全面发展的人为核心，分为文化基础、自主发展、社会参与三个方面，综合表现为人文底蕴、科学精神、学会学习、健康生活、责任担当、实践创新六大素养，具体细化为国家认同等18个基本要点。各素养之间相互联系、互相补充、相互促进，在不同情境中整体发挥作用。为方便实践应用，将六大素养进一步细化为18个基本要点，并对其主要表现进行了描述。根据这一总体框架，可针对学生年龄特点进一步提出各学段学生的具体表现要求。2017年12月，教育部印发《普通高中课程方案和语文等学科课程标准》；2022年4月，教育部发布了《义务教育课程方案》和16门课程标准（以下简称新方案和新课标），新课程方案和标准明确指出此次课程改革将以核心素养为导向，设计与规划基础教育课程体系与课程内容。中国学生的核心素养将在新一轮课程与教学改革中，通过课程标准、教材、课堂教学方法等的变革，进一步从理念层面落实到学生的真实素养，这既是落实立德树人根本任务的具体方案，也是推进素质教育的根本措施，进而实现新的时代背景下中国学生的全面发展。

贯彻落实党的教育方针，落实立德树人根本任务，解决教育根本问题，是当前中国教育工作的首要任务。国家教育行政部门和各级各类教育机构，要抓住全面提高人才培养能力这个重点，将党的教育方针有效融入教育管理、办学治校和教育教学全过程，把牢政治方向、清理制度规范、校正误区偏差，使各级各类教育更加符合教育规律和人才成长规律，使教育培养的人才更好地为社会主义现代化建设服务、为人民服务。各级教育研究部门和研究人员，要深入研究中国共产党教育方针的百年历史，研究中国共产党教育方针的内容与逻辑体系，研究贯彻落实中国共产党教育方针的政策与方略，真正将理论研究与实践落实结合起来。

首先，各级教育行政管理部门要认真学习习近平新时代中国特色社会主义思想，把贯彻落实党的教育方针与立德树人根本任务作为教育工作的总目标，改革教育管理中普遍存在的官僚主义作风，以人为本，提高教育管理的质量与效益。教育行政和管理部门不仅要大力宣传党的教育方针，把贯彻落实党的教育方针作为各项教育事业评价的首要指标，并通过有效地督导检查教育方针落实的具体情况，及时发现问题，及时解决问题。贯彻落实党的教育方针是一项需要常抓不懈的工作，教育管理部门还要将党的教育方针具体细化到各级各类教育的管理政策之中，通过持续不断地贯彻落实，让教育管理为教育事业的发展服务。贯彻落实党的教育方针，不能仅仅停留在宣传工作上，还要和教育工作紧密结合起来。中国进入 21 世纪以来的基础教育课程改革，其设计的理念与方法便是落实党的教育方针的具体体现，深化基础教育课程与教学的改革，对于落实立德树人根本任务和解决教育根本问题有十分重要的现实意义，是贯彻落实党的教育方针的根本途径。高等教育管理部门要将立德树人根本任务与教育根本问题落实到学校管理的各个环节中，落实到教育教学的全过程中，落实到专业教育与道德教育的一体化中，进而从整个教育事业的管理中贯彻落实党的教育方针。

其次，各级各类学校，无论是基础教育还是高等教育，无论是普通教育还是职业教育，都要把贯彻党的教育方针作为深化教育教学改革的指导思想，在学校的办学思想的确定，课程体系的设置、课堂教学的改革以及师生的评价等方面，均要以党的教育方针为指导。以破"五唯"为基本出发点，坚决纠正办学思想方面的偏差与错误，加强校长及学校管理人员的政治素养，明确学校教育的主阵地功能，为党育人、为国育才。以贯彻落实立德树人根本任务为抓手，坚决纠正课程与教学改革中的片面与极端的观念与行为，开足开全国家课程，重视德智体美劳课程体系的全面落实，彻底改变学校教育的育人方式，建设高质量中国特色现代化教育体系。

再次，广大教育工作者，要把课堂教学活动作为贯彻落实党的教育方针的主渠道，不仅要从信念上明确党的教育方针，按教育方针教书育人，而且要在各学科教学中加强"课程思政"建设，并以党的教育方针作为指导教学实践的依据，加强理论与实践的联系，加强教育与生产劳动的联系，加强为社会主义现代化培养人才的意识，加强为学生服务的意识，反对片面发展的教育，反对以升学应试为目的、不顾人的全面发展的教育，减轻学生学习的负担，让学生有更多的时间和精力参加生产劳动和社会实践，开展研学旅行活动，倡导素质教育精神，培养德智体美劳全面发展的社会主义建设者和接班人。

最后，各级教育研究机构与教育科研人员，在贯彻落实党的教育方针的过程中，深入研究当前教育领域的重大现实问题，将教育研究与国家战略需求结合起来，将教育研究与立德树人根本任务结合起来，将教育研究与推进教育改革结合起来，将教育研究与课程与教学改革结合起来，将教育研究与各级各类教育中亟须解决的实际问题结合起来。发挥教育理论研究的先行功能、智能解决功能、经验总结功能。教育科研各级部门与教育研究各类期刊要把正确的理论引领作为研究的主要方向，为中国特色社会主义新时代的教育发展提供科学有效的理论基础。

第三章

中国课程理论的百年发展与主要特点

作为教育科学学科体系的一个重要分支，中国的课程理论学科自 20 世纪 20 年代创立以来，在百年发展的历程中，经历了学科发展的初创、停滞、重建以及多元化发展四个不同阶段，当下正在不断走向成熟与完善。历史是一面镜子，回望历史，是为了更好地总结经验，通向未来。课程研究的历史不仅仅是课程领域的静态记忆，更是把脉当前和未来课程理论发展问题的关键。在当前加快构建中国特色哲学社会科学的历史坐标中，通过探寻中国课程理论百年发展历史轨迹，寻觅其逻辑，从中总结中国课程理论发展为我们带来的重要启示，并对中国特色现代课程理论学科体系、教材体系和话语体系的未来走向进行可能性的展望，有着非同寻常的独特价值。

第一节 中国课程理论百年发展的历史轨迹

课程理论发展是一个复杂、动态的演进历程：它一方面有着自我演化的历史脉络，另一方面也受到种种外部因素、历史条件的制约。就后者而言，"一个国家的课程理论的发展受到处于两个层次的外部因素的制约：其一是社会经济，政治发展的要求；其二是教育改革的需求。实际上，社会经济、政治对课程理论产生、发展的需求常常体现为教育改革与教育实践的要求"①。这些因素相互交织，共同作用，塑造了中国课程理论的生成发展路径，并使其在各时期呈现出不同样态。以此观之，中国百年课程理论的演变历程可分为四个时期。

一 1919—1949 年：课程理论的初创与课程研究的兴起

尽管在古代先贤们的著述中蕴含着丰富的课程思想，但不可否认的是，现代意义上的课程理论和课程研究在中国却是一个纯粹的舶来品。这就造成了中国课程理论的初创既与本国社会发展背景及教育改革的现实需要密不可分，同时也体现和受制于其"进口国"课程理论的研究取向和发展水准。国内集中表现为当时学制改革的客观需要，围绕1922 年新学制改革，中国学者纷纷开始研究课程，特别是中等教育课程的改革。国外则主要聚焦于对以美国为首的西方国家课程理论的引介，以及在此基础上进行的本土探索，这些研究与实践是在当时启蒙与救亡、学习和传播西方文化这一特殊时代背景下产生的。

1919 年，正值五四新文化运动时期，杜威应邀来华讲学，促成并加速了实用主义教育思想在中国的传播，实用主义教育中本身就有着关于课程思想的独到见解。与此同时，20 世纪上半叶，一大批中国留学生在欧美名校留学，其中，美国的哥伦比亚大学师范学院成为中国学生的留学重镇，据考证，"20 世纪上半叶在美国哥伦比亚大学师范学院学教育获博士学位的共有 49 位中国留学生"②，获得学士或硕士学位的则更多，其中陶行知、陈鹤琴、庄泽宣、程湘帆等均在其中。可以说，正是在这种"请进来"与"走出去"的共同作用下，中国课程理论开始了向西方国家，尤其是美国的学习与借鉴。20 世纪二三十年代，美国的课程研究主要是沿着两个不同的改革运动而展开：一是社会效率运动，它迫使教育界需要寻求新的途径和方法来解决当时课程编制的技术难题；正是在这种背景之下，博比特于 1918 年出版《课程》，开创了课程开发研究的先河；随后，经查特斯等人的进一步探索，逐渐形成了

---

① 廖哲勋：《论我国课程理论学科群的建设》，《课程·教材·教法》2000 年第 4 期。
② 丁钢：《20 世纪上半叶哥伦比亚大学师范学院的中国留学生——一份博士名单的见证》，《高等教育研究》2013 年第 5 期。

一种课程开发的原理。二是进步主义运动：在批判传统教育的基础上，杜威等人形成了实用主义的课程思想，且在美国影响深远。以上两条主线中，研究者虽身份有所不同、思想倾向各异，且在美国本土多有争执，但它们都深深地影响了当时中国的课程理论。在这种影响之下，加之中国学制改革的推动，使得中国课程领域产生了较为丰硕的成果，主要表现在以下六个方面。

第一，引进和译介国外课程理论。主要包括：1925 年译《设计组织小学课程理论》，1928 年译博比特《课程》，1948 年译博比特《课程编制》。第二，出版了一系列本土的课程理论著作，可谓著述丰富，种类繁多，涵盖了中小学课程类、课程编制类、课程史类和教材研究类等多个类别，具体有程湘帆的《小学课程概论》（1923 年）、朱智贤的《小学课程研究》（1931 年）、李廉方的《小学低年级综合课程理论》（1934 年）、王克仁的《课程编制的原则和方法》（1928 年）、熊子荣的《课程编制原理》（1934 年）、徐雉的《中国学校课程沿革史》（1929 年）、盛朗西的《小学课程沿革》（1934 年）、陈侠的《近代中国小学课程演变史》（1944 年），吴研因、俞子夷、吴宗旺都有关于教材研究的论著出版。其中，程湘帆所著的《小学课程概论》一般被认为是近代中国第一本课程理论著作。第三，发表了课程理论文，尤其是商务印书馆的《教育杂志》和正中书局的《教育通讯》等刊发了不少关于课程理论的文章。第四，在高校开设课程理论课程，从 20 世纪 30 年代起，课程理论开始作为大学课程在高等院校开设。第五，在一些教育学著作中有专门一章探讨"课程"，据笔者考查，这类著作包括余家菊的《教育原理》（1925 年），舒新城的《教育通论》（1927 年），庄泽宣的《教育概论》（1928 年），孟宪承的《教育概论》（1933 年），吴俊升、王西征的《教育概论》（1935 年）等。第六，在本土教育实验的基础上，一批中国教育家的课程思想逐渐形成，包括陶行知"教学做合一"的课程与教学思想、陈鹤琴"活教育"的课程理论、黄炎培职业教育课程思想、梁漱溟乡村建设中的课程思想等。

这一时期的中国课程理论发展，总体上体现了中国学者初建课程理论的尝试，但整体水平还有待提高；译介了国外课程理论，但大多数研究以西方尤其是美国的理论为出发点，本土化程度不高；同时对中央和地方的课程改革实践产生了影响。

二 1949—1979 年：课程理论发展的停滞与课程研究的失语

新中国成立初期，新中国同时面临着政权巩固、社会重建、恢复生产、扫除文盲、发展文教的多重重压。由于社会制度和意识形态相同，以俄为师、取法苏联成为这一时期中国进行社会主义建设的主要方向，教育事业学习和采用的也是苏联模式。然而，苏联课程理论的建构取向、实然状况与美国却是大相径庭。在相当长的一个时期里，苏联并没有把课程理论作为教育学的一个分支学科来加以研究，其中的一个重要原因即在于其社会制度的规约，"因为苏联的学校课程（即他们所说的'教学内容'）是由国家统一规定的，具有法律的性质；学校和教师只能遵照执行，不能随意变更"[①]。苏联教育学中十分重视教学论的内容，教学论是教育学的重要组成部分。"课程理论"这一术语的使用仅仅在"教学论"部分列"教学内容"一章，对教育部颁布的教学计划、教学大纲和教科书做一番介绍。这一点从苏联的几本有影响力的教育学、教学论著作或教材中就可见一斑。从 1948 年出版的凯洛夫《教育学》，到 1956 年出版的、由凯洛夫任总主编，会同冈查洛夫、叶希波夫、赞科夫主编的《教育学》，都是专章谈"教学内容"，主要包括教学计划、教学大纲和教科书等。教学论著作中也是这种体现，脱胎于凯洛夫《教育学》的苏联第一本《教学论》著作，由叶希波夫、达尼洛夫编著，这本于 1957 年出版的《教学论》共十一章，其中一章为"教学内容"。这些著作被及时引介到中国，成为中国学者思考和研究课程问题（即教学内容问题）的基本导引。

1958 年，中苏关系恶化。在致力于"跳出凯洛夫框框"，创建"中国化社会主义教育学"的背景下，本土探索逐步推进，国内一些《教育学》教材应运而生。其中，20 世纪 60 年代初诞生的刘佛年的《教育学》是影响力最大的一本，其中列专章探讨"课程与教材"问题，下

[①] 陈侠：《课程论》，人民教育出版社 1989 年版，第 1—2 页。

分两节：第一节为"课程的设置和安排"，第二节为"教材的选择和组织"。当然，这一时期对教育和课程问题的探讨很难摆脱"左"的思想的影响。事实上，早在1958年《毛泽东同志论教育工作》中就提出：要使"教育为革命战争和阶级斗争服务"，规定了教育和课程的基调。到了"文化大革命"时期，基础教育领域进一步遭受干扰，因政治形势的需要，课程领域遭遇严重异化，课程的知识观基础被推向注重实践、注重直接经验的极端，课程实践处于无序状态，原本薄弱的课程研究在这一时期更是一片寂静。

纵观这一历史时期，中国的课程理论被隐匿于教学论之中，课程理论的发展基本处于停滞状态，课程研究的范围十分狭隘（主要局限于学科课程、文本课程）。除了在《教育学》《教学论》中讨论课程问题（教学内容问题）以外，《人民教育》以及一些地方教育的期刊也刊文探讨课程问题，但从研究取向来看，对课程在原理层面的探讨，课程理论的学理研究都是非常缺乏的。如果说，以凯洛夫为代表的《教育学》是"工作手册式的教育学"的话，那么，这一时期的课程研究大多属于"政策解读式的课程理论"。"文化大革命"时期的"课程革命"使实践一度陷入混乱，这种状况一直持续到20世纪70年代晚期才有所改观。当然，这并不是说，在这一时期中国的课程研究就没有可取之处。事实上，马克思主义在中国教育学研究中的指导地位，就是在新中国成立初期得以确立的。"马克思、恩格斯提出的科学分类方法，为学科课程奠定了牢固的基础。"[①] 在此基础上，苏联的教育学者们不断探索，发展和完善了学科课程体系，指导了实践。中国学者在译介与探索的过程中，学科课程日益成熟，并为日后的课程发展奠定了基础，这些都是它的独特贡献。

三 1979—1999年：课程理论的重建与课程研究的复苏

随着拨乱反正的进行，教育在调整、整顿中发展。改革开放后，中国课程理论面临学科重建的重任与使命，以翻译引介、创办期刊、出版

---

① 王策三：《教学论稿》，人民教育出版社1985年版，第177页。

著作、理论研究、实践探索、人才培养等多种方式努力恢复遭受破坏的课程理论学术生态。《教育研究》《课程·教材·教法》分别于1979年和1981年创刊，为课程理论研究学术成果的交流提供了专业平台。尤其是《课程·教材·教法》，作为全国第一家课程教材研究的专业杂志，在强化课程研究、传播学术思想、引领课改实践方面起到了至关重要的作用。《课程·教材·教法》创刊号发表了戴伯韬的《论研究学校课程的重要性》一文，提出要把课程理论作为学校教育学中的一门重要的科学分支。① 这是中国新时期把课程理论作为独立学科建设的最早呼唤。"在同年出版的该刊第2—4期中，刊登了陈侠《课程研究引论》、叶立群《中小学课程设计的三个问题》、刘英杰《中小学课程设置的几个问题》等文章。这些论著堪称中国课程理论重建时期的先驱。"② 与此同时，国外一些新的课程理论被译介到中国。学术论文方面，自20世纪70年代末邵瑞珍先生在《外国教育资料》发表《布鲁纳的课程理论》一文，拉开了国外课程理论在中国引进的序幕之后，又有一批学者拾级而上，较为系统的有80年代中期，廖哲勋先生撰文就美国课程理论的主要流派及其争端进行了介绍和论评③，陈侠先生就国外课程理论的九大流派进行了系统梳理。学术著作方面，自人民教育出版社编辑出版国内第一套《课程研究丛书》，翻译了引进了英国、日本、美国、苏联等国课程理论著作，对国外课程理论著的译介浪潮就从未停止。在这一时期，国内又重新开始有了课程理论专门论著的产生，举其要者包括：王伟廉的《课程研究领域的探索》（1988年），陈侠的《课程论》（1989年）、钟启泉的《现代课程理论》（1989年）、廖哲勋的《课程学》（1991年），靳玉乐的《现代课程理论》（1995年），施良方的《课程理论：课程的原理、基础与问题》（1996年）等相继问世。其中，陈侠先生于1989年出版的专著《课程论》，被视为中国现

---

① 参见顾明远总主编《中国教育大系　现代教育理论丛编》（下），湖北教育出版社1994年版。
② 侯怀银、谢晓军：《20世纪我国学者对课程论学科建设的探索》，《课程·教材·教法》2008年第1期。
③ 廖哲勋：《美国课程理论的主要流派》，《课程·教材·教法》1984年第6期。

代第一本课程理论著作。

20世纪80年代—90年代,课程改革依然在继续推进,一系列课程实验也相继开展,廖哲勋等一批课程理论专家以满腔热情投入中国中小学课程与教学改革当中,他在湖北省潜江市的小学和初中、武汉市的小学建立实验基地,开展课程实验。90年代的课程实验主要有:中央教科所高峡主持的社会课改革的研究与实验,黄甫全主持的阶梯形课程——中小学幼儿园一体化课程实验,崔允漷主持的校本课程开发的研究与实验,张传燧主持的普职结合课程模式的理论与实验等。一系列课程实验的开展为课程理论的发展注入了新的活力,提升了课程理论学科的科学性。从学术共同体来看,"全国课程理论专业委员会"于1997年成立,并定期开展学术交流与研讨,对中国课程理论的学科发展起到了重要的推动作用。这一时期的课程理论发展,1989年可被视为一个分水岭。1989年之前,可以视为课程理论学科重建的积累阶段;这一时期中国真正的课程研究还并不多,大部分是教材研究。1989年,课程理论学科再次独立之后,得益于众多学者的努力,它在随后的一段时间里便获得了快速发展,研究领域随之不断扩展。

四 1999年至今:课程理论的壮大与多元化发展

建基于20世纪八九十年代中国学者在现代课程理论方面所奠定的基础,世纪之交,中国的课程理论学科逐渐进入多元化发展时期,其最主要的动力来自21世纪中国基础教育新课程改革对课程理论提出的挑战。1999年召开的第三次全国教育工作会议和国务院批转的教育部《面向21世纪教育振兴行动计划》,都提出了改革现行基础教育课程体系,研制和构建面向21世纪的基础教育课程教材体系的任务,新一轮基础教育课程改革开始启动。"新课程改革"引发了21世纪初中国课程研究的热潮和思想论争,学者们对课程理论、课程改革进行了全方位的研究。围绕课程改革,在21世纪的课程理论研究中,除了本土探索,学者们还不断探寻了课程研究的新领域,持续引进了西方课程的新思想,这进一步促使一些新的课程理念浮出水面,进入学术研究的视野。其中,华东师范大学课程与教学研究所成为译介西方课程理论的重镇,钟启泉、张华主编了《世界课程与教学新理论文库》，对欧、美、日等国家、地区的课程思想进行了介绍，包括多尔的《后现代课程观》、派纳的《理解课程：历史与当代课程话语研究导论》等经典名著，这大大开阔了中国课程研究的学术视野，活跃了课程研究的思维。

这一时期，中国课程理论研究进入了一个多元化发展的阶段，具体体现为以下四个方面：一是研究范式、学科视角的多元共生，二是研究主题、研究领域的日益丰富，三是研究中不同立场、观点的碰撞与交锋，四是研究者主体构成的多元参与和互动。就研究范式、学科视角而言，可以说是课程开发范式与课程理解范式并存，现代范式与后现代范式共生。在课程理解范式之下，中国的课程理论学者基于社会学、政治学、文化学、哲学等多学科视角探讨课程理论问题，促发了课程理论与相关学科的对话，研究方法的多样化；同时也激活了研究中新的生长点，带来了研究主题和研究领域的进一步扩展。随着课程理论研究主题、研究领域的日益丰富，由于研究者对课程概念的阐释各不相同，观察课程问题的角度有别，价值取向各异，这就产生了一些学术上的讨论和争论。当然，关于课程问题的学术争论和商榷一直都有，新课程改革后，著名的"钟王之争"是课程理论领域涉及面更大，所讨论问题更为根本，影响力也最为深远的一次学术争论，直指课程改革中的知识观、课程的基本概念、课程改革的基础、方向等核心问题。学术思想上的分歧、争鸣本来就是立场多元、观点多样的客观反映，同时也推进了我们对课程问题的认识不断走向全面、深入和辩证。这一时期，随着课程民主化进程的切实推进和三级课程管理体制的落实，课程领域中的一个重大变化在于，地方和学校的课程权利增加了，教师的课程意识逐渐觉醒，教师课程开发的能力不断增强，这也就打破了传统的由学科专家设计、开发课程，一线教师使用、消费课程的体制惯性和路径依赖，学校和教师在课程研究中的主体性不断增强，这一状况优化了课程理论研究的主体构成，使得学校和教师成为课程建设中一股重要的推动力量，并与学术研究形成有机互动。

这一时期的中国课程理论，学科发展逐渐成熟，研究视域不断拓展，研究成果日趋丰富，多元化色彩浓重。多元意味着敞开，同时，多元的推进又总是与共识的减退相伴相生,随之而来的一些问题也不容忽视。如,对课程的概念的多元化理解不断加剧,课程到底是学科,还是经验,还是什么?可谓众说纷纭。这些在使课程研究领域呈现出一片繁荣景象的同时,也给课程理论研究者和实践操作者带来诸多困扰。

第二节　中国课程理论百年发展的主要特点

一　课程理论学科构建的立场：从外来到本土化的不断推进

外来与本土的问题,是课程理论学科发展中的一对基本矛盾,它牵涉课程理论发展中共性与个性、一般与特殊、国际性与民族性的关系问题,处理好这些关系是构建中国特色课程理论的先决条件。中国课程理论学科是外来的而非内发的,在其发展的各阶段都存在着"引进情结"。总体上来看,中国课程理论学科的孕育、创立、发展和成熟,是一个逐渐从外来到本土化,同时又不断相互作用的演进过程。

20世纪上半叶中国课程理论学科的建设还基本停留在以介绍和移植美国的课程理论为主的阶段。这一时期,"课程理论研究类著作,主要探讨课程的内涵、本质、功能以及课程编制的基本原理和方法。这几本课程理论著作,在侧重点上有所不同,但在论述同一个主题时,不同著作之间在内容上却具有很大的一致性,而且主要观点与博比特的《课程》和《课程编制》中论述的观点基本相同。这在一定程度上说明,当时中国的课程理论创新性不足,主要处于介绍和推广外国理论的层次"[1]。当然,这一时期,也有一些有志之士进行的本土探索,如陶行知"教学做合一"的课程与教学思想,是在批判性地继承杜威教育思想的基础上,同时又立足中国实际而形成;陈鹤琴"活教育"的课程理论、李廉方的课程实验,都深受当时西方课程思想的影响,同时又紧密结合中国国情而提出。然而,这些探索毕竟还不是在课程理论学科

---

[1] 孙宽宁、徐继存：《我国课程论教材建设90年：反思与展望》,《课程·教材·教法》2012年第12期。

本体的层面上而言，探索者的身份也更多的是教育家而非课程理论专家。从课程理论领域自身来看，外来化色彩要更浓一些。不过，这也是处于襁褓时期中国课程理论发展的必经阶段，从积极的意义上来看，正是"得益于民国期间众多学界前辈的出色努力，中国的现代课程研究基本上与欧美国家同步"[①]。到了20世纪50年代，学习的重心转向苏联，凯洛夫教育学体系中，课程理论没有取得相对独立的位置。但几乎同时，中国也开始了本土探索。早在1955年就提到"要创建和发展新中国教育学"，随后诞生的刘佛年《教育学》虽然在概念与表述方式上还有凯洛夫《教育学》的影子，但从指导思想与内容体系而言，已经与凯洛夫《教育学》有了明显的不同。但同期中国课程理论学科有限的发展水平和"大教学、小课程"学术取向并未对这些探索提供生存的土壤和有效的支撑，所以当时整个学界对课程这一领域真正学术问题的触及还不够，也未能紧跟国际课程领域的新发展。十一届三中全会以后，教育学界又兴起了向西方学习的热潮，大量的西方课程理论再次译介过来，其中既有同时期欧美课程思想，同时也不乏20世纪六七十年代中对西方造成影响，但一度被我们遗忘的结构主义、人本主义课程理论等，但依然不可避免地存在西方化现象。随后，一些本土课程理论探索也在逐渐形成。到了21世纪，中国课程理论的学科构建依然在外来与本土的不断作用中寻找进路。这一时期，对异国课程思想在引介的基础上多了一些改造，随着课程理论的研究视角的多元化和学科发展的进一步成熟，在课程理论构建中传统元素、本土思维逐渐增多，在课程改革中对于本土观照的呼声日显，如有学者倡导基于儒家、道家哲学的视角观照课程改革。

通过以上梳理可见，在每一个时期，中国课程理论构建都在不断吸收外来的理论和思想，同时也都在尝试进行本土化的尝试，二者在相互作用中形塑着中国课程理论的底色，作用机理在于，一方面，在特定时期，中国本土教育发展与改革中所产生的客观需求，催生了对外来课程

---

① 杨明全：《课程知识的谱系建构及其学术取向的演变：现代课程论百年发展的钩沉与展望》，《全球教育展望》2020年第4期。

理论的引介，如民国时期，主要是针对中国传统封建教育忽视儿童兴趣与需求，被动学习，死记硬背的弊端，引进实用主义课程理论，强调综合考虑社会需求和儿童兴趣编制课程；世纪之交，则主要针对中国基础教育课程在课程理念、结构、内容、实施、评价、管理方面存在的种种弊病，本着国际视野、本土行动的原则加以引进；另一方面，国外的课程理论到来后，又要秉持借鉴而不照搬的原则，结合本土实际进行一定的改造、发展，以使其更加适合本土，这一点实际上在各个时期也都有所体现。

二 课程理论的学科边界：从一个相对独立的研究领域，到依附于教学论，再到独立并走向与教学论的整合

课程理论的学科边界，就是课程理论作为一门学科与其他学科如何区分、划界。探讨课程理论的学科边界问题，主要涉及与之关系密切而复杂的另一个学科——教学论。课程理论、教学论都属于教育学的下位学科、分支学科，它们都是教育学的重要组成部分，其中，课程理论作为教育内容而存在，教学论作为教育手段、途径而存在；前者主要解决"教什么"的问题，后者则着重解决"怎么教"的问题。但现实中，"教什么"与"怎么教"并不总是泾渭分明的，二者常常相互交织，"怎么教"的问题也总是受到"教什么"的制约。在这种情况下，课程理论与教学论的关系就变得异常复杂，且在不同国家、不同时期，形成了不同的关系表征形式。从世界范围来看，对于现代至当代课程与教学论及其关系研究和实践，有两个不同的传统或范式：一是以英、美为代表的课程理论为主导的话语系统；二是以德、苏为代表的教学论为主导的话语系统。前者把教学论纳入课程理论系统来研究和实践，形成了"大课程、小教学"的关系取向，其中教学即课程实施；后者把课程理论纳入教学论系统来研究和实践，形成了"大教学、小课程"的关系取向，其中课程即教学内容。两者各有特色、各有利弊。

就中国而言，20世纪20—40年代，中国的课程理论学科构建受欧美，尤其是美国影响较大，对于课程问题的探讨成为一个相对独立的研究领域。在一些教育学教材中，课程与教学往往作为两个并列的章节分

而述之,连接它们的纽带是教材。新中国成立后,受苏联影响,苏联教育学科体系包括教育学总论、教学论、教育论和学校行政四部分,不包括课程理论;由此,在一些教育学教材中,关于教学论的内容往往占很大篇幅,而课程却不会设置专章来谈的现象也就不足为怪了。到了改革开放后,情况有所改观。一些经典教材,如1979年出版的上海师范大学编写的《教育学》教材中,将"课程与教材"重新恢复为一章,课程问题的探讨再次走向前台。1989年,课程理论成为一门独立的分支学科后,彻底打破了教学内容研究的局限性。不过,课程理论从教学内容的藩篱中解放出来之后,并没有与教学论渐行渐远、分道扬镳,而是逐渐重新走进对方、相互交叉甚至融合在一起,这是由课程与教学这两个领域有着天然的、密不可分的联系这一客观性质所决定的。到了"20世纪90年代,随着学科的综合化发展,课程理论与教学论整合形成了课程与教学论,并成为教育学一级学科下设的二级学科。学者们开始整合探讨课程与教学论学科建设的相关问题"①。1997年,中国国务院学位委员会国家教委颁布的培养研究生的学科专业目录中把"课程与教学论"作为教育学一级学科下属的二级学科。自此,课程理论与教学论的关系论从"并列论"走向"整合论",课程与教学论学科体系开始形成。这一时期及之后,张华、王本陆、李森与陈晓端、黄甫全、徐继存与徐文彬、王鉴、潘洪建等学者都编写、出版了"课程与教学论"整合式的教材或著作。随着课程理论研究视野的拓展和研究队伍的逐渐壮大,课程理论学科的边界也在不断膨胀,加之新课程改革中所谈到的课程实际上把教学(课程实施)也包含在内了,这就促使了关于课程与教学关系的一种新声音的出现,即主张"大课程(论)小教学(论)"的"大课程观"。

透过百年发展看课程理论的学科界限不难发现,课程的概念经历了由大(课程理论作为独立的研究领域)到小(课程理论包含于教学论),再到大(课程理论恢复成为独立学科),甚至更大(课程理论包

---

① 王鉴、李泽林:《探寻课程与教学论研究的"知识地图"》,《教育研究》2019年第1期。

括教学论）的演进脉络。课程理论与教学论经历了相对分化到逐步整合的发展历程。当然，整合过程中也有一些不可避免的问题，毕竟课程理论和教学论各自的概念范畴是出自不同的话语系统，而不同的话语系统代表的是不同的研究传统或范式。所以，从根本上来说，我们是否可以，又将如何将两种不同的话语系统完全揉为一个有机的整体，还是一个值得深入探究的问题。

三 课程理论领域关注的主题：从静态的文本课程到文本课程与体验课程并重，从课程编制到多元课程研究谱系共生的变迁

任何一个学科都有其关注的基本问题领域，这些领域会随着时代的发展、变迁而呈现出一定的差异性。对课程理论不同时期所关注的问题领域进行提炼、分析与比较，有助于我们更加全面、深入地揭示课程理论学科发展的规律。

20世纪20—40年代开创了中国课程研究的先声，课程编制理论成为中国早期课程研究的重点；这个时期的学者以探讨课程编制的方法和技术为重心，兼而涉及课程的内涵、本质、功能及教材等问题。到了五六十年代，在教育学、教学论学科中所探讨的课程问题，将课程窄化为"教学内容"，将课程理解为静态的文本、计划，这实际上也反映了那个时代学者们对课程的共性认识，这就形成了各个版本教育学和教学论教材中关于"教学内容"的基本架构。在这一架构中，对于课程问题的探讨一般上承教育目的、培养目标，然后经课程设置过渡，接着详述各类各门课程（尤其是学科课程）的性质和任务，最后止于教科书（教材的选择和组织），这些都系在学校以外设计，并作为外在于学校和教师的规范，使教师照章办事，从而形成了一个相对完整的"课程系统链条"。从性质上来看，这个链条里所涉及的内容大都属于静态的文本课程。这种状况在改革开放后有所改观，课程关注的领域有所拓展，但依然主要集中在静态的文本课程，主要涉及古德莱德所讲的理想的课程、正式的课程两个层次。与静态的文本课程相对应的是动态的实施课程（体验课程），它主要探讨设计出来的课程如何实施（教师的备课、上课）、评价（学生学得如何）的问题，涉及古德莱德所讲的领悟

的课程、运作的课程和经验的课程三个层次,这些问题在传统上多属于教学领域关注的问题。自20世纪80年代末90年代初,课程理论重新恢复为一门独立学科之后,对这些问题的探讨被逐渐纳入课程理论当中。新课改之后,中国再度掀起了课程研究的热潮,一些新的研究主题不断凸显。2008年出版的《课程理论热点问题研究》中对2000年以来中国课程理论学科在理论研究上的新进展进行了系统整理,涉及课程理论、课程设计、课程目标、课程内容、课程实施、课程评价、课程领导、课程资源、地方课程、校本课程、综合课程十一个范畴。其中,相比2000年之前,课程实施、课程领导、课程资源、地方课程、校本课程、综合课程等均可被视为研究中备受关注的新兴领域,当然,这里所说的新兴领域并不是以前就不存在,而是说在这一时期它们受到更多的关注。另外,这一时期,综合实践活动、研究性学习,课程理解等领域也逐渐进入人们的视野,这在政策方面是得益于新课程改革的推动;从学理层面阐释,则是多元课程研究谱系的客观反映。如,校本课程开发、课程资源开发均深受实践取向课程研究谱系的影响,综合实践活动、研究性学习、综合课程则在很大程度上延续了经验课程研究谱系的路向,课程理解范式下的课程研究则与批判课程研究谱系不无关联。当然,这些研究谱系之间并非全然对立,而更是一种共生互补的关系。在新兴起的课程领域的概念重建运动中,课程理解也好,后现代课程观、批判的课程研究等新思潮也罢,它们尽管在学术和理论层面上为课程研究带来了很大震撼,但很难切实解决课程实践领域的问题,也取代不了"泰勒模式"。正是在这个意义下,被新思潮所批判的、似乎已日益淡出人们视野的课程开发,尤其是以泰勒为代表的目标模式再次焕发了它的生命力,进而形成了课程理论研究中课程开发与课程理解两种不同方式共生、互补的基本样态。

　　诚然,如上所述,不同时期中国课程理论着重研究的问题不尽相同,但总有一些问题是存在于课程理论研究始终的,是各个时期所共有的,如课程概念的问题、课程编制的问题、教材的问题等。这些问题都是课程理论学科当中的基本问题。当然,在不同时期,对这些问题的回答是不同的,这种变化也在很大程度上形塑着课程理论的学科发展气质。

第三节 中国特色课程理论发展的未来展望

2016年5月17日，习近平总书记在哲学社会科学工作座谈会上的重要讲话中，首次明确提出了"加快构建中国特色哲学社会科学"的重大论断和战略任务，强调着力构建中国特色哲学社会科学，在指导思想、学科体系、学术体系、话语体系等方面充分体现中国特色、中国风格、中国气派。为新时代中国哲学社会科学事业的发展指明了前进方向，提供了根本遵循。结合本书主题，在回望和总结历史的基础上对中国课程理论学科体系、教材体系、话语体系进行展望。

一 学科体系：回归课程研究的原点，推进课程理论的学科群建设

学科体系的建立是一个学科逐渐走向成熟的体现，学科体系是教材体系、话语体系的根本依托，学科体系不扎实，教材体系、话语体系就是无源之水。中国课程理论学科体系的创建并非一朝一夕之事。回望中国课程理论的百年发展，特别是改革开放40多年来，经过几代课程理论学者筚路蓝缕、潜心耕耘，中国课程理论的学科体系才基本确立。课程理论学科体系的建设是一项系统工程，既包括课程理论内部各个子学科的关系，也涉及课程理论这一学科与其他相关学科、平行学科的关系。学科的分化、交叉与整合是当前各学科发展的共同趋势。自课程理论成为一个独立学科之后，随着它自身的不断发展、成熟和壮大，其内部的分化也在不断加剧，各子学科逐渐形成。未来的课程理论将不再仅仅是一个单一的学科，它必将以一个不断完善的"学科群"的姿态呈现在我们面前，这是由复杂多样的课程实践对课程理论所产生的多方面、多层次的需要所决定的。廖哲勋先生认为，课程理论子学科群的整体结构是由层次结构、学科结构和知识结构有机组成的整体。课程理论学科含有三个层次的子学科群，即课程基础理论子学科群、课程工程理论子学科群和课程应用理论子学科群。

课程理论与相关学科，尤其是教育类其他分支学科的交叉、整合主要涉及它与教学论、学习论、信息技术论等学科之间的关系。如前所述，课程理论与教学论的关系较为复杂，当下正在不断走向整合。事实上，课程理论也好，教学论也罢，它们与学习论都有着密不可分的内在关系。在这方面，中国教育学界的先辈们，尤其是张敷荣先生、施良方先生都做了有益的探索，都主张三论结合："张敷荣先生建构的是以教学论为中心、课程理论和学习论并举的教学论流派。"① 施良方先生主张，学习论、课程理论和教学论三者相互依赖、相互促进，而且有一定的相互渗透。在学习论、课程理论、教学论这"三论"当中，学习论是基础。就课程理论与学习论的关系而言，课程原生的要素是"课业"（或"授业"），所谓"课业"是指功课、学业，"授业"是指传授学业。显然这些都是与学习密不可分的。正是在这个意义上，我们认为课程研究的原点就在于学生的学习。脱离了学习这个原点，课程研究就难以走向深入；脱离了学习论，课程理论学科构建就会成为无源之水、无本之木，课程问题的解决会独木难支。"当前，中国课程与教学论领域关于有效教学的研究没有取得突破性进展的一个主要原因就是对学生的学习研究不够深入，不了解或对学生学习的内在机制了解不够。中小学课业负担问题长期得不到有效解决的主要原因也与课程与教学理论研究对学生学习的相关问题研究不深入有很大关系。"② 学习论发展的未来方向是作为一门新兴的交叉学科的"学习科学"，基于学习科学的课程研究将成为一个新的生长点。

未来，信息技术对课程理论的支撑正在不断凸显，这与社会发展的趋势密不可分。2012年"互联网＋"理念的提出，已经使得传统课程与教学论的学科发展逻辑受到了冲击，反思与重构"互联网＋"时代的课程与教学论发展的重要诉求。正是在这种背景之下，近十年来，课程理论的研究主题与领域实现了进一步拓展，主要体现为信息技术、

---

① 王鉴：《论中国特色的教学论学派》，《华中师范大学学报》（人文社会科学版）2011年第1期。

② 安富海、王鉴：《近年来我国课程与教学论研究的回顾与展望》，《教育研究》2016年第1期。

"互联网+"、人工智能这些社会变革图景所引发的课程问题研究,如王鉴等对"互联网+"背景下课程与教学论研究进行了梳理①;王本陆提出加强"云课程"研究②;靳玉乐等研究了信息技术时代的课程理论发展③;于泽元④、王本陆⑤等研究了"人工智能(时代)"的课程。这些研究及时反映并有力地回应当前时代发展对课程理论研究的诉求。2020年新冠疫情的暴发使得学生不能及时复课,如何基于教育规律优化线上教学备受人们关注。我们有理由相信,在可预见的未来,信息技术理论与课程理论将成为结合得更加紧密的两门学科。

二 教材体系:基于人才培养的需要,分层分类开发优质适学教材

"教材建设是育人育才的重要依托。建设什么样的教材体系,核心教材传授什么内容、倡导什么价值,体现国家意志,是国家事权。"⑥由此可见教材建设的重要意义。教材体系与学科体系密不可分,二者之间是辩证统一的关系,一方面,教材体系根据学科体系而确定,教材体系是培养学科人才和完善学科体系的重要途径;另一方面,合理、优化的教材体系又会对学科体系的建设产生推动力。习近平总书记指出:"学科体系建设上不去,教材体系就上不去;反过来,教材体系上不去,学科体系就没有后劲。"⑦

教材体系的框架如何确定,要根据培养人才的层次而分类编写。课程理论领域主要牵涉三个阶段、两个层次的人才培养:本科阶段(本

---

① 王鉴、安富海、李泽林:《"互联网+"背景下课程与教学论研究的进展与反思》,《教育研究》2017年第11期。

② 王本陆:《关于加强云课程研究的几点思考》,《课程·教材·教法》2013年第12期。

③ 靳玉乐、张铭凯、孟宪云:《信息技术时代的课程论发展》,《华东师范大学学报》(教育科学版)2019年第4期。

④ 于泽元、尹合栋:《人工智能所带来的课程新视野与新挑战》,《课程·教材·教法》2019年第2期。

⑤ 王本陆、千京龙、卢亿雷等:《简论中小学人工智能课程的建构》《教育研究与实验》2018年第4期。

⑥ 郑富芝:《坚持正确方向全面提升教材质量》,《人民教育》2017年第22期。

⑦ 习近平:《在哲学社会科学工作座谈会上的讲话(2016年5月17日)》,人民出版社2016年版,第23页。

科层次)、硕士阶段和博士阶段（研究生层次）。当然，在中国本科层次的人才培养中，没有课程理论这个独立的本科专业，但是在教育学、小学教育等专业中，课程理论（或课程与教学论）一直是这些专业的主干课程。课程理论是一门兼具理论和实践性的学科，课程理论的教材建设，一方面应遵循这一学科的共同规范；另一方面在不同层次的人才培养中也应有不同侧重，体现出一定的差异性。本科生教材注重基础性，可采用《课程与教学论》的方式；硕士层次教材宜分设，处理好与教学论、学习论、信息技术论的关系；博士层次则未必需要指定教材。在教材组织上，要处理好逻辑顺序与心理顺序的辩证关系。研究生层次于较高层次的人才培养，同时考虑到学生已经有了一定的专业基础和更强的接受能力，教材应更加注重思想性、学术性，尝试以著代编，鼓励将一些优秀的学术著作作为教材使用；相比之下，本科层次的教材应更加凸显教学性，注重逻辑顺序与心理顺序的统一，除了课程与教学论这一学科的专业知识，还要从课堂上学生如何使用教材进行学习、教师如何使用教材进行教学的角度出发设计教材，在确保学科基础知识科学性、系统性的前提下，提升教材对课堂教学的适学性，有效发挥教材促进教师教学、学生学习的功能。这就需要在教材中应体现先进的教材编写理念，尤其是由"教材"向"学材"观的转变，在这方面，黄甫全主编的《现代课程与教学论学程》作为"国规"教材，做了先行探索，践行"学习为本"的新理念。

无论哪个层次的课程理论教材，都应写好中国故事。相比教学论，中国课程理论的学科体系和教材编写受西方影响更大。诚然，课程理论教材中，一些基本的概念、知识、原理有其客观性，这是不能轻易改变的；但在案例择取等方面，将中国本土优秀教育教学传统融入课程与教学论知识与原理的学习之中，不仅必要而且可行。在长期的本土课程探索中，中国涌现出了一大批优秀案例，如北京十一学校的课程体系，清华大学附属小学的课改探索，"真爱梦想杯"全国校本课程设计大赛中的优秀课程方案，以及很多中小学名师自身的课程思想与教学理念等，这些东西进教材，不仅有助于促进学生习得和内化课程理论知识，同时对其更新课程理念、增进专业认同、培养教育情怀也都是很有助益的。

当然，倡导这些优秀素材进教材，并不是都要呈现在纸质版教材中，否则教材就会越编越厚，反而僭越了学科基本知识的呈现；立足当下教材建设的新背景，在客观上要求探索教材编写新形态，探索信息技术与《课程与教学论》教材深度融合的路径，如基于媒体融合的教材建设，提倡纸质教材与电子教材、移动终端结合，推进教材立体化、数字资源开发。其中，学科基础知识宜在传统的纸质教材中呈现，部分优质案例则可通过二维码进行音频、视频的链接，利用云端为师生提供和推送丰富、生动、多样的教与学资源，以丰富学生的学习体验，提升学生的学习效果。课程理论教材的编写是一个专业过程，要基于教育学立场，融汇教育理论、传播理论、认知心理学、编辑出版等不同视角，基于人才培养分层次进行系统探索。

三 话语体系：扎根本土文化传统，着力构建中国特色的课程理论

话语体系是学术体系的反映、表达和传播方式，是构成学科体系之网的纽结，主要包括：概念、范畴、命题、判断、术语、语言等。话语既是思想的外在表现形式，又是构成思想的重要元素。当然，话语体系不单纯等同于语言，它是有特定思想指向和价值取向的语言系统。

透过百年梳理不难发现，中国课程理论话语有两个主要来源，一是以美国为代表的西方话语，主要是用欧美国家课程理论概念、范畴、命题、术语来阐释课程问题；二是马克思主义的话语，坚持用历史唯物主义和辩证唯物主义的思想方法分析、解决课程问题。这在中国著名课程学者陈侠、廖哲勋、丛立新等人的课程理论著中有着比较鲜明的体现。比如陈侠的《课程论》，结合中国的实际情况，从课程的性质、任务、类型、编订、实施和评价等方面形成了独具特色的结构体系。廖哲勋的《课程学》着力探讨中小学课程发展的规律，初步形成适合中国国情的课程理论体系。[①] 在指导思想上，中国特色课程理论的构建应坚持以马克思主义为指导，强调用马克思历史唯物主义和辩证唯物主义思想来指

[①] 王鉴、李泽林：《探寻课程与教学论研究的"知识地图"》，《教育研究》2019 年第 1 期。

导课程理论与实践,辩证地处理各种关系,这是不能动摇的基本立场;同时,目前对于课程问题的探讨也要防止自我封闭,不能排斥以欧美国家为主流的课程理论体系,还要有机融入中国本土的优良传统。

中国特色课程理论的构建可以从马克思主义中吸取什么?除了指导思想和唯物主义方法论,还有课程理论体系构建的思路,马克思主义与中国场域形成的课程理论体系强调基于特定的教育目标(人的全面发展)、培养目标谈课程(即教育内容问题),从而构成了一个有机衔接的链条和系统,这有助于观照和凸显课程价值中人的尺度,也更为符合中国国情。"实际工作中,在有的领域中马克思主义被边缘化、空泛化、标签化,在一些学科中'失语'、教材中'失踪'、论坛上'失声'。这种状况必须引起我们高度重视。"[1] 中国特色课程理论的构建可以从西方课程理论中借鉴什么?主要是开阔的学术视野、学科的基本术语和多元的研究方法,这些多是各国课程理论中相对共性的、普遍性的知识,有助于不同国家课程理论之间的对话。一直以来,对西方课程理论的借鉴无疑加速了中国课程理论的发展与成熟,也使得我们能够与国外保持接轨,但也要看到,接轨中的深层次问题是文化。任何外来话语,进入中国这个场域都不能完全照搬,而要扎根于本土文化。中国特色课程理论的构建,可以从本土文化中吸取什么?一是对中国古代优秀课程思想的整理和继承,并在当下实现创造性转化。曾有研究者一针见血地指出:"中国的课程理论研究在一定程度上还存在着历史虚无主义的态度。"[2] 其中一个重要表现就是:"对中国古代教育家的课程理论思想我们重视得还不够。"[3] 二是思维方式,事实证明,西方现代课程理论发展中的本质主义思维方式、过于注重科学和理性的取向有其局限性所在,除了后现代课程观的诘难之外,课程理论的话语体系能否提供来自中国的思考视角、独特话语并与西方视角形成互动互补之势?在

---

[1] 习近平:《在哲学社会科学工作座谈会上的讲话(2016年5月17日)》,人民出版社2016年版,第10页。
[2] 侯怀银、谢晓军:《20世纪我国学者对课程论学科建设的探索》,《课程·教材·教法》2008年第1期。
[3] 侯怀银、谢晓军:《20世纪我国学者对课程论学科建设的探索》,《课程·教材·教法》2008年第1期。

《教育学的文化性格》中，石中英将中国文化传统提炼为天人合一、伦理精神、中庸思维。① 当中国人倡导"天人合一""知行合一"之时，背后隐含的是关联思维、整体融通思维、综合渗透思维和互动生成思维，强调的是天与人、知与行的关联、融通、渗透与互动。② 这些对于纠正西方本质主义思维及其课程话语是有益的。话语权的形成有赖于实力，随着中国综合国力的不断增强和课程理论学科自身的逐渐成熟，未来中国的课程理论有能力从"国际视野，本土行动"逐渐走向"中国经验，世界共享"。这不是我们一厢情愿的畅想，而是中国课程理论学科发展的必然，也是世界课程理论专家的期待和呼声。正如多尔所言："世界上没有一个民族像中国人一样具有伟大的文化感，因重视自己伟大的精神传统——尤其是儒家和道家，你们对精神或态度具有强烈的内在感觉，这正是充溢课程所必要的。"③ 派纳不但主编了《中国的课程研究：历史智慧与当代环境》一书，介绍了中国当代课程研究的基本状况；他在中国演讲时还指出："在中国的课程改革中，历史和文化交融着当代的挑战，国家和民族才是最重要的。中国的课程学者和教师是否能够发展出自己独特的道路？这是你们面临的挑战，而世界期待着你们的答案。"靳玉乐、于泽元对"充塞课程"的批判和对"课程留白"的倡导④，李吉林历经多年实践建构的情境课程理论（可视为一种中层理论），都是从"情境""意境"等中国传统文化中寻根，体现了基于本土探讨课程问题的尝试。未来，如何继续推进中国课程理论建构的本土化，还需要更多课程学者的共同努力。

---

① 石中英：《教育学的文化性格》，山西教育出版社 2007 年版，第 271—282 页。
② 李政涛、文娟：《教育学中国话语体系的世界贡献与国际认同》《北京大学教育评论》2018 年第 3 期。
③ ［美］小威廉·E.多尔：《后现代课程观》，王红宇译，教育科学出版社 2015 年版序言第 1 页。
④ 靳玉乐、于泽元：《后现代主义课程理论》，人民教育出版社 2005 年版，第 159 页。

第四章

中国特色现代课程理论学科建设的问题与反思

学科是学术知识分类形成的一个概念，它折射出某一特定领域的学术知识的聚合与关联，一个学科的创立意味着人类对某一知识领域的认识已经发展到较高水平。[①] 课程理论作为教育学一级学科下的二级学科，自20世纪20年代创立以来，经历了学科发展的初创、停滞、重建以及多元化四个发展阶段。一门学科的建设发展总是与特定时代的社会实践紧密关联，社会实践的发展革新必将推动学科建设的不断前进。"观察当代中国哲学社会科学，需要有一个宽广的视角，需要放到世界和我国发展大历史中去看。"[②] 中国特色现代课程理论的学科建设，放到世界的大历史中来看，面临着从课程概念与理论体系的科学化挑战，面临着信息技术发展的智能化挑战，面临着与教学论、学习论等相近学科关系整合的挑战。放到中国发展的大历史中来看，中国社会的基本矛盾已经发生变化，中国特色社会主义进入新发展阶段，各项事业迈向高质量发展的进程。教育领域方面开展了广泛的基础教育课程改革，新时代背景下，课程理论学科发展的矛盾主要表现为课程能够满足学生个体身心健康发展需求的程度，不仅对学生有益，而且对教师、家庭以及社

[①] 杨明全：《课程知识的谱系建构及其学术取向的演变：现代课程论百年发展的钩沉与展望》，《全球教育展望》2020年第4期。

[②] 习近平：《在哲学社会科学工作座谈会上的讲话（2016年5月17日）》，人民出版社2016年版，第3页。

会都有益。因此，从课程设计到课程实施，都需要全新的课程理论的支持，课程理论学科面临着理论建设与实践创新的双重挑战。持续开展课程研究，不断提高课程理论学科建设水平，这是当前中国特色现代课程理论发展的应有之义，是中国教育理论高质量发展的重要组成部分。纵观中国特色课程理论发展的历史，在学科性质、学科地位、研究对象、研究方法、学科基础、学科体系方面虽取得了一定的进展，但中国特色现代课程理论学科体系尚未完全成熟。完善中国特色现代课程理论学科体系与引领课程实践发展，是当前中国课程理论学科建设必须完成的两大任务。① 这两大任务涉及课程的理论研究与对课程理论研究的实践运用。

第一节　课程本质是课程理论学科建设的逻辑起点

"课程"一词作为课程理论学科的核心术语，其概念不仅是课程研究的逻辑起点，更是课程实践的指向航标。② 课程的本质是课程理论研究的核心与基石，也是课程理论体系框架得以建构的原点。③ 课程本质规定着课程研究的方法论取向，是课程理论研究的逻辑起点，因而常常被认为是"课程理论的中心和基调"。课程本质说到底乃是课程是什么的问题，因为人们一般是通过定义来解释或表征本质的。④ 因此，本书基于对课程本质的再认识，进一步明晰课程理论学科性质，并通过反思实然状况下课程理论学科建设的经验与问题，以期充分认识课程理论学科建设的应然的实践逻辑。

---

① 侯怀银、谢晓军：《20世纪我国学者对课程论学科建设的探索》，《课程·教材·教法》2008年第1期。
② 寇平平：《课程概念的文化阐释》，《中国教育学刊》2009年第5期。
③ 王鉴：《课程论热点问题研究》，广西师范大学出版社2008年版，第3页。
④ 徐继存：《课程本质研究及其方法论思考》，《当代教育科学》2003年第14期。

一 课程具有"文本"的含义

作为实践的行动的课程不是凭空产生的,它是在理论设计"文本"层面实施而体现的,行动是文本规范下的行动,同时是文本基础上的创生。陈侠认为课程是为了实现各级学校的教育目标而规定的教学科目及其目的、内容、范围、分量和进程的综合。①《教育大辞典》认为:课程理论既研究课程的外部条件,又研究课程的内部结构。其分支包括课程目标理论、课程设计和开发理论、课程实施理论、课程评价理论、课程改革理论、课程管理理论等。②廖哲勋认为,课程是在一定学校的培养目标指引下,由具体的育人目标、学习内容及学习活动方式组成的,具有多层组织结构和育人计划性能、育人信息载体性能的,用以指导学校教育、教学活动的育人方案,是学校教育活动的一个组成部分。③钟启泉认为,课程是作为实现学校教育的课题与目标的手段(或曰"媒体")而存在的,它反映学校教育的有目的的计划及其展开过程。④不同学者对课程的界定虽然各有不同,但共同之处在于都将课程视为实现学校教育的有目的的计划、科目、知识体系、书面文件、方案等的静态文本,具体表现为:课程计划、课程标准、各级各类教材等。从现象而言,理论层面的课程文本在理性层面回答了课程设计"是什么"和"应是什么"的问题,是对课程的内在结构、结构间关系、本质和规律进行的理性认识。可见,作为文本的课程,遵循理论的逻辑,具有规范性、结构性、理想性的特征。

二 课程具有"行动"的含义

课程理论史上的理论创新,几乎所有的学者都是从论述课程概念的剖析开始建构课程理论的体系。不同的学者对课程内涵的理解虽然有差异,但将课程作为一种"行动的""实践的"内涵理解却是一致的。关

---

① 陈侠:《课程论》,人民教育出版社1989年版,第13页。
② 顾明远主编:《教育大辞典(增订合编本)》(上),上海教育出版社1998年版。
③ 廖哲勋、田慧生主编:《课程新论》,教育科学出版社2003年版,第41页。
④ 钟启泉编著:《现代课程论》,上海教育出版社1989年版,第175页。

于课程理论的考虑，课程理论者发觉在课程方面很难找到什么应该包括进去、什么不应该包括进去的明确的划分，因为课程在某一个时刻所关心的事情是和人们所学习的内容有关的，课程总是具有行动上的含义，对于所产生的结果具有广泛的指导意义。麦克唐纳提议一个概念模式，它把"行动"当作课程理论的中心单位。[1] 博比特在两个方面界定课程：（1）它包括经验的整个范围，既是指导性的又是非指导性的，涉及个体能力的展开；（2）它是一系列有意识指导的训练经验，学校用来完成和完善能力的展开。博比特把课程定义扩展至包含"校外"经验。如：从教堂和寺庙到媒体和商业，从护理中心到家庭本身，都有课程，学校经常对这些课程进行挑战。[2] 博比特定义的课程也具有"行动"上的含义，需要主体自身以"行动"来建构意义。"教育即经验的改造或重组"是杜威课程哲学的基础，课程与教学的统一、教材与教法的统一是杜威课程哲学的内在要求，"主动作业"体现出杜威关于儿童、自然、社会、知识相统一的课程理念。杜威课程观中的主流意识是重视儿童在活动中求知，从做中学，将学习视为行动的过程，强调直接经验和社会行动的重要性[3]。艾伦·布洛克谈到施瓦布的观点：学科是一种有益的虚构，但毕竟是一种虚构；如果要使学生变得聪明，那么就应该强调学科的虚构的特性，就必须清楚某种特定的学科虚构可以被转译成学生生活中的实际情形的种种途径。他提倡一种基于实践的课程，所谓实践，施瓦布指"一个复杂的领域……涉及选择与行动，它与涉及知识的理论领域相对"。理论的结果是更多的知识，实践的结果是事件。他认为学生只有在探究的行动中才得以体现，课程必须教授和促进学生探究的过程。[4] 在派纳的课程理论中，认为课程即"复杂的会话"。"会话"表示"际遇"（教师、学生、知识处于一种复杂的互动之中）

---

[1] 瞿葆奎主编：《课程与教材》（上册），人民教育出版社1988年版，第184—187页。
[2] [法]威廉·F.派纳、威廉·M.雷诺兹、帕特里克·斯莱特里、彼得·M.陶伯曼：《理解课程：历史与当代课程话语研究导论》（上），教育科学出版社2003年版，第26页。
[3] 吕达、刘立德、邹海燕主编：《杜威教育文集》第1卷，人民教育出版社2008年版，第11页。
[4] [美]艾伦·布洛克：《〈塔木德〉、课程和实践：约瑟夫·施瓦布和拉比》，徐玉珍、林立译，教育科学出版社2011年版，第47—194页。

以及"际遇"之后发生的事件。课程成为一个动词,一种行动,一种社会实践,一种私人的意义;既是过程,又是结果。① 不难看出,课程理论学科具有明显的实践属性,诉求的是课程的"行动"意义,在于生成性,与课程文本的理论逻辑的规范性有着本质的不同,是将课程的理论文本转化为实践活动的过程。

综上可知,课程在本质上具有理论性和实践性的双重属性。同理,课程理论这一学科,既有理论的形态,也有实践的存在,课程理论的理论形态表现为课程设计与编制,课程理论的实践存在表现为课堂教学。课程从规划、设计到实施,从课程决策者、编制者到教师和学生,经历了好几次转换,且转换是双向的。课程的文本属性为课程实践提供理性依据,课程的实践属性为生成理想的课程文本提供现实土壤。事实上,每一种课程定义都有一定的指向性,即都指向当时特定社会历史条件下课程所出现的问题,所以都有某种合理性,也有某些局限性。② 因此,充分认识课程的本质要把握好课程理论文本与课程实践活动的辩证关系。既然课程存在于不同层次,如若只注意某一层次而忽略其他,则难以见到课程的全貌。课程理论不仅仅是追问课程"是什么""怎么样"要求其合规律性的事实问题,而应尽可能关注课程"应该是什么""应该怎么样"的合目的性的价值规范问题。前者涉及课程的实然状态,后者涉及课程的应然状态。课程作为一门"属人领域",它不仅受到客观规律的支配,还受到价值法则的制约,是"合规律性"与"和目的性"的统一。③ 更为重要的是,中国课程理论学科经过百年的建设发展已形成明确的研究主题,因此,梳理与反思已有的实然研究经验迫切而必要,对思考课程理论学科"应如何"的应然的逻辑建构具有重要意义。

---

① [法]威廉·F.派纳、威廉·M.雷诺兹、帕特里克·斯莱特里、彼得·M.陶伯曼:《理解课程:历史与当代课程话语研究导论》(下),教育科学出版社2003年版,第868页。
② 施良方:《课程理论——课程的基础、原理与问题》,教育科学出版社1996年版,第9—10页。
③ 黄忠敬:《课程研究的文化学路向》,《南京师大学报》(社会科学版)2005年第6期。

第二节　课程理论学科体系建设的基本共识

中国特色的现代课程理论是指中华人民共和国成立以来的课程理论。一方面是中国特色社会主义国家教育学理论下的课程理论；另一方面是与现代社会相适应的课程理论。由于中国自20世纪50年代初全面学习苏联，导致教育学下的二级学科教学论成为显学，而不提课程理论，课程理论被作为教学论的教学内容而存在，没有专门的学科。直到20世纪80年代末，陈侠的《课程论》和钟启泉的《现代课程理论》这两本课程理论著作的出版，才开启并推动了中国现代课程理论学科的重建，全国课程理论专业委员会随之成立，课程理论作为一门学科与教学论并列为教育学下位的二级学科，后来又合二为一，成为目前的课程与教学论二级学科。进入21世纪以后，随着中国基础教育课程改革的实践推进，中国的课程理论学科建设发展迅速并取得了巨大成就，极大丰富了课程理论研究的学术话语。传统的课程理论学科建设有自身的逻辑结构，形成了对研究对象、研究方法、学科性质、学科基础、学科体系的系统研究，这些问题解决了，课程理论的元理论基础就确立了。因此，长期以来课程理论学科建设就是围绕这些问题开展研究的。

一　课程理论把课程编制与实施中的问题作为研究对象

"研究对象"是研究一门学科的出发点，反映学科的研究范围与独特性质的领域。20世纪80年代之前，中国课程理论的研究对象，主要是基础教育阶段的学校课程，研究学校课程的设置与编制，尤其着重于课程目标的确定、课程内容的选定、组织与实施等方面。[1] 改革开放之后，一批学者明确提出课程理论应是教育学的一门分支学科，和教学论一样，属于教育学的下位学科，将课程理论从大教学论中独立出来。在这一背景下，创建课程理论的首要问题便是明确学科的研究对象问题。

---

[1] 郭华：《中国课程论40年》，《课程·教材·教法》2018年第10期。

第四章　中国特色现代课程理论学科建设的问题与反思

陈侠认为课程理论的研究对象是研究课程编订的理论和方法。① 瞿葆奎认为，课程理论是教育理论的实质，因为它是研究如何去占有学习环境的，研究范围应当包括课程设计和课程实践。② 廖哲勋等认为课程理论是研究课程问题、阐明课程理论、揭示课程规律、指导课程实践的学问。③ 吕达认为课程理论的研究范畴表现为层次性（研究课程现象、课程问题和课程规律）与两极性（关注课程理论和课程实践）。④ 史国雅认为，课程理论的研究范围应当包括课程设计（教学计划、教学大纲、编写教科书）和课程实践（教学）。⑤ 另外，钟启泉认为，课程理论的研究对象是课程问题。⑥ 丛立新认为，课程理论是研究课程的专门理论，包括对课程基本理论问题的探讨、对课程设计或课程编制方面的探讨。⑦ 靳玉乐等认为，课程理论的研究对象是课程问题与探索课程现象较深层次的普遍规律。⑧ 张廷凯认为，课程理论的研究领域主要涉及学校课程设计、编制、实施和课程评价等的理论与实践。⑨ 总之，国内学者们关于课程理论的研究对象问题形成了三种主要的观点，即"课程问题说"，"课程实践说"，"课程规律说"，其中，"课程问题说"得到中国学者的广泛认同。这样一来，课程理论在研究对象上，一方面与西方课程理论相一致，都把课程的编制与实施作为研究对象；另一方面与教学论的研究对象相对区别，形成互补交叉的学科关系。

二　课程理论研究方法越来越趋向于使用多元混合研究方法

研究方法的科学化程度是衡量一门学科成熟的重要标志之一。对课程理论研究方法的探讨能反映出课程研究的多学科方式，揭示出课程研

---

① 陈侠：《课程论》，人民教育出版社1989年版，第16页。
② 瞿葆奎主编：《课程与教材》（上册），人民教育出版社1988年版，第191—190页。
③ 廖哲勋、田慧生主编：《课程新论》，教育科学出版社2003年版，第4页。
④ 吕达主编：《课程概论》，人民教育出版社2004年版，第26页。
⑤ 史国雅：《课程论的研究范围及指导原则》，《山西教育科研通讯》1984年第2期。
⑥ 钟启泉主编：《课程论》，教育科学出版社2007年版，第2页。
⑦ 丛立新：《课程论问题》，教育科学出版社2000年版，第10页。
⑧ 靳玉乐、师雪琴：《课程论学科发展的方向》，《课程·教材·教法》1998年第1期。
⑨ 张廷凯：《我国课程论研究的历史回顾：1922—1997（上）》，《课程·教材·教法》1998年第1期。

究的学科方法论与课程理论发展之间的联系,从而为研究课程问题提供更为广阔的视野。由于不同的课程理论者往往从不同的逻辑起点出发来构建各自的课程体系,故而有关课程方法论所含内容的提法较为杂乱,或强调理论建构,或偏向实验设计;或推崇逻辑实证,或倡导人文理解;或着眼于课程的工具性,或关注课程的目的性。[①] 纵观中国目前的课程理论研究,其研究方法已呈现出多元化特征,如:传统的经验分析法、理论思辨法、调查法、实验法、文献研究法等,一些新的研究方法如系统法、哲学解释法、心理分析法、国际比较法、未来探究法、社会学方法、文化学方法等在课程理论研究中发挥着重要作用。有研究者认为,未来课程研究应当把各种研究方法统整起来,如微观分析与整体理解相结合、逻辑与直觉相结合、定性描述与定量分析相结合、科学与艺术相结合、结果研究与过程研究相结合等。[②] 有研究者认为,在对课程问题进行调查研究、实验研究、理论研究的基础上,对课程规律与课程原理运用马克思总结的从抽象上升到具体的研究方法。[③] 此外,研究者们还介绍分析了国外的课程研究方法,国外课程理论主流的研究取向有科学主义与人文主义的冲突与融合、量的研究方法与质的研究对立和互补。[④] 同时,西方女性主义课程研究以其独特的研究视角和方法论特点在课程领域独树一帜,其从社会性别入手所开创的课程理论研究新视野具有一定的理论价值和实践意义。更为重要的是,课程理论的研究方法形成了从具体方法到方法论体系的构建。如靳玉乐、黄清的《课程研究方法论》,基于探索课程研究的多学科方式,揭示课程研究的学科方法论与课程理论发展之间的联系;[⑤] 郝德永的《课程研制方法论》,凸显了教育以育人为本和人的素质结构优化的思想,提出了一个"人化—整合课程研制方法论范式",为今后的课程理论研究作出了有益的探

---

① 黄清:《课程研究的方法论原则》,《教育评论》1999年第3期。
② 侯怀银、任桂平:《中国课程论学科建设70年:历程、进展和展望》,《中国教育科学》(中英文)2019年第3期。
③ 廖哲勋、田慧生主编:《课程新论》,教育科学出版社2003年版,第18页。
④ 范兆雄:《论美国课程研究方法的主流取向》,《比较教育研究》2004年第7期。
⑤ 靳玉乐、黄清:《课程研究方法论》,人民教育出版社2012年版,第1页。

索。① 因此，课程理论的发展并不在于创立什么独特的研究方法，课程编制由于受制于哲学、心理学、生理学、社会学、政治学等诸多学科的理论及原则，因而必然要综合运用多种方法，在课程研制的不同阶段选用不同的方法。② 研究者需要用辩证思维，改一元方法为多元方法相结合，以混合研究方法不断推动课程研究向纵深发展。

三 课程理论呈现出理论性与实践性兼容的学科属性

当去追问"课程理论"是什么时，其目的应是思考课程理论学科应该是怎样的一门学问，更关键的是当下和将来的课程理论学科应思考和解决何种或哪些问题，要试图理解和把握"课程理论何为"的意义问题。因此，明确课程理论的学科性质是构建课程理论体系的一个重要前提。考察历史，课程理论从来就不是一经产生和形成就只是在一种性质上积累和变化的。课程理论总是以不同的观念、不同的理论把握复杂的时代性课程问题。概括地说，关于课程理论的学科性质，中国学者主要是围绕课程理论是理论学科、应用学科还是两者兼具展开了讨论。有研究者认为课程理论是以严密的体系结构、完整的概念框架作为基本内容的理论学科。③ 有研究者认为课程理论学科既有理论学科性质又有实践学科性质。④ 有研究者认为，课程理论的学科性质表现在解释性和处方性两方面；还有的认为课程理论是实践性很强的学科，是针对具体问题提出的解决方案，不是一种纯粹的理论；更有一种见解认为课程理论是一门理论性和实践性、解释性和处方性兼备的学科。⑤

关于课程理论学科性质的研究归纳起来由二元对立走向综合取向，理论与实践共生。课程理论事实上包括了两大内容：一是理论逻辑下的课程设计与编制；二是实践逻辑下的课程实施与实践。相对来讲，课程设计有更强的理论性，而课程实施有较强的实践性，当然，这不是绝对

---

① 郝德永:《课程研制方法论》，教育科学出版社 2000 年版，第 5 页。
② 郝德永:《课程研制方法论》，教育科学出版社 2000 年版，第 56 页。
③ 丁念金:《课程论体系结构之探讨》，《课程·教材·教法》2005 年第 9 期。
④ 靳玉乐、师雪琴:《课程论学科发展的方向》，《课程·教材·教法》1998 年第 1 期。
⑤ 刘启迪:《课程理论发展与实践进展——全国第五次课程学术研讨会综述》，《课程·教材·教法》2006 年第 10 期。

的，课程理论的设计是在课程实施的经验与课程评价的基础上的设计与编制，课程实施是对理论设计的忠实执行与创新生成的基础上的实施，二者已经明显地交织在一起了。也就是说，课程理论的学科性质有其两面性，既要看到课程设计中的理论性，又要看到课程实施中的实践性，并将二者有机地结合起来，形成理论与实践结合的课程理论体系。课程理论从理论层面的课程提出，到国家课程的规划，再到学校教师教导的课程和学生经验的课程，是一个从理论到实践的过程，反过来，从课程实施到课程评价再到新的课程设计，又是一个从实践到理论的过程。课程理论学科一方面保持其理论性，以相对区别于实践的经验；另一方面，课程理论保持实践的操作性，以相对解决理论过于理想化，课程理论正是在这种理论与实践的张力中不断发展演进的一门学科。

四 课程理论学科基础更加关注相邻学科之间的关系

"人类行为领域中优秀的一般理论不管它怎样坚定地扎根于一门学科之中，但它必然是跨学科的理论。"[1] 美国学者蔡斯认为课程基础是影响和形成课程的内容和组织的基本推动力，课程的基础包括：哲学和知识的性质、社会和文化（不同社会不同文化背景下的课程目的和内容不同）、个人（个人的生物心理学和哲学思考对课程的内容和组织有重大影响）、学习理论（关于人如何学习的见解会影响课程的形成）。[2] 美国比彻姆将课程基础分为社会、文化、心理及哲学四个方面，麦克唐纳认为，课程来源于人性、价值理论和知识；尽管不同学者对课程基础的认识不一，心理学、社会学、哲学和知识结构，乃是多数课程理论学者所公认的、构成课程理论的四大基础。[3] 中国学者认为课程理论的学科基础应包括教育学、哲学、社会学、心理学、科学学、文化学、未来学说，有研究者认为教学论应是课程理论的学科基础。随着对课程理论研究对象和研究任务的认识不断加深，学者们虽未就课程理论的学科基

---

[1] 靳玉乐、李殿森：《课程研究在中国大陆》，《教育学报》2005年第3期。
[2] 瞿葆奎主编：《课程与教材》（上册），人民教育出版社1998年版，第260—261页。
[3] 顾明远主编：《教育大辞典（增订合编本）》（上），上海教育出版社1998年版，第2126页。

础达成统一的认识，但拓宽了课程理论的学科理论基础，有利于深化人们对课程的认识。同时，在一定意义上也形成了反映中国特色课程理论学科的话语逻辑和学术话语方式。随着时代的发展，原来的课程理论的学科基础也在不断发展，不仅是哲学、心理学、社会学等都在发展，而且新的学科正在成为课程理论的基础学科，如脑科学、学习科学、教育技术学、知识学等。未来课程理论的学科基础越来越综合，新兴学科作为基础学科越来越重要，教育学部的课程理论、教学论、教材论、学习论、教育技术论等之间的关系变得越来越密切且越来越复杂。

五 课程理论学科正在成为设计与实施有机统一的实践科学体系

作为一门学科性的理论，其理论陈述须同时存在于心理学、社会学、哲学三个维度和一个历史的轴线上，并在历史的轴线上借助相互联系的研究成果不断向前进化。因此，具有严密的逻辑结构是学科化理论体系的重要特征。课程理论是通过许多学者对一系列课程问题的研究而逐步形成与发展起来的。博比特以科学主义为取向，强调目标具体化、标准化，孕育出了以目标为中心的课程编制模式，使得课程研究具有了体系化的倾向，从而使课程理论初具雏形。作为课程编制科学运动的代表人物查特斯，他的课程编制方法中强调系统知识。杜威虽未构建出与其课程思想相应的课程理论，但他试图把课程中的知识与对学生有关的人类经验建立联系，尤其是学习者、社会、有组织的学科知识被当作决定课程理论标准的几个基本来源，对课程理论研究者构建课程理论体系影响很大。泰勒的课程理论主要是围绕课程设计与课程评价这一问题所阐发的关于课程的种种认识。布鲁纳提出了学科结构问题，等等。关于课程理论的学科体系结构，研究者从博比特、查特斯以及古德莱德等人的研究中提出了课程的体系结构建设既要关注课程的实质性范畴，也要关注课程理论的社会政治范畴以及专业技术范畴。[①] 陈侠认为课程系统本身的各项规律，可以分为：课程的制约因素与课程的工程管理（把

---

① 靳玉乐、罗生全：《课程论研究三十年：成就、问题与展望》，《课程·教材·教法》2009年第1期。

课程从设计或编制到实施再到评价的全过程，称为课程的系统工程）两大类。① 事实上，归纳中国学者对课程理论学科体系的认识也主要是围绕这两大类构建的，如：史国雅提出课程理论的研究范围应当包括课程设计和课程实践；廖哲勋把课程理论内容划分为课程的基本理论、课程设计理论、课程评价理论、课程管理理论；② 钟启泉把课程理论知识概括为课程理论与课程研究、课程实施的国际比较两大部分。③ 中国学者对课程理论学科基本问题如课程的概念、功能、研究对象、研究方法、理论基础、研究任务、课程设计与运行等的探讨有所增强，形成了课程理论学科体系的主体组成部分，而对课程决策、课程模式、课程标准、教材编制等的主题重视不足。随着社会发展与科技的进步，课程领域处在一个不断更新、改进与提高的循环往复的动态运行过程中，课程系统在不断发生变革，因此，课程系统是一个开放系统，课程理论既要研究课程设计的理论问题，又要研究课程实施的实践问题，并将二者有机统一形成一个完整的体系，课程理论的学科体系也要应不同时代研究不同课程问题的客观需要而建构，同时更反映了教育实践不断发展的客观需求。

总之，经过几代人近百年的学科建设，课程理论在研究对象、研究方法、学科性质、理论基础、理论体系等几个方面取得了长足的发展。在研究对象上，既重视了对课程作为"跑道"的名词形态的关注，又加强了对作为"跑道"动词形态的设计与实践，从而使课程设计与课程实施有机统一。在研究方法上，越来越多的新型方法被应用到课程研究领域，既有理论模型的研究，又有实践案例的研究，课程理论的研究方法将质性与量化研究有机统一。在学科性质上，承认课程理论理论性与实践性的双重属性，并处理好课程理论设计与课程实施实践之间的辩证关系，让课程理论通过与实践紧密结合而体现理论的来源，让课程理论与实践保持一定的距离而体现理论的独立性。在理论基础方面，现代课程理论将重点处理与它关系密切的相邻学科

---

① 陈侠：《课程论重建与教育科学研究》（上），人民教育出版社2017年版，第140页。
② 廖哲勋：《课程学》，华中师范大学出版社1991年版，第1—3页。
③ 钟启泉编著：《现代课程论》，上海教育出版社1989年版，第1—7页。

的关系，并以此为基础，使传统的课程理论基础的哲学、心理学、社会学向学习论、教学论、教材论、媒体论发展。在学科体系上，将演绎与归纳相结合，既有课程理论的演绎与应用，又有课程理论的归纳与提升，理论既能下得去，实践又能上得来，形成了归纳与演绎结合的新体系。这些学科建设方面的成绩，为新时代背景下中国特色现代课程理论的建设奠定了良好的基础。

第三节　课程理论学科体系建设的未来指向

新的时代背景下，繁荣和发展中国特色哲学社会科学的时代任务赋予课程理论学科新的使命，即创建中国特色现代课程理论的新体系。"要按照立足中国、借鉴国外、挖掘历史、把握当代，关怀人类、面向未来的思路，着力构建中国特色哲学社会科学，在指导思想、学科体系、学术体系、话语体系等方面充分体现中国特色、中国风格、中国气派。"[①] 当前，中国课程理论学科建设已进入自主发展阶段，有两个方面的良好的发展机遇：一是几代人关于课程理论学科建设的理论基础比较丰富，对于课程理论学科的基本问题的探讨基本形成共识；二是近20年来的基础教育课程改革积累了丰富的实践素材。在此基础上，中国特色的课程理论要区别于西方课程理论，反映中国学者的研究智慧，解决本土失语症问题。不仅如此，中国特色课程理论要为世界课程理论的发展做出自己的贡献，在多元的课程理论中有中国的声音。"课程理论具有很强的实践性，当代课程理论在解决课程理论与实践关系上还没有找到新的方法论，要以实践逻辑作为中介方法论，实现课程理论与实践的双向建构。"[②]

---

① 习近平：《在哲学社会科学工作座谈会上的讲话（2016年5月17日）》，人民出版社2016年版，第15页。
② 宣小红、檀慧玲、曹宇新：《教育学研究的热点与未来展望——基于2021年度人大复印报刊资料〈教育学〉转载论文的分析》，《教育研究》2022年第2期。

一 课程理论学科建设要从教育研究范式转型到课程研究范式

社会转型带来知识转型，知识转型带来教育转型，教育转型带来课程变革。现代教育的核心理念是坚持以学生为本，充分展示学生个性特长，建立教师与学生之间的良性互动，促进每个学生富有个性地发展。课程理论作为教育理论的核心部分，如何引导和促进受教育者自主地、能动地、创造性地进行个性化学习便是中国现代课程研究要探讨的主要问题。课程作为教育的下位概念，虽然作为教育系统中一个相对独立的范畴而存在，但课程研究的原则性即合法性的规范只有建立在关于教育的原理及规律的基础上，其理论的恰切性才得以成立并被理解。可以说，在内涵逻辑上，课程理论学科应反映从教育研究到课程研究的学科立意。主要体现在以下两个方面：其一，教育的本质是培养人的社会实践活动，课程理论是教育理论的实质，这表明课程理论的生长点和立足点是学生的发展。课程要解决好一定教育目标对受教育者身心发展需求与受教育者现有身心发展水平的矛盾，落实好立德树人的根本任务，培养德智体美劳全面发展的社会主义建设者和接班人。这既是发挥课程整体育人功能的价值体现，也是对"培养什么人、怎样培养人、为谁培养人"这一根本问题的社会回应。通俗地讲，就是课程对社会的意义。其二，要体现学生作为个体的"人"的发展即课程对人发展的意义。这里有两层含义。一方面，课程研究要关注课程知识价值对于学生作为主体的"人"的尺度，策略是在成人与儿童、个体与社会、过去与未来之间寻找平衡点。[1] 就是说课程既要关注学生的当下发展也要能为其成人后的未来做准备，既要兼学生个体的个性化发展也要顾学生个体的社会化发展。另一方面，面对核心素养教育的时代，本质上是要培养学习者面对复杂情境解决复杂问题的高级素养。也就是说，核心素养意味着一种新的课程观，核心素养的培育关键在于课程，课程的核心素养是课程育人价值的集中体现。因此，课程研究应注重让理念上的"理想

---

[1] 黄忠敬:《谁的知识最有价值？——论衡量课程知识价值的"人的尺度"》，《课程·教材·教法》2019年第1期。

课程"走向实践中"经验课程"的路径建构，实现课程设计与核心素养的有效对接。课程研究应关注核心素养的知识观，重视课程知识的实践脉络，强调知识与实践的内在联系，关注个体知识建构的语境性、具身性、生成性等特征。此外，课程研究应回归到课堂教学的实践中，就是要遵循课程理论学科既具理论性又具实践性的学科构成逻辑，在课程实施的实践中重建对课程理论学科的概念理解，用整体主义、关系思维视角审视课程功能，不断生成并强化课程理论的学科立意。

二 课程理论学科建设要达成理论逻辑与实践逻辑的统一

在论述课程理论的功能时，多数研究都主张理论应指导实践，理论应起到引领并服务实践的目的，但主观上理论层面的"应然"并不等同于实际过程中发生的"必然"和结果的"实然"，课程研究一直存在着理论与实践相背离的现实。就已有课程理论著作看，无论是理论来源、方法选择，还是课程的程序设计、内容选择与组织等，经常是片面的、不完全的现象较为普遍，原因在于不同学者在对课程理论的研究中，所选取的方法不同，大多数的课程研究都缺乏一个统合化的方法，根源在于方法论上的分歧。所谓方法论是指针对课程理论学科形成而展开的理论探讨的元研究，实践逻辑作为一种方法论，核心是关系思维视角，立足理论与实践、话语与身体、主观与客观、知性与感性之间的辩证统一的社会实践观，将对课程研究的探索融入一套完整的认识论的连贯性模式之中，科学把握课程理论学科的应然样态。课程理论研究作为一种理论形态，从形式上主要表现为课程编制的一种技术性流程图式，但实质上是关于课程内在构成要素之间的组合、关联以及运作的理论。也就是说，课程研究既是一项理论研究，又是一项实践研究。理论研究遵循理论逻辑，实践研究遵循实践活动的逻辑即实践逻辑，并且从课程理论到学校课程实践存在着理论逻辑向实践逻辑的转换问题，在一定意义上，可以说课程研究应体现课程的理论逻辑与实践逻辑的辩证统一。课程理论的理论逻辑有其内在的结构逻辑与关系逻辑，课程理论的逻辑体系包括课程目标、课程编制、课程基础、课程实施、课程评价、课程管理、课程改革等理论结构要素，作为课程理论学科体系的组成部分，这些内在要素之间也存在一定的逻辑关系。课程理论研究也要遵循实践逻辑，所谓实践的逻辑，布迪厄认为"实践是实施结果和实施方法、历史实践的客观化产物和身体化产物、结构和惯习的辩证所在"①。也就是说，课程研究要回归到课程实施的实践情境中，需要依赖课程理论与自身的惯习来完成。美国学者古德莱德提出"五个层次的课程"的理论，意在提醒人们，每个层次的课程未必是完全吻合的，尤其在执行过程中，每个层次对课程目标的理解都是可能发生错位的，② 由此会造成课程理论落实到教学实践中的"偏差"或"落差"。因此，在理论层面研制课程时，需要重视实施层面的课程研究，应秉承这样一种理论逻辑构建，即减少自上从理论的"理想课程"到学生体验的"经验课程"的"落差"。具体思路是：从教育研究到课程研究的学科立意—课程理念建构—国家课程规划层面（如依据基础教育课程改革文件研制课程标准、编写教材等）—资源支持的课程—进入学校层面的实施教导的课程（教师实施课程）—学生评价的课程（作为后续研究课程的资源与国家规划课程的依据）—研究课程（实践中再生成课程理论）—国家规划课程……。不难看出，课程系统是一个开放系统，它要不断地与外界各系统进行相互作用，随着社会的发展和科学技术的进步，课程领域都处在一个不断更新、不断改进、不断提高的循环往复的动态过程，每一次的循环，都使课程向更高的水平迈进一步。

三 课程理论学科建设要体现中国特色话语体系的独特表达

学术话语是指蕴含着学术思想的、生成并发展一门学科的内在架构的有着专业性、系统性、规范性的诉说者、承载者和建构者。所以，课程学术话语见证了课程研究的历史变迁以及课程研究存在的问题与不足。纵观课程理论的发展，不难看出，教育目的和时代要求是制约课程理论的两个主要因素，也是课程理论发展的基本动力。也就是说，课程话语形成于一定的时空和地域之中，其自身受到所在社会文化传统、国

---

① ［法］皮埃尔·布迪厄：《实践感》，蒋梓骅译，译林出版社2012年版，第74页。
② ［美］约翰·富兰克林·博比特：《课程》，刘幸译，教育科学出版社2017年版，第14页。

情、价值观等因素的规约，在一定意义上可以认为，课程的实质是从社会文明所累积起来的文化中抽取出来的。因此，课程学术话语的本土意识是课程研究必须关注的首要领域。立足中国本土，新时代背景下中国课程理论学科的课程学术话语的本土意识的内涵是指：基于中华优秀传统文化，凸显中国特色课程理论话语的主体地位与身份的民族意识；具备自省、自主探寻中国课程话语的理性自觉意识；基于本国国情与教育实践情境，建构或创造独特的课程学术话语，并进一步探寻话语纵深化生成与发展的原创意识、自觉意识。[1] 可见，这一"本土意识"要求中国的课程理论在构建新知识体系时，要以马克思主义为指导，主题要反映中国本土的课程现象、研究主题和研究对象，学术话语要真实地反映中国的教育目的与课程实践的诉求，坚持以人民为中心的课程理论研究导向，避免成为西方课程研究学术观念的翻转阵地。中国学者要开始反思并研究到底中国特色的课程理论从概念到理论再到体系有什么样的独特性，是不是能通过中国式的话语来形成中国特色的课程理论，并让这种课程理论走向世界。从目前来看，中国特色的课程理论基础在于马克思主义关于人的全面发展学说，这一理论与中国的社会实践相结合，与中国的传统文化相结合，形成了"立德树人"这样一个核心概念，在课程上体现为"全面发展""学科素养""五育融合""教劳结合"，由此形成了中国特色现代课程理论的核心概念。在此基础上，中国特色的课程设计与编制过程包括了课程方案、课程标准、教材编写、统编教材等，到了课程实施阶段，又形成了课程实践、学科教学、学科实践、综合学习、课程评价、教师培训、教学研究、课程研究等。从概念到体系，都生长于中国的课程理论与实践，本土性的概念自然是中国特色的话语体系。

此外，课程的学术话语具有对课程理论建构与实践指导的双向责任。就课程的实质而言，课程理论与课程实践常常是互为存在的统一体，两者在互为矛盾、互为前提的相互转换中不断完善课程理论学科体

---

[1] 李晓玉、杨道宇：《论我国课程话语的本土意识》，《教育理论与实践》2016年第10期。

系的科学化程度，关注的是课程研究的价值问题。所以，课程学术话语既要有服务教育实践的局内人的自觉，又要有抽身出教育实践外的局外人的反省。但万变不离其宗的是，课程的学术话语既来源于教育实践、服务于教育实践又高于教育实践，具有理论性、时代性与实践性的多重特征。因此，面向实践，还应结合当下的时代要求，紧紧围绕中国特色的教育改革来开展课程的学术话语建构，立足以学生学习为原点的课程研究，就是要加强关注课程与学生发展的深度关联，关键是要衍生课程理论学科研究的多元视角。新课程方案与新课标的核心任务就是要不断深化以核心素养为导向的课程改革与体现学生自主学习的学习方式的变革，实质上是教育质量的升级换代，指明了培养目标的重心与课程改革的重点，为当下中国课程理论学科学术话语的构成内容与表述方式提供实践依据。也就是说，作为一种客观性现象的课程，除了知识、社会、学生是制约课程改革的实体因素外，还包括信息技术、学习环境、个体幸福感等因素，涉及哲学、社会学、心理学、教育学、教育技术学、计算机学、脑科学、伦理学、文化学等多个学科，这些学科为课程理论学科建设提供新挑战、新机遇、新理念、新视角、新问题。所以，在体现课程整体育人的价值取向时，可以看到课程系统是一个开放系统，课程领域是一个处于流动状态的学科共同体，基于课程的理解视角，课程理论学科的学术话语研究可以尝试走向概念与方法上的自主性，结合知识经济时代的发展趋势与课程研究的应然使命，促使课程理论学科成为一个自主的、具有自己独特的理论重点与研究方法的学科。

第五章

中国特色现代教学论学科体系的形成与发展

"要按照立足中国、借鉴国外,挖掘历史、把握当代,关怀人类、面向未来的思路,着力构建中国特色哲学社会科学,在指导思想、学科体系、学术体系、话语体系等方面体现中国特色、中国风格、中国气派。"[①] 这是中国特色哲学社会科学建设与发展的方向。中国特色的现代教学论,作为教育学的核心学科,它的建设与发展历程,不仅体现了教育学学科的发展脉络与经验,而且从更深入、更细化的角度印证了中国特色人文社会科学发展的特色、风格、气派的形成。中国特色现代教学论是指新中国成立以来形成的既有中国特色社会主义性质与特点,又结合现代中国学校课程与教学实践特点而形成的教学论学科体系、学术体系、话语体系的总称。中国特色现代教学论的发展可分为借鉴与探索阶段(1949—1978年)、孕育与初创阶段(1978—2000年)、成熟与完善阶段(2000年至今)。从以上三个发展阶段中,我们可以总结中国特色现代教学论发展的基本经验,把握中国特色现代教学论的学科体系、教材体系和话语体系的未来发展,进而为中国特色现代教学论的理论自信注入新的动力。

---

① 习近平:《在哲学社会科学工作座谈会上的讲话(2016年5月17日)》,人民出版社2016年版,第15页。

第一节　中国特色现代教学论的借鉴与探索阶段

新中国成立后，大力发展人民教育事业，在新教育体系建设方面缺乏经验，在全国各行各业学习苏联的热潮下，凯洛夫《教育学》作为第一部以马克思主义为指导思想编写的比较系统的著作，被翻译引进到中国。据人民教育出版社的统计，1950年12月—1952年12月，人民教育出版社先后四次翻译出版或修订再版凯洛夫《教育学》。[1] 事实上，凯洛夫《教育学》最初是由凯洛夫教授于1948年在莫斯科出版的教育学专著，由沈颖、南致善等翻译，人民教育出版社于1951年出版发行。[2] 真正在中国教育学领域流行的凯洛夫《教育学》是由苏联教育部教育出版社于1956年出版的由凯洛夫任总主编的《教育学》，它汇集了苏联当时有名的一批教育学家，如恩·克·冈查洛夫、勃·朴·叶希波夫、耳·符·赞科夫等，人民教育出版社也组织了国内一批有名的教育家翻译了这部《教育学》著作，如陈侠、朱智贤、邵鹤亭等十位国内著名学者都参与了此书翻译工作。[3] 在最初凯洛夫《教育学》（上、下）专著中，其体系包括三编二十一章，第二编为教学理论（教学法）共五章，论述了教学过程、教养和教学的内容、上课是苏维埃学校教学工作的基本组织形式、教学法、学生知识的测验方法和评定方法。[4] 到了凯洛夫任总主编的《教育学》中，扩大了教学论的内容，全书共十六章，其中第八章、第九章、第十章为教学论内容，分别是教学过程、

---

[1]　章红雨：《凯洛夫教育学》，《填补新中国成立初期教育理论空白》，https://www.cepmg.com.cn/zt/70/doc/202009/t20200901_1958175.html，2019年6月10日。

[2]　［苏联］凯洛夫：《教育学》，沈颖、南致善等译，人民教育出版社1951年版，第53—200页。

[3]　［苏联］伊·阿·凯洛夫（总主编）、恩·克·冈查洛夫、勃·朴·叶希波夫、耳·符·赞科夫主编：《教育学》，陈侠、朱智贤、邵鹤亭等译，人民教育出版社1957年版，第4页。

[4]　［苏联］凯洛夫：《教育学》，沈颖、南致善等译，人民教育出版社1951年版，第53—200页。

第五章　中国特色现代教学论学科体系的形成与发展　　83

教学方法、学校教学工作的组织形式。① 由此足以看出凯洛夫《教育学》体系中关于教学论的重要地位。"凯洛夫的《教育学》是以三个基本概念来组织它的教育学体系，并以此论述教学论问题。三个基本概念是：教育（воспитание）、教养（обра－зование）、教学（обучение）"② 其中以教学概念为核心提出了教学过程的本质、教学方法、学校教学工作的组织形式的教学论思想。凯洛夫认为教学过程包括教师的活动（教），同时也包括学生的活动（学）。教和学是同一个过程的两个方面，彼此不可分割地联系着。在教学过程中，讲授起主导的作用："安排得当的讲授是学生顺利地掌握知识、技能和技巧的主要条件。"③ 在此基础上，凯洛夫提出了以讲述和讲演为核心的教学方法，包括了谈话法、演示法、观察法、实验法、练习法、检查和评定法等教学方法，并提出了五个步骤的教学阶段理论，即，组织教学、复习旧知识、讲述新知识、巩固新知识、布置作业。④ 凯洛夫的教学论思想随着凯洛夫《教育学》在中国的流行而成为中国教学论借鉴国外教学理论尝试探索中国特色教学理论的开端。苏联教育学中十分重视教学论的内容，明确规定教学论并不是一门独立的学科，而是教育学的组成部分。1952 年由叶希波夫和冈查洛夫合著的《教育学》中同样可以看出教学论在教育学中的重要地位，全书共十章内容，其中教学论的内容占了六章。⑤ 叶希波夫和冈查洛夫后来都参加了 1957 年凯洛夫任总主编的《教育学》的编写，重视教学论的传统体现在了凯洛夫《教育学》之中。脱胎于凯洛夫《教育学》的苏联第一本《教学论》著作，由叶希

---

① ［苏联］凯洛夫：《教育学》，沈颖、南致善等译，人民教育出版社 1951 年版，第 53—200 页。
② 黄济、王晓燕：《历史经验与教学改革——兼评凯洛夫〈教育学〉的教学论》，《教育研究》2011 年第 4 期。
③ ［苏联］伊·阿·凯洛夫（总主编）、恩·克·冈查洛夫、勃·朴·叶希波夫、耳·符·赞科夫主编：《教育学》，陈侠、朱智贤、邵鹤亭等译，人民教育出版社 1957 年版，第 130 页。
④ ［苏联］伊·阿·凯洛夫（总主编）、恩·克·冈查洛夫、勃·朴·叶希波夫、耳·符·赞科夫主编：《教育学》，陈侠、朱智贤、邵鹤亭等译，人民教育出版社 1957 年版，第 211 页。
⑤ ［苏联］叶希波夫、冈查洛夫：《教育学》，于卓、王继麟、傅尚民等译，东北教育出版社 1952 年版，第 139—315 页。

波夫、达尼洛夫编著，并被翻译引进中国，成为中国教学论研究者接触到的第一部专门著作，也成为中国学者建构教学论学科体系与教材体系的重要参考文献。该著作作者认为："教学论是教育学的一部分，它阐述教育和教学的理论。它研究的问题是，学校教育的任务和内容，学生掌握知识、技能和技艺的过程，教学原则、方法和教学组织形式。苏维埃教学论提出了一项极为重要的任务，就是要认识符合于新一代共产主义教育目的的有效教学的一般规律。"[①] 尽管作者声称"教学论"不是一门独立学科，而是教育学的一部分，但事实上，该著作系统地论述了教学论的研究对象、研究历史、研究方法及内容体系，对教学过程、教学原则、学生学习、上课、劳动教学法、作业等教学论的基本问题进行了全面系统的论述，形成了较为成熟的理论框架。因为受1950年中苏签订《中苏友好同盟互助条约》的影响，中国一批学者和留学生前往苏联学习教育学和教学论，苏联的一批教育学专家来华讲学，自此揭开了中国全面学习苏联教学论的序幕，这为中国特色教学论从理论借鉴、队伍培养、方法训练等方面做了充分的准备。反思这一阶段教学论的发展，与其说是"复兴"，不如说是"典守"。

第二节　中国特色现代教学论的孕育与初创阶段

一　中国特色现代教学论体系的孕育阶段

20世纪60年代，中国学者在对苏联教育学及教学论进行研究、探讨、比较之后，便发现其中的一些矛盾之处，或有许多理论是不适应中国社会的见解与观点的，于是一些勇敢的学者便抓住了这些问题所在，加以直觉地理性地批判。每一次继于外来的学习之后，必有这样的一次理性反思的发生。教育学界开始批判反思凯洛夫《教育学》及其教学论思想。张定璋从时代意义、理论基础、教学论体系的基本思想三个方

[①] [苏]达尼洛夫、叶希波夫编著：《教学论》，北京师范大学外语系1955级学生译，人民教育出版社1961年版，第5页。

面反思了凯洛夫《教育学》中教学论思想之后认为:"从接受前人的书本知识,打好双基的角度看,凯洛夫《教育学》中的教学论思想仍然有其参考价值。然而,从今天的培养要求看,这个教学思想对发挥学生学习的主动性、独立性和创造性方面,在培养探究精神和科学发现能力方面都有欠缺。"[1] 吴杰系统分析了凯洛夫《教育学》产生的苏联社会背景与中国20世纪50年代的社会背景,认为在50年代学习凯洛夫教育学中教学论的思想是必要的,因为新中国成立初期,同苏联30年代无论在生活、经济、教育诸方面都有相似之处。"但中国70年代建设社会主义教育科学,发展教育事业,还需要借助于凯洛夫教育学,我对这种倾向感到迷惑和不安。"他在分析了凯洛夫教育学中的几个根本问题后指出:"我们要向前看,要从凯洛夫教育思想体系中解放出来,敢于揭露教育特殊规律,结合中国特点研究教育理论和教育实践。"[2] 在凯洛夫教育学思想的影响下,中国20世纪50年代成长起来的第一批教育家编著的《教育学》著作的体系虽然明显地打上了苏联凯洛夫《教育学》烙印,但已经开始了中国特色现代教学论学科体系的尝试性构建。"凯洛夫《教育学》是'工作手册式'的教科书,它作为苏联教育价值观念的辩护性理论,同中国占主导地位的价值观念不相吻合,且多抵牾。这就决定了使用这本教材,只是权宜之计,一旦时机成熟,必然以反映中国教育价值取向与历史经验的教育学取而代之。"[3] 在"跳出凯洛夫框框",创建"中国化社会主义教育学"的背景下,刘佛年主编的《教育学》应运而生。"整个文科教材建设,旨在突破苏维埃俄国人文学科的洋框框,同时不落中国'政策图解式'教科书的俗套,构建'中国化'和人文科学。"[4] 以刘佛年为首的《教育学》教材编写组的历史责任便是以毛泽东思想为唯一指导思想,以党的教育方针为红线,构建以中国教育价值观念与历史经验为内容的,带

---

[1] 张定璋:《凯洛夫和赞科夫教学思想评述》,《外国教育资料》1982年第4期。
[2] 吴杰:《从凯洛夫教育思想体系中解放出来——以时代要求和我国特点研究教育理论和教育实践》,《教育研究》1980年第1期。
[3] 陈桂生:《刘佛年〈教育学〉述评》,《江西教育科研》1998年第3期。
[4] 陈桂生:《刘佛年〈教育学〉述评》,《江西教育科研》1998年第3期。

有理论色彩的中国化的教育学。其中有关教学论的内容有三章,即课程与教材、教学过程与教学原则、教学方法与教学形式,从概念与表述方式上看,虽然还有凯洛夫《教育学》的影子,但从指导思想与内容体系而言,已经与凯洛夫《教育学》有了明显的不同,"可以说它是反映当时'中国化'探索和教学论水平的代表之作"①。中国教育学者在20世纪80年代着手编写中国特色的《教育学》教材,其中有影响的主要有1978年华中师范大学等五院校编写的《教育学》(通常简称五院校教育学),其体系中包括了第五章教学计划、教学大纲和教科书,第六章教学(上),第七章教学(下),结构与内容均与苏联凯洛夫《教育学》十分相似,教学计划、教学大纲和教科书的提法均来自苏联,教学过程、教学原则、教学方法、教学工作的组织环节等内容与凯洛夫《教育学》有着密切的关系。② 另一本较有影响的《教育学》教材是南京师范大学教育系组织编写的,其内容体系也包括了凯洛夫教育学的四大块,教育理论、教学论、课程理论、教育管理论等,其中教学论部分以教学工作为题共分为四章,对教学过程、教学原则、教学方法、教学组织、教学环节、教师和学生等问题进行了专门论述,形成了较为独特的体系。③ 还有一本《教育学》教材是在五院校教育学教材的基础上,由王道俊、王汉澜主编的《教育学》(新编本),这本教材是根据教育部1978年文科教材编选计划编写的,自1980年出版以来,多次印刷,成为全国发行量最大和使用范围最广及使用时间最长的教育学著作,创下了中国教育学著作的发行量、使用范围、使用时间等多个第一,其结构与内容已经在五院校教育学的基础上开始变革,经多次修订以后逐渐形成了中国特色教育学的学科体系、教材体系、话语体系。其教学论部分共分三章,分别论述了教学过程理论与教学过程规律、教学原则与教

---

① 董远骞:《一条曲折的路——教学论发展的四十年》,《华东师范大学学报》(教育科学版)1989年第3期。

② 华中师范大学教育系、河南师范大学教育系、甘肃师范大学教育系、湖南师范学院教育系、武汉师范学院教育教研室合编:《教育学》,人民教育出版社1980年版,第96—186页。

③ 南京师范大学教育系编:《教育学》,人民教育出版社1984年版,第355—460页。

学方法、教学组织与教学评价。①"在开始学习苏联教育时,就提出学习苏联经验要结合中国实际以及教育学中国化。"② 中国学者一直致力于打破了苏联教育学和教学论的学科体系,建构中国特色的教育学和教学论体系,具体到《教学论》学科体系、学术体系与话语体系的建设,同样一方面来源于对苏联教育学体系与教学论体系的借鉴,另一方面中国学者结合中国的实际而开展了初步尝试性构建。教学论专家们也认识到从苏联教学论框框中走出来对于发展中国特色教学论的意义,开始呼吁要有一本中国特色的《教学论》。早在20世纪50年代,就有傅统先的《教学方法讲话》(山东人民出版社1956年版)、陈元晖的《教学法原理》(湖北人民出版社1956年版)、车文博的《教学原则浅学》(湖北人民出版社1958年版)等,尝试建设与苏联不同的教学论体系。到了20世纪80年代,这种声音越来越有影响力。1979年,杭州大学开始起草《教学论提纲》,并完善成为《教学论》教材。"我们要从凯洛夫教育学等等的框框中解放出来,不能奴隶主义;但也不能夜郎自大,要实事求是。这样,我们试拟了以教学过程规律为主要内容的教学论结构。"③ 由董远骞、张定璋、裴文敏所著《教学论》最终于1984年由浙江教育出版社出版发行。如何从苏联教育理论束缚中解放出来,关注中国教育理论与实践问题,形成自己独特的研究领域,可以说是这个时代教育学知识分子的共同目标。胡克英先生在中国教学论学科发展中做出的贡献,一方面表现在1979年《教育研究》第3期发表的《教学论若干问题浅议》一文,对学习知识与发展能力、教与学、教学过程与教学研究过程等问题的剖析;④ 另一方面表现在1985年由湖南教育出版的《小学教学简论》,这本著作中系统地论述了教学任务、教学过程、教学内容、教学方法、学习认识过程等基本理论问题。"胡克英先生对中国现代教学论学科发展的研究侧重于运用马克思主义教育基本原理,

---

① 王道俊、王汉澜主编:《教育学》,人民教育出版社1980年版,第178—299页。
② 董远骞:《一条曲折的路——教学论发展的四十年》,《华东师范大学学报》(教育科学版)1989年第3期。
③ 董远骞、张定璋、裴文敏:《要有一本新的〈教学论〉》,《中国教育学会通讯》1980年第2期。
④ 胡克英:《教学论若干问题浅议》,《教育研究》1979年第3期。

对教学理论与实践中涉及的诸多关系、矛盾所进行的辩证分析,并提出了富有创新的新认识。"① 这一思想同样在李秉德先生的研究中可见一斑。李秉德先生在回顾中国半个多世纪学校教学的发展轨迹和个人学习教育学的情况后,产生了一个疑问:"我们为什么老是跟着外国的教育学者们亦步亦趋呢? 学校教学现象是我们教育工作者天天遇到的现象,为什么不可以用我们自己的头脑对之加以认真地探讨呢? 这就是我给自己提出的一个严肃的课题。"② 20 世纪 80 年代,中国几本较有影响的《教学论》的教材正是在这样的背景下开始形成,中国特色现代教学论学科体系逐步构建起来。首先是王策三教授的《教学论稿》,这本教材是王策三先生为北京师范大学的本科生讲授《教学论》课程时讲义的基础上形成的,其基本观点如教学本质、教学过程、教学方法等均受苏联教学论著作体系的影响比较明显,但在教学概念、教学历史、课程与教学内容、教学组织、教学检查等方面,又体现出了中国学者独特的思想与话语体系。③ 另一本有影响的教材是李秉德主编、李定仁副主编的《教学论》,这是原国家教育委员会为全国高等师范院校统编的七五规划教材,其体系与苏联教学论的体系已经完全不同,这本《教学论》体系完全以系统论为方法,以教学七要素及其相互关系为核心内容,从真正意义上构建了中国特色现代教学论的学科体系、教材体系、话语体系。④ 还有一本较有影响的教学论教材,便是南京师范大学吴也显教授主编的《教学论新编》,该教材除引论外,将教学论体系分为四大块,即教学过程论、教学构成论、教学实施论、教学艺术论。⑤ 这也是中国学者完全按照中国自己的学术研究与话语体系所构建的教学论体系。在这一时期,国内学者主编的《教学论》教材十分丰富,主要有董远骞著《教学论》、吴杰编著《教学论》、彭水渭编著《教学论新编》、罗

---

① 裴娣娜:《反思·批判·重建——对胡克英教学论思想的几点理解》,《中国教育学刊》2003 年第 6 期。
② 李秉德:《对于教学论的回顾与前瞻》,《华东师范大学学报》(教育科学版) 1989 年第 3 期。
③ 王策三:《教学论稿》,人民教育出版社 1985 年版,第 1 页。
④ 李秉德主编:《教学论》,人民教育出版社 2001 年版。
⑤ 罗明基:《试论传统教学论与现代教学论》,《辽宁师范大学学报》1987 年第 1 期。

明基主编《教学论教程》、关甦霞编著《教学论教程》、刘克兰编著《教学论》、何志汉著《教学论稿》、唐文中主编《教学论》等,这些教材或学术专著均是在20世纪80年代—90年代出版并作为高校文科教材使用的,中国特色的现代教学论,经过30余年的借鉴学习、批判反思苏联教学论的基础上,开始形成自己的学科体系、教材体系、话语体系,但这只是中国特色现代教学论学科建设本土化的有效尝试,是发展到一定阶段的必然产物,真正意义上的现代教学论体系尚未形成。

二 中国特色现代教学论的初创阶段

关于中国特色现代教学论的创建问题,早在20世纪80年代就有学者提出来了。罗明基先生从分析传统教学论与现代教学论的特点出发,认为20世纪初欧美出现的教育改革运动中的新教育和进步教育就是现代教育,尤其以杜威为代表的进步教育思想中的教学论思想,就是现代教学论,到了20世纪50年代出现的布鲁纳和赞科夫的教学论,是对现代教学论的发展。[①] 何志汉先生认为"现代教学论"一词,是实行对外开放政策后,西方各种教学论流派相继传来才逐渐为人们所使用。在此基础上,他分析了现代化教学的特点,提出现代教学论的开放性教学观点,其实质是立足于社会主义建设,放眼世界,展望未来,在教学过程中,由单向教学变为双向教学,由单功能教学变为多功能教学,由平面教学变为立体教学,由一种渠道教学变为多种渠道教学。[②] 李慰昌在考察了西方现代教学论的发展之后,提出了现代教学论的逻辑起点问题,认为布鲁纳的教学论的逻辑起点是"学科结构",赞科夫教学论的逻辑起点是"最近发展区",因此,合理的教学论的逻辑起点是"发展",并构建了以"发展"为逻辑起点的现代教学论的学科体系。[③] 而真正系统探索现代教学论范畴体系的当属李秉德先生了。李秉德先生最早明确

[①] 罗明基:《试论传统教学论与现代教学论》,《辽宁师范大学学报》1987年第1期。
[②] 何志汉:《传统教学论和现代教学论管窥》,《西南师范大学学报》(人文社会科学版) 1987年第1期。
[③] 李慰昌:《现代教学论逻辑起点初探》,《西南师范大学学报》(人文社会科学版) 1987年第1期。

提出中国现代教学的任务与现代教学论的任务。1997年，李秉德先生承担了全国教育科学规划重点课题"现代教学论的范畴与体系研究"，时年李先生已经八十五岁高龄，但他仍然在为建设中国特色现代教学论的范畴与体系而努力工作，因为李秉德先生深切地感受到世纪之交的时代变革对于教育和教学的挑战，中国学者有责任建设与现代社会、现代教学相适应的教学理论。他组织团队成员开始讨论，并让每位成员开展一次专题报告会，就现代教学论范畴与体系的某一问题进行专题研讨。1998年，蔡宝来和王嘉毅在《教育研究》率先发表论文"现代教学论的概念、性质及研究对象"，对世纪之交现代教学论学科建设的概念、性质、研究对象进行了分析，提出"教学论在其研究对象的确定过程中应确立问题意识，即以教学实践中的问题为对象，并通过问题的研究，抽象、概括而揭示出教学的本质和规律"[①]。随后，李瑾瑜、徐继存在《教育研究》撰写了商榷论文"也谈现代教学论的概念、性质及研究对象"，提出"'现代教学论'命题本身，是与以往的教学论形态相比较的意义上，呼唤一种现代形态的教学论，它不仅标志着教学论发展阶段的时代划分，更预示着具有一种革新意义和崭新面貌、视野与内容的教学论学科的崛起"[②]。李秉德先生看到团队成员之间的争鸣，并没有生气，而是把大家召集在一起，继续就现代教学论的基本理论问题进行讨论。首先，李秉德先生深入地分析了世纪之交的国际形势、中国国情以及当代教育发展的趋势，提出了培养一代新人应该具备的基本素养，显然中国已有的教学论不能适应当前的需要了，于是教学论的现代化被赋予了神圣的历史使命。其次，他对现代教学论的界定提出了自己的看法，他认为现代教学论不能简单地以时代来划分，现代教学论是适应现代社会的需要，把受教育者培养成适应现代生产力和生产关系的现代社会的一代新人的理论。最后，李秉德先生提出了现代教学论体系的基本框架，在"总论"中论述了现代教学论的背景、一代新人应该具

[①] 蔡宝来、王嘉毅：《现代教学论的概念、性质及研究对象》，《教育研究》1998年第2期。

[②] 李瑾瑜、徐继存：《也谈现代教学论的概念、性质及研究对象——与蔡宝来、王嘉毅商榷》，《教育研究》1998年第12期。

备的基本品质、教学论重建的依据，在"分论"中确立了教学论的基本范畴与内容体系，包括教学过程、教师与学生、教学目的与任务、教学内容、教学方法与技术、教学环境、教学艺术、教学评价等，在"余论"中论述了与现代教学论相关的理论问题、现代教学论中争鸣的一些问题、现代教学论的研究方法问题、现代教学论的发展趋势问题等，以三编十三章的内容体系建构了中国特色的现代教学论学科体系。[①] 尽管因为李秉德先生年事已高，他构想的现代教学论著作只是一个框架性的内容，并没有形成专门著作，但从现在来看，李秉德先生从国际国内的形势出发，提出一代新人应具备的基本素养，以此为依据构建中国特色的现代教学论新体系，是有一定的超前性和战略性眼光。到了21世纪20年代，中国学生基本核心素养与关键能力在学科教学中的落实及学校教学的结构性改革，再一次证明了李秉德先生早期的先见之明。

第三节 中国特色现代教学论的成熟与完善阶段

进入21世纪，中国学者开始从理论体系上构建中国特色的现代教学论学科体系了，其动力源于两个方面，一个是20世纪八九十年代中国学者在现代教学论理论方面所奠定的基础；另一个是21世纪中国基础教育课程与教学改革对教学理论提出的挑战。20世纪80年代随着改革开放政策的实施，被标榜为现代教学论的美国布鲁纳的结构主义教学论、苏联赞科夫的发展教学论相继被介绍到中国来，并成为中国学者研究的热点，形成了新的借鉴与比较研究的热潮。与此同时，中国学者也开始思考中国特色现代教学论的体系问题。"随着学校教学改革的深入发展，提出了许多新的、涉及教学领域的基础理论问题，表明教学理论研究重心的转移以及教学实践发生的深刻变革。如何在现代社会实践和

---

① 李秉德、王鉴：《时代的呼唤与教学论的重建》，《高等教育研究》1999年第5期。

科学认识的水平上正确地分析、评价和把握这些问题，重新调整研究思路，开拓新的研究视野，在较高的抽象层次上探讨教学认识论及方法论问题，是当前中国教学论研究面临的一个重要课题。"① 正是在这样的背景下，中国学者的现代教学论著作与教材相继问世，如黄甫全、王本陆主编的《现代教学论学程》（教育科学出版社1998年版）、裴娣娜主编的《现代教学论》（人民教育出版社2005年版）、李森著《现代教学论纲要》（人民教育出版社2005年版）、杨小微主编的《现代教学论》（山西教育出版社2010年版）、裴娣娜主编的《现代教学论基础》（人民教育出版社2015年版）等。这些著作和教材的共同特点是结合中国基础教育的课程与教学实际构建其理论体系，共同关注学生的学习活动，重新界定《现代教学论》的研究对象、学科性质、内容体系等。在这些著作当中，裴娣娜教授主编的《现代教学论》（三卷本）为典型的代表，它不仅是全国教育科学"九五"规划的国家重点课题的研究成果，而且是裴娣娜教授率领"全国教学论专业委员会"骨干成员集体研究的成果。"现代教学是一个动态发展的过程，它由一系列重大概念、命题组成核心内涵。现代教学倡导生成性思维方式，体现了人类教学实践方式的历史性进程，这是一种反思批判意识，在不断发现、凝练、解决问题中保持活力，以不断提升学科发展的水平。"② 该书共分三卷本，内容丰富、体系独特，包括现代教学论的基本理论、现代教学论的研究问题、现代教学改革与实验三部分。在现代教学论的基本理论卷中，全面梳理了近一百年来教学论学科从传统走向现代的发展历程。在现代教学论的问题研究卷中，主要研究了课程设计、综合课程、课程文化、教与学的关系、教学交往、教学的社会性、教学的艺术性等问题，并通过病理学方法对现代教学实践中存在的问题进行了批判性反思。在现代教学改革与实验卷中，重点选择了由中国教学理论工作者主持的在国内有影响的教学思想实验、课程改革实验以及教学策略方法实验。该著作的完成过程历时整整十年，既系统归纳与整理了中国教学理

---

① 裴娣娜：《我国现代教学论发展中的若干认识论问题》，《高等师范教育研究》1990年第4期。

② 裴娣娜主编：《现代教学论》第一卷，人民教育出版社2005年版，第2页。

论研究的成果，又深入研究了中国教学改革与实验的宝贵经验，通过组织全国教学论研究团队的集体力量，形成了中国特色现代教学论较为成熟的理论体系。

在基础教育改革的大潮中，更多的研究者立足中国学校课程与教学中遇到的问题，着眼于解决种种矛盾和问题，致力于时代精神的中国表达，带领团队，深入学校田野，将学术研究书写在中国教育大地上。叶澜教授领衔的"新基础教育研究"便是其中的代表。早在21世纪初，叶澜教授就对中国教育理论发展进行了反思，她认为"20世纪中国教育理论的发展在很大程度上受西方和苏联等国外影响，本人曾以'引进'成为中国近代教育理论诞生时就有的'娘胎里的记号'来比喻这一现象"。她因此提出中国教育理论原创性的命题，特指"以本国教育发展需要和问题为研究的本源，通过各种不同手段获取原始性素材，或做原始性的研究，进而得出在国内或国际范围内富有独特性和创新性的理论（或其他形态的研究成果）"[①]。叶澜教授主持的"新基础教育"研究，从此作为中国大地上独特的一项民间教育改革运动，历时三十余年，遍及全国各地，以重建学校课堂教学的价值观、过程观、评价观为突破口，为"生命实践教育学派"的创建而努力。[②] 2015年，叶澜教授的专著《回归突破：生命实践教育学论纲》出版发行，标志着她30余年新基础教育研究的学派理论的形成。该书由导论、上编、下编三部分组成，其中导论部分从理论反思、实践探究、方法论更新和学科元研究四个方面，整体呈现了"生命实践"教育学派"回归突破"的生成过程。该书上、下两编分别回答了教育学作为独立学科的两大基本问题：元研究层面的"教育学是什么"和基本理论层面的"教育是什么"。今天，在西方理论、西方话语仍然主宰国际话语体系的大背景下，提高中国学术的国际竞争力，需要创新科学研究方法。既要从中华传统文化与哲学中挖掘阐释其中符合时代精神、具有普遍意义的思想精华，使之成为创新发展中国学术的重要源泉，又要立足当代中国，着眼

---

① 叶澜：《世纪初中国教育理论发展的断想》，《华东师范大学学报》（教育科学版）2001年第1期。

② 叶澜：《重建课堂教学价值观》《教育研究》2002年第5期。

于解决中国教育实践中的种种矛盾和问题，致力于时代精神的中国表达。叶澜教授一方面十分重视对中国文化传统和中国传统哲学与教育学中国话语体系的研究，不仅在《回归突破：生命实践教育学论纲》中系统考察中国传统文化脉络中的教育学根基，而且专门撰文系统论述这一问题。① 另一方面她和她的团队长期从事基础教育研究，致力于解决课堂教学与学校发展中出现的种种问题和矛盾，形成了三套丛书的丰硕研究成果。② 2018 年，《回归突破：生命实践教育学论纲》英文版面向世界发行，原创性的中国教育学终于开始走向世界，这标志着中国教育学开始摆脱"引进"走向"输出"。叶澜教授从更广阔的教育学视角研究中国特色教育学的理论建构问题，其中核心的理论是她的课堂教学论思想。③ 如果说裴娣娜教授的《现代教学论》是从宏观层面总体论述中国现代教学论的学科体系的话，叶澜教授的《回归突破：生命实践教育学论纲》则是从个案的角度确立中国特色现代教学论体系。

第四节　中国特色现代教学论发展的基本经验

"哲学社会科学的特色、风格、气派，是发展到一定阶段的产物，是成熟的标志，是实力的象征，也是自信的体现。"④ 中国特色现代教学论的形成和发展是中国教育学者通过借鉴探索、本土实践、反思构建、系统完善而形成的科学化理论体系，其中蕴含着丰富而宝贵的中国经验。

一　坚持马克思主义指导思想是中国特色现代教学论形成与发展的理论保证

马克思主义进入中国，经历一个逐步中国化的过程，在中国革命、

---

① 叶澜：《中国哲学传统中的教育精神与智慧》，《教育研究》2018 年第 6 期。
② 叶澜：《教师发展指导纲要》，广西师范大学出版社 2009 年版。
③ 王明娣、王鉴：《论叶澜先生的课堂教学论思想》，《西北师大学报》（社会科学版）2015 年第 1 期。
④ 习近平：《在哲学社会科学工作座谈会上的讲话（2016 年 5 月 17 日）》，人民出版社 2016 年版，第 15 页。

第五章 中国特色现代教学论学科体系的形成与发展

建设、改革的各个历史时期，我们运用马克思主义立场、观点、方法研究解决各种重大理论和实践问题，不断推进马克思主义中国化，产生了毛泽东思想、邓小平理论、"三个代表"重要思想、科学发展观、习近平新时代中国特色社会主义思想，这些重要思想是我们建设中国特色现代教学论的理论保证。20 世纪 50 年代，中国学者正是为了追求马克思主义的教学论思想，毅然决然地走向了学习"苏联模式"的教学论道路，凯洛夫《教育学》及其包含的教学论思想影响了当时整个中国的教育理论和教学理论。随着凯洛夫《教育学》问题的不断显现，中国学者开始着力探索中国特色的现代教学论体系，此时毛泽东思想作为指导思想，主要是毛泽东发展的马克思主义的辩证唯物论主义和历史唯物主义的指导思想，它把"教学纳入培养社会主义和共产主义新人的全面发展教育体系，跟社会主义革命和建设事业、跟广大学校的教学实践保持着息息相通的密切关系。这就从根本上保证了教学论正确的研究方向和方法"[①]。到了 20 世纪 80 年代，中国社会进入改革开放时代，西方现代教育理论与教学理论随之被引进中国，我们又以邓小平理论作为指导，正确对待西方的各种教学理论。"马克思主义教学论批判继承中外教学论的历史遗产，并以它作为自己在科学化大道上继续前进的基础和出发点。它也积极吸收当代世界范围内一切教学论的科学成就和合理的因素。"[②] 正是在马克思主义理论指导下，我们正确对待了来自世界各国的教学理论，取其精华，去其糟粕，从西方国家现代教学论中借鉴宝贵的经验的同时，坚持马克思主义的基本原理和贯穿其中的立场、观点、方法，解决中国学校教学中存在的重大而紧迫的问题，为中国学校课程与教学改革提供了有力的理论支持。21 世纪以来，尤其是"党的十八大以来，习近平总书记在多个场合、多次会议、多篇著作中深入分析了教育的重要意义、功能定位、价值追求、实现路径，深刻阐述了培养什么人、怎样培养人、为谁培养人的根本问题，对新时代教育重大命题进行了论述"[③]。习近平关于教育的重要论述是以习近平同志为核

---

① 王策三：《教学论稿》，人民教育出版社 1984 年版，第 9 页。
② 王策三：《教学论稿》，人民教育出版社 1984 年版，第 9 页。
③ 王定华：《习近平总书记关于教育的重要论述之落实方略》，《教育研究》2019 年第 6 期。

心的中国共产党集体在中国特色社会主义教育实践中形成的教育思想智慧结晶,是马克思主义教育学说中国化的最新理论成果,对中国特色现代教学论的完善发展有着十分重要的指导意义。习近平总书记在全国哲学社会科学工作座谈会的讲话中,第二个问题就是坚持马克思主义在中国哲学社会科学领域的指导地位,并明确指出:"坚持以马克思主义为指导,首先要解决真懂真信的问题""坚持以马克思主义为指导,核心要解决好为什么人的问题""坚持以马克思主义为指导,最终要落实到怎么用上来"。① 中国特色现代教学论的学科体系、教材体系、话语体系的建设,就要以习近平总书记的重要讲话精神为指导,解决好中国特色现代教学论为中国特色社会主义教学实践服务的问题,解决好中国特色现代教学论如何体现中国特色、中国风格、中国气派的问题,解决好中国特色教学论如何走向世界,向世界人民贡献中国智慧和中国经验的问题。

二 借鉴国外先进教学理论是中国特色现代教学论形成与发展的有效途径

"观察当代中国哲学社会科学,需要有一个宽广的视角,需要放到世界和我国发展大历史中去看。"② 教学理论既有一般意义上的普遍原理,世界各国的教学论研究者均在积极探索着这些基本原理,形成了科学的教学论体系,中国教学论的科学化历程中不能不借鉴这些先进的理论。教学理论还有特殊的现象与规律,各个国家因历史文化等差异而有其独特性。因此,在不同的历史时期,把中国的教学理论置于国际大背景中去审视,既要从国外先进的教学理论中汲取营养,又要结合中国的实际开展本土化实践探索。20 世纪 50 年代,教学理论界借鉴凯洛夫《教育学》中的教学论思想,从开始的简单移植到反思批判再到重建中国特色现代教学论,苏联教学论的借鉴对于中国教学论的形成起了历史

---

① 习近平:《在哲学社会科学工作座谈会上的讲话(2016 年 5 月 17 日)》,人民出版社 2016 年版,第 11 页。

② 习近平:《在哲学社会科学工作座谈会上的讲话(2016 年 5 月 17 日)》,人民出版社 2016 年版,第 3 页。

性的作用，可以说，没有对苏联教学理论的借鉴与学习，中国特色的现代教学论的探索不知还要走多少弯路。20 世纪 80 年代，西方各种教学论思潮涌入中国，包括美国的、德国的、英国的、苏联的、日本的等等，各种教学理论都以现代的、先进的标签进入中国，表面上使教学论呈现出十分繁荣的局面，但鱼龙混杂，如何从中选择先进的教学理论来促进中国现代教学论的建设呢？中国学者翻译介绍了诸如赞科夫的"实验教学论体系"、巴班斯基的教学过程最优化理论、布鲁纳的结构课程理论、美国恢复基础教育运动、程序教学理论、暗示教学理论等等，"我们把所有各种教学论思潮、理论和方法，都当作研究的对象，不可盲目崇拜或简单批判，不能机械照搬或一概排斥。要研究每一种教学论是怎样提出的？具体内容如何？在科学化、现代化道路上成败得失是什么？为什么？以便获得某些规律性的认识，丰富我们的头脑"①。正是我们借鉴国外先进的教学理论，在 20 世纪 80 年代我们就与世界范围内的教学改革与先进的教学理论保持了同步，使中国教学论走上了逐步科学化、现代化和中国化的道路。到了 21 世纪，世界各国都开展了新一轮的教育改革，中国也启动了新世纪的基础教育课程改革，这就需要理论的支持与引领，国际上各种教学理论又被翻译引进中国，为新世纪中国基础教育课程改革理论基础的形成起到了借鉴作用。教学理论领域不仅介绍了美国、日本、英国、法国、澳大利亚等发达国家课程与教学改革的新理论新方法，而且在中国课程改革的理论与方法层面引进了西方国家的先进经验，例如在西方学校中流行的合作学习、探究学习、自主学习、研究性学习等方法被引入中国，为中国基础教育课程与教学改革提供了一定的理论支持。② 中国学者于 21 世纪以来的教学理论的研究，与西方国家的教育学术研究开始对话并彰显出中国特色的现代教学论的魄力。"当代中国的伟大社会变革，不是简单延续我国历史文化的母版，不是简单套用马克思主义经典作家设想的模板，不是其他国家社会主义实践的再版，也不是国外现代化发展的翻版，不可能找到现成

---

① 王策三：《教学论稿》，人民教育出版社 1984 年版，第 43 页。
② 钟启泉、崔允漷、张华：《为了中华民族的复兴，为了每位学生的发展：〈基础教育课程改革纲要（试行）解读〉》，华东师范大学出版社 2001 年版，第 36—41 页。

的教科书。"① 面对新时代的伟大变革，中国教学论研究者就要以中国基础教育课程与教学改革中的问题为出发点，挖掘新材料，提出新观点，构建新理论，完善中国特色现代教学理论的学科体系、学术体系、话语体系。"知识分子与时代的信息保持着一种多元性的复杂关系。知识分子一方面担负着了解和传递时代信息的责任；另一方面又实在是时代信息的创造者。"②

三 开展教学实践研究是中国特色现代教学论形成与发展的原创基础

"教学论是一门理论性学科，但这并不否定它同时还是一门实践性学科。"③ 作为实践性学科，它的发展既要以中国传统的历史文化为背景，又要扎根于中国现实的教学实践土壤之中。绵延几千年的中华文化，是中国特色现代教学论形成与发展的原创基础，中国历史与文化中有着十分丰富的教学论思想，我们在借鉴吸收西方先进教学理论的同时，不能忘记传统的历史与文化基础，即使在我们全面学习苏联的过程中，许多知识分子时刻不忘从中国的传统文化中汲取营养。董远骞先生就提出从孔子到陶行知的教学理论历史遗产如何继承的问题，如何调查研究老解放区的教学经验和理论的问题，等等。④ 为此他还专门撰写了《中国古代教学论史》一书，系统考察了中国传统的教学理论发展历史及其重要的教学论思想。⑤ 中国历史上的教学理论作为教学现象中的思想现象，它是客观存在的宝贵财富，它与当代教学理论发展的文化之脉是相通的，这也是最根本的文化遗传在一个国家教学理论中的反映。改革开放以来，西方教学理论纷至沓来，李秉德先生根据国际国内形势的

---

① 习近平：《在哲学社会科学工作座谈会上的讲话（2016年5月17日）》，人民出版社2016年版，第21页。
② [美] 杜维明：《知识分子与时代信息》，志文出版社1970年版，第6页。
③ 徐继存：《新中国教学论学科建设70年回顾与反思》，《中国教育科学（中英文）》2019年第4期。
④ 董远骞：《一条曲折的路——教学论发展的四十年》，《华东师范大学学报》（教育科学版）1989年第3期。
⑤ 董远骞：《中国教学论史》，人民教育出版社1998年版，第3页。

需要，以新时代人才的基本素养为依据，提出教学论研究者应深入研究学校教学现象，在此基础上提出了构建中国特色现代教学论的思想。① 进入 21 世纪以来，中国教学论研究者越来越清晰地认识到扎根中国教学实践开展研究的重要性。裴娣娜致力于主体性教育实验研究，其主阵地在学校课堂教学。"立足变革性实践开展研究，不仅实现了从教学方法到教学方式，从教学组织形式到教学模式再到教学策略的超越，而且重新审视教学论学科原有的逻辑起点、概念、范畴，以新的思路重新构建学科的理论框架。"② 叶澜深耕基础教育课堂教学三十余年，创造性地提出了"生命实践教育学派"，"任何民族、任何社会的发展都不能离开本土文化的精神家园，中国需要一次精神的回归，需要重新审视我们已有的精神财富。"③ 她以中国哲学传统中的理论分析"教育"一词，中国式表达为"教天地人事、育生命自觉"，成为扎根传统文化与实践活动的典范。中国特色哲学社会科学应该体现继承性和民族性，"历史和现实都表明，一个抛弃了或者背叛了自己历史文化的民族，不仅不可能发展起来，而且很可能上演一场历史悲剧"④。中国特色现代教学论的发展不论过去、现在、还是将来，都应该把绵延几千年的中国传统的优秀的教学理论作为学科成长发展的深厚基础。

第五节 中国特色现代教学论发展的主要策略

一 体现中国特色现代教学论发展的时代特征

中国特色现代教学论发展到新时代，就要契合新时代的特点，适应

---

① 李秉德：《对于教学论的回顾与前瞻》，《华东师范大学学报》（教育科学版）1989 年第 3 期。
② 裴娣娜：《中国教学论学科的当代形态及发展路径》，《教育研究》2009 年第 3 期。
③ 叶澜：《中国哲学传统中的教育精神与智慧》《教育研究》2018 年第 6 期。叶澜、罗雯瑶、庞庆举：《中国文化传统与教育学中国话语体系的建设——叶澜教授专访》，《苏州大学学报》（教育科学版）2019 年第 3 期。
④ 习近平：《在哲学社会科学工作座谈会上的讲话（2016 年 5 月 17 日）》，人民出版社 2016 年版，第 17 页。

现代社会与现代教学的需求，完善其理论体系。"中国特色社会主义进入新时代的政治判断，是我们党坚持辩证唯物主义和历史唯物主义，用深邃的历史眼光、宽广的国际视野，从人类社会发展演进的大历史观的高度，分析中国发展的历史阶段得出的正确结论。"[①] 当世界处于百年未有之大变局时，中国特色社会主义走进了新时代，新型工业化、信息化、城镇化、农业现代化深度融合、同步发展，国家治理体系和治理能力现代化强势推进，要求社会各行各业开启全面建设社会主义现代化国家的新征程。从教育领域来看，联合国教科文组织在其研究报告《反思教育：向"全球共同利益"的理念转变?》中指出："当代发展的显著特征之一是在互联网连接飞速发展和移动技术迅速普及的推动下，出现了网络世界，并发展壮大。互联网改变了人们获取信息和知识的途径、交流方式，以及公共管理和业务的发展方向。有了数字连接、卫生、教育、通信、休闲和福祉方面有望取得新的进展。"[②] 当前的所有变化都影响到教育，表明新的全球学习格局正在形成。何谓知识、学习和教育？在新的时代背景下，传统的教育与教学中的核心概念正在被重新界定，新的理论体系正在形成。中国特色的现代教学论的发展就是在国内外双重的背景下，一方面要适应现代信息技术发展的趋势，在知识、学习、课程、教学、教育等核心概念界定的基础上，将人工智能、智慧课堂、慕课、翻转课堂、深度学习、关键能力评价等纳入新的理论体系之中；另一方面要适应中国基础教育课程与教学发展的需求，解决教学资源、教学内容、教学方法、教学手段、教学评价等方面存在的问题，超前预测性地研究与引导基础教育课堂教学的发展，建构并完善中国特色的现代教学论体系。以 2020 年新冠疫情下的基础教育课程教学所面临的问题来看，当全国受到疫情影响而不能正常开学时，教育部、工信委发布了《关于中小学延期开学期间"停课不停学"有关工作安排的通知》，要求学校教师线上指导帮助与学生居家学习相结合，限时

---

① 《论新时代》（求是网），http://news.cnr.cn/native/gd/20190103/t20190103_524470087.shtml，2019 年 1 月 3 日。

② 联合国教科文组织编：《反思教育：向"全球共同利益"的理念转变?》，联合国教科文组织总部中文科译，教育科学出版社 2017 年版，第 18 页。

限量合理安排学习，同时要求做好开学以后教学与居家学习的衔接，防止以居家学习完全代替学校课堂教学。在实践操作过程中，现代信息技术的硬件与软件的建设也支持了"停课不停学"的国家教育政策："一方面，教学物理环境的暂时性逆转，即，'互联网+教育'环境替代了传统课堂教学环境；另一方面，互联网教学环境日渐成熟，仅'三通两平台'多年来的建设就已让网络空间'人人通'和国家教育资源公共服务云平台具备了将教学活动通过互联网深入到每个师生乃至每个家庭之中的潜力。"① 现代信息技术背景下的新课程与教学体系的建设不仅可以结合传统的课程与教学使用，而且可以在特殊时期、特殊对象、特殊场合有效使用。更需要关注的是这些现代化的课程与教学的理论建设可以指导中国基础教育领域开展资源配置与优质教学活动的有效实施，进而解决新时代教育领域人民群众对优质教育资源需求与优质教育资源发展不充分不平衡之间的矛盾。当代基础教育课程与教学正在发生着巨大变革，不是简单的传统教学的延续，不是简单的传统理论设计的模板，不是国外教学实践的翻版，中国特色现代教学论的研究以中国基础教育课堂教学中的问题为中心，从课堂教学改革中挖掘新材料、发现新问题、提出新观点、构建新理论。

二 夯实中国特色现代教学论发展的学科基础

关于教学论发展的学科基础研究，是教学论学科从一开始就十分关注的一个领域。"基础不牢，地动山摇"，夯实教学论学科发展的基础，教学论学科才能根深叶茂。王策三先生在《教学论稿》开篇就强调："我们关心的是它们对教学论现代化所作的努力和对教学论科学化的新探索。"② 这里的"它们"就是指现代教学论的学科基础，包括哲学、心理学、技术学等。裴娣娜也十分重视现代教学论发展的基础问题，她指出："理论基础是现代教学论得以产生的土壤和催化剂，是教学理论流派多元共存的内在依据，是教学论适应实践需要改革发展的生长点和

---

① 祝新宇：《"互联网+教育"在"停课不停学"中能否实现价值增值》，《光明日报》，2020年2月18日。
② 王策三：《教学论稿》，人民教育出版社1984年版，第11页。

外部推动力。现代教学论理论基础应该包括互相联系和支持的三个方面：哲学、心理学、科学技术。"① 为此，在她主编的《现代教学论》三卷本中，系统论述了现代教学论发展的哲学基础、心理学基础、科学技术基础，形成了较为完整的基础支撑学科体系。② 叶澜在深入研究中国基础教育的课程与教学实践的过程中，也十分重视对教学论体系的构建及其理论基础的研究。③ 叶澜分析了以儒家为主体、儒道释并存的思想格局呈现的价值取向、基本的思维方式及其存在方式构成的中国哲学传统具有存在的独特和意义，并指出它所内含的教育精神与智慧，形成了基于中国哲学传统的教育哲学。她认为："以人生为对象的修习践行，是解决人何以成人、立身、成事这一由天人合一引申出的核心问题的重要途径。由此，'教育'一词的中国式表达为'教天地人事，育生命自觉'。"④ 这就为她倡导的"生命实践教育学"找到了哲学基础。

现代教学论是与现代社会相适应的教学理论，而现代社会的飞速发展，使得哲学、心理学、科学技术、社会学等学科的理论不断更新与发展，新的理论层出不穷。⑤ 现代教学论的学科建设既不能受制于这些学科的发展，跟着这些学科后面移植和引进其理论与方法，也不能对这些与其学科发展关系密切的学科不闻不问而闭门造车。现代教学论的科学化与现代化，应该夯实其理论基础，这就要求现代教学论的研究者，从理论与方法方面深入关注现代哲学、心理学、科学技术、社会学的发展，不仅从研究队伍上吸纳这些学科的研究者开展跨学科研究，而且在自身的研究素养方面夯实这些学科的基本功。现代哲学思想丰富，流派纷呈，不论是其思想还是其方法，都对人及其人类社会的理解有其独到之处，对于教学目的与目标的确定，对于教育对象的定位与理解都有十

---

① 裴娣娜主编：《现代教学论基础（第二版）》，人民教育出版社2015年版，第77页。
② 裴娣娜主编：《现代教学论》第一卷，人民教育出版社2005年版，第74—150页。
③ 王明娣、王鉴：《论叶澜先生的课堂教学论思想》，《西北师大学报》（社会科学版）2015年第1期。
④ 叶澜：《中国哲学传统中的教育精神与智慧》，《教育研究》2018年第6期。
⑤ 王鉴、姜振军：《论现代教学论的发展基础》，《西北师大学报》（社会科学版）2013年第6期。

分重要的意义。现代心理学尤其是神经科学的发展，对于学习的机能及其原理的研究成果十分丰富，这些都是学习理论的基础与教学原理的基础，现代教学论研究的深度学习更是离不开心理学的支持，每一代的青少年的心理特点与时代有着密切的关系，教育对象的心理活动特点是我们开展教学活动的基础，现代教学论的科学化就是要将教学理论建立在科学心理学的理论基础之上。现代社会学理论对现代教学论的发展有着深入的影响，不仅课堂教学社会学的研究成果表明社会学理论支持教学活动的组织与安排，而且课堂研究的诸多成果进一步表明现代社会学理论，如功能主义理论、结构主义理论、解释主义理论等均影响着现代教学理论的发展。现代社会，科学技术革命此起彼伏，形成了多次影响人类生产生活的工业革命，目前以"互联网+"及人工智能为标志的新的工业革命使传统的生活方式和工作方式发生了根本性的变革，教育教学也深受其影响，形成了现代信息技术为特点的现代教学论。[1] 实践领域的变革要求教学论的研究，尤其是理论基础的研究要加大这些新生事物的研究，以便从现代哲学、现代心理学、现代社会学、现代科学技术的多学科角度夯实现代教学论发展的学科基础。

三 融凝中国特色现代教学论发展的研究方法

一门学科的发展，与其研究方法的发展是分不开的。事实上，方法只是一种手段或工具，重要的是方法如何与研究对象有效地结合并被研究者合理地使用。中国特色现代教学论研究方法的发展经历了一个漫长的过程，从早期的哲学思辨的方法到结合其他学科的跨学科研究方法，从质性研究方法到量化研究方法，从实验研究方法到实践研究方法，中国特色现代教学论的方法论体系逐渐形成。20世纪50年代，中国特色现代教学论的研究方法多使用哲学思辨的研究方法，主要是从马克思主义哲学认识论的角度认识教学过程的本质与特点，不管是在苏联的《教学论》还是在中国早期的《教学论》著作中，使用的都是逻辑演绎

---

[1] 王鉴：《"互联网+"视域中的教育学重建》，《新疆师范大学学报》（哲学社会科学版）2017年第4期。

的方法。随着教学论学科的科学化历程的发展,教学论研究方法逐渐转向从心理学、社会学等相关学科借鉴研究方法,开展跨学科研究。20世纪 80 年代以后,教学论的研究方法开始学习西方教学研究的主流方法而开展量化研究,一些研究工具与方法引入课堂教学研究之中,形成对教学现象的客观性研究成果。进入 21 世纪以来,随着基础教育课程与教学改革的深入发展,教学研究方法从个别地区性、主题性的实验研究开始转向全国范围内的综合性实践研究。在信息技术的支持下,教学研究将传统的研究手段与方法与现代的数字化的网络的研究方法结合起来,形成了教学研究的方法体系。中国特色现代教学论的发展,就是要融凝传统与现代的研究方法与手段,形成现代教学论的研究方法论及方法体系。从认识论而言,现代教学论的研究者要准确定位教学论的学科性质,既认识到它的理论性又把握好它的实践性,将教学论学科理解为一种人文社会科学研究而确定其研究的主要方法是实践研究。实践研究与实验研究是两类不同的研究方法论,自然科学都以实验研究为其主要研究方法论,因其研究现象对象的客观性、研究现象的可重复性、研究变量的可控性和研究结果的可验证性,易于在实验室开展研究。人文社会科学的研究则不同,它不易将其研究现象搬到实验室而开展研究,因此需要研究者亲赴现场的实践研究。教学作为一种人的精神世界成长的活动,现代教学论对其研究显然具有人文社会科学的属性,从方法论上应该以实践研究为主。[①] 从方法论而言,教学论的研究方法应该是多元互补的同时,应该引导更多的研究者深入课堂教学实践开展研究,形成原创性的研究成果,进而建构中国特色的现代教学论。"教学论研究过程中教学论学者要始终保持对方法论的主动寻求,发扬方法论自我意识。"[②] 从具体研究方法而言,鉴于教学是一个复杂的系统,具有非线性、不可还原性、自组织性和锁定效应等特点,从复杂科学视角反思教学研究方法,寻求适于教学活动复杂性及人为性的方法为教学论研究者所关注。[③] "也正是因为研究方法的多元互补,教学论研究越来越呈现

[①] 王鉴:《论人文社会科学研究的实践性》,《教育研究》2010 年第 4 期。
[②] 李怡明:《教学论研究问题的方法论审视》,《课程·教材·教法》2011 年第 10 期。
[③] 杨小微:《从复杂科学视角反思教育研究方法》,《教育研究与实验》2000 年第 3 期。

出跨学科的特点,而这恰恰切合了教学的复杂性。"①研究方法的多元确实能够为不同的研究者提供选择的可能性,不同的教学论研究者可根据自己的性格、气质、学历、经验、学科背景、条件等选择专门的方法开展某一层次、某一领域、某一阶段、某一方面的问题研究,但是作为一个学科主流的研究方法才能使该学科的研究成果具有原创性,最根本的方法便是在课堂教学中开展"课堂志"的实践研究。②"教学论研究者方法论意识觉醒后,研究者就会主动思考教学论学科研究中所涉及的哲学方法论、科学方法论和技术方法论,在这一过程中,不断完善教学论研究的方法体系,使教学论成为一门真正的科学。"③

四 完善中国特色现代教学论的学科体系、教材体系和话语体系

中国特色现代教学论的学科体系最初脱胎于苏联凯洛夫《教育学》,是用马克思主义理论指导下的教育学体系,其教学论体系主要体现在达尼洛夫、叶希波夫主编的《教学论》中,强调教学的特殊认识过程,强调以讲授法系统地传授知识。苏联《教学论》的体系与中国教学发展的现实并不吻合,于是,中国学者提出了跳出苏联教学论的框框而建构中国特色教学论的主张,并从中国传统教学论和现代教学认识论两个角度开始构建中国特色的教学论,到了20世纪80年代,中国学者开始探索现代教学论的学科体系,形成了结合课程理论、学习论、技术论为支撑的以教和学并重的现代教学理论体系。中国特色现代教学论体系的建设与完善,在学科外部关系方面将学习论、课程理论、信息技术论纳入其内容体系,并有机地将这些学科融合在一起。在学科内部关系方面,赋予传统的教学要素新的内涵,明确立德树人目标,落实核心素养,加强信息技术与教学深度融合,着力研究学生心理与学习特点,采取并推进多元评价模式,促进信息技术背景下教师专业化发展等。

---

① 徐继存:《新中国教学论学科建设70年回顾与反思》,《中国教育科学(中英文)》2019年第4期。
② 王鉴:《课堂志:作为教学研究的方法论与方法》,《教育研究》2018年第9期。
③ 朱德全、杨磊:《教学论发展70年:实践样态与逻辑路向》,《教育研究》2019年第9期。

"就体系而言,框架是关键,框架的边界就是理论。就具体的研究工作而言,题目不在于大小,而在于有没有框架,关键在于有没有体系,没有体系,没有框架,再大的题目也是碎片化。"[1] 完善中国特色现代教学论,就是要确定这一框架,重点做好以下三方面的工作。

第一,确定中国特色现代教学论学科体系内容建设的框架。教学论与课程理论、学习论、信息技术论的关系分分合合,比较复杂,从学科建设来看,各学科分科发展是各自完善的主要方式,但各学科综合发展又是发挥其作用的有效途径,因此在各学科分化发展的基础上,需要加强各学科的综合发展,融凝形成现代教学论的支持理论。现代教学是一项复杂而综合的专业活动,现代教学论的学科体系建设不能就教学而建设其理论,而应将教学论与课程理论、学习论、信息技术论融入其体系之中。最初的教学论体系中,课程理论是以教学内容、学习论是以教学方法、信息技术论是以教学手段为存在方式的,是教学论的有机构成部分,随着学科分化的发展,这些学科各自成为独立学科,但是,这些学科独立的发展并不意味着它们与教学论关系的终结,恰恰相反,它们为教学论提供更广阔和更丰富的新鲜的血液和养料。现代教学论的学科体系建设就要在这一框架内有效地开展工作,一方面支持这些学科的分化发展;另一方面将这些学科的成果综合到现代教学论的理论体系之中。

第二,确定中国特色现代教学论的教材体系。"学科体系同教材体系密不可分。学科体系建设上不去,教材体系就上不去;反过来,教材体系上不去,学科体系就没有后劲。"[2] 教材体系根据学科体系而确定,教材体系是培养学科人才和完善学科体系的重要途径。教材体系的框架如何确定,要根据培养人才的层次而分类编写。中国特色现代教学论的教材分为本科、硕士、博士三级教材,本科教材的体系以教学论的基本范畴与体系为内容,限定在教学论内在的要素及其关系方面,以教与学为两条线索,将现代课程理论、学习论、信息技术论的内容融入教学要素的内容之中。硕士和博士阶段的教材建设,可以分设教学论、课程理

---

[1] 钱乘旦:《历史学研究离不开"体系"》,《探索与争鸣》2018年第12期。
[2] 习近平:《在哲学社会科学工作座谈会上的讲话(2016年5月17日)》,人民出版社2016年版,第23页。

论、学习论、信息技术论，并通过研究性学习或项目式学习将这些学科内容有机地融合在一起，形成开放性的学科教材体系。

第三，确定中国特色现代教学论的话语体系。中国特色现代教学论话语体系包括形成、表述、传播三个方面。就话语体系的形成而言，通过原创性的研究而形成的研究成果自然就有自身的话语体系，即用自己的语言讲述自己的研究成果。如果将这些成果总结归纳为一定的理论，就需要语言文字的创作，有血有肉的研究本身就是语言与思维的统一，以中国文化与语言表述的原创性的研究成果，自然就具备了话语意识与话语能力，形成自身的话语体系。当这些理论成果走向世界，进而翻译成其他语言和文字时，中国特色的现代教学论就通过传播而获得世界性的话语体系。加强中国特色现代教学论的话语体系建设，不仅有利于解读中国教学实践、构建中国理论，而且有利于以中国经验解决世界性的教学问题，形成国际共识的教学理论。

第六章

中国特色现代教学论学科建设的困境与出路

自20世纪80年代以来，中国学者便致力于中国特色教学论学科体系的构建，形成了以王策三《教学论稿》、李秉德《教学论》、吴也显《教学论新编》等为代表的学科体系范本。进入21世纪后，中国基础教育领域开展了广泛的课程与教学改革，为教学论学科建设提供了广阔的舞台。同时，也对教学论学科建设提出了新的挑战，即教学论如何在实践中发挥理论指导功能，帮助一线教师更好地实施新课程，并在这一过程中重建教学论的学科体系。20余年过去了，面对教学实践的机遇与挑战，教学论学科建设形成了诸多困惑，传统的学科体系已显陈旧，新的学科体系尚未建立。统观近20年来的教学论学科建设，共出版学术著作50余本，主要以《课程与教学论》为主，发表以教学论学科建设为主题的学术论文1060篇，其中《教育研究》10篇，由此不难发现，教学论学科建设问题一直是学术界研究的热点问题，但高质量学术成果较少，很难在学科体系建设方面有所突破。因此，在新时代背景下，分析教学论学科建设的困惑及其根源，反思教学论学科建设的根本问题，对于新时代背景下重建中国特色现代教学论学科体系有十分重要的现实意义。

第一节 新时代背景下教学论学科建设的主要困境

自 20 世纪 80 年代始，经过几代人 40 余年的努力，教学论学科经历了显学发展的黄金阶段、困惑发展的低迷阶段、综合发展的重建阶段。20 世纪八九十年代，伴随着教育理论问题的反思与建设，教学论学科率先作为突破学科，不仅从自身学科角度反思了教学本质等理论问题，而且建构了中国特色教学论学科体系的雏形。21 世纪以来，面对中国基础教育课程改革的背景，面对课程理论学科的复兴以及课程理论与教学论学科的融合，教学论学科陷入一个困惑发展的低迷阶段。教学理论既不能较好地指导教学实践，又不能保持学科的独立性，教学论学科还有没有独立存在的必要？教学论与课程理论到底是什么关系？课程与教学论是不是已经包括了课程理论和教学论两个学科？学科建设方向不明确、内容不确定，面对教学实践改革的需求，教学论并没有形成独特的理论体系，缺乏中国特色。

一个学科的体系通常体现在它的经典著作与教材中。[1] 反观当前中国教学论著作，主要存在两个方面的问题：一是高质量著作相对较少。存在重数量、轻质量的倾向，真正能够体现著者个性化教学思想的教材相对较少，大多数教材在既有框架上进行修修补补。[2] 二是教学论的实践性体现不够。学习者学了这些教学论著作后，一到实践中就感觉理论与实践相隔甚远，所学的教学论理论在实践中根本行不通，甚至产生了对专业身份的迷茫。[3] 究其原因，是教学论研究者沉溺于对教学理论的再研究，躲在"书斋文献"中进行"自说自话"式地思辨、推演。在

---

[1] ［美］托马斯·库恩：《科学革命的结构》，金吾伦、胡新和译，北京大学出版社 2003 年版，第 2 页。

[2] 焦炜、徐继存：《百年教学论教材发展的回顾与思考》，《课程·教材·教法》2012 年第 10 期。

[3] 赵宁宁：《我是谁？——作为教学论学习者的困境与反思》，《北京大学教育评论》2007 年第 1 期。

书斋文献中推演出的理论教学论在传承教学基本理论方面是成功的，但在培养反思性、实践家型的教育工作人员以及扎根中国大地做研究的教学研究人员方面是值得怀疑的。理论教学论实质上是从研究者教学观念的世界中产生的。理论教学论在内容和体系上早已不是服务教学实践的教学论了，其原因主要有两个方面。一方面，理论教学论大多以研究教学规律为旨趣，企图以客观的、科学的规律去指导教学实践。然而，信息技术在教学实践中的强势介入，使得教学实践中那些有规律的和有法可依的教育问题在教育现代化进程中越来越可能被新的教育技术所替代，而那些不确定的、情境性、不规则的问题才是教学实践的真正难点所在。同时信息技术也带来了"造客之术"和"塑主之术"的技术陷阱，教学活动的人文性、精神性、生命性价值愈发突出。也就是说，实践的变革需要教学论扩展其研究对象，关注教学现象中不规则的、人文的、情境性、创造性的教学现象。另一方面，基础教育课程改革进入了深水区，新的义务教育课程改革方案和新课程标准颁布以后，教师培训、课堂教学研究和课堂教学方式变革等课程实施工作，都需要教学理论的指导。教学论研究亟须直面课程改革的实践难点，回到日常课堂生活实践之中，在实践中探索教学内容、教学方法、组织方式、师生关系等与学生素养发展之间的关系，以实践的方式思考"什么是好的教学、课程、学生、教师、课堂"等最基础、最基本的问题。简言之，教学实践迫切需要科学教学论的支持，需要教学论站在实践的立场同实践活动进行交互理解与对话，而不是"主体旁落"的、高高在上的所谓"指导"。总之，经过基础教育新课程改革的洗礼之后，教学论研究者开始深入课堂开展实践研究，教学论学科也开始从困惑发展的低迷阶段走向综合发展的重建阶段。但因缺少高质量的研究成果，缺乏一大批真正扎根课堂实践的研究者，教学论学科建设并未得到突破性进展。新时代背景下，基础教育课程变革迫切需要这个时代的教学理论的支持，需要一种能够回应实践的教学论的指导。中国特色现代教学论学科体系是扎根中国基础教育大地并在推动课堂教学变革的过程中形成基本概念和理论体系。

第二节　坚持实践取向是中国特色教学论学科建设的基本思路

历史上教学论学科的建设都是将教学实践的研究作为学科建设的逻辑起点。真正有价值的教学论存在于教学论发展的逻辑中，教学论的本性也只能从教学论自身发展的历史中去寻求和把握。① 把教学论放到学科的整体发展史中加以考察，梳理教学论萌芽的发端，在分析教学论合法化的发展过程中，才更有可能探寻到教学论的生命力源头。

一　经典教学论学科建设的实践取向回溯

在教育史上，夸美纽斯的《大教学论》是教学论成为专门学科的标志，也是教学论学科建设的范本。夸美纽斯从当时学校教育中班级授课制的需要出发，解决学校教学中的实际问题，提出教学论的核心概念与基本原则，进而提出了构建《大教学论》学术体系的实践取向。首先，作为一名教育实践家，夸美纽斯在匈牙利、英国、瑞典和荷兰等国家从事过教育工作，不仅积累了丰富的教育经验，而且广泛地观察、研究了当时欧洲各国已经积累的丰富教育经验。② 同时在总结实践经验的基础上还在"捷克兄弟会"的学校开展教育组织与方法等一系列的教育问题进行深入的实践研究。其次，作为教育科学的真正奠基人，夸美纽斯是所有阐述教育问题的作者中最注重实践的人。③ 面对资本主义社会的兴起，夸美纽斯发现经院主义教育无论是教学内容还是教学方法均无法满足新兴资产阶级的需求④，当时流行的个别教学在教学效率、组

---

① 徐继存：《教学论的本性与追求》，《教育研究》2010年第1期。
② 李文奎：《论伟大的捷克教育家杨·阿摩斯·夸美纽斯的著作"大教学论"——为纪念夸美纽斯诞生365周年和"大致学论"出版300周年而作》，《山东师范学院学报》（人文科学）1957年第1期。
③ 郝志军：《教学理论的实践品格》，教育科学出版社2008年版，第46页。
④ 苑勘：《夸美纽斯及其〈大教学论〉》，《齐齐哈尔师范学院学报》（哲学社会科学版）1979年第3期。

织运行、教师指导等方面都难以实现"把一些知识交给一切人"。为此，夸美纽斯对实践中急需的班级授课制进行了系统深入的研究。班级授课制在教学中的顺利运行，需要以圆周式排列的形式妥善安排每一节课的教材，教材的处理又要照顾儿童的年龄和知识水平，同时教师既要认真制订自己的教学计划，又要明确有关教学过程的教学原则与注意事项。如此，一系列涉及班级授课制实施的具体实践事务均成为夸美纽斯所关注的问题。也正是基于此，夸美纽斯以班级授课制为抓手，系统探讨了教学内容、教学原则、教学组织、教学方法等教学实践中最基本的教学论问题，建立了独特的教学论体系。再次，从论证体系上看，尽管夸美纽斯用自然现象来论证教育理论存在一定的不足，但把人们对教育和教学问题的思考与研究的方向从抽象的、烦琐的教条的圈子里解放出来，回到了丰富的大自然之中。① 这表明了夸美纽斯对经院派的认识方式的批判，反对脱离现实以纯粹理性思辨的方式对权威二手材料进行界定、分类、系统化等工作，提供了一条研究者回归大自然的真实情境之中，通过研究者的感官、参与、体验、实验等方式去认识理解教学现象的路径。最后，在夸美纽斯看来，"教学论是指教学的艺术"②。这种特殊的艺术是一种神圣信念，比理论更长久，它把人带回手、口、心、脑的和谐，并成为凝聚社会共同体的力量。通过教育的推进与改革，更新整个欧洲的精神与知识状态，这是夸美纽斯的终极追求。③ 可见，夸美纽斯教学论的实践性不仅"在新生一代的教学和教育的理论和实践方面完成了一场革命"④，还表现为重构社会实践的思想愿望与实践行动。

20世纪的教学论是在杜威教学论的正反命题中发展的。⑤ 为了消解近代哲学与教育理论中的二元对立，杜威从机能心理学出发创建了工具主义认识论并提出了探究性教学论，使教学论获得了新的理论根基而得

---

① ［捷］夸美纽斯：《大教学论》，傅任敢译，教育科学出版社2014年版，第3页。
② ［捷］夸美纽斯：《大教学论》，傅任敢译，教育科学出版社2014年版，第3页。
③ 娄雨：《教育学"科学还是技艺"的历史重审——从夸美纽斯出发的思想史研究》，《教育研究》2020年第7期。
④ 刘明翰、刘丹忱、刘苏华：《文艺复兴时代的教育思想家》，山东教育出版社2006年版，第327页。
⑤ 蔡宝来：《试论现代教学论的心理学基础》，《现代教育论丛》2002年第1期。

第六章　中国特色现代教学论学科建设的困境与出路　　113

以广泛流传。① 杜威不仅是伟大的哲学家,而且是教育家。他不仅思考教育的哲学问题,而且创办实验学校,将自己的理论在实践中检验并发展,在学校教育的实践过程中完善和发展教育理论。杜威深入剖析了民主社会背景中应该培养什么人的问题,对儿童、经验、生活、学校、课程、教材、方法、游戏等核心概念进行了论述,形成了严密的教学论体系。探究教学论的提出,使教学论的中心从"教师、书本、课堂"传统三中心向"学生、经验、活动"新三中心转移。同时也使学生、个体经验、活动、学校即社会、教育即生活、儿童中心、从做中学等成为现代教学论探索的重要概念和命题。在学科建设的方法论上,杜威强调如果研究者要把他所发现的东西当作真正科学的东西来研究,它必须以经验直指法从事物本身出发来研究它们,而不是利用某种逻辑的把戏进行推究。同时派生出来的理论要放回到平常经验的事物中进行检验与发展。② 在实践上,1896—1904 年他在芝加哥大学工作时创办实验学校。实验学校旨在探究五个问题,即如何实现儿童家庭生活与学校教育更为密切的联系、如何实现儿童在学校学到的知识与其经验之间的相互联系、如何激发儿童的学习动机和学习兴趣、如何使教材与儿童的生活及活动相联系、如何处理儿童的个性生长与社会合作之间的关系。实验学校的实践与探究使得这些问题成为现代教学论学科建设不可回避的基本论题。实验学校的指导思想是杜威的功能心理学和民主伦理学,在这个理论与实践交融共生的阶段杜威初步提出了他的教育思想的主要原理:教育即生活,学校即社会,教育即生长和教育即经验的改造。实践不但有助于理论的生成与生化,而且往往是理论创新的不竭源泉。离开芝加哥大学后,杜威1904—1917 年的教育思想基本上就是他实验学校工作的理论总结。③ 尽管杜威首先是哲学家、教育哲学家,在理论研究方面有天然的优势,但杜威并不满足于单纯的哲学思辨,而是积极主动地进

---

①　唐斌:《杜威的探究性教学论:出场语境及其视域偏差》,《华东师范大学学报》(教育科学版) 2014 年第 3 期。
②　[美] 杜威:《经验与自然》,傅统先译,中国人民大学出版社 2011 年版,第 2—29 页。
③　涂诗万:《杜威教育思想的形成》,浙江教育出版社 2015 年版,第 53 页。

行教育实验，在理论与实践的交互中丰富发展自己的教育教学思想，而且反复地从实践中汲取力量，不断地完善与发展理论。杜威学校虽仅存在了8年，但这8年的实验给杜威的思想带来了源源不断的力量。进步主义教育失败后，很多进步主义学校受到批评，而唯独杜威实验学校未遭到非难。这也说明了理论与实践的融合可以促进教育理论与学校教育实践的双赢。实践不仅是理论产生的源泉，而且可以为理论创新提供不竭的生命力。

针对美苏争霸时期科技和社会的迅速发展，赞科夫认为要培养有创造力、全面发展的一代新人，必须更新学校教学的教学论体系，探究教学与学生一般发展的关系。赞科夫从促进学生的一般发展、提高教学过程的效率出发，提出了有关教学内容、教学原则、各科教学方法、教师工作等方面的独特见解，构建了风格独特、逻辑结构严密的实验教学论体系，在教学论史上发挥着不可估量的作用。赞科夫进行教学论学科建设的思想，可以从他的《教学论与生活》一书中找到答案。在教学论学科性质方面，赞科夫认为教学论与整个教育学一样，是为实践服务的。教学论无法满足教学实践的需要，主要是因为教学论缺少对教学实践的丰富性与创造性的关注。例如，从教育目的或哲学观点演绎的教学论，其出发点是为实践制定规则，是关于教师应当如何做的指示性的理论。但在回答具体实践条件下如何运用这些教学规则时往往得不到令人信服的答案。[①] 而通过大量观察教师的活动归纳而来的教学论，虽然源于教学实践，但对教学实践的研究在体系化、系统化方面存在不足，产生了大量需要深入教学实践进行研究的命题。因此，教学论要回归教学实践，在肯定教学论为实践服务的前提下，从学科基础和研究对象方面进行改进，才能更新教学论体系；在教学论的学科基础与方法方面，赞科夫认为教学论建立在心理学的基础上，最主要的是要把实验心理学的方法和心理学分析成为教育研究的有机组成部分。方法的缺陷，必然造成无法科学认识教学实践工作全貌的缺憾。教学论学科建设，不能靠纯

---

① ［苏联］Π. B. 赞科夫：《教学论与生活》，俞翔辉、杜殿坤译，教育科学出版社2001年版，第2—4页。

粹的推论,不能靠从词语上重新表达或者新编一些补充的教学论原则和要求,而是要根据学校面临的任务对学校的实际进行深入的研究,同时开展大胆的教育实验。① 1952 年,赞科夫成为"实验教学论实验室"(后更名为"教育与发展问题实验室""学生的教学与发展问题实验室")的负责人。此后,赞科夫以维果斯基的最近发展区理论为科学依据,通过长达 16 年的多班级、大面积的教学实验,揭示了"教学结构同学生一般发展的进程之间的真正的相互关系",论证了"提高教学过程的效果以促进学生的一般发展"的科学性和可行性,使最近发展区这个思辨范畴的学术问题,从专家学者们的"书斋"里走出来,成为广大教师教学时必须掌握的一种理论武器,成为当代教学论的核心话题。② 在教学论的研究对象方面,赞科夫认为教学实践有很大的灵活性,教师的工作既需要科学规律的指导,也需要个人创造性的技艺。教学论研究要将教师的全部活动作为科学研究的对象。教学论研究要协调一致地揭示教学现象中的一般规律和特殊变式,并处理好二者的关系。总之,赞科夫认为科学的教学论应该建立在研究教学的实践及其改造的基础上,从科学的事实出发,用科学的方法研究教师实践探索的全部工作,探究一般教学理论转化为教学实践的具体途径与条件,查明实践效果和解释"现成的"经验,揭示客观的教学规律;同时还要研究教师的探索性创造,创造新的经验。

二 中国特色现代教学论学科建设中的实践取向

历史上许多优秀的教学理论遗产,是推动教学理论发展的重要内在因素。在每个特定时期,教学理论的历史遗产都为教学理论研究者的智力活动提供指导、灵感乃至研究对象。③ 继承经典教学论学科建设的经验,不仅仅是对学科建设问题的历史回顾,最重要的是要研究和把握经

---

① [苏联] Π. B. 赞科夫:《教学论与生活》,俞翔辉、杜殿坤译,教育科学出版社 2001 年版,第 151 页。
② 毕淑芝、唐其慈、王义高等:《当代苏联教育家的新思想赞科夫的"实验教学论"》,上海教育出版社 1990 年版,第 35 页。
③ 徐继存、赵昌木:《教学理论发展的内外部因素分析》,《课程·教材·教法》1995 年第 7 期。

典教学论的成长规律。首先,教学论的研究要从复杂的社会情境出发,厘清不同教育文化传统下的教学论概念和术语,选择吸收古今中外教学论的思想精华,结合当代中国教学实践改革与中国本土的教育文化,创造中国特色的教学论话语体系。[①] 经典教学论,它们都有与其本土教育文化传统存在密切联系的核心概念和术语。但过去在借鉴经典教学论的过程中,由于忽略了对本土教育文化的理解,造成了对其核心概念、研究对象、理论基础等方面的曲解。其次,总结研究优秀教学论的研究体制及其实践情境,改善教学论发展的外在条件。经典教学论的昌盛与整个教师教育的实践情境紧密相关的,教学论的研究体制是在教师教育的实践情境中进行的。[②] 而中国教学研究体制与教师教育的实践情境存在很大程度的分离,严重阻碍了教学论学习者的专业发展、基础教育实践的改革与教学论自身的发展。最后,深入优秀教学论中研究问题的产生与发展过程,以启发教学论研究的问题域。研究问题是科学研究的心脏,教学论研究中一些经典的研究问题总会在不同的时代以不同的形式展现出来。但看似相似的问题,也因其产生的文化境域及现实情境相异,不可把那些问题解决的过程与方法直接借鉴过来,而必须弄清楚问题产生和提出的具体社会背景,同时还要深入分析当地社会背景究竟是怎样滋生出那些问题的。[③] 新时代构建中国自主知识体系的教学论,依然面临着历史上曾出现的主题,如"双减"实质上在呼唤解放儿童、素养导向的新课改实质上也是对学生发展的新探索。因此,必须深入系统地研究古今中外优秀的教学论,从历史的回答中寻找启发与经验,这也是教学论发展的必经之路。

如何构建有中国特色的教学论,这是几代学人一直思考的命题。叶澜教授认为扎根中国文化、深入中国实践才可能产生与世界对话的"中国教育学"。于是,她带领团队进入实践的场域进行深耕,经过近

[①] 丁邦平:《反思教学论研究——基于比较教学论的视角》,《课程·教材·教法》2012年第9期。

[②] 丁邦平:《反思教学论研究——基于比较教学论的视角》,《课程·教材·教法》2012年第9期。

[③] 辛继湘:《教学论研究:理论自觉与实践情怀》,《课程·教材·教法》2012年第9期。

30年的"新基础实验",重建了以课堂教学和班级管理为核心的中国特色的教育学理论体系,对学校实践改革产生了重大的影响。生命实践教育学派主张从生命的高度用动态生成的观点重新审视课堂教学,围绕课堂教学实践提出了一系列的教学论思想。主要包括课堂教学性质观、课堂教学价值观、课堂教学过程观、课堂教学内容观和课堂教学评价观。课堂教学的性质是以促进师生双方的发展为终极目标。课堂教学价值在能培养当代社会主动健康发展的一代新人。[1] 课堂教学的目标是促进学生的全面发展。课堂教学过程是发挥并创造师生生命力的过程。[2] 教学内容要按育人价值实现的需要,进行深度开发、重新组合和多向激活,综合设计弹性化的教学内容。[3] 课堂教学评价及其改革应贯穿教学改革实践的全过程,形成一个层级递进、动态发展的评价系统。[4] 这一系列教学论命题,源于生命实践教育学派坚持认为教育学研究是研究如何促进人的发展的事理研究。而事理研究本身就包含着一系列跟实践相关的要素,它是不能脱离实践的。[5] 因此,研究教学必须回到课堂实践的真实场域中,研究影响课堂教学师生状态的众多个体因素与群体因素、稳定因素与不稳定因素,研究课堂教学中师生活动的全部丰富性,研究如何开发课堂教学的生命潜力。[6]

生命实践教育学派通过理论反思、实践探究、方法论更新、学科元研究四个方面的持续深化与交互生成式的研究,构建了中国自主知识体系的教育学。其研究路线包括"上天"和"着地"。[7] "上天工程",即进行抽象的理论构建与研究。叶澜先生在阅读了大量西方教育思想、教

---

[1] 叶澜:《重建课堂教学价值观》,《教育研究》2002年第5期。
[2] 叶澜:《让课堂焕发出生命活力——论中小学教学改革的深化》,《教育研究》1997年第9期。
[3] 叶澜:《重建课堂教学价值观》,《教育研究》2002年第5期。
[4] 叶澜,吴亚萍:《改革课堂教学与课堂教学评价改革——"新基础教育"课堂教学改革的理论与实践探索之三》,《教育研究》2003年第8期。
[5] 叶澜:《大中小学合作研究中绕不过的真问题——理论与实践多重关系的体验与再认识》,《教育发展研究》2014年第20期。
[6] 叶澜:《让课堂焕发出生命活力——论中小学教学改革的深化》,《教育研究》1997年第9期。
[7] 叶澜:《"生命·实践"教育学派——在回归与突破中生成》,《教育学报》2013年第5期。

育学经典著作、西方教育哲学、科学发展史、科学研究方法论、人文科学方法论及自己的著作,并通过一系列的重新阅读和拓展阅读,在理论层面和方法论层面对自己的已有理论体系进行深度清理与重建,最终形成了属人的、为人的、具有人的生命气息和实践泥土芳香的教育学。"着地工程",即扎入当代中国的教育实践涌动的洋流之中进行实践研究。通过在全国近百所学校建立"新基础教育"共生体,开展介入式地学校转型性研究,使教育学基本理论的研究回到教育实践的源头中去,在研究、推进学校变型的综合实践中认识教育本身,体验它的真谛,把握它的脉动,发现它的病变,探索它的可能,创造它的明天。[①]"上天工程"与"着地工程"不是彼此孤立的,其本质是理论与实践的转化融通、相互促进的循环关系,这种理论与实践双向动态的建构正是新基础教育的"新基础"。总之,叶澜之路是研究者扎根在中国大地,在教育实践的洋流中,践行自己对"生命自觉"的追求,以"生命"和"实践"为双螺旋重构了教育学学科的基因与命脉,向世界发出了中国的声音。因而,生命实践教育学派的教学论是深深扎根于课堂实践的教学论,在描述的基础上蕴含着强大的理论力量。这种理论的力量通过对实践的透析呈现,通过为实践提供新的理论、推进实践更新,并在此过程中通过自我超越来体现。[②]

历史的经验表明,凡是在教学论学科建设方面取得成就的教育家,他们的学科建设的逻辑起点都在于教学实践,都在于实践中创造和发展理论并形成完整的学科体系。这是一切人文社会科学原创性所必须走的道路,脱离实践而去构建所谓的纯理论,是理想主义的空中楼阁。扎根理论、回到事实本身、探寻文化意义等理念都是倡导研究者回归实践做研究。中国特色现代教学论的学科建设一定要扎根中国大地在课堂教学实践中做研究,形成原创性的教学理论,并再次回到基础教育课堂教学改革的实践中进行检验与发展,教学论才能彰显自身的魅力。如此看

---

① 叶澜、杨小微、李政涛:《"生命·实践"教育学论丛:基因》,广西师范大学出版社2009年版,第2页。

② 叶澜、杨小微、李政涛:《"生命·实践"教育学论丛:基因》,广西师范大学出版社2009年版,第2页。

来，新时代的基础教育课程改革为广大教学论研究者搭建了一个广阔的实践研究舞台，是新时代教学论形成和发展的最好的机遇。教学论研究者要借鉴古今中外一切成功的教学论研究者的经验，深入基础教育课堂教学之中做研究，形成和发展中国特色的教学论体系。

第三节 中国特色现代教学论学科建设的实践路径

时代是思想之母，实践是理论之源。教学论是有关教学实践的理论。因此，教学论学科建设要面对新时代课堂教学改革的挑战，面对信息技术与教学融合的时代机遇，在勇于推进课堂教学实践的基础上进行理论创新。

一 坚守课堂教学实践研究的价值取向

理论创新要坚持以马克思主义基本原理为基础，坚持马克思主义基本原理，则必须以实践为基础。新时代教学论研究者，要将课堂教学实践作为教学论发展的基础，以推进课堂教学实践变革作为自己的研究使命。教学论研究者是怎样的，他的教学论也会是怎样的。教学论研究者怎样界定和生成自身，也就怎样创造和形成自己的教学论。[①] 因此，教学论研究者要明确"为什么而研究""在哪儿研究""和谁一起研究"。

服务于教学实践是教学论的出发点与归宿，否则教学论就失去了其存在的意义。理论性与实践性的统一是教学论学科的特性，这是学界的普遍共识。然而，当前的教学论研究中，实践性不足的问题愈发严重，且理论的思想性与创造性也不够。教学论研究者更应以研究课堂教学实践为价值取向，这是新时代理论创新的源泉。以研究课堂教学实践为价值取向，教学论研究者则需要回归课堂教学实践的真实场域，在活生生的实践场域中，以实践的方式研究教学现象并生成自己的教学论。因为

---

① 徐继存：《教学论的本性与追求》，《教育研究》2010 年第 1 期。

教学现象在本质上是一种人文现象。对这种人文现象全貌的理解，需要研究者的参与、体验、对话。而只有在课堂教学的真实田野中，教学研究者才能深刻把握教学要素的诸多联系，才能深刻理解教学要素的本质特点与基本内容，进而从中找出一些带有规律性的东西，并在此基础上提出一些原则、方法与建议。如此，才能帮助教学实践者自觉地处理好各要素之间的关系，优化教学系统，最后达到培养社会主义新人的目的。这是现代教学论的任务，也是所有教学论研究者努力的方向。[①] 教学论研究者进入教学实践的场域，不是旁观者、指导者，而是教学实践的对话者、联盟者。这就需要理论工作者与实践工作者共同参与，完成教学论研究的两个完整的对话过程。一是教学研究者共同参与到活生生的课堂田野中，与教师和学生在教学过程中进行双向交往与对话。研究者们对教学的解释、分析、交流、对话的过程将成为理论与实践结合的开始。二是教学研究者以成果的形式与研究者进行对话，这是教学论理论与实践双向对话升华的过程。[②] 教学论学科建设需要研究者深深扎根于日常课堂生活之中，直面课程改革的难点，在价值取向上要以回归实践为精神追求，在行动上要深深扎根于课堂教学实践，在研究者主体上要实现教育理论工作者与实践工作者的融通共生，以实践的方式定义研究者自身的生活方式与教学论的品性。

二 扎根课堂教学实践获取学科建设的质料层准备

问题是实践之树盛开的鲜艳花朵，理论是问题之树结出的丰硕果实。新时代背景下，中国的教学实践面临着国际国内双重形势的挑战，引发了一系列的实践问题。从世界范围看，信息技术革命已经席卷全球，引发了教育领域的一系列变革。人工智能、智慧课堂、线上线下融合、翻转课堂、深度学习、核心素养等已经引发了教育实践领域的深刻变革，教学系统的各构成要素、教学的存在形态、教学发生的时空等都发生了剧烈的变化，产生了许多新的问题需要深入探讨与解决。这就需

[①] 李秉德：《对于教学论的回顾与前瞻》，《华东师范大学学报》（教育科学版）1989年第3期。

[②] 王鉴：《教学论热点问题研究》，广西师范大学出版社2008年版，第18页。

要教学论研究者在信息时代的背景下重新审视知识、学习、教师、学生、课程、教学、教育、技术手段等一系列教学论核心概念，并在此基础上完善理论体系。信息时代带来的不仅是全世界教育变革浪潮，更关键的是，信息技术通过与课程资源、教学组织形式、教学模式等方面的融合，可以大大提高教学效益，是解决新时代教育领域人民群众对优质教育资源需求与优质教育资源发展不充分不平衡之间的矛盾的关键力量。而这迫切需要现代化的教学论体系来提供支撑与引领，需要教学论研究者在及时把握信息时代课堂实践中的各种新问题以完善建立教学论体系。从中国当前的形势看，新一轮课程改革刚刚启动，教学论不仅要适应中国基础教育课程与教学发展的需求，更要进行超前预测性的研究并引导基础教育课堂教学的发展，这就需要教学论研究者深入研究课堂教学中的重大问题，在实践中解决教学资源、教学内容、教学方法、组织方式、师生关系等与学生素养发展之间存在的种种新问题，完善中国特色的现代教学论体系。同时教学论研究者要遵从教学论的本性，不能过多沉迷于一些依附于其他学科背景和观点的问题。最基本的问题往往是最朴素的、重大的教育问题，是贯通古今、纵横时代的问题，对这些基本问题作出最前沿、最具有时代性的思考，是每个时代的教育人最需要为之作出的时代贡献。[①] 学科建设需要的质料准备如同建造房子需要的砖瓦材料一样，是最基本的准备，教学论学科建设就在课堂研究中，通过不断积累质料层的准备而最终建成科学完整的学科体系。

三　破解体系意识与问题意识之间的关系

自20世纪80年代以来，中国教学论学科建设时而强调"体系意识"，时而突出"问题意识"，但教学论自身的理论体系和对实践的指导意义方面一直存在不足。[②] 就目前基础教育的种种弊端而言，教学论

[①] 李政涛:《为这个时代的教育留下高质量的思想成果》，《中国教育学刊》2022年第1期。

[②] 李秉德、李定仁、徐继存等:《教学论学科建设问题的回顾与展望笔谈》，《西北师大学报》(社会科学版) 2000年第1期。

有不可推卸的责任,甚至可以说是教学论的必然产物。① 新时代,教学论学科建设要在大量实践的基础上完善学科体系,以妥善处理"体系意识"与"问题意识"二者的关系。

从理论体系的产生方式上看,要不断综合运用归纳与演绎的方法来建构教学论体系。受传统自然科学主导话语的影响,教学论在科学化的道路上,往往强调以演绎思辨的方法研究教学的客观规律,使演绎体系的教学论成为中国教学论的主导。演绎体系的教学论一般按"教学过程的本质、规律→教学目的、目标→教学原则→教学方法"为主线进行排列。前者指导或制约后者,后者体现或落实前者。它们由抽象到具体,层次分明,不能越级或错位理解。② 演绎体系的教学论实质是以哲学思辨和理论本身为研究对象,经过从理论到理论的思维过程而形成的教学论。③ 以演绎的方法对理论进行严密的逻辑推演,有利于形成科学化、体系化的教学理论。但由于演绎体系的教学论并不能帮助我们多角度理解类似"探究性学习"这类同时兼具教学目标、教学方法、学习方式等多种教学要素的概念。④ "学科实践""教、学、评一体化""五育融合"等来自基础教育课程改革实践领域的核心话语,迫切要求打破演绎体系的教学论规范,突出教学系统的复杂性与多维性。只有在课堂教学的真实田野中,教学研究者才能深刻把握教学要素的诸多联系,优化教学系统,完成现代教学论的任务。⑤ 因此,教学论研究回归实践,需要通过研究事实,在解决问题中进行观察、实验、分析、综合、抽象、概括等,经过艰苦细致、曲折反复的过程,才可能得到不同程度的结果,并通过建立教学任务范畴和理论体系具体地、系统地表述出来。⑥ 如果教学论只满足于思辨与推演的理论研究,将失去教学的实践

---

① 丛立新:《教学论三问》,《教育研究》1996年第8期。
② 徐学福:《科学教学中的"探究"释义》,《教育科学》2006年第2期。
③ 王鉴、田振华:《从演绎到归纳:教学论的知识转型》,《教育理论与实践》2013年第4期。
④ 徐学福:《科学教学中的"探究"释义》,《教育科学》2006年第2期。
⑤ 李秉德:《对于教学论的回顾与前瞻》,《华东师范大学学报(教育科学版)》1989年第3期。
⑥ 王策三:《教学论稿》,人民教育出版社2005年版,第56页。

品性与人文品性，因而无法得到真正的教学规律。同时如果停留在对具体教学事实的归纳概括，停留在解决各种具体的教学问题或提供现成的教学方案，教学论也会因不能提供教学活动的真实完整的图像而失去实践的意义。

从学科体系的内容框架上看，现代教学论的学科体系建设不能就教学而建设其理论，而应将教学论与课程理论、学习论、信息技术论融入其体系，一方面支持这些学科的分化发展，另一方面将这些学科的成果综合到现代教学论的理论体系之中。① 如此，才可能体现现代教学论的专业性与复杂性，也才可能对复杂的教学实践做出回应。同时，在教学理论与教学实践之间缺乏一系列中间过渡性学科，这是造成理论与实践"两张皮"现象的重要原因。一般教学论是对教学规律的最高概括，往往不能直接应用于具体情境中的教学实践，要有应用性教学论为之铺垫。② 这就需要教学论研究者既要致力于一般教学论的建设，也要重视应用性教学论的建设。例如学科教学论、教学方法、教学艺术、现代教学技术等分支学科的建设，使不同层次的教学论协调发展，促进教学论学科体系的多样性。从相关研究成果的表述上看，成果的表述要摆脱"自说自话"式的独白，走向与他者的对话。一方面，教学论研究者在表述自己的成果时，要有明确的对象意识，关注对象的教学经验与教学需求。教学论的学习者包括教学论的研究生、本专科层次教师教育专业的师范生和广大一线教师。研究者要依据不同读者的理解能力与学习需求，表述不同体系、不同层次的教学理论，以便为对话的发生提供支持。另一方面，成果表述要有明确的实践主题，并展现与主题相关的系列实践真问题，进而促进对话话题的产生与持续。总之，中国特色现代教学论的学科体系建设，要在解读中国教学实践的基础上构建中国理论，才有可能为解决世界性的教学问题提供中国经验。

---

① 王鉴、胡红杏：《中国特色现代教学论学科体系的形成与发展》，《教育研究》2020年第5期。

② 李秉德：《教学理论与教学实践"两张皮"现象剖析》，《教育研究》1997年第7期。

第七章

现代课程与教学论研究的进展与反思

信息技术正在以各种方式嵌入人类生活的各个层面和领域，深刻地影响和改变着人类社会自身的历史和现实。信息化背景下人类的教育也正在发生着深刻的变化。21世纪以来，中国为应对信息技术背景下的教育问题出台了一系列政策措施。课程与教学论学科在积极回应信息化背景下课程与教学发展问题的基础上，重点探讨了课程理论创新、课程改革与课程实践、教学理论创新、教学变革与推进、基于学生发展的学习理论发展、社会主义核心价值观融入课程教学、核心素养及学业质量评价、国际课程与教学改革的趋势等几方面的问题。

第一节 现代课程与教学论研究的进展

在基础教育课程改革的背景下，课程与教学论的研究既着力于理论的研究以指导实践，又着力于实践的研究以发展理论，形成了理论研究与实践研究相互促进的互动局面，为现代课程与教学论的发展提供了丰富的质料准备。

一 课程理论研究

2015年，课程理论研究的重点关注了社会主义核心价值观融入课程、学校课程建设、信息化课程资源、微课程与慕课四个领域，其中关于微课程与慕课的研究成为热点领域。

(一) 社会主义核心价值观融入课程研究

2014年,习近平总书记在多个场合谈到社会主义核心价值观教育的问题,呼吁帮助青少年"扣好人生的第一粒扣子",形象生动地阐明从小开展价值观教育的重要性、必要性和紧迫性。2015年,学者们对此问题展开了深入研究,落实社会主义核心价值观进教材的任务必须统筹三级课程,关注学科特点,注重学段衔接,促进学科协调配合,避免简单化、形式主义和泛德育化。社会主义核心价值观进教材要遵循系统化、层次性、生活化、具体化、多样性和时代性等原则。具体路径是提高编审人员素质,坚持普遍性和差异性的统一,坚持理论逻辑和学生生活逻辑的统一,坚持目的性与规律性的统一,坚持隐性渗透与显性呈现相结合,坚持多种形式开发德育资源。[1] 社会主义核心价值观"进教材"的路径选择有三种。第一种,在现有德育教材之外,编写一本专门的补充教材;第二种,在现有德育教材之中,增加一个单元,专门讲解社会主义核心价值观;第三种,把社会主义核心价值观融入现有德育教材之中,以核心价值观统领德育教材。第一种选择势必增加学生的学习负担,同时难以避免两种教材之间的交叉重复;第二种选择不仅会造成核心价值观与现有德育内容的交叉重复,割裂核心价值观与教材内容的有机联系,而且会导致教材结构的混乱;第三种选择不仅可以克服前两种路径的弊端,而且彰显了德育教材之价值引领的宗旨与特色,还符合道德学习、价值观教育的特点。因此,"融入模式"成为教育专家学者的共识。[2] 中小学持续深化课程改革的根本任务,就是要通过各个学科课程及其课堂教学改革与发展去培育社会主义核心价值观,培养德、智、体、美等全面发展的认同中国文化、中国精神和践行中国价值观的社会主义优质建设者和可靠接班人。社会主义核心价值观的道德情感培养与爱国情怀培育,只能在有效德育渗透的教学实践活动过程中习得与

---

[1] 李斌:《落实社会主义核心价值观进教材的若干思考》,《课程·教材·教法》2015年第10期。

[2] 杜时忠、曹树真:《社会主义核心价值观"进教材"的教育学探索》,《教育研究》2015年第9期。

积淀、迁移与拓展，[①] 社会主义核心价值观教育要与学校生活密切结合在一起，不能出现"两张皮"的现象。社会主义核心价值观教育，必须像盐溶于水那样渗透到学校的教育、教学、管理、服务和学校文化建设的方方面面。[②] 社会主义核心价值观体现了社会主义意识形态的本质要求，体现了社会主义制度在思想和精神层面的质的规定性，凝结着社会主义先进文化的精髓，是中国特色社会主义道路、理论体系和制度的价值表达，我们应该"根据少年儿童特点和成长规律，循循善诱，春风化雨，努力做到每一堂课不仅传播知识，而且传授美德，每一次活动不仅健康身心，而且陶冶性情，让同学们都得到倾心关爱和真诚帮助，让社会主义核心价值观的种子在学生们心中生根发芽"。[③] 有学者通过调查发现了社会主义核心价值观落实中存在许多问题要解决好"认同"和"践行"的问题。孩子们口中会背诵12个价值范畴，并不代表他们的内心已经理解了这12个价值范畴，更不代表他们现在和将来的日常生活和社会实践中愿意按照这12个价值范畴的要求去为人处世，在面临一些价值冲突和价值选择时能够坚定地站在社会主义核心价值观的立场上思考问题和做出价值抉择。所以，教育者应当明白。记住这些价值范畴对社会主义核心价值观教育来说，只是万里长征的第一步。比较起来，对这些价值观的理解、认同、践行、维护、信仰和笃行，才是更高的目标。这些高级目标的达成，不能等到孩子步入成人社会以后才开始，必须在一个人的青少年时期就同步进行，相互协调，全面实现。[④]

(二) 学校课程建设研究

学校课程建设是课程改革的主阵地。当前各地学校课程建设虽亮点频出，特色各异，但整体而言，困境不少，后继乏力，课程的概念一再被泛化，课程领导变为课程长官意志，课程加法法则导致学校课程体系的日益膨胀等。应正视这些问题和困境，改变课程泛化问题；改变课程

[①] 胡亚明：《落实立德树人根本任务的小学体育教学机制系统研究》，《课程·教材·教法》2015年第10期。
[②] 石中英：《社会主义核心价值观教育不能是一阵风》，《人民教育》2015年第23期。
[③] 靳玉军：《论社会主义核心价值观教育的实践要求》，《教育研究》2014年第11期。
[④] 石中英：《关于中小学开展社会主义核心价值观教育的几点思考》，《中国教师》2015年第1期。

建设所秉持的加法法则问题；改变课程主导权的随意性问题；改变学校课程整体规划的匮乏问题；改变课程整合的貌合神离问题；改变课程开发主体的过分单一问题；改变课程建设的反哺无视问题；改变国家课程校本化的口号化与合理边界问题；改变课程资源建设的规划与布局滞后问题；正确处理特色课程的建设与未来发展问题。① 中小学校课程建设普遍存在的"随意""庞杂""零散"和"粗浅"问题，学校应当确立具有自上而下、整合统筹和具体可行三大实践特征顶层设计的意识与理念。协调地基与顶层、局部与整体、表层与内核、增加与精简等四个关系，突破学校育人目标的确定、核心教育理念的解析、课程结构的设计等三个难点。② 课程的区域构建，可以彰显一个区域教育内涵的品位与气质，整体构建适合每个学生发展的课程。区域构建适合每个学生发展的课程，是"鞋合脚"的教育，区域构建适合学生发展的课程就是将学生的"最近发展区"变为"当前发展区"。课程构建通过面向全体学生、面向学生发展的各个方面、面向学生发展的整个过程的教育，引领区域教育从"知识核心时代"迈向"核心素养时代"。加强课程领导力的融合，提高行政推动的特殊功能和专业独立价值的匹配度。③ 当前，区域课程资源进入教育教学实践的研究存在研究面狭窄，研究方法缺陷，主题把握不准，研究的基础理论单一等问题。区域课程资源研究应拓宽研究视野，创新研究方法，准确把握主题，加强基础理论研究，以促进区域特色课程建设，更好地服务于国家课程改革与发展。④ 课程衔接是深化课程改革过程中突显出来的实践议题。学科知识和技能的衔接，是课程衔接的"基础语法"，课程衔接应树立新的衔接观，在建构式学习中营构课程衔接的生态场。教学方法与学习方式，是课程衔接的内在机制；管理与评价，是课程衔接的条件保障。学校层面的课程实

---

① 王凯：《学校课程建设的十大问题探析》，《课程·教材·教法》2015年第11期。
② 李松林、贺慧：《中小学校课程建设的顶层设计》，《课程·教材·教法》2015年第6期。
③ 张世善：《区域构建适合每个学生发展的课程》，《课程·教材·教法》2015年第6期。
④ 白杨：《我国区域特色课程资源研究：现状、问题与趋势》，《课程·教材·教法》2015年第6期。

施,应建立"跨教研""跨教学"制度,着力于小初衔接和初高衔接。① 学校课程质量是学校教育质量的重要组成部分。建立完备的国家教育监测体系应纳入对课程与教学的监测。②

另外,学校课程建设方面还研究了教师的课程执行力和学生的课程权利等问题。教师课程执行由课程执行意识、课程内化能力、课程创生能力、课程重建能力和课程教学能力五个要素组成。课程执行意识是课程执行力的根本基础;课程内化能力作为前提条件在教师课程执行中起着举足轻重的作用;课程创生能力是课程执行的核心要素,是整个课程执行过程的灵魂;课程重建能力是课程执行的内在要求,课程教学能力是其外在表现形式。这五个课程执行要素之间是相互联系、相辅相成并互为条件的。教师作为课程的终端执行者,其执行力是影响课程目标实现的关键。教师在课程执行时需对课程环境、课程主体、课程流程、课程目标等因素进行逻辑分析,以保证课程系统能够顺利运行及课程目标落到实处。一次全面、彻底的课程改革,并非从课程政策的变更和教材文本的更替等外在于执行者个体的变革,执行者也应尽可能从环境、课程、主体、流程等内在因素考虑,也包括对执行者主体与客体的分析与解读。只有执行者真正将课程改革精髓内化于心、将课程改革精神展现为行,才能从根本上推进并深化课改的进程顺利进行。③ 学生的课程权利是指学生在学校课程设置、学习、发展、评价、管理等方面所应享有的权利,是学生基本的学习权和人权的体现,既有合法性,也有合理性,符合社会和教育发展趋势。中国基础教育阶段的学生,在课程设置开发的选择与决策、课程学习内容的自主建构和选择、课程实施过程的平等参与、课程评价、管理与结果对待等方面应享有广泛而合理的权利。④

(三) 信息化课程资源建设研究

随着信息技术的飞速发展及其在教育领域的广泛应用,加强信息化

---

① 杨九诠:《关于课程衔接的思考》,《课程·教材·教法》2015 年第 8 期。
② 夏雪梅:《指向课程数据库的学校课程监测指标的构建》,《课程·教材·教法》2015 年第 4 期。
③ 朱桂琴:《教师课程执行要素与影响因素探析》,《课程·教材·教法》2015 年第 1 期。
④ 邱德乐:《论学生的课程权利》,《课程·教材·教法》2015 年第 3 期。

第七章　现代课程与教学论研究的进展与反思

课程资源的建设与开发，在中国教育界达成了广泛共识。国家和地方政府也投入大量财力物力，鼓励学校和教师积极开发各类课程资源，营利性组织和非营利性机构也纷纷推出了不同定位、特色鲜明的学科课程资源网站，而以共建共享为宗旨的校际网络联盟则不断通过优势互补来为其成员提供灵活多样的课程资源服务。慕课平台高调崛起，加速了课程资源的跨国流动，课程资源建设进一步呈现出高协作性、高交互性、高选择性和高辐射性的特点。近年来，随着大数据技术的广泛应用，信息化课程资源建设开始主动汲取大数据技术的变革性力量，尝试以海量的用户"行为数据"为依据来规划课程资源的建设。大数据技术的有效介入，不仅有助于提升课程资源的建设质量与使用效能，而且有利于优化课程资源的研发机制。为此，课程工作者需要不断加强基于大数据的课程资源开发建设的理论研究，并进行资源架构实践的深度统整，从而实现对课程资源教育效能的充分挖掘。大数据提升了课程资源的建设质量，彻底消除了课程资源的累积和存取难题，能够使文件、图片、照片、音频、视频等不同类型的资源得到及时、快捷的加工处理，能够通过解决并发访问压力、资源上传瓶颈、网站登录不畅等难题来为课程资源育人效能的释放提供技术支持和技术保障，而且它还能够通过对行为数据的收集来为资源利用主体和建设主体提供个性化的资源使用分析报告，为资源及时补充完善提供重要的参考依据；大数据有助于提高课程资源的使用效能，能够对学习者的课程资源选择和使用情况展开追踪式的数据分析，从而帮助学习者对自己的学习需求有一个更加全面清醒的认识，能帮助学习者实现课程资源的定制化配送，并为学习者提供相应的资源选择建议和资源应用指导，可以对学习者的未来发展需求进行趋势评估，并为学习者提供动态化的"资源套餐"。有利于课程资源的使用真正走向"以学习者为中心"。另外，大数据还有助于优化课程资源的研发机制，推动基于教育数据和实证理念的新型课程资源研发机制的构建。[①] 然而，数字化时代的数字技术作为"人为"的技术，一方面不

---

① 赵婧：《基于大数据的课程资源建设：趋势、价值及路向》，《课程·教材·教法》2015年第4期。

断满足和实现人们自身对课程的需要,另一方面技术所推进的课程发展的每一种可能性也必然会遮蔽其他的可能性,对人的全面发展造成相应的阻滞。虽然,数字化技术使得课程的发展走向了个性化、民主化、多元化的时代,课程的设计、实施空间、主体关系、学习方式等都发生了巨大改变,但是在这种变革路向之中,数字化时代的课程发展却呈现一系列的悖论:从课程目标看,表现在课程信息获取的广度和速度的实现与学生思维能力弱化的悖论;从课程权力来看,表现在形式上的权力分散与新的课程权力集中的悖论;从课程语言看,表现在数字课程语言的丰富与传统课程语言不断消解的悖论;从课程教学看,表现在教学技术的人性诉求与技术对教学异化的悖论;从课程环境看,表现在虚拟空间对人的交往空间的开拓与导致人交往本性偏离的悖论。只有通过审视的态度和理性的觉知才能厘清悖论之中的根本化解之道,那就是将技术与课程置于"人的发展"的目的之中,我们才能实现数字化时代数字技术与课程发展之间的良性互动。[1] 有学者认为,教育信息化所具有的开放、共享、交互、协作特征,使其成为解决教学资源不均的一个新思路,不仅具有一般网络教育资源平台的资源共享功能,还设置激励策略,能够提升资源质量,从而实现优质资源共享。但资源匮乏学校的学生自主学习能力有限,不能很好地促进学生发展。[2] 有学者选取全国有代表性的三个学区的 55 名初中数学教师和近 2000 名学生开展为期两年的跟踪调查,研究显示:信息技术环境下数学教师教学知识(TPACK)对学生学业成绩有显著的促进作用,且对几何成绩的影响大于代数;而在课堂教学中使用信息技术过于频繁反而会阻碍学生代数能力的发展。教师信息技术与教学方法整合的能力能够帮助学生在代数成绩上获得较大提升,教师信息技术与数学内容的整合能力以及课堂教学中信息技术的充分使用则有利于学生几何成绩的提高。[3] 有学者研究发现,借助多

---

[1] 李金国:《数字化时代的课程发展悖论的审视》,《课程·教材·教法》2015 年第 4 期。

[2] 姜艳玲、国荣、付婷婷:《翻转课堂与慕课融合促进教学资源均衡研究》,《中国电化教育》2015 年第 4 期。

[3] 郭衎、曹一鸣、王立东:《教师信息技术使用对学生数学学业成绩的影响——基于三个学区初中教师的跟踪研究》,《教育研究》2015 年第 1 期。

媒体的展示能够帮助学生形成图形表象和动态表象，有助于学生解决不同结构的问题。技术的应用须"符合学生的认知特点"是信息技术在教学中应用的价值判断依据。①

另外，有学者还探讨了信息技术与课程整合的相关问题，研究发现信息技术与课程整合中主要存在以下三种不同视角的技术观。即自然科学和工程学视角的技术观、社会学和生态学视角的技术观、文化哲学和哲学人类学视角的技术观。研究指出，信息技术与课程整合的基本问题，需要在理论上全面分析信息技术与课程整合中的整合观，从技术哲学的视角探讨信息技术与课程整合中的技术观及其对教育的意义。在此基础上，深入挖掘与分析信息技术与课程整合中多媒体的本质与功能、整合效果的评价和整合的阶段性等重要问题，才能为推动信息技术与课程进行有效整合提供理论支持。② 有学者还探讨了技术对教学的影响，技术越来越深刻地影响教学的事实及其存在的问题，迫使我们不能忽视甚至无视技术对教学的无限扩展。当前，我们所要探讨的不是去评定哪一种技术嵌入方式的教学最佳，而是哪一种技术嵌入方式的教学针对什么教学目的可以解决什么问题和取得怎样的效果。教学的技术嵌入是否取得预期的效果，并不在于其嵌入的方式，也不在于技术本身的新旧或先进与否，关键在于是否有正确的教学观念的指导。③ 现代教学技术从开发、设计到应用、推广的过程是多方人员和部门参与其中的过程，因而其伦理责任的承担主体涉及广泛的个人、群体和机构，他们在教学技术活动过程的不同阶段承担着不同内容和范围的伦理责任，而要把伦理责任落实到每个责任主体和具体的技术活动过程，则需要通过健全的制度安排、合理的评价机制、有效的教育培训来实现。④

（四）微课程、慕课研究

微课程以它短小精悍、主题突出、易于扩充，适切翻转学习、混合

---

① 张春莉、程圆圆、王本陆：《信息技术背景下不同教学手段对解决问题能力的影响研究》，《教育研究与实验》2015年第6期。
② 李智晔：《论信息技术与课程整合的基本问题》，《教育研究》2015年第11期。
③ 徐继存、车丽娜：《教学的技术嵌入及其规约》，《课程·教材·教法》2015年第7期。
④ 辛继湘：《现代教学技术的伦理责任》，《课程·教材·教法》2015年第7期。

学习、移动学习等特质，正变革着传统的教学理念与学习方式。然而，当前关于微课程的本真意涵、适用范围、应用模式等诸多问题尚在探讨之中，实践中将它与微课、微视频、微型课程等邻近概念混用、误用甚至滥用的现象更是俯拾皆是，以至于造成了诸多认识上的迷思与实践上的困惑。探寻微课程之"微"，它在呈现形态上"微小"或"短小"、知识挖掘上"精微"与"适切"、课程研制上"草根"与"开放"等表征的背后，还蕴含着特定的认知理据、视点差异与技术悖论。透视微课程之"课"，它以学科知识点为起点，以学习者经验为依据，以经验的改造为旨归。审思微课程之"程"，它以"课程要素的整全性""知识点间的系统性""微课程间的耦合性"为内在逻辑。从"微""课"与"程"三个向度加以判读，有利于建构微课程的分析框架，创新微课程的应用模式，探索信息化时代的课程开发范式。[1] "微课"的表象是以教学视频为主要载体，反映教师在课堂教学过程中针对某个知识点或教学环节而开展教与学活动的各种教学资源有机组合，其核心内容是课堂教学视频，具有微型化、主题化、碎片化、可视化、泛在化、易控化等特点。在信息时代，微课的本质特征还在于给学习者建构自己知识和能力大厦的材料，给学生自主选择学习内容留有更多更大空间，而不是由教师系统化的"越俎代庖"。微课的"微"是表象，如果仅仅停留在"微"上，则是只见树木不见森林，我们必须透过现象看本质，把握其本质精髓——短小精悍、易掌握、高效率、得其精华、利于建构。[2] 微课程技术创新教学的理论与方法，与以往在线教育课程资源建设相比较，在于它加强了课程结构"解集作用"的技术创新教学应用，即围绕着以"知识点"教学为核心，催生了具有教学内容"微"、教学时间"微"、教学媒体"微"等教学优势，从而促进了传统课堂教学方式的创新与教学模式的变革。[3]

在信息技术的推动下，慕课已然成为教育改革和在线教育实践的热

---

[1] 余宏亮：《微课程意涵三重判读》，《课程·教材·教法》2015 年第 5 期。
[2] 陈琳、王运武：《面向智慧教育的微课设计研究》，《教育研究》2015 年第 3 期。
[3] 张武威、黄宇星：《微课程技术创新教学理论与方法的重要突破》，《课程·教材·教法》2015 年第 12 期。

第七章　现代课程与教学论研究的进展与反思　　133

点，客观、辩证地认识慕课，是促进慕课发展及课堂教学变革的起点。慕课是一种新型的课程形态。它并不是从天而降的新生事物，而是开放教育资源运动所推崇的开放教育理念的新发展；慕课是信息技术应用于教育的结果，它不同于传统的教学行为制度与模式，对传统教学带来了挑战。尽管慕课给传统教育带来了巨大挑战，但在慕课实施过程中，其自身的局限性不容回避，主要表现在：慕课缺乏真实的学习成长体验；慕课无法真正实现个别化学习指导；慕课难以实现复杂的学习评价；慕课难以适应所有课程类型。慕课是现有教育中的一种选择，其基于网络的"在线"特质更适合知识传承类、认知类课程的学习，而实验类课程、实训类课程、实践类课程等是目前的技术难以实现的。对待慕课，我们应该回归理性，客观、辩证地认识它，理性、正确地处理技术与教育、慕课与课堂教学的关系，这也是慕课良性发展的前提。既要看到其积极作用，又能审视其局限性；不能过度迷信，也不能忽视其存在。引导慕课健康发展的重要途径是在认识其有限性的基础之上，正确处理好慕课与传统课堂教学的关系，发挥二者各自的优势，促进课堂教学的变革。开展在线的慕课学习与线下课堂教学相结合的混合学习是促进慕课发展的重要路径。[①] 慕课作为一类在线课程学习模式，应合乎道德理性，具有内在伦理价值。其优势表现为超越时空的课程学习体验、自我决策的学习选择机会和平等自由的网络交际空间。但其内在伦理价值缺失造成对课程之真善美的疏离，集中表现为虚拟传递、情感缺席和平庸制造，从而引致课程对话之真被消解，课程育人之善被淡化，课程创造之美被遮蔽。应转变教师角色意识使教师从影像献艺走向智识提点，重塑课程内容体系使课程从内容复制走向自我创生，构建基于契约精神的学习共同体以开展混合学习。[②] 慕课正在改变着课堂教学模式，它挑战了标准化的教学规则；它撼动了以"教"为主的课堂教学模式；它冲

[①] 刘志军、冯永华：《"颠覆论"下的慕课反思——兼论基于慕课的课堂"翻转"》，《课程·教材·教法》2015年第9期。

[②] 文军萍、陈晓端：《影像中的课程：慕课之伦理价值探析》，《课程·教材·教法》2015年第12期。

击了现行的教学评价方式。基于慕课的课堂"翻转"可以弥补在线学习的非"在场"缺憾，实现了个性化学习，促进了教与学的有机统一。① 慕课的优势在于基于合作、讨论与协商的知识产生过程，而不是课程资源的内容列表。通过慕课平台所提供的视频学习，在线论坛等方式，学习者对于课堂中教师对既有问题的假设产生新的观念，教学互动，激发真正的教学相长。而慕课平台为广大学习者所提供的阅读资源、互动机会、自我创造、学习共享等成长路径无疑对培育新一代网络课程的自主学习者具有重要现实意义。但慕课在基础教育中的功能有一定的限度，主要表现在：单凭慕课无法实现基础教育的"课堂翻转"；慕课形式难以全面实现课程教学目标的维度；慕课难以吸引对课程缺乏学习兴趣和学习自觉性的学习者。慕课在基础教育领域的价值定位应该是促进课堂教学方式的变革，激发教育主体对教学关系的再审视，推动优质课程资源开发与设计团队的建设，警示教育者反思教育信息技术的教学服务功能，鼓舞人们重视教育信息文化的生成与创造。② 慕课作为一种新的教学形式，与以往的媒体教学也有相同的本质属性，也遵循相同的成长规律。有效地开展慕课，既需要理论的指导，也需要在高素质的教师、学生学习的主动性与能力、准确评价学习结果等方面得到满足。在应对慕课浪潮中，应保持科学的理性，重视对其本质属性的研究，认清其优点与缺陷，结合国情实际利用慕课为教育教学服务。慕课至少需要满足以下一些基本条件：需要成熟的理论来指导；需要高素质的教师运用；需要学生学习的主动性与能力；需要能准确评价学习结果。利用慕课的优势为教育教学服务，避免夸大慕课的功能而给教育领域带来危害。③ 慕课平台在国内的发展存在盲目跟风的现象，要趋利避害。④

---

① 刘志军、冯永华：《"颠覆论"下的慕课反思——兼论基于慕课的课堂"翻转"》，《课程·教材·教法》2015 年第 9 期。
② 汤颖：《慕课在基础教育领域的功能限度与价值定位》，《课程·教材·教法》2015 年第 10 期。
③ 刘世清、李娜：《成功 MOOC 的基本条件与应对策略》，《教育研究》2015 年第 1 期。
④ 夏宇：《慕课对教育传播效果影响的研究》，《课程·教材·教法》2015 年第 10 期。

二 课程实践研究

(一) 课程改革的反思研究

课程改革是一个连续的过程。每次课程改革都只是这个连续过程中的一个阶段或环节,它既承接历史,也导向未来。目前,基础教育课程教学进入了"新常态"发展时期。课程改革,最根本的不是要改变课程,而是要改变教学主体的行为。未来课程教学改革,应当确立"三个重要"(课堂比课程重要、教师比教材重要、学生比学科重要)新理念,实现"三个转向"(即从课程转向课堂、从教材转向教师、从学科转向学生),采取加强本土课程教学理论建设,为课程改革实践提供科学适宜的理论指导;加强课程教学实验,探索中国课程与教学实践规律等策略。重视学校层面的课程、实践活动中的课程、师生行为表现出来的课程的实践探索与理论研究,关注课程中的学生和课堂里师生的行为表现。[1] 当前,课程改革话语存在冲突的现象,主要表现在课程改革过程中各种教育力量之间的矛盾、分歧、争夺、较量的紧张状态,课程改革在理论探讨、课程规划、试验推广、实施修正、完善深化的过程中,以及在中央与地方、官方与民间、主流与非主流之间充斥着各方利益的纠纷、矛盾和争夺,表现为不同类型的话语之间冲突不断。课程改革的话语冲突只是表面现象,从本质上看,这些话语在生产与再生产的过程中,隐藏的是权力之间的竞争和冲突,也体现着社会因素对课程改革的深刻影响,这些都会在很大程度上左右着课程改革的发展方向。冲突理论认为,冲突是指不同事物之间存在的一种不协调的状况。[2] 虽然中小学课程改革创新进入全面深化阶段,但面临着整体规划和协同推进不够、权力不足、能力不够、资源欠缺和质量不高的问题,需要走向协同。学校课程协同创新需要学校、家长、社区、教育行政部门和大学课程教学研究机构之间通过互动,整合课程权力、能力和资源,实现学校

---

[1] 张传燧:《课程改革在路上:历史、现状与未来》,《课程·教材·教法》2015 年第 8 期。

[2] 刘茂军、孟凡杰:《冲突理论视域下的课程改革话语冲突分析》,《课程·教材·教法》2015 年第 10 期。

育人模式创新。① "十年课改"作为一种话语实践,改变了人们对于教育的诸多看法。语义学过于关注课程本质和知识基础,导致课程改革问题纠缠。转向语用学,可以形成课程实践智慧,促使基础教育课程改革重生。有必要提出一种新的认识框架和语用学体系加以重构,未来十年的基础教育课程改革需要发生语言学转向。② 中学研究型课程实施已有十多年,在实施中仍然存在一些认识上的问题。目前研究型课程的教学指导活动存在三方面的问题:一是把基础型课程的研究性学习活动和拓展型课程的学习活动,误认为研究型课程的学习活动;二是对初中探究型课程定位不准、已开设的课程不完全符合探究型课程的基本特征;三是在研究型课程的教学活动中教师放手不够,学生自主探究学习的空间仍未完全放开等方面的问题。应通过规划好学期研究型课程的探究学习进度;选准学生研究活动的指导水平;确定学生研究活动的组织形式;充分发挥学生课题研究的能动性;指导学生安排好课内课外的学习任务;指导学生正确选择探究课题的内容与实施方式;对每个学生的探究学习活动恰当地评价七个方面的措施,提升研究型课程的育人价值。③

一些地区和学校根据实际情况进行了适合学生发展的课程实践探索,取得了一定的成绩。江苏省建立了"课程基地",并赋予了基地学校课程建设的自主权,学校也就有机会构建符合学校特殊情境的课程结构体系。民主化的课程政策意味着课程权力的分享,意味着课程设计已由统一化走向了多样化。由于办学理念、学校条件、教师水平、地理位置等方面的不同,每所学校都需要一种特殊的课程体系来应对特殊的情境需求,这样,学校需要根据实际面临的情境进行基于情境的学校课程设计。④ 北京市十一学校,为每一位学生的学习而设计,不是仅仅课堂设计,而是从一个课程链上来为每一位学生设计。这条"课程链"要求确立系统的课程观,尽最大努力帮助学生在各种课程上获得体验的机

---

① 胡定荣:《学校课程创新:从自主到协同》,《课程·教材·教法》2015年第11期。
② 李孔文:《从语义学到语用学:课程研究的转向》,《西北师大学报》(社会科学版) 2015年第1期。
③ 黄平生:《对中学研究型课程的再认识》,《课程·教材·教法》2015年第2期。
④ 倪娟、马斌:《课程设计:"课程基地"实践视域下的反思——以江苏省为例》,《课程·教材·教法》2015年第9期。

会。一个健康的绿色的课程结构是有选择性的,需加强课程结构的分层、分类、综合以及特需的设计,同时须是包容的,包容不同的性格、不同基础、不同发展方向以及不同脾气的学生。在传统学校里,所有的学生都在学同样的课程,而在今天北京市十一学校这个形态里的4000多位学生已经有4000多张课表。①

(二)普通高中课程改革研究

"普通高中教育任务"是中国教育政策文件当中经常使用的一个独特概念,体现着中国普通高中教育的价值取向,也折射出普通高中教育的功能定位和发展水平。新中国成立以来,中国有关普通高中教育任务的表述,经历了一个以"双重任务"(准备升学与准备就业)为轴心,不断丰富和完善的过程。基于对历史传统和当前社会形势的考虑,普通高中教育任务的表述,应该在继承传统双重任务的基础上做进一步的扩展和整体化理解,具体包含"五项任务":为成人做准备(人格教育)、为未来公民做准备(公民教育)、为终身发展做准备、为升学做准备以及为就业做准备。这五项任务,依照其优先性秩序排列如下:为成人做准备(人格教育)、为未来公民做准备(公民教育)、为终身发展做准备、为升学做准备、为就业准备。这种排列顺序大体上遵循了由内而外、由直接到间接的逻辑,也反映了不同任务实现之间的条件关系:"人格教育""公民教育""为终身发展做准备"更是面向全体高中生的教育,是全体高中生所需要的教育,也是全体高中生健康成长不可或缺的教育。这三个教育任务的实现,对于传统上"双重任务"的实现来说,还具有一种奠基性的作用。②

当前正在进行的普通高中课程改革重点关注了国家未来发展、综合国力提升所面临的巨大挑战,直接指向长期以来高中教育存在的突出问题,立足于改变高中学生的培养方式,整体提升高中学生的培养质量。改革方案的变化主要体现在以下六个方面。

其一,根据社会发展的新形势,结合当今高中适龄学生发展的新特

---

① 李希贵:《为每一位学生的学习而设计》,《课程·教材·教法》2015年第1期。
② 石中英:《关于当前我国普通高中教育任务的再认识》,《清华大学教育研究》2015年第1期。

点，在既往培养目标的基础上提出了更具时代特征的新要求。其二，打破传统的统一性课程设置和简单文理分科的课程模式，重新建构了重基础、多样化。其三，明确提出了"精选终身学习必备的基础内容，增强与社会进步、科技发展、学生经验的联系，拓宽视野，引导创新与实践"。其四，高中课程根据高中学生认知特点和学习需要，将教学改革的目标直接具象为"创设有利于引导学生主动学习的课程实施环境，提高学生自主学习、合作交流以及分析和解决问题的能力"。其五，鼓励建立立足于发展性、指向于过程性的综合评价体系，实行学生学业成绩与成长记录相结合的综合评价方式。其六，在实行国家、地方、学校三级课程管理制度的基础上，提出赋予学校合理而充分的课程自主权，倡导学校创造性地实施国家课程、因地制宜地开发学校课程。

同时，让学校拥有依据国家课程方案、结合办学实际来安排课程的自主权，充分调动了学校的积极性和创造性，深度激发普通高中学校的办学活力。然而，当前普通高中课程实施还存在大班额问题突出、办学经费不足、教师数量与结构矛盾突出、教学设施设备缺乏等一系列问题。① 在新高考制度下，普通高中课程建设主要围绕以下六大问题展开：一是对学校课程改革价值功能的重新审视；二是在前期选修课走班的基础上，推进必修课程全面而实质性地走班；三是新高考方案赋予学生前所未有的考试选择权，要求学生必须学会选择、规划人生；四是考试内容和考试重点的转变；五是新高考方案中必考科目仅三门，且更强调基础性，分数不再是唯一的招生录取依据，考试的区分度降低；六是在进一步加大学校自主排课权的情况下，不同层次、不同类型的学校如何建构符合本校实际的课程推进模式和方式。学校教学的具体安排也面临诸多新问题。② 为适应新高考，一些高中率先进行课程教学改革，上海师范大学附属中学开发一门"创造力训练"的校本课程。创造力训练课程的开发，有助于学生发展成为高层次的人才，有助于有效地发展

---

① 刘月霞、马云鹏：《我国普通高中课程改革的特征、条件与实施策略》，《课程·教材·教法》2015年第1期。
② 裴娣娜：《新高考制度下深化普通高中课程改革的几个问题》，《中小学管理》2015年第6期。

学生的全面素质，有助于改变机械地进行应试训练的局面，有助于发展人性，有助于推动中国社会的大发展。创造力训练课程开发的过程主要体现五条理念：以学习为中心，凸显学习的自主化、个性化，在完整的学习经验中强调创造性学习经验，体现创造性学习文化。课程开发在运作机制上关注完整的课程运作过程，在决策过程中发挥校长的核心作用，在课程设计中充分地采取研讨的方式。① 江苏为深入推进高中课程改革，在全省掀起建设普通高中课程基地项目建设，实施五年来，真正实现了课程的多样化；同时，也呈现出中国课程改革推进过程中的一个普遍性问题，即课程结构整体性设计的相对缺乏，须以办学理念为统领，关注各类课程的结构比例，从宏观、中观及微观三个层面对课程的功能结构进行整体设计。②

三　教学理论研究

2015 年教学理论研究重点关注了教学研究范式转型、教学模式和教学评价三个方面的内容。

（一）教学研究范式转型研究

每个教学论研究者都应该认真思考教学研究的价值，反思自己教学研究的目的，厘定自己的社会角色，真正肩负起教学研究的责任和使命。教学是人类特有的价值追求活动，不能靠教学的幻想或虚假的教学意识运行。揭示种种教学幻想和虚假意识掩盖下的教学真实，是教学论研究者不可推卸的责任。教学研究不能满足或停滞于对教学现实的忠实反映，不应只是追求隔离的预测，而应该是一种启蒙、一种批判。正是通过对教学现实的批判，教学现实世界的问题和弊端才有可能得以克服和纠正，从而保证教学实践活动的理性发展。通过对教学现实的批判，教学现实世界的问题和弊端才有可能得以克服和纠正，从而保证教学实践活动的理性发展。在揭示教学真实，批判教学现实的基础上，表达教

---

① 丁念金、冯震：《创造力训练课程开发的基本思路》，《课程·教材·教法》2015 年第 6 期。
② 倪娟、马斌：《课程设计："课程基地"实践视域下的反思——以江苏省为例》，《课程·教材·教法》2015 年第 9 期。

学理想，凝聚共识，才能激励人们共同的教学行动，改造教学世界，改进教学实践，推动人类教学的发展。无论是揭示教学真实，还是批判教学现实，表达教学理想，最终都是为了改造教学世界，改进教学实践。教学论研究者只有不断反思自己的教学研究历程，反思自己的教学生活，才能调整自己的研究方向和方式，改进和改造自己的教学生活，做到理论与行为的统一。[1] 考察教学研究的历史发现，全球范围内教学研究的发展呈现出共同趋势，即研究主体由单一的理论研究者转向理论与实践合作的研究者；研究对象的重心由研究教师的"教"转向研究学生的"学"；研究方法由传统的课堂观察法转向定性与定量结合的多种研究方法。中国的课堂教学研究正处在这种转型过程之中，传统的研究范式仍然占据主导，新型的研究范式正在形成之中。因此，把握全球范围内教学研究的新趋势，变革中国教学研究范式，实现"以学为主"的教学研究，需要专业的路径与方法，即理论工作者对"以学为中心"教学研究的专业引领；构筑教师群体"同僚性"共同体；教师个体对课堂教学开展反思性教学研究。[2]

（二）教学模式研究

教学模式是教学理论研究持续关注的话题之一。新课改启动以来，对对话教学的研究不断走向纵深，人们已开始深入探讨对话教学背后的哲学理据。检视现有对话教学研究的理论依据、研究逻辑、主要观点及其局限性，提出对话教学的核心理据应为"关系本体论"而不是"我—你关系"思想，对话教学的灵魂是关系而不是互主体性。与主客二分取向和互主体取向的对话教学研究相比，基于生成论教学哲学的"关系—创生"取向的对话教学研究，更加具有合理性与优越性。未来对话教学的研究与实践宜采取"关系—创生"取向。[3]"生成性教学"带着明显的后现代特征。从一开始就带有对现代性的强烈批判，批判的

---

[1] 徐继存：《教学研究意味什么——兼论教学论研究者的责任与使命》，《课程·教材·教法》2015 年第 2 期。

[2] 王鉴、谢雨宸：《论我国教学研究范式的转型》，《高等教育研究》2015 年第 4 期。

[3] 张琼、张广君：《走向"关系本体论"——对话教学的基础重构与应然取向》，《高等教育研究》2015 年第 7 期。

矛头表面上指向教学过程的科学化、理性化、流程化，实际上批判的是以科学、理性为特征的现代教学。这种批判包含两个层面：一是现代教学"预设的""程序般的"实施机制；二是这种机制背后蕴含着的"工具理性"价值取向。脱生于后现代主义的"生成性教学"，表面上批判的是教学中的程序化、机械化现象，实际上是要批判崇尚科学、强调理性的现代教学。但"生成性教学"在理论上还存在自相矛盾之处，其逻辑前提也显得过于理想化；在实践中"生成性教学"也频频搁浅，其原因不在于"技术主义倾向"，而在于很多教师并未掌握最基本的生成技术、技巧。从追求有效教学的目的出发，强调预设既是国际趋势，也符合教学规律，就连生成本身也是预设的一部分。"生成性教学"不宜作为指导教学工作的方法论。① 目前，教学交往的主体间性理解似乎已在中国教育界获得了一种共识性认同。但这是否意味着"主体间性教学交往"将成为一种终结性的交往范式还有待进一步探讨。教学交往先后经历了主体性、主体间性和他者性三种不同的范式。主体性范式通过主体性原则实现主体在教学交往中的支配性地位，但导致了自我中心化倾向，同时也呈现出交往的知识论特征；主体间性的教学交往范式力图避免主体性范式面临的困境，使交往双方在民主、参与、合作中达成彼此的理解，然而理解却并不能保证接受，而且主体间性在面对情感和价值内容时表现出的无奈也使其成为一种在想象中构建的乌托邦式的交往世界；教学交往的他者转向使同一性哲学的认识主体得以解构，从而确保了交往中他者的他性。他者性教学交往范式是为了他者并对他者承担责任的交往，它通过重建主体性最终得以完成。②

中国的教学模式经历了从排斥到接受国外模式、从借鉴国外到自主创新、从过度繁荣到提升品质的发展历程，迄今中国先后出现过的教学模式有数以千计之多。教学模式研究应坚持继承与创新并举，对于旧有教学模式，不能一味摒弃，要有选择性地保留和赋予其新的生命。为改

---

① 周序：《生成性教学：教学当中会出现一种新的方法论吗?》，《课程·教材·教法》2015年第4期。
② 刘要悟、柴楠：《从主体性、主体间性到他者性——教学交往的范式转型》，《教育研究》2015年第2期。

进教学建模是教师的基本职责,建构和创新教学模式的策略有很多,具体包括:基于准模式的转化与类化、基于实践逻辑的模式归纳、基于理论关照的模式演绎、创造性地运用已有模式、注意多学科化及成果的鉴定与推广、既要立足当下更要面向未来。① 教学模式的繁荣昭示着中国教学理论研究和实践领域关于课堂教学改革意识的增强和行动跟进,是值得提倡的和令人欣慰的。在实践一线提供的诸多模式中,也确有一些切合此时、此地、此校的,基于经验的提炼,使人耳目一新,引起更多深思的研究成果;但跟风、简单模仿、关注模式命名的新鲜而少实质改进的为数也不少。审视当今中小学课堂教学模式异常繁荣的态势,不难发现,明显存在着弃旧崇新的教学观念、精细规约的教学程序、迅捷量化的教学评价、模仿—改造的建构路径等同质化现象。这些现象的存在使得教学改革在推进过程中潜藏着"破坏性创新"观念误导的急功近利、名校追逐对名师成长的抑制、高效课堂追求对生本的异化、品牌学校打造形成的路径依赖多重危机。转变推进教学改革的激进思维模式,理性认识教学模式功能的有限性,以研究和超越的态度践行教学模式,是走出教学模式同质化的可能路径。② 教师是教学的主体,教学绝不是教师的纯粹个人行为,教师主体作用的发挥必须以对现实教学客观环境和条件(特别是学生)的充分把握为基本前提。无视这一前提、夸大教师在教学中的作用,就会导致教学的主观主义,而这不仅是对教师主体作用的误解,也是对教师主体作用的僭越。现实教学中的主观主义主要表现为经验主义教学、教条主义教学和情意主义教学。教师只有充分认识到主观主义教学的存在及其危害,才能够获得一种自我唤醒和解放的意识,生成健全的主体人格,从而改变当下主观主义教学的存在状态。③

---

① 胡继飞、古立新:《论教学模式继承与创新的路径与方法》,《课程·教材·教法》2015 年第 11 期。

② 李允:《繁荣背后的危机:中小学课堂教学模式同质化》,《课程·教材·教法》2015 年第 11 期。

③ 徐继存:《主观主义教学及其批判》,《山西大学学报》(哲学社会科学版)2015 年第 1 期。

（三）教学评价研究

课堂教学评价是提高课堂教学质量的关键环节，是促进教师专业发展、保障育人目标顺利实现的重要手段。全面认识教学活动过程的本质特征和深刻分析教学过程的复杂关系是建构课堂教学评价框架的基本依据。课堂教学具有"活动—实践性""交往—社会性""文化—价值性"的本质特征。由教师、学生、课程和课堂文化之间的互动构成六种教学关系：学生与课程互动构成创生关系、教师与课程互动构成调适关系、学生与课堂文化互动构成创生关系、教师与课堂文化互动构成调适关系、学生和学生互动构成合作关系、教师和学生互动构成导学关系，以此为基础建构出"六关系维度、十三指标要素"课堂教学评价框架。[1] 传统课堂教学评估中，教师评估几乎完全替代了学生评估。学习评估领域长期以来将教师、管理者、心理测量专家作为评估主体，缺乏对学生真实学习状态的解释力，正遭受着"学生主体缺失"的责难。受到学习型社会的多重推力，同时吸纳了形成性评估、学习性评估和学习为本评估的精华，学习化评估应运而生。学习化评估的核心是以学生为评估主体，学习与评估一体化，培养具备元认知和评估素养的终身学习者。学习化评估已经形成了一系列有效的方法策略，学生投入评估，通过分析学习状态、制定学习目标、监控学习过程、负责学习活动等途径，逐步成长为独立评估者和自主学习者。学习化评估则是一种创新方式，通过张扬与确立学生的评估主体地位进而促进学生的自主学习。学习化评估倡导"评估任务即学习任务"和"评估标准即学习标准"，以平衡终结性评估和形成性评估、学习性评估和学习段评估之间的张力，指向元认知发展、自主学习与终身学习。它的独特之处在于学生成为评估者，以提升学生自己的学习，使教师、学生、家庭、社区之学习共同体携手同进。[2] 由于价值与理性二元分离传统的影响，学本评估从理论到实践正在经受着严峻的信任危机。面对评估促进学习何以可能的拷问，有学者运用整体主义价值逻辑框架，把评估作为一种特殊的学习价

---

[1] 郝志军：《中小学课堂教学评价的反思与建构》，《教育研究》2015 年第 2 期。
[2] 陈晓、余璐、黄甫全：《论学习化评估的缘起、原理与方法》，《教育科学研究》2015 年第 1 期。

值活动，透视评估所蕴含的价值选择与价值判断理路，厘清评估促进学习的价值生成论与价值认识论，进而阐释新兴学本评估的价值论原理。① 学本评估实质上是一种新型的整体性评估方法论，以自我导向学习为基础，旨在优化师生对评估的理解和体验，改进师生的教与学，最终通过发展学生的元认知优化所有学生的学习。在应用和开发过程中，教师等评估者需要改变传统的评估信念，创生出有效的具体评估方法。② 有学者辨析了变现性评价与发展性评价、真实性评价、形成性评价、档案袋评价等概念。强调指出，表现性评价是按照一定标准在真实或接近真实的情境中对学生完成任务的过程和表现进行的观察和判断。表现性评价对在评价中如何体现发展的目的和功能有进一步阐释，它具体说明了如何根据目标设计接近真实情境的表现性任务，对学生完成表现性任务的情况进行评价。表现性评价作为教育评价中的一个重要概念，在具有丰富内涵和广泛外延的同时，也具有稳定的本质特征。③

(四) 教学思想与教学流派研究

中国传统教学思想是一个独特的历史存在，是中国传统文化中不可分割的重要组成部分。当前，国家和学界高度重视传统文化，继承和弘扬传统教学思想成为研究者较为关注的课题。但对中国传统教学思想学术史的价值却有所忽视。成于中国特定文化背景的中国传统教学思想有着丰富的内蕴和很强的系统性。对中国传统教学思想学术史进行研究，是传统教学思想学术自身发展的内在要求，是为当前教学改革提供坚实"根基"的实践需要，是中国特色教学理论构建与形成的必然选择，也是培育与提升中华民族教学自信的重要举措。中国传统教学思想学术史就是通过对以往传统教学思想的理论与实践相关研究进行回溯与总结，深入历史文化内层，探查和剖析传统教学思想研究存在的问题及其原

---

① 曾文婕、黄甫全、余璐：《评估促进学习何以可能——论新兴学本评估的价值论原理》，《教育研究》2015 年第 12 期。
② 曾文婕、黄甫全：《学本评估：缘起、观点与应用》，《课程·教材·教法》2015 年第 6 期。
③ 霍力岩、黄爽：《表现性评价内涵及其相关概念辨析》，《西北师大学报》(社会科学版) 2015 年第 3 期。

因，并提出中国传统教学思想研究进一步发展的可能路径。① 教学流派指在教学理论与实践方面独具特色的不同派别，多指教学理念相近、教学风格相似、教学方法相仿的教育工作者在教学理论研究与实践中，自觉或不自觉、正式或非正式地融合在一起并在一定的范围内产生较大影响的教学派别。当代中国特色教学流派具有独特的内涵与基本特征，其生成机制可概括为"二三五"，即妥善处理两对关系、大致经过三个阶段、重点把握五个关键，其生成启示可归纳为反复实验并与时俱进、理论指导且及时有效、正视局限皆着眼发展、留意失衡又避免误区。其未来走向应奠基于自信自觉、交叉整合原则，着力强化教学模式的理论研究、引领教学模式的深层改革和促进教学流派的多元生成。②

四　教学实践研究

2015 年教学实践研究关注了生命课堂与学本课堂、课堂教学有效性、翻转课堂三个方面的内容，其中重点关注了信息化时代新型的教学模式——翻转课堂。

（一）生命课堂与学本课堂研究

课堂教学思潮是在一定历史时期的教学实践中具有支配地位、获得教学界普遍认同并对教师个体的教学行为产生显著约束力和影响力的主流教学观念。新中国成立以来，课堂教学思潮的演变可以概括为四个阶段：以教代学、唯教无学—以教导学、多教少学—先学后教、以评促学—变教为学、以学为主。这种演变具有诸多积极和进步的历史意义，当然也存在着教学改革的深度局限。近年日渐流行的"变教为学"新思潮，以个人主体为逻辑起点，自觉顺应每个"本我"作为智慧生命的天然需求，即满足表达欲望、体验表现愉悦、享受表现尊荣，最终练就充满主体个性色彩的思想力和表达力。"变教为学"符合中国课堂教学改革的旨趣，但也有待解决后续发展的许多深层次问题。③

---

① 张天明：《中国传统教学思想之学术史：一个不容忽视的研究主题》，《课程·教材·教法》2015 年第 2 期。
② 苏春景：《当代中国特色教学流派的生成机制》，《教育研究》2015 年第 9 期。
③ 潘涌：《新中国课堂教学思潮的跨世纪演变》，《课程·教材·教法》2015 年第 8 期。

生命课堂和学本课堂是课堂教学思潮演变中沉淀下来的理论形态。实施生命教育的主渠道应该在课堂，生命课堂以贯彻生命教育理念和原则，呈现生命教育生态，唤醒师生的生命意识，激发师生的生命潜能，提升师生的生命境界，促进师生的生命发展为根本。生命课堂就是"生命在场"的课堂，是课堂本来应有的面貌。生命课堂的特征基本表现在课堂价值取向、课堂过程、师生关系上的"生命在场"。生命课堂需要建立生命立场的逻辑起点，搭建生命视角的解释框架，重构课堂的精神维度，形成生命关怀的语言样态，呈现开放生成的教学过程，建立互助同行的"学习共同体"，完善课堂教学评价办法。[1] 学本课堂是针对教本课堂弊端而提出来的。学本课堂是"以学习者学习为本"的课堂，倡导"以学习者学习为本"的核心理念，目的是实现"一切为了促进学习者和谐成长、全面发展"；在内涵上实现由"知识传递"向"知识建构"转型，体现"自我建构""对话建构"和"活动建构"。在内在特征上主要体现六点：一是要素，将"问题"嵌入课堂；二是关系，师生建立"大小同学"式关系；三是方法，采用建构式主动学习法；四是策略，师生开发合学型智慧导学策略；五是组织，建立小组合作团队学习平台；六是工具，使用问题导学型学习工具单。[2]

（二）课堂教学有效性研究

在教育改革深入发展的今天，回归课堂教学有效性问题的"本体"，探讨课堂教学的结构系统、有效表征和有效标准尤为必要。课堂教学是一个涵盖矢量系统、理念系统、定位系统、条件系统、运行系统和输出系统的动态结构体系；从课堂教学的结构系统考量，课堂教学有效性隐含着效果、效率、效益、效能和效应的"五效"表征；聚焦于有效性表征，课堂教学有效性外显为教学的信度、内在效度、外在效度、难度和区分度"五度"标准；着眼于有效性标准，课堂教学的有效性是教学过程、教学状态和教学境界的有机耦合。[3] 有效教学是能够引发、维持并促进学生学习与发展教学活动。有效教学的行动表现从目

---

[1] 王定功：《生命课堂的基本特征和建构路径》，《教育研究》2015 年第 10 期。
[2] 韩立福：《学本课堂：概念、理念、内涵和特征》，《教育研究》2015 年第 10 期。
[3] 朱德全、李鹏：《课堂教学有效性论纲》，《教育研究》2015 年第 10 期。

第七章　现代课程与教学论研究的进展与反思　　　147

标到评价可概括为九个方面：明确的教学目标定位，全面的教学方案设计，清晰的教学语言表达，适切的教学内容呈现，互动的教学实践样态，多样的教学策略运用，恰当的教学技术介入，高超的教学艺术体现，及时的教学信息反馈。这九个特征，既可以作为评价有效教学的基本参考标准，也可作为追求有效教学的行动框架。[1] 传统认知科学对课堂教学造成的危害主要表现为课堂教学对生命的漠视；致使课堂教学认识论陷入二元论的逻辑悖谬；导致学生主体性的失落。作为一种全新的认知范式，具身认知对于实现课堂有效教学，促进学生健康、主动、整全地发展具有至为重要的价值。在此理论关照下，课堂教学的"身体"转向已日趋明晰。具身性、生成性、动力性及情境性将成为未来课堂有效教学的应然态势。[2] 梳理文献发现，近15年来关于有效教学的研究主要集中在四个方面：一是对有效教学的价值、内涵、特征的阐释；二是对有效教学理论基础的探讨和评价指标的建构；三是关于有效教学的调查研究；四是对西方有效教学研究的介绍。这些关于有效教学的研究中，只有少数学者在关注有效学习，大多数学者都将笔墨用在为有效教学进行正当性的辩护和教师如何有效地"教"上面。关于有效教学的研究只有立足于有效学习才有可能生成有效的教学策略。[3] 高效课堂作为一种理想的课堂，也受到了学者们的广泛关注。在中国，理论界和实践界分别对高效课堂的理念进行了研究和探索，教师"为学而教"，学生合作学习，教学内容有效组织的学习共同体理念已经成为当前课堂教学改革的主旋律，而如何通过有效的策略构建高效课堂需要做进一步的思考。构建高效课堂是教育变革的一个重要领域。通过教师转变角色、改进教学方法、建构新型的师生关系实现以"为学而教"理念的变革是高效课堂教学模式的建构的外在条件。建构高效课堂需创新"为学

---

[1] 陈晓端：《当代教学论框架下的有效教学行动表现》，《当代教育与文化》2015年第4期。
[2] 王会亭：《从"离身"到"具身"：课堂有效教学的"身体"转向》，《课程·教材·教法》2015年第12期。
[3] 安富海、田倩倩：《基于有效学习的教学策略研究》，《当代教育与文化》2015年第2期。

而教"的课堂理念,创建课堂学习共同体,有效组织教学内容。[1] 教与学是一个备受关注并被频繁探讨的问题。提升教学效果和质量,师生须共同追求"学会""会学""会用"的教与学三境界:教师引导学生将所学知识"听懂""理解""迁移""内化",实现真正的"学会",在此过程中,掌握"得法""得道""融会贯通"的"会学"之法,同时,教师须帮助学生达到知行合一,知识联系实际,达到"学以致用",实现真正的"会用",这是深化课程改革、实施素质教育和落实立德树人之必然要求。[2] 教与学的关系是教学论最基本、最核心的一对关系。从先教后学到先学后教绝不只是教学前后顺序的简单调整,它涉及教学思想、教学过程和教学方式等诸多教学领域的变革,它引发了课堂教学的革命性变化和实质性进步。先学后教的实质是把学习的权力和责任还给学生,前提是教学生学会学习特别是学会阅读和思考,关键是构建以学为基础、为中心、为主线的课堂教学新体系、新模式。先学后教之"先学"具有以下特性:一是超前性;二是独立性;三是差异性。先学后教之"后教"具有以下特性:一是针对性;二是参与性;三是发展性。[3]

(三) 翻转课堂研究

作为一种信息化时代教学形态变革的典型,翻转课堂以信息技术为手段,以学习者为中心尊重学生个性选择,顺应了时代对教育的诉求。翻转课堂秉承的是先学后教、自主学习,注重课堂互动、交往、合作与探究,关注主体体验、教学要为主体服务的理念,其特征表现为:教学主体的多元、动态、协商,教学资源的集成、全面、共享,教学载体的创新、高效、立体,教学过程的自主、灵活、可控。[4] 翻转课堂是包含教学媒体、教师、课程、学生要素的结构系统,要素之间的相互联系形成三个子系统,每个子系统内部都存在着表层结构和深层结构之分。有

---

[1] 王鉴、王明娣:《高效课堂的建构及其策略》,《教育研究》2015 年第 3 期。
[2] 张元双:《学会 会学 会用——师生教与学三境界的共同追求》,《课程·教材·教法》2015 年第 12 期。
[3] 余文森:《先学后教:中国本土的教育学》,《课程·教材·教法》2015 年第 2 期。
[4] 郭文良、和学新:《翻转课堂:背景、理念与特征》,《教育理论与实践》2015 年第 11 期。

效的翻转教学需要教师理解深层结构的价值和意义，超越表层结构运行中容易出现的技术控制、知识取向、浅表互动等问题，实现学科思维方法的掌握、积极的情感交流与体验、批判反思意识的塑造等深层的学生发展目标。① 有学者将慕课资源与翻转课堂有机结合，构建慕课视频替代模式、"慕课视频+自制视频"模式、二次开发模式等三种新型翻转课堂教学模式。② 有学者从翻转课堂的发展、学习力的内涵、不同学习力要素对翻转课堂教学设计的需求、基于学习力的翻转课堂教学设计需要注意的问题以及对翻转课堂教学设计的反思五个方面，探讨了以学习力理念为基础的翻转课堂教学设计和学习力的内涵、特征，需要调适的矛盾和防止的误区，以及基于学习力的翻转课堂教学设计的意义。③

翻转课堂是一种将传统课堂中知识传授和知识内化进行颠倒的混合学习模式。在翻转课堂中，学生在家观看讲课视频学习课程内容，课堂上教师不再讲授视频里的内容，而要与学生一起讨论，解决学习中遇到的问题。翻转课堂不仅是教学流程的翻转，也是教师和学生角色的转变。④ 翻转课堂不只是对知识传授和知识内化两个过程的翻转，伴随而来的是教育理念、教学内容、教学方式、教学手段和教学评价的全方位变革。有学者借助于多模态理论及多模态教学思想，构建了以课上课下动态教学结构为核心、以开放性多模态学习环境为全方位支持的模态视域下的翻转课堂教学模式，并给出了运用该教学模式进行教学的一些操作性建议。⑤

翻转课堂的教学模式为中国当前教育改革提供了一个集先进教育理念、教与学方法、教学技术"三位一体"的系统化解决方案。然而，

---

① 张朝珍、束华娜：《论超越表层结构的翻转课堂》，《华东师范大学学报》（教育科学版）2015年第1期。
② 曾明星、周清平、蔡国民等：《基于MOOC的翻转课堂教学模式研究》，《中国电化教育》2015年第4期。
③ 吕晓娟：《基于学生学习力的翻转课堂教学设计》，《电化教育研究》2015年第12期。
④ 刘艳丽：《翻转课堂：应如何实现有效翻转》，《中国高等教育》2015年第19期。
⑤ 王慧君、王海丽：《多模态视域下翻转课堂教学模式研究》，《电化教育研究》2015年第12期。

翻转课堂是否适合中国国情,将会对学生产生哪些影响等一系列关键性的问题,还缺乏本土化的理论创新和基于常态教学的实验证据。有学者尝试构建了"双主"式翻转课堂教学模式,从实证的角度对翻转课堂常态教学的可行性以及效果、问题进行了深入的研究。[①] 在传统的课堂教学模式下,常常因为课堂教学时间的限制,师生无法开展充分的探究,借助于互联网则让随时随地交流和研讨成为现实,也使课堂内的探究活动更为深入有效。在翻转课堂中教学可以遵循:课前,教师做好学习指导,如提出思考的问题、明确学习的任务、呈现相关学习资料等,让学生先行学习和思考;课内,师生/生生之间深入讨论,动手实践,探究创造。翻转课堂中的教学,教师需要心中有学生,从学生的视角设计教学过程;心中有生活,注意从生活走向科学;心中有学科,应重视各科知识的融合;心中有预设,需关注教学的生成。[②] 在翻转课堂课前教学中,师生在空间上分离,学生学习通常处于一种"游离"状态,缺少面对面交流与现场监控,教学质量难以保证。构建由交互中心平台、主体、客体、工具及行为等组成的多维、立体交互式翻转课堂课前教学系统,从教学流程、教学内容、教学环境、交流工具、学习主体等方面提高系统的交互程度,不但可以实现对学生的远程监控,而且可以激发学生学习的主动性、积极性,提升教学效果。[③] 当前的研究还没有形成适应翻转课堂的教学质量评价体系,相当多的翻转课堂实践依然采用传统课堂教学评价的方法,建立翻转课堂教学质量评价体系已经成为翻转课堂深入发展的关键因素。有学者基于对国际上取得巨大成就的 CDIO 教育模式评价体系构建过程的分析,提出了翻转课堂教学质量评价体系的理论基础、基本原则以及评价体系建设路线图。该研究为后续构建不同教育层次、学科内容的翻转课堂的教学质量评价体系奠

[①] 刘军、祝雪珂、郑涛、徐霄冰:《"双主"式翻转课堂教学模式构建及其应用研究》,《电化教育研究》2015 年第 12 期。

[②] 田爱丽:《翻转课堂中实施探究式教学的应用研究——以科学课和项目设计的翻转课堂教学为例》,《教育发展研究》2015 年第 20 期。

[③] 曾明星、蔡国民、姚小云:《翻转课堂课前交互式教学模式研究》,《现代教育技术》2015 年第 3 期。

定了基础。① 在翻转课堂的实施中发现，由于一些教师的教育观念难以转变，实施翻转课堂的意愿不强，一些学校尤其是农村学校缺乏实施翻转课堂的支撑条件，一些学生缺乏学习的自觉性，再加之翻转课堂可能会加重学生的家庭负担，致使翻转课堂的实施遇到一些障碍。要有效实施翻转课堂，必须转变教师的教育观念；统筹城乡教育发展，加大对薄弱学校的教育投入，提高教师的信息技术素养；增强学生的自主学习能力，提高学习的自觉性；建立专项教育经费，减轻贫困学生的家庭负担。② 实践表明，翻转课堂的实施为课堂教学模式转型提供了契机，但在实施过程中也出现了一些误区，如误认为录制微课就是实施翻转课堂、翻转课堂会增加学生负担、使教师失去了讲课的作用、制造了更多"学困生"等。要避免这些误区，需要把课堂变成"双态"课堂，静态课堂要有严格的学习任务，动态课堂上教师要精讲，激励、评价制度贯穿翻转课堂始终。③

五 学习理论研究

在信息化背景下，学生学习问题受到学术界的普遍关注。有学者对中国不同地区 90 所中小学校学生的学习效能进行调查研究发现，当前中小学生由于受到性别、学习阶段、学校类别和区位等因素的制约和影响，其学习效能在学习态度、学习动机、学习期望、学习能力、学习策略、学业成就和学习环境七个维度表现出不同的特点和差异，由此提出了从树立合理学习价值信念、建构过程性学习评价体系和优化课程教学资源配置三个层面提升中国中小学生学习效能水平，进而助力学业负担问题的有效解决。④ 有学者在充分了解知识加工不同阶段及其内在机制，探讨知识有效获得的教学条件的基础上，探讨了知识的加工阶段与教学条件之间具有内在的相关性。研究认为，在陈述化阶段，通过认知

---

① 李馨：《翻转课堂的教学质量评价体系研究——借鉴 CDIO 教学模式评价标准》，《电化教育研究》2015 年第 3 期。
② 张家军、许娇：《翻转课堂在我国基础教育课堂教学中应用的适切性分析》，《教育理论与实践》2015 年第 32 期。
③ 李良俊：《翻转课堂的误区与防止策略》，《教育理论与实践》2015 年第 11 期。
④ 靳玉乐：《中小学生学习效能的现状及提升策略》，《中国教育学刊》2015 年第 8 期。

困惑激活启动认知、预测与开放性分析和精加工创造新的联结等教学条件促进更深的认知加工和持久的记忆表征，加快知识的提取速度，促进知识的迁移；在程序化阶段，通过联系定位加工、练习反馈等教学条件使产生式的联结得到增强，促进知识的平稳性和准确性；在迁移阶段，通过模型化加工、系统的问题解决和元认知反馈学习等教学条件对知识不断地进行解释与修正，发展学生系统解决问题以及灵活运用认知策略对学习过程进行反思、优化和归纳总结的能力。① 有学者对"具身认知"问题进行了研究，"具身认知"揭示了传统认知的重要缺陷——对个体身体的忽视，突出了认知的涉身性、体验性与环境性特点。根据"具身认知"生成的路径，可以分为"实感具身""实境具身"和"离线具身"，这一研究，为教学带来新的启示：从纯粹大脑认知的传统教学转到身心投入的主动体验式学习，师生互动的身心融合为生成式学习达成了路径，情境教学则为加强身心体验的重要教学方式，消除对学生和教师身体束缚的"负性具身效应"。② 有学者在批判中国基础教育界历来重视"教学环境设计"，以为"教师的教"等于"学生的学"，"教师教得好"等于"学生学得好"观念的基础上，提出了学习环境的设计要求教师角色的转型——从"教的专家"转向"学的专家"。教师需要从"课堂学习环境"的角度来进行教学的总体设计——聚焦学习者的学习活动，使得整个教学过程成为学习者主动参与、教师支持的形态。"学习环境设计"的基本视点是学习者中心、知识中心、评价中心和共同体中心。③ 如何运用智能手机搭建数字化学习环境，开展移动学习是当前研究者关注的重要问题。但是现存的学习类手机软件缺少对用户的深入分析，学习内容的设计和呈现仍然基于知识传授的理念，是一种单向的输出，缺少交互性设计，难以调动学习者的兴趣，致使移动学习效果不佳。有学者讨论了基于手机的交互式学习环境的概念与内涵，对移动学习的交互性特征做了剖析，提出了基于手机的交互策略，并结

---

① 黄梅、黄希庭：《知识的加工阶段与教学条件》，《教育研究》2015年第7期。
② 殷明、刘电芝：《身心融合学习：具身认知及其教育意蕴》，《课程·教材·教法》2015年第7期。
③ 钟启泉：《学习环境设计：框架与课题》，《教育研究》2015年第1期。

合具体案例进行智能手机软件交互环境的建构。① 有学者在分析现有网络学习环境的基础上，提出以社交网络模型为资源聚合与推荐框架设计新型学习环境的思路，对个人学习空间、学习资源聚合模式和个性化推荐引擎构建等学习环境设计要素进行了深入分析。②

随着慕课在全球的不断推进，对于学习者群体学习行为、学习过程及学习效果的追踪和分析开始成为一个关键的研究领域。有学者对慕课学习者群体分类研究的初步成果，接着描述了当前慕课学习者群体的主要特征，最后探讨了影响学习者坚持性的因素问题。③ 有学者对慕课学习者的学习行为进行了研究。研究发现慕课学习者学习意向与学习行为之间呈显著正相关；主观规范和有用性感知与学习意向呈显著正相关；易用性感知与学习意向呈正相关，但不显著；主观规范、地位、学习适用性、学习绩效与有用性感知呈显著正相关；结果展示性与有用性感知呈正相关但不显著；计算机自我效能感、娱乐性感知、客观使用与易用性感知呈显著正相关；外部支持、计算机偏好与易用性感知呈正相关但不显著；计算机焦虑与易用性感知呈负相关但不显著。研究建议加大慕课宣传力度、鼓励学习者参与、采取一定的管理措施等对策，改善学习者慕课学习行为，提升慕课的学习效率和效果。④ 另外，还有学者基于情境学习理论，探讨了网络学习情境性评价的基本内容框架和实施策略。研究认为网络学习情境性评价的实施中，要创设情境性网络课程，开展实时学习评价；设计情境性问题，布置常规强化训练作业；搭建友好交流平台，记录学生的互动过程；构建"任务—完成"模式，进行终结性评价。⑤

---

① 陈明选、刘萃：《基于智能手机的交互式学习环境设计》，《中国电化教育》2015年第4期。
② 杨进中、张剑平：《基于社交网络的个性化学习环境构建研究》，《开放教育研究》2015年第2期。
③ 梁林梅：《MOOCs学习者：分类、特征与坚持性》，《比较教育研究》2015年第1期。
④ 方旭：《MOOC学习行为影响因素研究》，《开放教育研究》2015年第3期。
⑤ 黄越岭、朱德全：《情境学习理论视阈下的网络学习评价：体系与策略》，《中国电化教育》2015年第2期。

六 核心素养研究

近年来,核心素养跃升为中国基础教育界的新热点,成为大家眼中借以深化基础教育课程改革、落实立德树人目标的关键要素。中国基础教育界对核心素养概念的关注与讨论,承载着人们对教育寄予的所有美好期望。学生的核心素养是中国建立教育质量标准的基础与核心,是在国家的教育目标和教育理念指导下建立起来的学生必须达到的能力素养,也是中国教育领域与当前倡导培养学生核心素养的国际教育改革形势相接轨的重要环节。核心素养之"核心"应当是基础,是起着奠基作用的品格和能力。基础性是核心素养的最根本特性,把握住基础性才能把握住核心素养研究与发展的命脉。基础性素养就是学生未来应该具备的素养。[1] 为发展学生的核心素养,基础教育学校在课程改革方面需要三方面的努力:第一,将身心健康放在课程目标的首位;第二,课程教学要培养学生终身学习的能力;第三,课程内容及实施要为学生走向社会打下基础。[2] 核心素养是中国实现学校教育价值和确立人才质量标准的基础与核心,是在国家教育方针指导下应建立起来的学生发展必须达到的目标体系。有学者通过梳理"核心素养"发展历程,分析核心素养的内涵、特征与价值取向,尝试提出学生核心素养体系建构的思路:横向整合,融会贯通学科素养;纵向衔接,构建垂直教育体系;整体推进,同步实施课程改革;分级测评,完善质量评价标准。[3] 核心素养指导、引领中小学课程教学改革实践。没有核心素养,改革就缺了灵魂。核心素养研究是一种持续的多学科、多领域协同研究的集成,历来受到国际教育界的关注。从其发展趋势看,大体涉及"人格构成及其发展""学力模型"和"学校愿景"研究三大领域。[4] 研制基于核心素养的课程标准已成为国际潮流。国际课程标准研制经验表明,学生核心

---

[1] 成尚荣:《基础性:学生核心素养之"核心"》,《人民教育》2015年第7期。
[2] 顾明远:《核心素养:课程改革的原动力》,《人民教育》2015年第13期。
[3] 常珊珊、李家清:《课程改革深化背景下的核心素养体系构建》,《课程·教材·教法》2015年第9期。
[4] 钟启泉:《核心素养的"核心"在哪里》,《中国教育报》2015年4月1日。

素养与学科课程存在两种基本关系：一是每门学科课程都承担起学生核心素养的培养责任；二是不同学科对学生核心素养有着不同的独特贡献；学生核心素养转化为课程标准基本遵循"学生核心素养—学科核心素养—内容标准"的思路。从课程标准的编排角度看，它包括纵向上分年级与跨年级编排方式、横向上表现水平与案例式编排方式；在组织架构与研制流程上，课程标准研制是在政府主持下由教育专业部门或学术机构负责，由计划、撰写、实施、完善四个阶段构成。[1] 核心素养是学业质量标准的主要内容，各个国家都试图建立符合本国国情的核心素养框架或指标体系，以指导教育实践。建构核心素养指标体系的目的是将核心素养落实与推行到具体的教育、社会活动中去。核心素养模型逐渐渗透进各国教育改革的诸多领域，最主要体现在两个方面，一是基于学生核心素养推进课程改革；二是基于学生核心素养推进教育质量评估。[2] 清华大学附属小学以"为聪慧与高尚的人生奠基"为办学使命，确定附小学生核心素养为：家国情怀、公共道德、身心健康、社会参与、学会学习、国际视野……构建了基于学生核心素养发展的"1＋X课程"。在课程实施过程中，搭建了课程标准、教材、教学之间的桥梁；进行了学科间的课程整合，还儿童以真实情境；不断调整课时，体现课程的丰富性、选择性与人性化；使课程真正服务于学生成长。[3] 有学者认为保护、尊重是核心素养发展的基础；分科教学与课程整合才能促进学生素养发展。[4]

但当前，学者们对核心素养概念的既有研究多停留在表面功效的描述上，对其本质的把握远不够深入。这与相关研究与实践的需求极不相称，与核心素养被寄予的厚望极不相称。基础教育界所称"核心素养"的内涵可以从三个层次上来把握：最底层的"双基指向"，以基础知识

---

[1] 邵朝友、周文叶、崔允漷：《基于核心素养的课程标准研制：国际经验与启示》，《全球教育展望》2015年第8期。

[2] 辛涛、姜宇：《全球视域下学生核心素养模型的构建》，《人民教育》2015年第9期。

[3] 窦桂梅、胡兰：《基于学生核心素养发展的"1＋X课程"建构与实施》，《课程·教材·教法》2015年第1期。

[4] 朱小蔓：《将学生核心素养的发展作为小学教育的使命》，《人民教育》2015年第13期。

和基本技能为核心；中间层的"问题解决指向"，以解决问题过程中所获得的基本方法为核心；最上层的"科学（广义）思维指向"，指在系统的学习中通过体验、认识及内化等过程逐步形成的相对稳定的思考问题、解决问题的思维方法和价值观，实质上是初步得到认识世界和改造世界的世界观和方法论。①

第二节　当前课程与教学论研究发展的主要趋势

在信息技术不断发展的 AI 时代，在中国基础教育课程与教学改革不断深入的背景下，课程与教学论的研究要把握前沿问题研究，迎接未来的挑战，在为未来而教的理念下形成对未来教育研究的理论与方法准备。

一　信息化背景下课程与教学问题亟待加强团队研究

关于信息化背景下课程与教学问题的研究主要存在两个方面的问题：一是单打独斗，学科内部缺乏合作；二是学科与学科之间缺乏必要的合作研究。课程与教学实践领域的诸多问题的解决，需要理论工作者和实践工作者的合作研究，需要课程与教学理论工作者、学科教学论研究者、一线教师的通力合作，这种团队合作旨在解决实践问题，并在问题解决的基础上形成理论建构。在信息化背景下，团队合作研究还需要不同学科之间的联盟，课程理论研究者、教学论研究者、学习论研究者、信息技术理论研究者的合作团队，才能从根本上解决当前慕课、翻转课程、学习方法变革等方面的问题，才能为现代课程与教学论学科体系的形成与发展奠定基础。

信息化背景下的课程与教学问题正在或已经发生了巨大的变化，要求课程与教学论研究者必须顺应时代要求，科学及时地回应课程与教学领域出现的新问题。以数字化视听技术、多媒体交互技术等为特征的现

---

① 李艺、钟柏昌：《谈"核心素养"》，《教育研究》2015 年第 9 期。

代教学技术，不仅对教学手段和方式的变革产生了重大影响，而且对教学观念、教学目的、课程内容与教材、师生关系以及教学评价与管理的改变都起着不可忽视的作用，它已成为教师从事教学实践与研究的不可或缺的资源和工具，也为学生的学习和发展提供了丰富多彩的教育环境和学习空间。这些课程与教学论领域出现的新现象、新问题急需课程与教学论研究者以极大的学术魄力和勇气予以关注和回应。从近年来研究的情况来看，许多研究都是关注某一时段、某一人物或某一事件所负载课程与教学主题、内容和意义的探讨，缺乏整体观念的系统思维。面对实践者的诉求，如"微课"怎样更好地和课堂教学形成优势互补、"翻转课堂"运用的规范及限度等问题，许多课程与教学论理论研究者都显得力不从心，或者蜻蜓点水地说几点不痛不痒的话、草草了事，或者和一线教育工作者一起陷入痛苦之中。信息化时代不仅改变了人们的生活方式，也改变了人们的认知方式。学生的认识方式和认知特点决定了我们的教学方式和课程的呈现方式。现在的中小学生是地地道道的"数字原生代"（Digital Natives），他们是伴随网络逐渐成长起来，他们的认知和学习方式必然和以往的学生有一定的差别，课程与教学论研究理应重点关注这些问题。然而，从近年来的文献来看，课程与教学论领域对信息技术背景下学生的研究相对比较薄弱，大多数研究都是一厢情愿地为学生提供自己认为优质的课程资源和先进的教学方式。事实上许多新兴的教学模式或教学平台对学习者都有特殊的要求。以慕课为例，慕课对学习者的学习积极性和主动性要求很高，需要学习者根据自己的兴趣自主选择课程，主动参与并完成整个教学过程。慕课的学习整体上是基于兴趣学习，是一种主动参与的学习，是自定学习步调的个性化学习。中小学生对于课程有着不一样的学习需要和动力水平，如果对课程本身缺乏内在学习动力，慕课平台又无法为低动机学习者提供更好的激励和监督措施，那些对慕课提不起兴趣的学生则很有可能在自由的时空里错过慕课的学习内容。而在基础教育阶段，我们如果很难保证学生对课程本身有着浓厚的兴趣，又没有相应的学习监管，仅凭学生的自觉来完成慕课学习有一定难度。只有立足于学生，才能最大可能地实现教育，信息化时代学生认知特点是我们以任何方式研究信息技术与课程教学融合的基础。

从当前中小学教学实践暴露出的问题来看，信息技术在教育教学中的应用为当前教育教学改革带来机遇的同时，也出现了许多问题。一线的教育工作者在看到新技术或新产品出现时，总是很急切地想把它应用到教学实践中，希望通过它来更新教学模式、改进教学策略，进而提高教学质量，却很少去考虑这一技术和产品是否真正适用于我们当前的教学内容和教学环境，再加上对技术本身的运用能力不足，必然导致中小学教育教学实践的"混乱"局面。在这种情况下，课程与教学论研究者应该勇于担当，不仅要加强学科内部的合作，还要加强与相关学科的合作，充分发挥理论研究的引领和指导作用。信息技术正以不可阻挡之势冲击着传统的课程与教学，给课程与教学带来了革命性的变化，为了使信息技术更好地服务于课程与教学，服务于学生发展，课程与教学论研究者必然要对信息化时代的课程、教学、教师、学生、学习等问题进行系统研究。信息化时代课程与教学论研究者要善于与数据学家合作，促使课程与教学论研究方法的创新，专注于通过自身的理论学识和研究素养对从实践中搜集来的数据以及分析结果进行更高层次的理性选择和审视，更新、完善和升华为课程与教学理论，将课程与教学带入更高、更纯粹的理想世界，为课程与教学实践及教学实践研究者提供更深远的价值指引。

二　信息化背景下课程与教学论研究范式转型

传统的课程与教学论较多地运用思辨的研究方法，强调对本质、规律、原则等基础性问题的思辨，旨在建立普适性的、能解决一切场域中发生的课程问题和教学问题的宏大体系，这种研究方法只能揭示静态的、线性的课程问题和教学问题，不能解决不断变化发展的课程与教学实践问题，研究的过程也多是借用其他学科的概念、术语、理论、方法来研究自己的问题，这种研究实质上是一种演绎的研究，演绎的研究范式曾经为中国课程与教学论学科体系的构建做出了一定的贡献，使得中国在有限的时间里构建起了课程理论与教学论的学科体系。但由于缺乏体现学科特色的概念范畴和言说方式，难以形成相对统一的逻辑结构，致使课程与教学论学科体系较为混乱，也使得课程与教学论长期以来受到合法性的拷问。新一轮基础教育课程改革以后，这种现象有所改观，但还是演绎思辨的研究范式并没有得到彻底反思。随着信息时代的到来，课程与教学的实践领域顺应信息时代的要求，发生了翻天覆地的变化，走了很多弯路，也总结出许多有价值的经验。从当前的情况来看，信息化背景下的课程与教学实践已经走在了理论研究的前面，虽然步履蹒跚，但依然坚定地向前发展。信息化已经成为这个时代的主题，信息化背景下课程与教学相关要素的表现形态、呈现方式等都发生了巨大的变化，这就需要课程与教学论研究者把握时代脉搏、深入研究变化了的和正在变化的课程与教学问题。这种研究除了必要的理论探讨之外，更重要的是关注中小学的课程与教学实践，走归纳研究之路。这方面叶澜教授的生命实践教育学派的研究路径及生成方式已经为课程与教学论的研究树立了典范。因此，我们认为，在今后一段时间内，课程与教学论的研究会将重心放在归纳研究方面，增强课程与教学论学科的实践性，关注信息化背景下课程与教学实践出现的各种新问题、新现象，提升课程与教学论的学科功能。

三 信息化背景下现代课程与教学论学科发展问题

经过近30多年的恢复和发展，无论在教育学科内部还是在教育学科外部，中国课程与教学论的地位都日益突出，价值日渐彰显。其主要原因在于，中国课程与教学论在引领和解决中国的课程与教学的理论和实践问题中做出了应有的贡献。作为学科存在的课程与教学论，想要继续立于理论学科之林，必须与时俱进，不断完善和提高自身理论思维水平，构建基于本土实践、具有时代特征的学科体系。如前所述，信息化已经成为这个时代的最强音，它改变和影响着人类生活的方方面面。教育领域许多观念、认识和做法也将随之发生一定的变化。课程与教学论学科所关注的问题，或者说关注问题的角度也在发生较大的变化。因此，课程与教学论学科发展必须思考信息技术背景下学科体系的构建问题。然而，从现有的文献来看，2015年课程与教学论在学科建设与发展问题的研究文献相对较少，关注的问题还主要集中在过去课程与教学论学科发展的问题方面，对信息技术背景下课程与教学论学科发展路径、变革方式等问题的关注不多，但大多数课程与教学论研究者已经意识到信息化时代将对过去课程与教学论学科发展带来一定的挑战。2015年5月16—17日举行的第十四届全国教学论专业委员会学术年会也将会议的主题定为"数字化时代的教学理论与实践"。许多与会专家也明确指出，信息化时代打破了传统的教学结构，挑战了标准化的教学规则；实现了教师教学方式的变革；撼动了以教师为中心的课堂教学模式，促进学生的学习方式发生转变；冲击了现行的教学评价方式，使得评价方式更加开放多元。[1]但技术在教育教学中的广泛应用也存在许多局限性，而且信息化时代对课程与教学的这种挑战和与生俱来的局限将会持续存在，这就需要课程与教学论研究者对此进行系统深入的研究，以实现技术最大限度地促进学生发展。对于课程与教学论研究者来说，不能单纯从技术出发去思考问题，不能盲目地将信息技术应用到教育中，也不是去评定哪一种技术嵌入方式的教学最佳，而是要将哪一种技术嵌入方式的教学针对什么教学目的可以解决什么问题和取得怎样的效果作为课程与教学论研究的一个重要方面，整体上把握技术在学科发展中的作用。从当前的情况来看，大多数研究都停留在对具体问题的探讨之中，如翻转课堂优劣势的问题、慕课合理运用问题、微课的价值及限度问题、信息技术融入课程教学的方式方法问题等。

要想使课程与教学论能够继续引领和指导信息化背景的课程与教学的实践，课程与教学论研究者必须正视并重新思考信息化背景下课程与教学论学科性质、研究对象、核心问题、研究方法等设计学科发展的主要问题，并形成团队研究力量，集中研究信息技术背景下课程与教学领域的慕课、翻转课堂等新问题，结合信息技术理论与现代学习理论，建构适应现代社会发展、体现学生学习特点、指导教学实践的新型的课程与教学论学科体系。因此，我们认为，信息化背景下现代课程与教学论学科发展将会在今后一段时间内成为课程与教学论领域研究的核心议题。

---

[1] 刘志军、刘美辰、肖磊：《数字化时代的教学理论与实践——第十四届全国教学论专业委员会学术年会综述》，《课程·教材·教法》2015年第10期。

第二编

中国基础教育课程改革前沿问题研究

中国基础教育课程改革始于21世纪初的政府行为，是世界上规模空前和持续时间最久的基础教育课程改革。从课程改革的顶层设计到课程方案的统一制订，再到课程实施的专业推进，都体现了国家的意志与行为，中国基础教育课程改革是教育强国建设和教育现代化的重要举措。课程改革从学术理念到治国策略，充分体现了课程理论对课程改革的指导作用以及课程改革对课程理论的原创价值。

第八章

课程改革：从"学术理念"到"治国策略"

中国基础教育课程改革已经走过了20余年，再回首，发现这20余年带给教育领域的变化确实可以用"翻天覆地"来形容，课程改革不仅使学校的课程设置、教材教学、评价体系等发生了巨大变革，而且使教育领域的管理者、广大教师发生了明显的变化，尤其是作为教育对象的学生的精神面貌与学习方式发生了根本性的变化。与此同时，课程改革不能尽善尽美，还存在这样那样的问题，认真反思并总结这些问题，对于进一步深化课程改革，全面推进素质教育有着十分重要的意义。

每次改革，都是理论先导，在一定的理论指导下，在一定的时代背景下，课程改革才可能自上而下地由政府所发动或自下而上地由教育领域而生成。这次新课程的改革最初只是停留在理论层面，经过20余年的改革，新课程改革从"学术理念"发展为"治国策略"。在这次课程改革中，有三个主要群体发挥各自重要的作用，他们分别是：课程改革的发动者是政府（包括各级教育行政部门）、广大中小学教师是中小学核心课程变革的落实者、课程改革的理论工作者。这三个群体构成了课程改革的主体。除了课程改革的主体之外，还有一个学术研究的主体助力课程改革，促使课程改革从"学术理念"发展成"治国策略"。

第一节　教育领域的学术研究与课程改革的背景

中国基础教育领域的改革从1999年着手调查研究，教育部组织全国高层专家进行顶层设计，对基础教育课程的目标、内容、结构、实施、评价、管理等六个方面进行了分析和批判，指出其中存在的问题，提出课程改革的六大目标，旨在"改变课程过于注重知识传授的倾向，强调形成积极主动的学习态度，使获得基础知识与基本技能的过程同时成为学会学习和形成正确价值观的过程"。这个顶层设计反映了理论工作者的研究成果，既放眼全球，瞄准当前国际基础教育领域的新理念，又立足本土，尝试解决中国基础教育领域的新问题。2001年国家开始在全国38个县区进行义务教育阶段课程改革国家级实验，分层推进，滚动发展。到2005年，全国普遍推行新课程改革。2004年普通高中课程改革也全面启动。2017年教育部颁布普通高中课程方案及语文等学科课程标准；2022年，教育部又颁布了义务教育课程标准和各学科课程标准，标志着中国基础教育课程改革在理论设计层面基本完成，接下来的主要任务是落实新方案与新课标的课程实施，即主要发动学校层面的教学改革。

对20余年课程改革做一次深度反思，必须探讨教育领域的学术研究为课程改革做了什么。学术研究从背景来讲，为基础教育课程改革奠定了基础；从过程来讲，为基础教育课程改革提供了专业支持；从发挥的作用来讲，为课程改革加油助威；从理论的角度来讲，为课程改革提供了理论依据，在课程改革过程中发现新的问题，不断总结经验，在课程改革经历一个过程之后，还要深度反思，提供新的思路与方法。

从国际背景看，进入21世纪以来，学术界对国际政治、经济、科技、文化、教育等领域的改革动态及学术研究有全面深入的引进介绍。随着科学技术迅猛发展，知识经济加速到来，国际竞争日益激烈，呼唤高质量的基础教育，各国都将基础教育课程改革作为新世纪教育改革的突破口。从国内背景看,中国教育领域日益兴起的"应试教育"之风与"素质教育"之本渐行渐远,一方面大家提倡"素质教育",但基础教育领域的"应试教育"之风却愈演愈烈,严重影响了中国基础教育的质量。

与此同时,教育领域的学术研究开始转型,在批判"应试教育"的同时,倡导"素质教育",学术研究从传统走向现代,从苏联模式走向国际化,并提出了中国式现代化的发展道路。课程研究从官方垄断走向学术界,教学研究从教师、教法走向学生主体。学术批判可谓"风满楼",单从 CNKI 检索自 20 世纪 90 年代的学术论文,题目中出现"应试教育"的论文共计 588 篇;题目中出现"素质教育"的论文共计 27619 篇;题目中同时出现"应试教育"与"素质教育"的论文共计 151 篇。学术领域的专家学者,如顾明远、叶澜、柳斌等均有论文涉及素质教育及课程改革问题。20 世纪 90 年代发表的论文题目中出现"美国课程改革"的论文有 153 篇;题目中出现"英国课程改革"的论文有 52 篇;题目中出现"日本课程改革"的论文有 41 篇,宏观介绍西方国家课程改革的论文 15 篇。反思中国基础教育,引进介绍发达国家基础教育的经验,成为学术研究的热点,学术批判"风满楼"带来的结果是课程改革之"雨欲来"。

课程改革之"雨欲来",国家重视课程改革,并颁发文件和发表讲话。1998 年,教育部柳斌副部长主持召开全国素质教育大会。1999 年,李岚清副总理调阅中小学教材并发表重要讲话,有针对性地指出了中小学教材中普遍存在的"繁难偏旧"现象。2001 年 6 月,国务院召开改革开放以来的第一次全国基础教育工作会议,朱镕基总理在会上发表了题为《努力开创基础教育改革和发展的新局面》的讲话,李岚清副总理在会议上作了题为《深化基础教育改革加快素质教育步伐为现代化建设提供人才储备和智力支持》的讲话。《中共中央国务院关于深化教育改革全面推进素质教育的决定》(1999)和《国务院关于基础教育改革和发展的决定》(2001)两个纲领性文件的颁布标志着课程改革从"学术理念"正式成为国家策略。从 20 世纪 80 年代批判"应试教育"宣扬"素质教育",到介绍、翻译、引进西方的教育新理念,都直接为这些文件的出台奠定了基础，然后通过国务院正式颁布。所以说，没有前面对素质教育的倡导，没有对基础教育新理念的追寻，就难以形成如此规模浩大的课程改革运动。可见，学术理念是通过学术力量影响到政府的决策的，这是一个成熟的现代化国家改革的最基本的步骤。

第二节 教育领域的学术研究与课程改革的实施

课程改革由政府发动，由教育行政部门领导，由基础教育各学校参与。课程不是一件自下而上就能十分顺利完成的工作，其间会遇到各种各样的问题，有了理论研究者的专业引领与支持，方能保证课程改革的顺利进行。这次课程改革中充分重视理论工作者的作用，调动了他们参与课程改革的积极性，使他们在课程改革中发挥了专业引领和支持作用；与此同时，带动中小学校本教学研究的开展，培养了中小学教师的教学研究能力，使广大中小学教师成为研究者，为进一步深化课程改革创造了条件。

一 各级各类专家积极参与课程改革

第一，教育专家的调查研究与课程改革的顶层设计。受教育部委托，来自全国不同大学的专家学者对中国基础教育现状与问题进行了调查研究，与此同时，考察了国际上尤其是发达国家的基础教育改革现状，进而设计了中国基础教育课程改革的纲领性文件——《基础教育课程改革纲要》，全面论证了国家基础教育课程改革的目标、内容、方法、步骤等问题，成为课程改革的纲领性文件和指导手册。这里的顶层设计就是我们通常提到的理念，主要体现在国家基础教育课程改革纲要中，纲要是课程改革最根本的方面。第二，教育专家的专业贡献与课程标准与教材的革新。来自全国各高校的教育专家、科学家、课程与教学专家、学科专家等共同参与了基础教育课程改革的课程标准制定与各科教材的编写工作，为这次课程改革贡献了文本智慧，从而改变了教材

第八章 课程改革：从"学术理念"到"治国策略"

"繁难偏旧"的基本面貌，将现代教育的主要理念与方法反映到了新制定的课程标准之中，将现代的科学技术与社会文化成果反映到了新编教材之中，完成了教材的全面革新。第三，教育专家的学术研究与课堂教学的专业支持。课程改革之初，教育部在全国十三所师范大学成立了基础教育课程改革研究中心，调动大学中专业人员积极参与新课程改革，不仅为新课程改革提供理论支持，而且参与课程改革过程，研究新课程改革中遇到的问题并提供专业支持。教育部还组织成立了国家基础教育课程改革专业支持委员会，调动课程与教学论领域的专家投身到基础教育课程改革国家实验区第一线，从事课堂教学的专业支持工作，及时发现新课程改革中存在的问题，及时反映新课程改革中的新情况，及时总结课程改革中的新经验，使课程实施立足于专业支持，使课堂的变化深入而持久，保证了课程实施的有效性。第四，动员各级各类专家投身教师培训工作。新课程改革的核心因素在于教师的变革，教师的变革始于对教师的培训，并以培训启动教师成为能动者而主动开展课程改革。本次课程改革一开始就十分重视对教师的培训工作，并在这方面投入了大量的资金和人力。国家级、省级、地级、区级培训，分期分批，各有侧重；培训者的培训、管理者的培训、骨干教师培训、学科培训等分门别类，独出心裁；送培进疆、送培进藏、培训援助、联合培训、立体培训等形式多样，标新立异。在所有这些培训之中，教育领域的专家学者或做报告或进课堂或共同研究或现场考察，均发挥了不可替代的作用，为课程改革提供了专业引领。第五，鼓励大学与中小学合作，形成伙伴。新的教研方式发生变革之后，大学与中小学伙伴协作关系日渐密切。大学教授带领研究团队深入中小学开展课堂教学研究，为课堂教学改革提供理论依据和现场指导；中小学组织研究与学习团队，深入大学参加研究培训，为专业发展奠定良好基础；在集体备课、公开教学、听课评课活动中，大学教师与中小学教师发挥各自优势，共同为基础教育课程改革出谋划策。

二 学术研究澄清理论问题

课程改革过程中，争论是难免的。主流学术研究应该引导理论工作者正确认识改革中出现的问题，澄清理论中的困惑与问题。在十年的课程改革中，理论工作者先后澄清了五大理论问题。

第一，课程目标之争。目标是靶子，失去目标意味着子弹不知向何处飞。课程改革的目标一改传统的"双基"而提出了"三维"目标，使长期重视知识的课程目标大厦顿时发生倾斜，理论界关于"知识本位"与"学生本位"的问题展开了争论。新课程改革就是要改变过去只重知识而轻视学生发展的状况，是要改变"知识观"与"学生观"的时候了。在此背景下，王策三先生在《北京大学教育评论》发表《认真对待"轻视知识"的教育思潮》（2004年），认为当前新课程改革有一股轻视知识的思潮，要认真对待和克服。接着，钟启泉教授在《全球教育展望》、《教育发展研究》等杂志才开辟专栏，开始做出理性的回应，发表了一系列的论文，如《发霉的奶酪——〈认真对待"轻视知识"的教育思潮〉读后感》《概念重建与中国课程创新——与〈认真对待轻视知识的倾向〉作者商榷》《我们需要什么样的课程改革》等。这场学术讨论确实为新课程改革重建了新的知识观、学习观和课堂文化观起到了理论指导作用，新课程改革的理念从此更加深入人心。同时，在新课程改革的过程中，我们同样不应忘记对传统教育中优秀的内容与方法的传承与发扬。

第二，"有效教学"之争。传统的教学十分重视教师及其作用，所以有效教学重点是指教师教得有效，其中的逻辑是教师教的效果好，学生当然学得好，最终还是学生是否学得有效。长此以往，教师培训或教师的专业成长就强调教师的教，并在教学方法上大做文章，其结果是教师确实教得很辛苦，但学生学得并不好，常常是事倍功半。新课程改革过程中，理论界批判了几种有关有效教学的错误观点，如认为教师教得好就是有效教学的观点、认为学生考试成绩好就是有效教学的观点、单位时间完成的教学任务多就是有效教学的观点等。在此基础上提出了有效教学的基本观点，即学生有没有发展是衡量有效教学的唯一指标。新课程改革就从学生的学习方式入手，尝试自主学习、合作学习、探索学习、实践中学习等新型学习方式。事实上，教师的教与学生的学之间并不是对立的或非此即彼的选择，最初实践领域对于二者关系的对立或多或少是出于对理论观点的误解，这就需要教育领域的学术界，深入研究有效教学的问题，包括有效教学的界定、有效教学的指标、有效教学的评价、有效教学的方法、有效果教学的策略与模式等。经过20余年的研究，达成了对于有效教学的理论共识：有效教学中教是手段、学是目的，"有效的学"需要"有效的教"来促进，有效教学是"有效的教"与"有效的学"的辩证结合。有效教学的最终目标还在于学生的学，学生对学习的体会是衡量有效教学的标准，因此实践中要大力推进合作探究学习，让学生参与学习，重视学生的体验，这些都符合学生心理发展规律，课程改革初期的争论与困惑，经过十年的课程改革实践与理论探索，如今已经鲜有人怀疑新型学习方式的有效性了。

第三，回归"生活世界"之争。在新课程改革中争论最多的是：教学能否回归生活世界？生活世界是丰富多彩的，在课堂教学当中是专业世界，专业世界是一个单调的世界，专业世界要回归生活世界，如何让单调的课堂世界变得像生活一样能够丰富多彩？可以让学生说话，让学生相互交流，让学生表达，让学生走动，解放学生的双耳双脚双腿，最后还要解放学生大脑，让学生体会到学习的乐趣，等等；这些都是新课程改革的理念。但是，课堂教学是一个专业行为，它与日常生活世界是不同的两个世界，如果让课堂教学回归生活世界，岂不是学生在课堂上和在课外没什么区别了，那还要什么课堂？因此，理论界在课堂教学方式的变革上产生了分歧：一种认为，课堂就是专业的世界，应该规范和严格要求，使学生受到专业的训练，然后才有下课之后，放学之后的回归生活世界，这是两个世界，学生就是来回于这两个世界，也就是第一课堂与第二课堂的关系，这是教学论领域的老问题了，不是什么新鲜的理论。另一种认为，生活世界理论是现代哲学的新理念，人的本质只有在生活世界中得以体现，专业世界是工具理性的世界，生活世界是交往理性的世界。课堂作为学生成长与发展的主要场所，不应将生活世界与专业世界截然分开，而应达于有机统一，即教学即生活。倡导教学回归生活世界的作者及其作品主要有：郭元祥的《生活与教育——回归生活世界的基础教育论纲》《"回归生活世界"的教学意蕴》，迟艳杰的《教学意味着"生活"》，蔡宝来的《回归生活的教学论：重心位移和主题预设》，等等。同样，教学回归生活世界的观点遭到了不少国内学者的批判和质疑，反对者及其作品主要包括：熊川武、江玲的《论教学世界与生活世界的基本差异》，江玲的《论教学世界向生活世界回归的风险》，郭华的《评教学"回归生活世界"》，蒋建华的《警惕"怎么都行"的教育观》，等等。在他们看来，"教学回归生活世界"混淆了教学世界和生活世界、教学与日常生活的差异，因而不可避免地带来了一些理论难题和实践困惑，难以解决教学实践中出现的问题。也有研究者对此领域的争论进行了梳理，认为"教学回归生活世界"问题的研究大致经历了萌芽、发展、争鸣与深化四个阶段。研究问题主要涉及"教学回归生活世界"的内涵和基本特征、教学为何要回归生活世界、教学怎样回归生活世界、教学回归生活世界的教学论意义、教学回归生活世界的批判与辩护等方面。基于理论的研究，实践界逐渐改变了过去较为单调刻板的课堂教学专业之风气，吸纳了较为轻松愉快的合作探究学习之形式，使课堂生活得以灵活多样，使学生在课堂中的发展与现实结合、与学生实际结合、与社会需要结合，终于有机地将学生的日常生活世界与专业学习生活世界结合起来，形成了以专业学习为主，以日常生活为基，以社会生活为辅的课堂生活模式，有效地改变了课堂生活的形式与内容。

第四，理论基础之争。新课程改革一开始，理论界就十分重视对此次课程改革的理论基础研究。形成了四种主要观点：第一种观点认为，课程改革的基础是建构主义与多元智能理论。建构主义理论主要从建构主义出发改变了这次课程改革的知识观、课程观、教学观、学生观、评价观。多元智能理论影响了学生的评价和发展，在学术争论上为课程改革提供了理论依据。第二种观点认为，课程改革的基础应该是马克思主义的认识论和人的全面发展学说，其他新型的理论都需要通过马克思主义理论的检验与发展，最终成为马克思主义的有机组成部分。第三种观点认为，新课程改革的理论基础是以马克思主义理论为指导的后现代主义、实用主义、建构主义等。第四种观点认为，新课程改革的理论基础是多元的，不要纠缠于理论的"出生地"，能为新课程提供理论支持的理论，都可以作为其理论基础。正是由于理论界的争论，大家看到了新课程改革中坚持马克思主义哲学论的重要性，让大家懂得了西方现代哲学理论同样能为新课程改革提供有力的支持，让大家理解了不同理论基础之间的逻辑关系。如果从指导思想来讲，马克思主义的理论无疑是指导新课程改革的主要理论，在此基础上，吸收西方哲学中积极有效的理论作为具体的理论指导，对于新课程改革有十分重要的意义，不同的领域可以有不同的理论作为其基础。

第五，"新鞋旧路"之争。如果把课程喻为"鞋"，那么，教学就是"路"。从新课程改革一起步，就存在着新鞋与旧路之间的不适应。课程改革要改的就是"穿旧鞋走旧路"的模式，旧鞋穿不得了，旧路走不得了，最理想的模式当然是"穿新鞋走新路"，可现实中常常会出现"穿新鞋走旧路"的问题。要从"穿新鞋走旧路"转向"穿新鞋走新路"需要分两步走，这两步都需要理论工作者来参与完成。第一步是让教师穿上新鞋，即教师培训，第一步相对第二步好走多了，也容易走多了。教师培训之后就是课堂教学变革了，这一步最难了，需要教师的坚守，需要教师的理想，需要教师的智慧与创造。理论工作者不仅在理论方面要引领教师开展课堂教学改革，还要积极参与课堂教学研究与变革，帮助教师解决课堂教学中的实际问题。所以，课程改革十年中，课程与教学领域的专家学者不仅积极参与了课标与教材的编写与修改，而且更多的理论工作者长期深入中小学课堂开展专业支持活动，引导广大教师穿新鞋走新路，并从理论上对那些坚守应试教育、固执地走在旧路上的理论进行了批判，对走在这条路上的老师进行引导，使更多的教师理解新课程、支持新课程、实施新课程、投身新课程。

三 专业支持保证课程改革顺利实施

课程改革不是教育部门单独完成的，需要全社会的普遍参与。政府部门要发动，新闻媒体要大力宣传课程改革，家长通过学校了解并支持课程改革，其中最为重要的是中小学老师。因此课程改革最重要的是教师培训，做好教师培训才能保证课程改革的顺利进行。

学术研究者在此次课程改革过程中积极参与了形式多样的教师培训，主要包括各级各类骨干教师培训、送培进疆与送培进藏、培训者的培训，许多大学尤其是师范大学成立了专门的教师培训学院与教师培训专业。学术研究者还积极参与课堂教学改革，教育部组织的专业支持队伍、各个大学的课程中心研究队伍、校本教学研究三支队伍对课堂教学进行专业支持。这三支研究队伍主要针对课堂的问题进行研究，学术研究者通过专业引领带动教师研究。前十年课程改革从学术领域着手，而未来十年学术研究中小学老师将成为课程理论的研究者。学术研究者要引领校本教学研究，学术报告、合作研究、开展课题、课堂研究、叙事研究、行动研究等。这些研究的专业支持能够保证课堂教学的顺利进行，如果课程改革的成分主要是在标准和教材的话，那么课程实施的核心环节就是在教学，因此教学工作是一个复杂而漫长的过程，课程改革一旦进入课堂，就变得异常艰难。要从一点一滴开始，从教师的习惯观念变革开始的，从学生的学习方式变化开始的，这个过程需要课程与教学专业的支持。

第三节 教育领域的学术研究与课程改革反思

因为理论研究关注了课程改革，使得基础教育课程改革问题成为理论研究的热点，理论的研究又为课程改革注入了生机，许多新理念新方法不断产生，并在实践中取得了很好的效果。课程改革不仅是课程与教学论专业领域研究的热点，更是整个教育学研究的热点。无论是课程改革项目申报、著作出版，还是论文发表、成果获奖等，都成为大学与中小学科学研究的热点问题。在课程改革过程中产生并形成的课程理论与教学理论，正逐渐成为中小学教师培训的教材或参考资料，更是理论工作者与实践工作者专业发展的重要内容。随着课程改革经验总结与成果推广，形成了国内著名的一些模式，相关理论研究对此起到了普及的作用。学术研究还及时地纠正了课程改革过程中出现的问题，起到了保驾护航的作用，虽然"上有政策，下有对策"，但学术研究能及时发现并指出问题，无论是宏观上的设计，还是微观上的教学，都能及时拨乱反正。

第八章 课程改革：从"学术理念"到"治国策略"

课程改革进行了 20 余年，展望未来，课程改革还要不断推进。

未来十年我们课程改革应该怎么做？2023 年 5 月教育部颁布了《深化基础教育课程与教学改革行动方案》，提出了"五大行动"方案，即，课程方案转化落地规划行动、教学方式变革行动、科学素养提升行动、教学评价牵引行动、专业支撑与数字赋能行动，并明确规定了"五大行动"的具体时间路线图。"五大行动"是将国家课程设计付诸实践的保证，是深化基础教育课程与教学改革的具体抓手，是贯彻落实党的教育方针的有效举措。在深化基础教育课程与教学改革的过程中，怎样对待这 20 年的课程与教学改革历程？作为学术研究，作为理论研究者，需要进行深度反思，这也是对课程改革的贡献。理论研究者对学术研究的贡献有三个方面：第一个方面，制造舆论，舆论推动了课程改革，为课程改革奠定了基础；第二个方面，在课程改革过程中，他们积极参与并进行了专业支持；第三个方面，当课程改革告一段落的时候，他们能及时发现课程改革当中存在的问题，并尖锐地指出这些问题。学者和知识分子冷静自知，用理论的智慧眼光审视基础教育改革中的不足并不断优化课程改革行动。

对课程改革的深度反思应该包括过程反思与结果反思。过程反思的内容主要有：课程改革的目标确定是否准确恰当？课程改革的内容是否有新的突破？课程改革实施过程中的课堂教学有何创新？课程评价是否真正注重了过程性评价，推动了中考与高考的改革？课程改革做了什么？结果反思的主题是：课程改革取得了哪些成绩，出现了哪些问题？课程改革有问题是正常的，没有问题才是不正常的。问题的关键是我们如何对待这些问题，尤其是理论界，要深入地研究这些问题产生的原因和处理的对策。教育行政部门更应从政策制定的科学性角度重视这些问题，要听得进不同的意见和建议，并从中汲取宝贵的经验。从学术界当前的现有研究来看，此次课程改革存在的问题主要有以下几个方面：第一，课程改革是一次以后现代理论为主的实验，而后现代理论是超越现代理论的，有明显的超前性，以这样的理论指导我们的课程改革是否过于超前？这是需要反思的。第二，课程改革借鉴国外较多，因此立足本土，进行本土化的探索应该成为后十年的主要任务。第三，课程改革强化的重点是学生以及学生的学习,通过课程改革,学生的积极性得到充分调动,但是如何使教师在学生积极性调动的基础上发挥学生主导作用,这是课堂教学中需要解决的重点。第四,评价多元化、综合化发展,推进"教—学—评"一体化实施,并纳入中考和高考改革之中。

以理论作用于课程改革的推进,其中学术群体的作用是非常重要的,理论研究工作者把理论作用于课程改革主要有三个方面:理论研究关注课程改革、结合实践推进课程改革、参与行动支持课程改革。未来十年能够为教育学术领域作出最大贡献的,不是来自大学的学术界,而是来自中小学实践领域的工作者,这些理论工作者同时又是实践者,这种专业支持其实就是对自我的支持,也是一种校本的支持。所以,通过教育领域的学术研究,在课程改革之前的理论引导、课程改革过程中的专业支持以及课程领域十年之后的深度反思这三个方面,为课程改革提供了理论支持,并提高了实践工作者的理论素养,为新一轮基础教育课程改革打下了更加坚实的理论基础。

第九章

中国基础教育课程设计的理论逻辑

进入新发展阶段，中国发展内外环境发生深刻变化，面临许多新的重大问题，教育领域亦是如此。面对教育信息化与国际化浪潮，以及新冠疫情叠加对教育观念与方法的冲击，深化教育领域的改革势在必行。2017年12月，教育部印发《普通高中课程方案和语文等学科课程标准》（2017年版，2020年修订），2022年4月，教育部发布了《义务教育课程方案》和16门课程标准（以下简称新方案和新课标），标志着中国基础教育课程改革进入新发展阶段。这既是对中国基础教育课程改革20年的经验总结，又是对未来课程改革的整体设计。那么，新方案和新课标作为文本层面的课程设计，遵循了什么样的理论逻辑？在这一理论指导下又如何形成了中国特色的基础教育课程设计模式？中国基础教育课程设计基本体系是什么？对这些问题的深刻认识和把握，对于有效实施新课程和进一步深化基础教育课程改革均具有十分重要的现实意义。

第一节 中国基础教育课程设计的理论逻辑演进

21世纪以来，中国政府启动了自上而下的第八轮基础教育课程改革。国家层面的课程改革，需要对课程目标、内容、组织、呈现方式及新的教学方式进行整体设计。中国基础教育的课程设计分义务教育和普通高中两个阶段，课程设计内容主要包括教育方针、课程方案、课程标准、教材体系等，其中核心内容是课程方案与课程标准，教育方针是依据，教材体系是表现形式。课程设计是课程改革的理论准备和文本形成阶段，是一个复杂的过程。课程设计的复杂性，不仅是课程设计和审议工作本身的复杂性使然，而且受课程设计模式多样化的影响，还要对不确定的课程实施问题进行规范与引导。政府官员、教育管理者、课程专家、学科专家、教学人员、研究人员等不同的主体参与课程方案的设计与标准的研制，甚至学生家长、社区成员及学生都可以直接参与其中。课程设计不再是专业人员参与和拥有的"秘密花园"，而是一个公认的有计划的审议过程。[1] 有学者指出："在中国基础教育新课程设计中，第一次有意识、大规模地尝试使用了课程审议这一研究方式。"[2] 从课程设计的主体来讲，不同的课程设计者，他们的价值观、学科背景、理论主张、课程设计理论与方法等各不相同，审议是不同主体在协商中"去异求同"的过程。从课程设计的客体来讲，涉及学科知识、社会需要、学生发展等多种模式的兼容，不仅需要综合的思维，而且需要辩证的方法。与此同时，课程设计还要充分考虑课程实施阶段的问题，对课堂教学、教师培训、教学研究、课程评价等问题进行专门设计。那么，在如此复杂的课程设计过程中，必须有一个理论作为指导，使课程设计既与国家的教育方针相一致，又在不同的参与主体之间达成共识，同时确保教学实践的有效性，这一理论就是马克思主义关于人的全面发展学说。人的全面发展学说作为马克思主义在教育领域的科学理论，对中国基础教育课程改革具有决定性的指导作用。以马克思主义人的全面发展学说为指导，立足中国教育的实际问题并结合中华优秀文化传统，始终坚持以中国传统、中国实践、中国问题作为中国基础教育课程改革的出发点和落脚点，始终落实立德树人根本任务，始终解决"培养什么人、

---

[1] ［瑞典］T.胡森、［德］T.N波斯尔斯韦特，总主编：《教育百科全书（课程）》，丛立新、赵静译审，西南师范大学出版社2011年版，第63页。
[2] 吕立杰、马云鹏：《基础教育新课程设计中的课程审议——一种实践理性的研究方式》，《教育研究》2005年第2期。

怎样培养人、为谁培养人"的根本问题,这便是中国基础教育课程设计的理论逻辑,可以概括为以"根本任务"与"根本问题"为理论基础而建构中国特色的课程设计模式与体系。

中国基础教育课程改革的理论逻辑是马克思主义人的全面发展学说与中国教育的实际和中国的传统文化相结合的产物。马克思主义人的全面发展学说在解决中国基础教育实际问题的过程中,形成了"素质教育""立德树人""培养什么人、怎样培养人、为谁培养人""中国学生核心素养"等中国特色的教育范畴。20世纪90年代,针对中国基础教育领域的应试教育倾向,理论界开始提出素质教育的概念。面对世纪之交国际教育改革的潮流和中国教育实践中存在的应试教育问题,1999年,中共中央、国务院颁布了《关于深化教育改革,全面推进素质教育的决定》,2001年,国务院颁布了《关于基础教育改革与发展的决定》,为贯彻这两个文件精神,教育部印发《基础教育课程改革纲要(试行)》,大力推进基础教育课程改革,调整和改革基础教育的课程体系、结构、内容,构建符合素质教育要求的新的基础教育课程体系,理念建议的课程设计开始进入国家正式规划。义务教育阶段,从2001年教育部颁布《义务教育课程设置实验方案》和2011年颁布的各学科课程标准,到2022年教育部颁布《义务教育课程方案》和16门课程标准,完成了课程方案从实验到正式使用的转型以及课程标准的设计。从2003年教育部颁布《普通高中课程方案(实验)和语文等15个学科课程标准(实验)》,到2017年教育部印发《普通高中课程方案和语文等学科课程标准》(2017年版,2020年修订),完成了普通高中实验方案向正式方案的转型,形成了规范的课程标准。经过20年的改革与探索,一方面以方案和标准指导基础教育课程实施,另一方面通过总结课程实践经验进一步完善方案和课程标准,进而使中国基础教育的课程体系更加合理,中小学教学方式得到了有效的改善,中小学生的综合素质整体得到提升,可以说,20年的课程改革为基础教育的质量提高做出了积极贡献。当然,中国基础教育领域还存在着一些比较突出的问题,与新时代的社会基本矛盾不相适应,尤其是普通高中育人方式还存在较大的问题，应试教育的问题没有从根本上得到解决，学生发展的核心素养没有很好地贯彻落实。面对新时代的挑战，基础教育要完成从"有学上"到"上好学"的需求转变，必须进一步明确"培养什么人、怎样培养人、为谁培养人"的根本问题。

马克思主义人的全面发展学说与中国传统文化相结合，使新时代立德树人的根本任务有了新内涵与新发展，进而形成新时代基础教育课程改革立德树人的理论基础。中国传统教育在培养人方面十分注重立德树人，并把德才、德艺、德行等有机地统一起来。"国子之教即六艺之教，拉开了中国古代教育史的精彩序幕。以六艺为教学内容，以六艺为课程体系，以精熟六艺为培养目标。六艺既为课程之总称，也为学科之要览，中国古代学科分类、课程分类的体系性结构雏形初现。"[1] 六艺之课程设置，目的在于培养具有道德、智慧、技能的"士大夫"。由此始，从"六艺"到"六经"，再到"四书""五经"，中国古代教育家将培养什么人的问题系统表述在儒家教育的"三纲领""八条目"中，即《礼记·大学》中提出的"大学之道，在明明德、在亲民、在止于至善"，"古之欲明明德于天下者，先治其国；欲治其国者，先齐其家；欲齐其家者，先修其身；欲修其身者，先正其心；欲正其心者，先诚其意；欲诚其意者，先致其知；致知在格物。物格而后知至，知至而后意诚，意诚而后心正，心正而后身修，身修而后家齐，家齐而后国治，国治而后天下平"。这一教育目的把教育的对象从个体成人扩大到社会有用之才的培养，其根基在个体成人，其目的在为国家和社会培养人才。孔子的"仁者爱人"，孟子的"大丈夫"，张载的"横渠四句"，朱熹的"道问学"、陆九渊的"尊德性"、王阳明的"致良知"等，都是对培养什么人的具体表述。特别一提的是宋代，针对汉代学者对儒家思想的传承问题而展开了激烈的辩论，使"培养什么人"的问题成为中国教育史上一个核心的命题，集中体现在朱熹和陆九渊的"鹅湖之会"，在"尊德性"还是"道问学"的问题上谁也说服不了谁，最终成为中

---

[1] 王秀臣：《六艺之变与中国古典学术的生成》，《中国社会科学》2022年第4期。

第九章 中国基础教育课程设计的理论逻辑

国教育史上的一桩公案。[①] 无独有偶，18世纪的西方教育史上也曾经出现"形式主义教育"与"实质主义教育"之争，"它们的争论在实质上正是反映了知识与能力的问题在教育理论和实践中的重要意义"[②]。东西方的两大争论，实质在于在教育培养什么样的人的问题上产生了分歧，是发展德性还是掌握知识？抑或发展能力？中国传统文化与教育以一种综合的思维与天人合一的思想，将人的发展作为一个整体，强调"立德"与"树人"并重，并辩证地理解二者之间的关系，把"立德"作为教育的根本任务的同时，不能轻视"树人"的内在价值，最后培养德才、德艺、德能兼备的有用人才。马克思主义扎根中国的百余年来，中国教育培养人的问题就越来越明确了，体现在中国的教育方针之中。中国的教育方针以马克思主义人的全面发展学说为理论基础，继承中国传统文化中关于"立德"与"树人"关系的思想，形成了教育的根本任务与根本问题的思想体系。这一宏大的教育任务，落实在基础教育阶段的课程体系之中，形成了此次新方案和新标准的"有理想、有本领、有担当"的时代新人形象。

马克思主义人的全面发展学说在与中国的教育实际和中国的传统文化相结合的过程中，形成了中国的教育方针，在新时代形成了中国教育的"根本问题"与"根本任务"，并以此为基础构建中国特色的课程设计模式与课程设计体系，形成了中国基础教育课程设计的理论逻辑。解决教育的"根本问题"与落实教育的"根本任务"，在基础教育领域通过课程改革的不断演进来实现的，从时间上来说，始于自21世纪初启动的基础教育课程改革，到2022年的新方案与新课标的颁布，再到未来十年、二十年的持续改革，将中国的教育方针具体落实到中小学生的核心素养之中。从课程层级来说，这一理论逻辑经由国家课程的总体设计，到学校的课程实施，再到师生体验生成的课堂教学，将课程设计与课程实施有机统一起来，完成时代新人的培养任务。

[①] 余英时：《宋明理学与政治文化》，广西师范大学出版社2006年版，第78页。
[②] 瞿葆奎、施良方：《"形式教育"与"实质教育"》（下），《华东师范大学学报》（教育科学版）1988年第2期。

第二节 中国基础教育课程的设计模式

"课程设计"（Curriculum Planning）是课程所采用的一种特定的组织方式，它主要涉及课程的目标确定以及课程内容的选择与组织。[1] 课程设计与课程编制是两个不同的概念，课程设计的重点工作主要在课程目标的确定，课程内容的选择与组织，因此，课程设计工作主要是课程文本的形成，即课程方案、课程标准的研制以及教材的编写。课程设计模式（Models）是课程设计或课程研制过程中通过遵循一定的价值取向而形成的公认的课程设计的基本操作程序。"如何设计课程的重要问题是由三个不同的问题组成的：程序上的问题、描述上的问题和概念上的问题。"[2] 课程设计是一项复杂的任务，设计中国基础教育的课程体系则更为复杂，需要科学理论的指导，需要多元主体的参与，需要综合不同的价值取向，需要形成"以中国为关照、以时代为关照"的课程设计模式。

在课程理论发展的历史上，存在着以学科为中心、学习者为中心、问题为中心的课程设计取向。每一种课程设计都有相关的历史和哲学基础，每一种设计都有拥护者，每一种设计在执行时都赋予了学校某种特征。[3] 学科中心的课程设计是使用最广泛的课程设计，它强调知识与学科的关系，并把学科知识看作是课程的主要内容，学校使用的教材便是这一理念的体现。学科中心的课程设计受要素主义、永恒主义、进步主义、社会实在论等哲学理论的影响，在不同的时代有不同的表现形式，先后形成了科目设计、学术性学科设计、大领域设计、关联设计和过程设计等类型，代表人物有拉尔夫·泰勒、塔巴、施瓦布、麦克·扬等。

---

[1] 施良方：《课程理论——课程的基础、原理与问题》，教育科学出版社1996年版，第75页。

[2] ［瑞典］T.胡森、［德］T.N 波斯尔斯韦特，总主编：《教育百科全书（课程）》，丛立新、赵静译审，西南师范大学出版社2011年版，第52页。

[3] ［美］艾伦C.奥恩斯坦、费朗西斯、P.汉金斯著：《课程·基础·原理和问题（第三版）》柯森主译，凤凰出版传媒集团、江苏教育出版社2002年版，第283页。

学习者中心的课程设计针对知识与儿童的关系，强调所有的课程设计必须对儿童有价值，受进步主义、社会改造主义、存在主义等哲学理论的影响，先后形成了儿童中心设计课程、经验中心设计课程、人本主义设计课程等，代表人物有杜威、弗莱雷、马斯洛、罗杰斯等。问题中心的课程设计把焦点集中在生活的问题上，把个人生活问题与社会生活问题作为课程设计的重点内容，受改造主义和进步主义的哲学理论影响，先后形成了生活情境设计、社会问题设计等类型，代表人物有斯宾塞、阿普尔、弗莱雷等。课程设计的不同取向反映了课程设计中最为重要的三个因素及其相互关系，即源于泰勒原理中课程目标来源的三个主要方面：学科知识、社会问题、学生需要与兴趣。自泰勒原理起，在课程设计取向这一问题上就一直存在争论，在课程设计上出现了"钟摆现象"，出现了各领风骚数十年的局面。如何对待课程设计中的三个关键影响因素，选择单一的因素设计课程的做法显然是片面的。问题是如何辩证地将三者有机地统一起来呢？三种课程设计取向存在明显的悖论，而中国哲学自来有悖论思维的传统，对于很多悖论关系，可以在悖论式的话语争论中得以深化。[①] 这就需要在课程设计过程中以辩证的、综合的思维与方法统整为价值取向，既不能在课程设计中轻视知识与技能，又不能在课程设计中见不到学生，还不能忽视时代问题。中国基础教育课程设计从"双基"到"三维目标"再到"中国学生发展核心素养"的目标定位，就很好地说明了理论逻辑的价值。中国基础教育课程设计历来重视基础知识和基本技能，这是对学科知识设计课程的肯定，学校课程作为传承人类优秀文化和发展学生素质的主要手段，继承间接知识是最重要的任务，但是人类知识的形成与发展过程的规律又要求学生能够体验知识生长的过程与方法，形成正确的学习态度，这样在"双基"基础上形成了"三维目标"，仅有"三维目标"，还不能完整地落实五育融合的教育方针，还不能完整地培养学生全面发展的综合素质，在这样的背景下，"中国学生发展的核心素养"应运而生。新课程改革之初，中国基础教育的课程强调"双基"，知识的地位是首要的，当新课

[①] 胡伟希：《中国哲学的思维特性》，《中国社会科学文摘》2022年第4期。

程强调对学生的多种能力的培养时,在理论界就出现了"钟王之争",争论的焦点在于课程设计方案中知识与能力哪个更重要。回首这一争论,这是课程设计中经常会遇到的问题。新方案对课程标准制定和教材编写提出了新要求:"基于核心素养培养要求,明确课程内容选什么、选多少,注重与儿童经验、社会生活的关联,加强课程内容的内在关联,突出课程内容的结构化,探索主题、项目、任务等内容组织方式。"① 不仅将知识与能力统一于核心素养之中,而且将学生纳入课程。有专家指出:"课程标准修订在内容组织上的一个重要变化,是突出核心概念(不同学科有不同表述,如核心概念、大观念、大概念、大主题等)。进入课程的这些核心概念不能是静态孤立的,而必须是广泛联系的、动态的,必须伴随着学生的主动活动而不断进阶、扩展、深化。显然,这样的内容组织是有学生的活动空间的,学生必须进入课程。"② 事实上,这些跨学科的主题、项目、任务的内容组织,将学科知识结构化与综合化、学生的实验与实践、社会的问题与前沿等有机地统一起来,从根本上解决了课程史上三种设计取向的分歧问题。

解决了课程设计的取向问题之后,接下来要解决的是课程设计操作程序的问题,即课程设计过程中应该遵照什么样的步骤。这一问题的始作俑者是拉尔夫·泰勒,他在20世纪40年代提出了著名的泰勒原理,把学校课程设计的程序按照四个基本问题展开,并宣称这一原理是制订任何课程及教学计划时都必须回答的问题。③ 在泰勒原理的基础上,西方一些著名的学者开始对课程设计的步骤开展研究。塔巴(Taba)提出了课程设计的七个步骤,即教学诊断、使教学目标程式化、选择教学内容、组织教学内容、选择学习体验、组织学习体验、决定评价的对象与方法。④ 施

---

① 中华人民共和国教育部制定:《义务教育课程方案(2022年版)》,北京师范大学出版社2022年版,第11页。

② 郭华:《让学生进入课程——新版义务教育课程标准修订工作心得》,《全球教育展望》2022年第4期。

③ [美]拉尔夫·泰勒:《课程与教学的基本原理》罗康、张阅译,中国轻工业出版社2021年版,第1页。

④ Taba H., "*Curriculum Development: Theory and Practice*", New York: Harcourt and World, 1962, p.11.

瓦布在课程设计中提出了"审议"的概念，课程的开发与实施必须在审议中展开，他指出："审议是必须试着去明确哪些事实是同课程设计相关的，还必须试着在具体的例子中去确定有关的事实；审议必须尝试在一个案例中明确必须得到的东西；审议是必须找到有选择的解决方法；审议是必须尽一切努力找到通往结果的路的分支，这些分支可能从每一选择产生并影响最终结果；审议是必须衡量各种选择的最终代价和结果以及彼此之间的相互影响，是选择出最好的，而不是正确的，因为这里并没有正确和不正确的区分。"[①] 施瓦布的课程设计模式被称为实践模式，他认为课程设计就是课程审议，是课程设计专家在学习者、教师、内容、环境四个要素中选择最好的教育内容的过程，审议遵循的是一种实践逻辑，审议具有集体的和教育的特征。与上述将课程设计看作是一种纯技术产品观点不同的理论便是批判理论。批判理论在斯宾塞"什么知识最有价值"的问题基础之上继续追问：谁的知识？谁的知识最有价值？阿普尔、弗莱雷、麦克·扬等对课程的政治和意识形态问题，在课程设计方面批判课程作为纯技术产品的观点，提出课程是社会建构的观点，由此形成批判理论的课程设计模式。课程设计中什么样的知识是正统的？什么样的知识是不正统的？谁来确定正统的知识？课程设计是为谁的利益服务的？批判课程模式揭示了因社会意识形态、政治经济、种族、性别等差异而导致的教育权利、教育机会的差异，对于解决教育不公平的问题及教育的阶级性问题带来了新意。

综上所述，中国基础教育的课程设计以马克思主义辩证法与中国传统哲学中的综合思维为方法，统整课程设计的价值取向与课程设计的操作程序问题，将课程设计三个核心影响因素（知识、学生、社会）有机地融为一体，并明确提出通过课程审议的方式由国家层面整体设计基础教育课程体系，重审了课程的政治性与意识形态性，将课程与教材纳入国家事权，课程设计体现国家意志，进而聚焦中国学生发展核心素养，落实立德树人的根本任务，培养德智体美劳全面发展的社会主义建

[①] Schwab J., "*The Practical: A Language for Curriculum*", National Education Association, 1970, p. 36.

设者和接班人，形成了中国特色的课程设计模式。

第三节　中国基础教育的课程设计体系

中国基础教育课程设计遵循落实教育"根本任务"与解决教育"根本问题"的理论逻辑，围绕中国学生的核心素养问题，形成了中国特色的课程设计模式，从教育方针、课程方案与标准、统编教材、课程实施五个方面建立了一个层级落实的课程设计体系。

一　党的教育方针是中国基础教育课程设计的主要依据

培养什么人的问题是中国教育方针中的核心问题。1957年，毛泽东在《关于正确处理人民内部矛盾的问题》中首次明确提出中国的教育方针："我们的教育方针，应该使受教育者在德育、智育、体育几方面都得到发展，成为有社会主义觉悟的有文化的劳动者。"[1] 1980年，关于新时代党的教育方针，2019年3月18日，习近平总书记在学校思想政治理论课教师座谈会上强调："新时代贯彻党的教育方针，要坚持马克思主义指导地位，贯彻新时代中国特色社会主义思想，坚持社会主义办学方向，落实立德树人的根本任务，坚持教育为人民服务、为中国共产党治国理政服务、为巩固和发展中国特色社会主义制度服务、为改革开放和社会主义现代化建设服务，扎根中国大地办教育，同生产劳动和社会实践相结合，加快推进教育现代化、建设教育强国、办好人民满意的教育，努力培养担当民族复兴大任的时代新人，培养德智体美劳全面发展的社会主义建设者和接班人。"[2] 2021年，新修订的《中华人民共和国教育法》第五条指出："教育必须为社会主义现代化建设服务、为人民服务，必须与生产劳动和社会实践相结合，培养德智体美劳全面发展的社会主义建设者和接班人。"国家法律规范中的教育方针明确地

---

[1] 中共中央文献研究室编：《毛泽东文集》第七卷，人民出版社1999年版，第226页。
[2] 习近平：《习近平重要讲话单行本（2020年合订本）》，人民出版社2021年版，第281—282页。

规定了中国教育培养什么人、怎样培养人、为谁培养人的根本问题。在培养什么样的人的问题上，教育方针规定培养德智体美劳全面发展的社会主义建设者和接班人；在怎样培养人的问题上，教育方针规定教育必须与生产劳动和社会实践相结合；在为谁培养人的问题上，教育方针规定为社会主义现代化建设服务、为人民服务。而教育方针的落实主要依靠国家的课程方案与各学科课堂教学。因此，教育方针是中国特色社会主义课程设计体系的根本依据。

二 课程方案与课程标准是中国基础教育课程设计的核心内容

中国基础教育课程设计的核心内容是：依据党的教育方针设计基础教育课程方案与各学科课程标准。课程方案与学科课程标准分义务教育与普通高中两个阶段，二者在课程设计的理念与方法上是一致的，中国实行普及十二年义务教育政策之时，二者合二为一，形成一定整体设计的基础教育课程方案。

从义务教育的课程方案与课程标准来看，20年经历了从素质教育向核心素养的纵深发展。2001年教育部印发《义务教育课程设置实验方案》，该方案是21世纪义务教育课程改革的整体设计，旨在构建符合素质教育要求的新的基础教育课程体系。"义务教育阶段的课程设置应体现义务教育的基本性质，遵循学生身心发展规律，适应社会进步、经济发展和科学技术发展的要求，为学生的持续、全面发展奠定基础。"这一课程设计充分考虑了学生、社会、学科发展的需求，以素质教育为导向，整体设计九年义务教育课程，加强了课程的综合性与选择性。经过十年的实践探索，义务教育课程改革取得显著成效，各学科课程标准得到中小学教师的广泛认同。教育部于2011年正式发布了《义务教育语文等学科课程标准（2011年版）》，并于2012年秋季开始执行。2022年4月，教育部对义务教育课程方案与各学科课程标准在修订的基础上发布了新方案和新方案，并公布了语文等16个学科的课程标准，新方案和新标准坚持素养导向，体现育人为本，将党的教育方针具体细化为各学科课程应着力培养的核心素养，在课程设计上完善了培养目标，优化了课程结构与内容，研制了学业质量标准，细化了对课程实施的要求，从而使中国义务教育阶段的课程体系更加科学合理。

普通高中阶段的课程改革同样始于2001年，在国务院《关于基础教育改革与发展的决定》中明确提出，大力发展高中阶段教育，促进高中阶段教育协调发展。2003年教育部颁布了《普通高中课程方案（实验）和语文等15个学科课程标准（实验）》，并分别经教育部党组和课程标准专家审议会讨论通过。该方案对课程结构、课程内容、课程的实施与评价等问题进行了明确的规定，其亮点在于普通高中课程设计由学习领域、科目、模块三个层次构成。2020年，教育部颁布了《普通高中课程方案和语文等学科课程标准（2017年版2020年修订）》，普通高中新方案进一步明确了普通高中的地位和性质，进一步优化了课程设置。普通高中各学科新课标凝练了学科核心素养，更新了课程内容，研制了学业质量标准，增强了课标的指导性。"将普通高中课程方案和课程标准修订成既符合中国实际情况，又具有国际视野的纲领性教学文件，构建具有中国特色的普通高中课程体系。"[①]

三 教材体系是中国基础教育课程设计的具体体现

习近平总书记特别重视教材体系的建设问题，在谈到中国特色教材体系建设问题时，他明确指出："要抓好教材体系建设，形成适应中国特色社会主义发展要求、立足国际学术前沿、门类齐全的哲学社会科学教材体系。"[②] 教材体系建设的思想从根本上讲就是教材要体现国家意志，是国家事权。为此，国家教材委员会印发《全国大中小学教材建设规划（2019—2022年）》，教育部印发《中小学教材管理办法》，以此贯彻落实教材建设是国家事权的重要思想。中国基础教育教材建设有着良好的基础，新世纪以来，在打破"一纲一本"的教材建设模式的基础上，形成了"一纲多本"的新模式，一方面，对于义务教育阶段的道德与法治、语文、历史三科教材实行统一编写、统一审查；另一方

---

① 中华人民共和国教育部制定：《普通高中课程方案（2017年版2020年修订）》，人民教育出版社2020年版，第2页。

② 习近平：《在哲学社会科学工作座谈会上的讲话（2016年5月17日）》，人民出版社2016年版，第24页。

面，其他教材多是"一纲多本"，各地可以组织相关专家学者进行编写，使教材建设形成开放与竞争机制的同时，体现教材建设中的国家意志，从而把教材建设作为落实党的教育方针的具体体现。

义务教育课程方案明确指出，教材编写要落实核心素养的基本要求，基于核心素养精选素材，确保内容的思想性、科学性、适宜性与时代性。义务教育教材的编写体例上要有突破创新，确保科学与学科前沿的内容进入教材，并加强教材内容的内在联系，使教材内容结构化。在教材呈现方式方面，注重将教材内容与学生思想、生活实际紧密结合，通过故事、案例、活动、实践等方式创设情境，让教材内容形象生动，并充分利用信息技术优势，让教材从静态文字发展变化为图文声像并存的电子教材。普通高中课程方案通过课程标准规定了普通高中教材编写的基本原则，思想性、时代性、基础性、关联性、选择性。教材编写在充分体现中国特色的基础上，面向全体学生，依据学生发展的核心素养，注重学科内容选择、活动设计，增强学科内容与社会生活、科技发展和学科前沿的有机结合。"基础教育课程承载着党的教育方针和教育思想，规定了教育目标和教育内容，是国家意志在教育领域的直接体现，在立德树人中发挥着关键作用。"[1] 国家教材委员会的成立，标志着中国教材建设工作进入新的历史阶段，标志着教材体系建设成为国家事权，对于制定教材发展规划，组织重点教材的编写与审查，教师使用教材的培训，加强教材编写研究，跟踪监督教材使用效果及加强调查、研究，参与国家统编教材的编写组织和审查等工作等均有十分重要的作用。[2]

四 关注课程实施与评价是中国基础教育课程设计的重要特点

如果说课程设计是蓝图的话，课程实施则是施工，一般情况下，蓝图都要对施工进行说明。中国基础教育课程方案与各学科课程标准，是

---

[1] 中华人民共和国教育部制定：《普通高中课程方案（2017年版2020年修订）》，人民教育出版社2020年版，第1页。
[2] 靳晓燕：《教材是国家事权——对话国家教材委员会委员》，《光明日报》2017年第6期。

国家描绘的基础教育课程的蓝图，中小学课堂教学则是课程蓝图得以实现的主要途径。从课程概念来讲，课程设计属于文本与理论层面，课程实施与评价属于实践层面，二者共同构成了课程的内涵。

中国基础教育课程设计的一个特点是从理论层面关注课程实施的过程与方法，在义务教育课程方案与普通高中课程方案中对此均进行了专门的设计。义务教育课程方案对课程实施的规范要求包括：省级教育行政部门要科学规划三类课程（国家课程、地方课程和校本课程）的实施，中小学校要在"素养导向、综合学习、学科实践、因材施教"的理念下深化课堂教学改革，更新教育评价观念，着力推进评价方法改革，通过教师培训和教学研究强化专业支持，开展国家和省级的课程实施监测和督导。[①] 新方案关于课程实施的设计充分体现了方案、课标、教材、教学、教师培训、教学研究等课程环节内在的关系，把课程理论设计与课程实施与评价的实践有机地统一起来，从而确保了课程实施对国家方案与课程标准的落实，保证党的教育方针落实不走样。普通高中课程方案对课程实施与评价的规范要求包括科学编制课程标准与教材、合理制定课程实施规划、切实加强学生学业指导、大力推进教学改革、努力完善考试评价制度、充分开发与利用课程资源六个方面。[②] 在有关课程实施与评价的规范中，核心是课堂教学改革，这是课程实施的主要渠道，为了保证课堂教学的有效性，需要从制度上制定课程实施规划，从措施上加强教师培训与教学研究，从评价上改革考试观念与方法。因此，深化基础教育课堂教学改革是中国基础教育课程实施的重中之重，每一轮基础教育课程改革都把课堂教学方式的变革作为课程实施的有效手段，以此改变基础教育的育人方式，进而落实党的教育方针。

---

① 中华人民共和国教育部制定：《义务教育课程方案（2022年版）》，北京师范大学出版社2022年版，第13—16页。

② 中华人民共和国教育部制定：《普通高中课程方案（2017年版2020年修订）》，人民教育出版社2020年版，第10—13页。

第十章

中国基础教育课程实施的实践逻辑

从课程计划到课程实施，存在着不同类型的课程层级，课程层级之间又存在着明显的"课程落差（curriculum gap）"。① 1979 年，美国学者古德拉（Goodlad）首次提出五种不同层级的课程在实践层面的运作：理念的课程、正式的课程、知觉的课程、运作的课程、经验的课程。② 1982 年，在古德拉观点的基础上，美国学者布罗菲（Brophy）进一步分析了课程在不同层级之间意义转化所造成的落差。③ 蔡清田不仅分析了不同层级课程之间存在课程落差问题，而且指出了基础教育课程改革的连贯问题。"要避免沿途中断不通，尚需考虑其他面向的课程意义观点与差异现象，并需设法填补其缺口及桥接其落差，以连贯课程通道，并确保其间交流畅通无阻。"④ 钟启泉认为，课程实施（curriculum implementation）是教师将规划的课程方案付诸教学行动的实践历程，亦即将"书面的课程"（the written curriculum）转化成课堂情境中具体的教学实践的过程，课程实施也是协商对话与教育信念转型的行动过程与实践结果。⑤ 中国基础教育课程改革进行了 20 余年，当我们回顾并审

---

① 蔡清田：《课程学》，五南图书出版公司 2008 年版，第 3 页。
② Goodlad, J. I. (1979) "The Scope of Curriculum Field", in Goodlad, J. I. and Associates, *Curriculum Inquiry: The Study of Curriculum Practice*, Macmillan Press, p. 60.
③ Brophy, J. E. (1982) "How Teachers Influence What is Taught and Learned in Classroom", *The Elementary School Journal*, 83 (1), pp. 1–13.
④ 蔡清田：《课程学》，五南图书出版公司 2008 年版，第 4 页。
⑤ 钟启泉编著：《现代课程论（新版）》，上海教育出版社 2015 年版，第 498 页。

思课程改革的历程时不难发现，从国家层级的课程方案的形成，到基础教育学校层级的课程实施，再到课堂教学过程中教师教导的课程（teacher implemented taught curriculum）和学生经验的课程（learned or achieved curriculum），课程改革的层级落差是客观存在的，这在某种程度上影响了基础教育课程的实施效果。如何减小课程实施过程中的落差是当前基础教育亟须解决的问题。"课程理论具有很强的实践性，当代课程理论在解决课程理论与实践关系上还没有找到新的方法论，要以实践逻辑作为中介方法论，实现课程理论与实践的双向建构。"[1] 因此，充分认识课程设计的理论逻辑与课程实施的实践逻辑及二者之间的关系，并从实践逻辑角度解决课程实施中遇到的问题，进而加强课程实施的理论与实践的双向建构，对于减少课程层级落差和进一步深化课程改革，均有十分重要的现实意义。

第一节 课程实施的实践逻辑内涵

"实践逻辑是自在逻辑，既无有意识的反思，又无逻辑的控制。实践离不开所涉及的事物，它完全注重现时，注重它在现时中发现的、表现为客观性的实践功能，因此它排斥反思，无视左右它的各项规则，无视它所包含的且只有使其发挥作用，亦即使其在时间中展开才能发现的种种可能性。"[2] 课程实施是一种实践活动，实践活动遵循实践的逻辑，与理论逻辑有着不同的涵义。只有在时空绵延的课堂教学实践活动中，克服主观主义与现象主义的二元对立，才能发现并遵循课程实施的实践逻辑，也才能理解课程实施对于减少课程层级落差的价值。

一 课程实施的内涵

（一）课程实施是将课程计划付诸实践的过程

课程计划（curriculum planning）是理论层面的课程，关注的是课

---

[1] 宣小红、檀慧玲、曹宇新：《教育学研究的热点与未来展望——基于2021年度人大复印报刊资料〈教育学〉转载论文的分析》，《教育研究》2022年第2期。

[2] ［法］皮埃尔·布迪厄：《实践感》，蒋梓骅译，译林出版社2012年版，第131页。

第十章　中国基础教育课程实施的实践逻辑

程的概念、要素、描述、程序等问题。从课程计划的形成来看，主体是多元的，包括教育专家、学科专家、课程专家、教学专家、心理专家、行政管理专家等。从课程计划的存在形态来看，主要包括课程文件、课程标准、教材等。课程设计主体在编制课程方案时遵循的逻辑主要是理论逻辑，它强调课程实施是一种合理取向的理性行为，其假设是行为人了解所有的境况和所有人的意图的情况下才可能展开的行为。因此，课程设计主体试图通过对课程实施主体的培训而达成课程目标。如果说课程设计如同"图纸"，那么，课程实施就是"施工"。

派纳等人在《理解课程：历史与当代课程话语研究导论》中列举了三种主要的课程实施方法，这在一定意义上就是对课程实施内涵的描述。第一种是"忠实取向"的课程实施，第二种是"相互适应取向"的课程实施，第三种是"创生取向"的课程实施。[①] 三种课程实施取向的不同点在于课程实施主体对课程计划的态度：是静态的忠实？抑或是动态的调整？还是超越性创造？不管如何，派纳等人的课程实施的依据还是课程计划，而理性的课程实施是忠实的取向，事实上，实然的情况常常是三者交织在一起。《教育大辞典（增订合编本）》中将课程实施定义为：将课程方案付诸实施的过程。课程实施主要有两种类型，即程序化精确型和适应化修正型，前者是指预先制订详细的实施计划和评价指标，以确保实施结果与预期目标一致；后者是指允许课程方案的使用者进行选择，或对课程方案加以修正补充，使之适应于各种不同情况。[②] 瞿葆奎认为，课程实施是课程领域经常使用的为数不多的几个术语之一，它只不过表示使编订过程和编制过程所创造出的课程发生效用。[③] 施良方认为课程实施是指课程计划付诸实践的过程，它是达到预期目标的基本途径。一般来说，课程设计得越好，实施起来就越容易，效果也越好。[④]

---

① [法]威廉·F.派纳、威廉·M.雷诺兹、帕特里克·斯莱特里、彼得·M.陶伯曼：《理解课程：历史与当代课程话语研究导论》（下），钟启泉、张华主编，教育科学出版社2003年版，第725页。

② 顾明远主编：《教育大辞典（增订合编本）》（上），上海教育出版社1998年版，第2118页。

③ 瞿葆奎主编：《课程与教材》（上册），人民教育出版社1988年版，第263页。

④ 施良方：《课程理论——课程的基础、原理与问题》，教育科学出版社1996年版，第128页。

张华认为课程实施是把某项课程变革计划付诸实践的具体过程。课程计划与课程实施是理想与现实、预期的结果与实现结果的过程之间的关系。① 如果将课程实施理解成课程计划落实到课程实践的过程的话，那么，从课程计划到课程实施之间必然有落差，课程设计者与课程实施者之间肯定有差异，即应然的课程计划与实然的课程实施之间的落差，而影响落差的主要因素取决于课程实施者是否能准确理解并执行课程设计者的意图与方法。所以，从课程设计者的角度来看，减小课程落差的方式在于培训教师，使其对课程计划准确理解与忠实执行，并通过变革教师的教学方式影响学生的经验课程，最终将课程计划落实到学生的核心素养之中。

（二）课程实施即教学的过程

课程与教学关系密切而复杂。传统的教学论将课程作为教学内容来研究，形成大教学论中的小课程观。现代课程理论兴起以后，又将教学作为课程实施的环节，形成了大课程理论的小教学观。二者的差异是研究者不同的视角导致的结果，在实践层面，课程与教学交织在一起，难以人为地分开，如同手之"手心"与"手背"。把课程实施理解为教学过程的观点，在中国学者们的论述中较为普遍。如，陈侠认为课程实施是通过教学活动把编订的课程落实到教室里去②；南京师大"课程的社会学研究"课题组认为"课程实施"虽然不完全等同于"教学过程"，但它是教学过程中与课程直接有关的部分③；李臣之认为在教学论意义上的课程实施，至少包括教学设计和教学过程④；崔允漷在谈到基于课程标准的教学时将课程实施限制在教学范畴来讨论⑤；谢翌、马云鹏认为课程实施是"一个预期的课程是如何在实际中运用的"，其基本研究范围包括课程方案的落实程度，学校和教师在执行过程中对课程的调适

---

① 张华：《论课程实施的涵义与基本取向》，《外国教育资料》1999年第2期。
② 陈侠：《课程论重建与教育科学研究》（上册），人民教育出版社2017年版，第132页。
③ 南京师大"课程的社会学研究"课题组：《简论课程研究的学科方式》，《课程·教材·教法》1997年第7期。
④ 李臣之：《课程实施：意义与本质》，《课程·教材·教法》2001年第9期。
⑤ 崔允漷：《课程实施的新取向：基于课程标准的教学》《教育研究》2009年第1期。

情况，课程实施各要素在这一过程中的特征以及决定这些表现的影响因素，学生对课程实施的投入程度以及他们的需要①，等等。黄甫全认为，课程规划出来后必然要投入实施，这就是教学。② 把课程实施看作是教学过程，承认了课程实施的实践性。正如"实践感将世界视为有意义的世界而加以建构"③一样，课程实施同样将教学活动视为有意义的世界而加以建构。

综上所述，第一种观点把课程计划作为课程实施的逻辑基础，将教师教导的课程作为课程实施的逻辑起点，因此，课程实施的实践逻辑是通过培训教师使其忠实执行课程计划，进而达成课程目标。第二种观点把对课程计划的超越作为课程实施的逻辑基础，将教学活动过程作为课程实施的逻辑起点，课程实施的实践逻辑便是教学活动的创造与生成，鼓励教师与学生学习方式的变革，鼓励教师与学生选择课程计划并超越课程计划。二者的共同点在于都承认课程实施是一种实践活动，二者的不同点在于理解理论上的课程计划与实践上的教学活动以及两者的关系上存在差异。事实上，课程实施作为实践的存在是相对于课程计划的书面或文本存在而言的。从课程计划到课程实施，确实存在着课程理论形态与课程实践形态的差异，与此同时，减少课程落差的方式存在一种辩证的循环：一方面是坚守课程设计的理论，忠实执行课程计划，就可以减小课程落差；另一方面却是在教学实践中创造性地探索，才能有效实施课程。

二 课程实施的实践逻辑内涵

"逻辑"源于古希腊语"logoc"的音译，狭义的逻辑是指思维规律，广义的逻辑是指万事万物的规律（包括思维规律）。理论逻辑是指理论或学科自身发展的规律或规则，实践逻辑是指实践活动自身表现出的规律或规则，二者有着密切的联系，但二者有着不同的表现形式。从

---

① 谢翌、马云鹏：《关于课程实施几个问题的思考》，《全球教育展望》2004年第4期。
② 黄甫全：《大课程论初探——兼论课程（论）与教学（论）的关系》，《课程·教材·教法》2000年第5期。
③ ［法］布迪厄、［美］华康德：《实践与反思》，李猛、李康译，中央编译出版社2004年版，第22页。

课程实施的内涵来看，不同学者对课程实施的界定虽然各有不同，但都将课程实施看作一种实践活动，区别于以文本形式存在的课程计划。课程实施是在一定的时空中动态运行的有目的、有运行条件、有影响因素并在实施后能产生效果及意义的教学实践活动及相关实践活动。课程实施的实践活动除了教学活动以外，还包括为了保障教学活动质量而进行的教师培训活动和教学研究活动。课程实施的实践逻辑是指课程实施作为一种实践活动，有自身的规律与规则，它既受课程设计中理论规律的影响，又有独特的规律，课程实施的过程只有以其自身的规律为依据，才能将课程目标落实到学生的核心素养之中。因此，课程计划既不能限定教学实践的复杂性、灵活性与创造性，而只能对教学实践提供建议；教学实践亦不能轻视课程计划的理论性、规范性与操作性，而是在遵循课程计划基础上的创新。这种理论与实践的辩证关系，正是马克思主义哲学理论特质面向实践的方式。"通过拉近与实践之间的距离，以'回归实践、切中实践'的方式，对研究中日益脱离实践的纯粹理论旨趣和'停留于文本'的抽象逻辑演绎取向加以纠偏与拨正，进而确立理论服务实践的宗旨意识；通过'拉开'与实践之间的距离，以'立足实践、跳出实践'的方式，对理论研究沦为实践附庸的现象加以反思，以理论作为'解释世界'的依据和'改变世界'的导向，进而推动实践的创新与发展。"[1] 正是在这一方法论的基础之上，课程设计的理论的逻辑，通过"拉近"与课程实施的距离，发现并解决课程实施中的问题，而纠正课程设计中的理想主义，通过"拉开"与课程实施的距离保持课程理论的解释与指导功能，而推动课程实施的改革与创新。课程实践的逻辑不仅要遵循课程理论的指导，以它为实践逻辑的基础，还要保持自身的创造性与生成性，不断超越课程计划的局限性，落实立德树人的根本任务。

马克思的实践论以人的生命活动为出发点，指向生活实践与生产实践。"全部人类历史的第一个前提无疑是有生命的个人的存在。"[2] 在个

---

[1] 刘同舫：《马克思主义哲学面向实践的方式》，《哲学研究》2021年第2期。
[2] 中共中央马克思恩格斯列宁斯大林著作编译局编译：《马克思恩格斯选集》第一卷，人民出版社1995年版，第67页。

第十章　中国基础教育课程实施的实践逻辑

人生命的存在与发展过程中，首先是人与自然物的关系，然后是人与人的关系，以及人与自身的关系。人与自然物的关系主要表现在生产实践活动之中，人与人的关系及人与自身的关系主要表现为生活实践，而人在生产实践的过程中创造了生活实践，生活实践为生产实践提供了基本保障和创造动力。马克思在分析生产实践的基础上，同样分析了生活实践，人类"全部社会生活在本质上是实践的"[1]。把"实践"理解为人具有的创造性的自由自觉的生命活动，把历史性作为人的实践活动的本质规定。将人的一切活动都认定为是实践的，尤其是把人的精神生产活动与精神交往活动也认定为是一种实践活动。[2] 由此可见，实践产生的是实在世界，任何一项实践活动都是在时间中展开的，实践逻辑是一种模糊逻辑，它具有时间结构序列性、情境性、创造性、过程性、非连续性、生成性等特点，它依赖理性逻辑又无法完全凭借理性逻辑解释清楚。课程实施的实践逻辑可以表述为：课程实施是一种以教学为主的实践活动，它既是人类精神生产和知识再生产的实践活动，又是教师和学生生命存在与交往的生活实践活动。课程实施的实践逻辑以尊重课堂教学中师生的生命存在与交往的生活实践为基础，以通过教学活动实现人的精神生产和知识再生产的生产活动为目的，进而通过课程实施实现人的发展。鉴于实践本身对客观结构、理论理性具有建构性特征，在探寻课程实施的实践逻辑时应采用关系思维视角，立足理论与实践、话语与身体、主观与客观、知性与感性之间的辩证统一的社会实践观，分别对课程实施的实践逻辑基础、实践逻辑起点以及实践逻辑体系等问题进行解构与重构，并围绕课程实施的行动即在哪里实践，如何实践，用什么实践等相互联系的问题而开展研究，进而将课程实施的逻辑基础、逻辑起点、逻辑体系融入一种完整的学校教育实践活动之中。在课程实施过程中，课程设计的理论逻辑成为课程实施的实践逻辑基础，对课堂教学活动中出现的问题的解决成为课程实施的实践逻辑起点，教学方式变革、教师培训、教学研究等课程实施的具体活动成为课程实施的实践逻

---

[1] 中共中央马克思恩格斯列宁斯大林著作编译局编译：《马克思恩格斯文集》第一卷，人民出版社 2009 年版，第 501 页。

[2] 宫留记：《布迪厄的社会实践理论》，河南大学出版社 2009 年版。

辑路径，进而在此基础上构建完整的课程实施的实践逻辑体系。

第二节　课程实施的实践逻辑体系

课程实施的实践逻辑有着自身的体系，主要包括课程实施的实践逻辑基础、课程实施的实践逻辑起点、理论逻辑与实践逻辑的双向转换。逻辑基础表明两种逻辑之间的关系；逻辑起点体现实践逻辑的表现形式；逻辑转向意味着实践逻辑的本源与场域。

一　课程实施的实践逻辑基础

课程实施的实践逻辑基础是课程计划的理论逻辑。在课程的范畴内，课程计划的执行便是课程实施，课程计划的理论逻辑就必然转换为课程实施的实践逻辑。理论逻辑从实践逻辑中发现问题并完善理论，实践逻辑在理论逻辑指导下解决实践问题，理论逻辑是实践逻辑的基础，实践逻辑是理论逻辑的源泉。课程计划在理论层面是一种理性活动，就理性的运行而言，它是主体的思维功能，就理性的结果来说，它是思维着的主体对外部的观念性掌握。① 理论理性的目的是探寻事物本来"是如何"，用来"说明世界"，还原事物的"本来面目"，追求事物的"必然的结果"，将合乎对象的逻辑与规律作为最终准则，完成符合对客体的认知诉求。理论理性是从实践中来的内化了的认识。② 所以，理论是由"概念、任务、目的、实践内化后的结果"等严密的逻辑构成。理论逻辑包括结构逻辑与关系逻辑两部分，前者是指"某一理论的体系中基本范畴的内部联系"，后者是指"某一理论的发展演进与其思想史相关范畴的逻辑联系"。③

课程计划的理论有其内在的结构逻辑与关系逻辑。课程计划是指根

---

① 王炳书：《实践理性辨析》，《武汉大学学报》（人文科学版）2001年第3期。
② 李太平、刘燕楠：《教育研究的转向：从理论理性到实践理性——兼谈教育理论与教育实践的关系》《教育研究》2014年第3期。
③ 杨旭、宋进：《论"四个全面"的逻辑意蕴》，《思想政治教育研究》2016年第1期。

据一定教育目的和一定学校的性质任务对一定学段的课程进行总体设计的课程文件，它规定学校课程总体设计的指导思想、培养目标、课程设置、学业评价以及课程计划实施的要求，是学校开展教育工作和制订课程标准的依据。[1] 显然，课程计划结构理论的要素包括国家的课程政策文件、课程计划、课程标准、各级各类教材等。作为课程计划方案的形成，这些内在要素之间也存在一定的逻辑关系。国家依据一定的理论对学校课程进行改革，便会出台相应的政策文件，依据此文件，教育行政部门制定基础教育课程改革的整体方案，在方案基础上制定各学科课程标准，依据课程标准编写教材。以中国21世纪以来的课程改革的设计为例，首先是国务院发布了《国务院关于基础教育改革与发展的决定》，将此次课程改革定性为国家行为，实行"自上而下"的基础教育课程改革；接着教育部于2001年6月颁布了《基础教育课程改革纲要（试行）》，作为指导新世纪课程改革的纲领性文件；随后在教育部相关司局的组织下，制定并颁布了义务教育课程方案及各学科课程标准，2001年9月，全国课程改革实验区选用了新教材，推进基础教育课程改革。十年之后，到了2011年，中国实现了义务教育的全面普及，教育需求从"有学上"转向"上好学"，这就要求必须进一步深化课程改革，加强义务教育课程建设，因此对义务教育的课程标准与各学科教材进行了专门修订。再过十年之后，2022年4月，教育部印发《义务教育课程方案和课程标准（2022年版）》，对现行《义务教育课程设置实验方案》和各课程标准再一次进行了修订，不仅解决了课程方案和课程标准中存在的诸多问题，而且细化了课程实施的要求："明确省级教育行政部门和学校课程实施职责、制度规范，以及教学改革方向和评价改革重点，对培训、教科研提出了具体要求；健全实施机制，强化监测与督导要求。"[2] 20余年来，国家特别重视课程标准的修订及教材的编写工作，不仅专门成立了国家教材委员会，在教育部下设了专门机构教材局，而且先后三次修订各学科课程标准与教材，尤其形成了中国特色

---

[1] 廖哲勋、田慧生主编：《课程新论》，教育科学出版社2003年版，第282页。
[2] 中华人民共和国教育部：《教育部关于印发义务教育课程方案和课程标准（2022年版）的通知》，教材2002年2号，http://www.moe.gov.cn/。

的思政、语文、历史三科的国家标准与统编教材，加强了教材"培养什么人、怎样培养人、为谁培养人"的"国家事权"功能。从现象而言，理论层面上的课程计划是一种文本化的、结构化的课程体系存在，是通过相关文件、政策、课程标准和教材显而易见的，但它背后的理论逻辑却有一定的隐蔽性，对于课程设计中坚持了什么理论，采用了什么方法，形成了什么体系等问题归入学术研究的范围，并不直接呈现在具体的课程内容中。而要将理念层面的课程、制度层面的课程、资源层面的课程有机地统一起来，就需要分析课程计划的结构逻辑与关系逻辑。因此，作为理论逻辑层面上的课程计划，是从事实出发，探寻课程设计"是什么"，对其内在结构、结构间关系、本质和规律进行理性认识，在理论上建构了关于课程设计的理性"真"知识，并在理性层面上回答了"是什么"和"应是什么"的问题。课程计划的结果以文本的方式作为课程实施的具体方案与内容，遵循了科学而理性的逻辑设计，在实践中凸显课程实施的价值。反过来，遵循实践逻辑而实施的课程又为理性的课程计划提供了丰富的素材。

二 课程实施的实践逻辑起点

分析课程计划及其理性逻辑的目的在于进一步揭示课程实施的实践逻辑，一方面，课程计划的理性逻辑是课程实施实践逻辑的前提和条件；另一方面，课程实施的实践逻辑又与课程计划的理性逻辑完全不同，课程计划和课程实施之间存在着逻辑的转换问题。课程实施的实践逻辑起点是课堂教学实践，即以课堂教学实践活动为起点，将课程计划的落实与教学活动的创新融为一体。国家基础教育课程改革从一开始就意识到了课程实施与课程计划之间的逻辑关系，并把课堂教学方式变革作为课程实施的逻辑起点。为了减小课程从理论到实践的落差，在课程改革的过程中还加强了教师培训与教学研究工作，以保障教学实践的有效开展。课堂教学方式的变革是落实新课程理念的主要渠道，也是国家规定的课程落实到师生层面的关键环节，而要保证课堂教学在课程实施中的有效性，有必要开展教师的培训工作与课堂教学研究工作。客观地讲，在课程改革的最初十年，我们对课程计划的理论建构与课程实施的

第十章　中国基础教育课程实施的实践逻辑

实践工作都是十分重视的，并能把二者有机地统一起来。到了后十年，我们将工作重心更多地放在标准的修订与教材的编写方面，而对课堂教学的持续改革与专业支持关注不够，尤其是教师培训陷入了形式主义与简单低水平的重复之中，课堂教学研究不能为教学改革提供专业支持。当然这种结果不仅仅是认识上的不足造成的，更主要的是在实践操作层面没有遵循课程实施应然的实践逻辑。在新课程方案与标准修订工作完成之后，下一个阶段的工作重点将是在课堂教学层面加大新课程理念与方法的落实，并通过专业的教师培训与课堂教学研究，助推课堂教学方式变革。

"实践是实施结果和实施方法、历史实践的客观化产物和身体化产物、结构和惯习的辩证所在。"[1] 也就是说，实践是行动者的各种具体行为。课程实施是一种实践行为，课堂教学中师生的教学行为便是教学实践。我们应该如何认识实践呢？布迪厄指出："只有把产生实践活动的惯习赖以形成的社会条件与惯习被应用时的社会条件联系起来，也就是说必须通过科学的工作，把惯习在实践中并借助实践隐蔽地建立起来的这两种社会世界状态联系起来。"[2] 以课程实施中的师生为例，作为教学实践的行动者，他们在日常的社会生活实践中，形成了稳定的惯习，而在课堂教学实践中隐蔽起来的生活惯习与专业的教学活动联系起来，形成了特定时空中存在的教学实践活动。从认识论上，我们只有回归行动者的课堂田野去把握具体的"实践逻辑"才是可能的，借用布迪厄在《区分：判断力的社会批判》中的公式"[（惯习）（资本）] + 场域 = 实践"[3] 便可形成一个课程实施的实践公式：[（师生教学惯习）（教师培训）（教学研究）] + 课堂 = 课程实施。因此，课程实施的实践逻辑是通过教师和学生作为能动者在学校或课堂中表现与生成惯习的实践活动。在《实践理论大纲》和《实践感》中，布迪厄都详细阐释了惯习的内涵："这一构成的原则是有结构的和促结构化的行为倾向系统

---

[1] ［法］皮埃尔·布迪厄：《实践感》，蒋梓骅译，译林出版社2012年版，第74页。
[2] ［法］皮埃尔·布迪厄：《实践感》，蒋梓骅译，译林出版社2012年版，第79页。
[3] ［法］皮埃尔·布尔迪厄：《区分：判断力的社会批判》，刘晖译，商务印书馆2015年版，第101页。

（systeme des dispositions），即惯习，该系统构成于实践活动，并总是趋向实践功能。"[①] 教师与学生在进入学校或课堂之前，课堂教学的制度与文化就已经存在，有着自身的结构与逻辑，当师生进入课堂时，作为行为主体，他们身上又隐藏着一定的惯习，当惯习与结构相遇时，教学活动既不是理论意义上的结构再现，也不是师生主体惯习的翻版，而是师生作为能动者的惯习与课堂教学结构在身体化上的表现与生成，师生各自作为行为人则通过这种身体化使自己从属于制度中客观化了的历史。惯习能够生成师生作为能动者的实践和策略，课堂教学之所以千变万化，不可能以某种模式僵化而行的原因就在于不同的师生有不同的惯习，惯习会生成不同的行动与策略，这也从另一个角度证明了教学的生成性与艺术性的存在。课堂教学作为课程实施的主要方式，其"象征资本"自然是文本形式的或资源形式的课程：一方面，课程是被实施的主要内容，是客观化的存在，忠实地实施才能保证课程落差的最低限度；但另一方面，课程在实施层面又是被创造的，与师生的惯习相结合，在课堂中形成独特而个性化的教学方式，课堂教学的创造性同样可以减小课程实施中的落差。

三 理论逻辑与实践逻辑的双向转换

课程计划遵循理论的逻辑，具有规范性、理想性、结构性的特征。规范性是指课程计划是一个有序的过程，对课程计划的每一环节都应进行严格的控制。理想性是指课程计划将理念层面的课程，通过国家的政策与制度转化为正式规划的课程或资源的课程，而理念层面的课程通常是经过课程研究之后所提出的一种理想的课程，这种理想的课程随之进入完整的课程体系之中。结构性是指课程体系的横向结构与课程内容的纵向结构，如九年义务教育整体设计课程时不同学科的结构与比例便是横向的结构化，而某一学科的教学内容从一年级到九年级如何设计便是纵向的结构。学校已有的课程结构既是结构本身的延续结果，也是课程设计者能动的结果，是结构与惯习相互作用的结果。已有的课程结构体

---

① [法]皮埃尔·布迪厄：《实践感》，蒋梓骅译，译林出版社2012年版，第73页。

现在一定的课程制度与文化中，成为相对客观与稳定的存在，但在它与能动者的相互关系中，又是可以变化的，因此，课程结构是在广泛时空的绵延中，主体与结构相互作用的结果。到了课程实施阶段，学校课程层面的课程实施遵循实践的逻辑，在忠实执行理念与创造生成的双重逻辑下，将计划的课程方案落实到课堂教学实践活动之中，落实到学生的素养或经验的课程之中。学校层面的课程实施呈现为不同课程利益主体有着自己的专业主张和教育诉求，主要集中于理解课程、操作课程两个层面。那么，学校课堂中的课程实施便是对学校课程实施的操作过程，会涉及其中最重要的主体间的相互作用，是基于教师、课程计划、学生三要素的互动。[1] 当教师成为忠实于课程计划、教材、教学参考书、理论、权威等缺少实践意识的执行者、"工具人"时，导致实践中复杂的教学过程与理论上规范的课程计划之间不断呈现出对抗与冲突，不但没有减小课程实施的落差，反而出现了课程实施的阻抗与偏离。事实上，课程实施是与教师的人生阅历、教师的独特教育理念、师生所处的独特的社会环境、教育情境等惯习紧密相连的，学校课程的实施本质上是教师与课程设计者、文本、学生以及教育情境之间的持续对话的过程，通过不断的对话达成共识、生成意义。[2]

课程计划的理论逻辑在课程实施的过程中，会作为实践逻辑的基础而反映在课程实施活动之中，如果教师忠实地执行了课程计划，那么其理论逻辑就转换为实践逻辑，达成了二者的统一。如果教师在创造性的教学过程中，并没有按照课程计划的理论逻辑开展教学，那么，课程实施就生成了新的实践逻辑，它便发展了课程的理论逻辑。可见，课程计划既不能简单地被应用于实践，也不能沦为实践的附庸。[3] 原因在于课堂教学是两种逻辑的起点和归宿，课堂教学既要与课程计划的理念保持一致，富有理性，形成教学科学性的程序与环节，又要尊重教师与学生

---

[1] 王少非、崔允漷：《试论评价对学校课程实施过程的影响》，《教育发展研究》2020年第10期。

[2] 李洪修：《学校课程实施的组织社会学分析——以吉林省 B 学校为例》，博士学位论文，东北师范大学，2010年。

[3] 张俊列：《课程研究的实践逻辑——中介方法论的思考》，《陕西师范大学学报》（哲学社会科学版）2021年第1期。

的惯习与经验，具备实践感，形成教学艺术性或创造性的情境。因此，作为课程实施的课堂教学实践，便实现了其自身的理论逻辑与实践逻辑的融合统一，教师和学生作为课程实施的能动者，既不能完全忠实或批判课程实施中的理论理性，也不能无视其存在的实践逻辑，应用关系思维视角，立足于每一次课堂教学真实的实践场景中，转换、衔接好局内人的操作与局外人的反思这两种角色，用理论理性观照实践，用实践反思理论、重构理论，生成新的关系与结构。显然，课堂教学实践活动实现了理论逻辑与实践逻辑的融合，实现了课程计划与课程实施的场域融合，实现了主体惯习与客体结构的融合。

从课程计划的理论逻辑到课程实施的实践逻辑的转换是双向的，一方面，在课程计划层面，就要充分考虑到课程实施的实践性，于是在课程的设计上不能过于限定教学，而是为教学提供相应的建议与相关的参考，课程计划越来越开放并留有一定的弹性，就是让教师和学生在课程实施过程中有所创造与生成。另一方面，课程实施过程中，教师与学生在忠实执行课程文本实施时，其惯习或经验本身决定了教学活动的创造性，这既应是对课程实施减小落差的良策，也应是更进一步修订课程计划时的重要参考。课程计划与课程实施正是在不同逻辑的转换中达成相互的促进，课程理论与课程实践正是在忠实执行与创造生成的矛盾中减小落差。

第三节　课程实施的实践逻辑路径

课程实施以减小课程计划与教学实践的落差、解决教学实践问题为价值目标，经过 20 余年的改革探索，课程实施的主要问题集中在课堂教学方式的变革方面，而这一问题的解决又与教师培训和教学研究密切相关。因此，在课程实施过程中，不断推动课堂教学方式的变革、继续加强各级教师专业培训、深入开展课堂教学研究至关重要。其中，课堂教学是课程实施的主渠道，教师培训与教学研究是课堂教学改革有效推进的保障，这样就形成了课程实施的实践逻辑体系与推进路径，旨在强调课程改革不能停留在课程方案与课程计划层面，而应落实在课堂教学层面。从实然层面来看，学校确实都在做着这三件事，表面看来实践逻辑被体现了。从应然层面来看，课程实施三件事落实过程的专业性支持力度不够，需要加大教师培训与教学研究的专业支持，需要通过大学与中小学伙伴协作的行动研究有重点地解决课堂教学中遇到的主要问题，这也是新方案、新课标出台以后课程实施阶段重点要做的工作，教育部新颁布的《义务教育课程方案（2022年版）》第五部分专门对课程实施的三件事做了细化规定。

一 加强教学专业支持，推动课堂教学方式变革

课程实施中的教学改革不仅仅是教师和学生的事，《义务教育课程方案（2022年版）》明确规定省级教育行政部门要统筹规划三类课程实施，科学制定本省（自治区、直辖市）义务教育课程的实施办法。学校依据省级义务教育课程实施办法，制定学校课程实施方案。而省级和校级的课程实施都要具体落实到师生的课堂教学实践之中。因此，如何深化课堂教学改革，省级和校级的专业支持就显得十分重要。从国家层面来讲，在基础教育课程改革的初期，为了推进课程方案的落实和掌握各科教学改革的情况，教育部成立了由大学课程与教学论专业人员、教研员、优秀教师组成的教学专业支持小组，分别对实验区的课堂教学改革工作开展专业支持。专业支持小组通过深入课堂听评课、与教师座谈、与学生交流、调查研究，发现了教学改革方面存在的主要问题，并针对性地开展了课程实施与教学改革的专业辅导工作，有效地推进了课程实施。这是课程改革中成功的经验，深化课程改革有必要进一步加强专业支持工作，从国家层面、省（自治区、直辖市）层面、校本层面组织不同层次、不同领域的专业支持小组，让课程设计工作者、标准制定者、教材编写者、理论研究者、学习理论专家、教育技术专家等参与课程实施的专业支持工作，定期深入中小学课堂开展专业支持工作，推进课堂教学方式的变革。从政策上要把对基础教育课程改革的专业支持工作制度化，将其纳入各级各类教师的考核与评价体系之中，鼓励专业支持专家与一线教师合作组建团队，深入学校和课堂开展专业支持工

作，确保基础教育的课堂教学改革之舟行稳致远。

各级专业支持小组的主要职责是依据国家课程方案和课程标准，减小课程实施落差，保证课程实施连贯。在2001年教育部颁布的《基础教育课程改革纲要（试行）》中指出了课程实施的问题和变革的方向："改变课程实施过于强调接受学习、死记硬背、机械训练的现状，倡导学生主动参与、乐于探究、勤于动手，培养学生搜集和处理信息的能力、获取新知识的能力、分析和解决问题的能力以及交流与合作的能力。"为此，课堂教学改革的重点在于通过信息技术与课程教学的深度融合推动教学方式的变革，推行自主学习、合作学习、探究学习。经过20余年的实践探索，新型学习方式已经在基础教育课程中普遍使用，适应了学生个性化学习的需求。2022年教育部颁布的《义务教育课程方案（2022年版）》对课程实施中深化教学改革提出了新的任务，坚持素养导向、强化学科实践、推进综合学习，落实因材施教。[①] 坚持素养导向是此次教学改革的方向，解决"为什么教"和"为谁教"的教学价值问题；强化学科实践是此次教学改革的路径，通过"做中学"将知识学习与学生经验、现实生活、社会实践联系起来；推进综合学习是此次教学改革的手段，以此解决知识分割的问题，加强知识间的内在关联，促进知识结构化；落实因材施教是此次教学改革的方法，结合现代信息技术支持的线上线下教学，倡导学生个性化学习、多样化学习。以素养为导向的学科实践学习和综合学习代表了学习方式变革的新方向。"突出实践育人，强化课程与生产劳动、社会实践的结合，强调知行合一，倡导做中学、用中学、创中学，注重引导学生参与学科探究活动，开展跨学科实践，经历发现问题、解决问题、建构知识、运用知识的过程，让认识基于实践、通过实践得到提升，克服认识与实践'两张皮'现象。"[②] 深化新方案、新标准、新教材背景下的课堂教学改革，需要成立国家、省级、县级专业支持小组，由不同领域的专家共同组成专业

---

① 中华人民共和国教育部：《教育部关于印发义务教育课程方案和课程标准（2022年版）的通知》，教材2022年2号，http://www.moe.gov.cn/。
② 《教育部教材局负责人就〈义务教育课程方案和课程标准（2022年版）〉答记者问》，2022年4月22日，http://www.moe.gov.cn/jyb_xwfb。

支持小组，深入基础教育的课堂开展专业支持工作，通过听课评课、座谈对话、交流研讨等方式，推进专业引领、同伴互助、教师反思的校本教学研究。国家层面的专业支持主要发挥示范引领作用，省级层面的专业支持主要负责专业支持的培训与管理工作，县级专业支持小组主要负责县域内专业支持活动。三级专业支持小组可通过交叉合作的方式，形成本省本县专业支持的样本校，着力推动新课程的实施。与此同时，专业支持小组要引领和帮助学校教师通过专业发展而创造性地开展教学改革，形成代表性的课堂教学改革成果，产生国家基础教育教学改革的标志性成果。

二 提升教师培训质量，助力教师专业发展

为了减少教师对课程改革的误解与抗阻，在课堂教学改革中加强各级各类教师的培训是十分必要的。《义务教育课程方案（2022年版）》特别提出要加强培训，明确国家、地方、学校的培训职责，建立健全中国教师培训的工作体系。这既是对中国基础教育课程改革20年成功经验的总结，也是基于新一轮核心素养为导向的课程改革的任务而提出的策略。

从教师培训的层次来看，中国的教师培训有国家级的培训、地方级培训（省级的培训、地州的培训、县级培训）和校本培训。从教师培训的内容来看，主要有各级各类的课程培训、教材培训、教学培训、考试评价培训等。从教师培训的阶段来讲，可以在课程改革前进行通识的培训，可以在课程改革过程中进行学科与专业的培训，可以在课程改革经历一段时间后进行经验总结式培训，将课堂教学之前、之中、之后的培训有机地统一起来，每个阶段解决每个阶段的具体问题，加强教师培训的针对性。当前，国家培训要做好国家级示范培训，加强国家级培训资源库建设，通过培训者的培训落实新修订的义务教育课程新理念、新要求。"国培计划"自2010年启动以来，已培训教师、校长超过1700万人次，这些教师和师长基本成了本地本校的培训者，为推进基础教育课程改革和减小课程改革落差做出了重要贡献。当前国家级培训要总结经验，创新模式，提升培训质量，进一步为新方案、新标准的落实保驾护航。省（自治区、直辖市）级培训应是各级各类教师培训中的主体，通过覆盖省域内所有的学校和教师，着力推进教师培训工作。以云南省万名校长和骨干教师培训项目为例，2018年9月—2023年12月，云南省财政划拨3亿元用五年时间培训一万名中小学校长与骨干教师，每期1000名，培训时间为四个月，覆盖了全省的中小学，尤其优先培训了边境民族地区和乡村小规模学校的校长与教师，将培训之根深深植入基层，有力地促进了教师的专业发展，保障了课堂教学层面课程实施的有效性。校本培训变成学校的日常工作，基础教育各学校通过"送出去"与"请进来"等方式，让校本培训、教学工作、教学研究成为学校工作的主要抓手，设立相应的机构，开展了丰富多彩的课程实施活动。学校要出台相应的政策，鼓励和支持教师积极参加各种培训，并处理好教师参加培训与开展教学工作之间的关系，形成学校培训的制度与文化。

经过基础教育课程改革20余年的建设，中国教师培训的制度与文化基本形成，目前的主要任务在于提高教师培训的质量，这也是前期教师培训工作中反映最突出的问题。谁来培训教师？谁有资格与素养来培训教师？并不是大学教师就可以理所当然地培训中小学教师，身份赋权的教师培训必须向素养赋权的教师培训转型。[①] 在国家实行《新时代基础教育强师计划》的背景下，我们有必要加强新时代教师教育体系的建设，让高水平综合性大学的一流师资参与到教师教育工作中来，发挥师范院校的主体地位，努力提升师范院校办学水平，同时加强教师教育机构和中小学实践基地的建设。通过提升教师教育体系的整体质量为基础教育强师计划提供保障，让专业性和理论性更强的教师教育者来培训教师。与此同时，加强对教师培训工作的管理，尤其是教师培训要有基线调查、需要分析，针对课堂教学中遇到的问题和课程教材中存在的问题开展专题性培训，更要调动教师参与培训的积极性，解决教师关切的理论问题与实践问题，让教师培训助力教师专业发展，让教师专业发展

---

① 王鉴：《跨界的能动者：教师教育者专业成长路径探析》，《中国教育学刊》2019年第7期。

助力课堂教学改革。当前基础教育的教师培训要做好两件事：一是重新确立教师培训工作的理性价值。充分认识教师培训工作对于推进课程实施的重要性与必要性，通过培训，让教师理解国家课程政策、课程方案、课程标准、教科书的编订逻辑、课程运行机制等的课程精神以及这些内在要素间的逻辑关系。二是重新确立教师培训工作的实践感。教师培训的目的在于让教师运用理论变革课堂教学方式，就是将通过理论培训获得的新理念、新方法运用到教学实践中，在原先经验的基础上通过实践生成一个新的能动者，并与新课程的制度与文化结合形成新的课堂教学结构，完成课堂教学结构化的任务。

三 开展课堂教学研究，解决课程实施问题

课堂研究是以教学中存在的教学现象和问题为对象，其起点和终点均指向教学实践，教学实践有明显的基于课堂和面向课堂的特点。课堂教学研究的目的在于实践性问题的解决，在于改进教学。课堂研究的主体包括教师和教研员以及相关理论工作者，但主体是教师。在课堂中做研究，对理论工作者来讲，不仅是理论的源头，而且是理论的应用与发展。对于实践工作者来讲，是他们解决教学中遇到的问题的主要方式，也是他们成为真正的研究者的有效途径。[1] 从教学实践中发现问题，到课堂教学研究中解决问题，再到形成较为成熟的理论，课堂研究不仅能够通过提升教师的专业水平来保证课程实施的有效性，而且还能够通过形成原创性的理论指导课程实施的创造性。承认"理论话语"与"实践话语"的相对独立性，意味着教学研究不仅是"理论的实践化"，处于轴心地位的应是"实践的理论化"。[2] 理论的实践化意味着在一定理论指导下的课程实施，实践的理论化即在课堂教学实践中通过研究形成理论。

课程实施中会遇到各种各样的问题，这些问题的解决直接决定着课

---

[1] 王鉴：《课堂研究概论》，人民教育出版社2007年版，第1页。
[2] [日] 佐藤学：《课程与教师》，钟启泉译，教育科学出版社2003年版，第230页。

程实施的质量。如新课程方案和语文课标准中规定了语文活动单元课，一线教师对此比较陌生，不仅在语文教学设计与资源开发方面不知如何去做，而且如何组织教学活动更是困惑。一般来讲，解决课程实施中的问题主要通过课堂教学研究来完成。一种路径是在一定的理论指导下，通过课堂教学的实践来解决；另一种路径是通过课堂教学研究来形成一定的理论来解决实际遇到的问题。对于语文活动课程来讲，要么在校本教学研究中，通过专业的引领，以教研组的方式共同开展语文活动课设计与实施的方法与策略，以此为依据开展语文活动课的教学，要么通过直接研究某位教师的语文活动课的设计与实施方法，总结形成较可行的设计方案与策略。在这里，课堂教学研究就成为解决教学问题和减小课程实施落差的有效措施，也成为推进课堂教学改革顺利进行的有效手段。课堂教学研究的主要方式是在专业引领下，以同伴互助和教师自主反思的方式，开展听评课活动。听评课活动中最常见、最有效的就是上公开课。"无论学校改革的主题是什么，在改革的第一年，所有教师都必须参加上公开课的教研活动。有30个教师的学校，一年就要进行30次校内教研活动。"[1] 教师通过上公开课，将自己教学中的问题暴露出来，通过听评课来分析问题并解决问题，不仅有利于教师改进教学，而且有利于提升教师队伍的教学研究水平。教师开展校本的课堂教学研究，主要模式有"实践—反思"的教师个体课堂研究模式、"实践—研究双维互动"的课堂研究模式、"实践反思—同伴合作互助—专业研究引领"三维立体的课堂研究模式等。[2]

课堂研究要成为新方案、新标准落实的主要措施，作为专业支持的主要途径，形成专门的制度与文化。在变革中国特色教学研究制度和文化的基础上，将聚焦课堂的校本教学研究作为中国教研的主要活动，解决课堂教学中存在的各种各样的问题。"实践中不断涌现的'苦恼的疑问'是人类实践的特有魅力，也是理论创新、理论发展的奥秘所在。

---

[1] ［日］佐藤学：《静悄悄的革命——创造活动、合作、反思的综合学习课程》，李季湄译，长春出版社2003年版，第63页。

[2] 王鉴、李泽林：《教师研究课堂：意义、路径和模式》，《教育研究》2008年第9期。

质言之，理论是问题之树盛开的花朵、结出的果实。"① 在课堂教学的问题之树上才能开出教学理论的花朵、结出教学理论的果实，进而形成指导课堂教学改革的科学理论。

---

① 方军：《理论是问题之树盛开的花朵——〈中国社会科学〉2021 年重点选题构想》，《中国社会科学》2021 年第 1 期。

第十一章

中国基础教育的学校文化特点及其转型

杜威在《我的教育信条》中指出:"学校主要是一种社会组织。教育既然是一种社会过程,学校便是社会生活的一种形式。""现在教育上许多方面的失败,是由于它忽视了把学校作为社会生活的一种形式这个基本原则。"[①] 杜威的观点是针对20世纪初美国的学校教育而言的,这些被我们在大学教科书中一直向学生宣讲的内容,即使过了一个世纪,当我们进入今天的学校时,还是觉得杜威的批评对现实教育仍有启发。应试教育把学校当作一个传授知识、学习某些课业或养成习惯的场所,目的在于考试与升学,使学校教育形式呆板,死气沉沉。可以找出许多理由来为这种教育辩护,也可以找出许多借口来解释人们对这种教育的选择,如家长和教师可以说一切是为学生的前途考虑,是为孩子未来的生活做准备,可谓有理有据。但是从国家角度而言,这样的教育培养的人并不适应这个时代对人才的需要,这样的教育培养的人在国际的竞争中存在太多的问题,这样的教育培养的人在生活与工作会有明显的不适应。因此,国家作为教育事业的主体,以国家权力的形式开展了自上而下的基础教育课程改革。课程改革从课程设置、教材编写、教学方式变革、教学评价创新等方面入手,力图改变现实中应试教育的倾向,

---

① 华东师范大学教育系、杭州师范大学教育系编译:《现代西方资产阶级教育思想流派论著选》,人民教育出版社1980年版,第6页。

力图把我们的教育引向一种尊重人、培养人、发展人的"以人为本"的科学教育观上来。课程改革并非改变了课程的设置或使用了新教材就能完成，课程改革是一项综合性的工作，它必然要涉及整个学校文化的重建。

第一节　关于学校文化的理解

我们常提到学校文化、校园文化这样的概念，但对这一概念的内涵及来龙去脉缺乏较深入的思考。校园文化是文化的一种类型，它的归属与文化的概念相一致。如果我们借用当前比较公认的泰勒关于文化的概念来理解校园文化，当不会差之太远。泰勒认为"文化或文明，就其广泛的民族学意义而言，是包括全部的知识、信仰、艺术、法律、道德、风俗以及作为社会一员的人所掌握和接受的任何其他的才能和习惯的复合体"[①]。因此，我们认为校园文化是一个综合的复杂系统，它是在学校中形成并发展的知识、信仰、艺术、法律、道德、风俗以及教师与学生从社会中获取的各种能力与习惯。这样理解学校文化有两点是十分重要的，一是学校文化是一个复杂的综合体，不仅包括学校中的知识、信仰、艺术、道德、风俗习惯、能力等，而且必然受到社会文化中的知识、信仰、艺术、道德、风俗习惯、能力等的影响，因为校园文化可以说就是社会文化的反映或缩影。看到这一点就不会在理解学校文化时"一叶障目不见森林"，就可以把具体的学校文化与整个社会与时代的文化联系起来，也就不会简单地以校风校纪或校训来代替学校文化了。二是学校文化是一个动态的过程，自学校产生之后就伴随着学校发展而发展，自人类文化产生之后就与教育形影不离。我们既要看到学校文化产生的背景、发展的条件、现实的表现等，还要看到学校文化的创造与未来的走向，把学校文化放在动态的、历史的视角中去审查、理解

[①] ［英］爱德华·泰勒：《原始文化：神话、哲学、宗教、语言、艺术和习俗发展之研究》，连树声译，广西师范大学出版社2005年版，第1页。

和建构。与此同时，学校文化虽然综合性强，内容复杂，但并不难以把握，学校文化总有各种各样的表现形式，如同文化的表现形式，我们可以按不同的标准把学校文化分成不同的类型来理解。如学校物质层面的文化可以归为学校物质文化，主要包括校园的环境、设施、条件等，目前受关注较多是学校的环境与学校的硬件建设，当然并不是指学校越有钱、学校的物质文化就越好，物质文化的建设与发展和学校教育的理念相一致，没有一流的教育理念，即使教学条件再好，也不等于学校拥有一流的物质文化。一些历史悠久的老学校也许在办学条件上不如新兴的所谓"贵族学校"，但老学校校园物质文化却远远超越了这些新式学校，这些文化都将成为可贵的教育资源并发挥重要的育人功能。学校制度层面的文化可以归为学校制度文化，这些制度有些是普适的，即所有的学校都有的，一般由教育行政部门制定，在所有学校都执行的制度，或者是从一个国家和地区的历史中传承下来的制度；有些制度则是一些学校所特有的，或从学校的历史而来，或从学校的现实而来，但总的来讲是学校特有的，成为学校特色的组成部分，如校纪、校规等。制度层面的文化还和一个社会或国家的政治、经济的管理体制有密切的关系，尤其是政治管理体制对学校制度有明显的影响和制约作用。比如封建社会的学校制度与现代社会的教育制度就有明显的差异，所以二者的学校制度文化也迥然不同；再比如因为中国与美国政治制度与文化传统的不同，中国与美国的学校制度文化也大相径庭。最为重要的是学校的精神文化，学校精神文化常常体现在学校办学者的传统、信念、意识方面，落实在学校教师与学生的教学观之中。学校的精神文化是学校文化的核心，是学校文化中起决定作用的内容。一所学校能否成为一流的学校，能否成为有影响力的学校，能否落实素质教育都与学校的精神文化密切相关。现实的学校中，当我们进入一些所谓的一流学校时，如果发现上至校长，下至教师和学生的观念都是升学至上、应试至上时，我们会不由得感叹，学校的精神文化有问题，这样的学校，即使升学率很高，恐怕也不能说是一流学校。因为这样的学校实际上是把学生发展中的问题留给了大学或留给了社会，从这一角度而言，如果学生将来在大学或社会中出了问题，这样的学校是要负主要责任的。国家推行新课程改革，对这样的学校文化说"不",就是要改革以应试教育为目标、不顾学生发展的传统学校精神文化,重建新型的以素质教育为目标、培养德智体美劳全面发展的学生的现代学校精神文化。

第二节 传统学校文化的形成及特点

传统的学校文化是指现实中智育至上,以应试教育为目标的学校文化。这种传统学校文化在校园物质文化方面,重政绩工程、轻育人功能,有时只讲一流的环境与设备,却不顾学校的内涵与特殊性。一旦进入这样的学校,即使有公园的硬件也难有对校园的认同。这是因为学校常常把钱花在了"面子"上。这种传统学校文化在制度文化方面,是一种"官化"的管理理念与方法,机械而呆板,缺乏创造性,"唯上"思想严重,不是把校园当军营管,就是把学校当监狱管。这种传统学校在精神文化方面更是到了"升学至上"的程度,校长向局长保证升学率,教师向校长保证升学率,学生向教师保证升学率,最终苦了学生与教师,亏了一代一代的莘莘学子。深刻剖析这种校园文化的形成及特点,对于重建新型的现代学校文化有着十分重要的意义。

传统的学校文化的发展源流主要有四个方面,即四条支流汇聚成了传统学校文化之大河。第一条支流是中国传统文化背景下的科举与教育。中国几千年的传统文化与教育,虽然在近现代几次大的运动中削弱了,但它的影响在现实中还根深蒂固,而且传统文化中许多优秀的内容越来越受到人们的重视。就中国传统的教育史而言,学校教育与科举考试的关系影响着大众对教育价值的选择,主要体现在家长与教师对教师价值的认识,即学校教育的目的就是让学生通过升学而达到就业的目的。学校中应试文化的盛行与这种传统文化在人们观念中的地位是分不开的,即使家长与教师否认自己受这种文化的影响,但其行为的选择必然与此相关。第二条支流是近现代以来自西方传入的功利主义教育思潮。在西方资本主义上升时期,由于社会生产对实用技术人才的需要,使现代学校教育随着工业化的进程而发展壮大,现代学校中的班级授课制本身就是适应社会对技术人才的需要而出现的，它的原理与现代生产中标准化的流水作业是一致的。这种教育随着科技理性的发展而逐渐成为现代教育的主流取向，全社会重视科技、重视理工科教育、轻视人类文化与道德，形成了工具性至上、交往理性失落的状况。西方社会目前呈现出的种种问题，有人称之为现代化的陷阱。这种陷阱在学校教育中就是功利教育，为了就业，就得升入大学，甚至升入一流的大学；想升入大学就得为此做准备，所谓做准备就成了应试教育。可见工业化时代产生的学校教育及其班级授课制中最大的弊端就是缺乏对教育根本属性的充分考量，轻视了教育中"以人为本"的根本属性，轻视了教育活动赖以生存的人类文化结晶，而是片面地重视了一些升学考试的知识与技能。西方国家所谓的"考试地狱"的说法就与这种社会思潮密切相关，只是因为它们在人口及就业方面的压力比中国小而减弱了应试教育的程度。第三条支流是自20世纪50年代传入中国的苏联教育学理论及其影响。苏联教育学理论强调理论知识及其指导作用，形成了学校教育中的双基文化，即基础知识与基本技能。而这些所谓的双基理论主要通过书本知识来展示，主要通过课堂讲授来学习，通过考试评价来检验。苏联教育学理论对中国的影响是深远的，不仅在理论上具有主导的影响，而且在实践层面，在一段时期内也是主流。第四条支流就是中国自20世纪80年代以来的高考招生制度对学校教育的影响。因为高考的恢复是中国教育体制与国家用人体制回到了公平公正的轨道上来了，这种人才选拔制度本身没有什么错，而是它的实行对整个基础教育的影响经过近30年来看，是有导向性的，因为高考如何考可以直接决定学校如何教，学校因为自身的利益、地方因为自身的政绩而着重教育的成绩，而这种成绩最直接的体现就是高考升学率，最有说服力的也是高考升学率，所以为高考而教就在所难免了。正因为如此，这次基础教育课程改革的同时，甚至在课程改革之前，高考的改革就已经加大力度地展开了，但以考试选拔人才的制度不能改，这样，以教育来支持高考的校园文化也就没有发生太大的变化。

以上四个方面的共同影响铸造了现实学校文化的类型，它有以下几个特点。

第十一章 中国基础教育的学校文化特点及其转型

第一，学校文化目标的功利性。现行学校文化中，升学考试之风盛行，好学校莫不如此。走进一些重点校、示范校，校门口常常是贴着学生的考试排行榜，每一位学生的入学考试成绩、期终考试的各门成绩都被排了出来，成绩的升降，名次的升降，都被公布于众——让全校的教师看，全校的学生看，学生的家长看，看了以后就比，比了之后更加急迫地追求成绩。好学生及其家长就会更加信心百倍地投入应试；而成绩差一些的学生及家长不仅自尊受到了伤害，而且会更加极端地把学习成绩作为奋斗的目标。学生的理想就是能升入重点大学，教师的目标就是能让更多的这样的学生考进重点大学，学校的理想就是成为升学率最高的"好学校"。这种为升学考试服务的教育有着明显的功利性，它最大的弊端就是使教育成为一种片面的利益追求的工具而丧失它内在的价值与尊严，使学生在表面知识水平发展的同时牺牲身心的健康与个性及智慧的养成。

第二，学校文化内容的封闭性。学校文化的封闭性使学校如同一个与世隔绝的世界，只关注书本知识，对社会现实不闻不问；只关注学生的学习成绩，对学生的身心发展不闻不问；只关注教育中的智育方面，对德育与体育不闻不问；只关注统一划一的标准与要求，对人的个性与健康不闻不问。学校文化的封闭性使学校关门办学，越来越狭隘，错把应试教育当教育之本真；学校文化的封闭性使学校的包容性差，容不得半点不同的声音，甚至于教师或学生有个性的服饰与发型都成为学校文化反对的内容。学校的包容性不够，教师的包容性就不强，学生能有什么样的包容性呢。笔者在一次检查师范生的教育实习时发现，学校领导与教师对实习生反映最多的问题就是对实习生的服饰、语言、行为等看不惯，认为大学生戴着帽子上课不像教师、留着长发进学校不符合要求、和学生一起打闹不懂学校规矩，等等。教师确实应该有教师的语言与行为规范，但教师就必须机械古板得让学生喘不过气来才是正确的吗？为什么实习生在不到一个月的时间里会与学生产生那么深的感情，分别时的泪眼与依依不舍的情怀，难道不能让我们的学校教师产生更深入的思考吗？当前一些地方搞"巨无霸"的寄宿制学校，有人把学校当军营管、当监狱管，表面上学校井然有序，好像保障了教学工作的顺利进行，殊不知这种管理正是学校教育的失败所在。军营是什么？监狱是什么？学校又是什么？学校应该给予学生的更多的是自由的言行和轻松的环境，而不是铁的纪律与个性的压抑。学校文化的封闭性使学校越来越远离了学生的生活，使学校越来越远离了创造性的活动。

第三，学校文化评价的片面性。因为学校文化目标的功利性和内容的封闭性，学校文化的评价就表现出明显的片面性特点。学校文化建设在评价中重结果、轻过程，重升学率、轻人的培养，重表面的整齐划一、轻个性及创造性。从学校文化的物质层面看，几乎所有的学校建筑千篇一律，都在向大学看齐，好像学校越大，建筑越高，学校物质文化就越先进似的。但中小学校的校园物质文化建设，包括建筑、环境、设备等均要符合中小学生的身心特点，不宜向大学看齐。这种倾向也是最近几年所谓的标准化学校在评价时的导向引起的。在制度文化与精神文化方面，评价者则少有关注，或有关注者都集中在几个较具体的方面，什么师资水平、升学指标、统考成绩、竞赛名次、获奖次数，等等，而对学校的办学指导思想、教学观、学生观等没有给予应有的重视。一方面是因为这些因素较难评价；另一方面是因为这些因素没有列入学校精神文化评价的指标体系之中。评价的片面性又与目标的功利性相互支持，使学校文化建设进入一种恶性的循环。

第三节　课程改革背景下重建学校文化的理念与方法

课程改革从本质上讲是要重建学校的文化——不论是物质文化，还是制度文化与精神文化——使学校教育真正关注教师与学生的现实生活，还原教育的本质价值。正如泰戈尔所批判的那样："正规学校那种严肃的、傲慢的、高人一等的教育中所忽视的东西，它把孩子们从一个充满奥秘、充满人格启迪的世界中强行拉开。它仅仅是一种纪律规定，它拒绝考虑个性；它是一个设计特殊的工厂，以期获得相同的结果；它沿着想象的平均直线开掘教育渠道，而我们知道，生命之线并非直

第十一章 中国基础教育的学校文化特点及其转型

线。"正是不满于这样的学校，泰戈尔创办了"阿什拉姆学校"。不满于传统的学校文化就需要重建新型的学校文化，在理念上坚持从应试教育的学校文化转向素质教育的文化校园，把单一机械的学校文化转变成丰富而有创造性的学校文化，把成人化的学校文化转向符合青少年的身心发展的学校文化。在方法上要从以下几个方面重建学校文化的形式与内容。

第一，通过改革校长任命制度与加强校长专业发展，树立正确的办学思想。正确的办学思想听起来像一句空话，其实正是学校发展中的首要问题。正确的办学思想不仅是指学校办学的方向问题，更是指学校办学的质量问题。从办学方向上来说，目前学校的方向都坚持的是国家的教育方针与政策；但从办学的质量上来说，却是大有问题的。示范学校因升学率高而掩盖了更多的问题，薄弱学校因升学率低而暴露了更多的问题，其中最大的问题在于错误的学校办学质量观。正确的办学思想并不抽象，它具体地存在于校长、教师的学校观、教育观、学生观之中——据笔者调查中总结的经验，主要在学校校长的办学思想之中，即校长的教育观、教师观、学生观之中。学校校长在学校中有着绝对的权威，这与中国校长的任命制有密切的关系，常常是校长说学校如何办，教师就跟着校长朝这一方向努力了。所以树立正确的办学思想，形成良好的学校文化，关键的因素就是校长任命制的改革及校长的学习与培训。没有远见的校长办不出一流的学校，没有正确办学思想的校长，无法建设良好的学校文化。有人曾在教师专业发展的基础上提出校长的专业发展问题，这是有一定的道理的。校长不是普通的政府官员，校长是专业的管理者，如果校长既没有学科教学的专业特长，又没有学校管理的专业知识，校长的办学思想就容易出现问题。所以，一所真正富有文化意蕴的学校，必须有一位专业性强、业务水平过硬、教师拥护的校长。而目前中国单一的校长任命制使得校长只为行政部门负责，容易盲目地抓升学应试教育。可见，通过改革校长任命制度与加强校长专业发展，是树立并坚持正确的办学思想的有效途径之一。

第二，通过教师培训实现教师的教学观与学生观的变革。从当前学校课堂教学文化来看，主要是一种为适应应试教育需要的教师教的文化，这种文化只是学校课堂中的一种文化而已。新课程改革批判这种唯一的课堂文化，旨在呼唤更为丰富的课堂教学文化的形成，而非否定这一文化。许多中小学教师就误认为课程改革就是要把教师教的文化转变为学生学的文化。其实，课堂教学文化作为学校文化的缩影，反映的就是学校文化，我们不能把学校文化分割理解，课堂教学文化可以有以教为主的文化，也可以有以学为主的文化，还可以有教学并重的文化，至于什么情况下哪一种文化更适合课堂教学的需要，就要根据不同的学科内容、学生特点、教师的教学风格而定。教师在教学观上的问题还表现在大多数教师认为教学就是教知识，轻视对学生的整体素质的关注，还有的教师把学生看成无条件学习的机器，不仅课堂上大量地灌输知识，而且课后大量地布置作业，使学生苦不堪言。可见教师在教学观、学生观方面还有明显的误区。重建学校课堂文化就需要通过教师培训促成教师教学观与学生观的变革。近年来，国家加大了教师培训的力度，各种类型的教师培训覆盖全国1000多万名教师，有力地促进了教师队伍的专业发展，在培训中，教师学到了许多新的教学方法，更新了观念，使课堂教学发生了明显的变化。这些变化为当前功利而封闭的学校文化注入了新的生机，使应试教育文化的坚冰开始化解。教师常常会抱怨自己没有教学的自主权，其实只不过是一种借口，教师在课堂教学过程中有着很大的专业自主权，只是因为教学观与学生观的错误而无法发挥专业的自主权。

第三，通过评价改革尤其是高考改革引导学校整体加强文化建设。长期以来，一张试卷定终身、单一的考试模式成了制约中小学素质教育推行的重要因素，也是学校文化建设难以从"校园文化"到"文化校园"的主要原因。如何通过评价改革来推行多元评价模式，进而引导学校整体性加强学校文化建设，是关系素质教育能否落到实处的大事。从目前的情况来看，学校教育中正在逐渐推行综合素质评价与学业水平考试评价相结合的评价模式，即将综合素质评价将学生的道德品质、公民素养、学习能力、交流与合作、运动与健康、审美与表现等纳入评价的内容，涵盖学生的非智力因素的除文化考试外的其他方面。学业水平考试目的是衡量学生是否达到国家规定的中学阶段学习的水平，通常是文化课业的考试。将综合素质考试与学业水平考试引入高考录取，作为多元评价的主要模式，对中学教育教学注重人的发展、抑制应试教育、防止片面追求升学率发挥了引导作用。与此同时，随着国家新课程改革在高中阶段的不断推进，高考改革中正在不断关注考生的能力，与高中新课程改革相呼应，高考在试卷结构、题型设计等方面进行了重大改革。高考重点在考查学生能力、体现时代性和注重学生创造性方面作了调整。在能力方面，重点考查学生运用所学知识分析问题和解决问题的能力、动手实践的能力和探究创新的能力；在体现时代性方面，考查学生了解社会、适应和参与社会的意识与能力；在体现创造性方面，以多样性与选择性为突破口，充分发挥考生的个性与潜质。学校文化的最大特点就是在于它的整体性，它不是对个别文化活动的概括和描述，它是以先进的教育理念、优良的学校传统为基础，通过校风、学风等学校精神层面而内化为学校每一个人的灵魂之中的群体文化。传统应试教育下的学校文化，常常是一种具体而形式化的外在文化，即一种活动性文化，这就是我们熟悉的学校中主题鲜明的思想教育、丰富多彩的文艺活动、社团组织为主的学术活动、教室与校园环境为主的空间设计等。而整体性地构建学校文化，使学校成为名副其实的"文化学校"，就要在文化建设的系统性与文化建设主体的全面性两个方面加大力度。[①] 既要从文化学的整体宏观视野中设计学校文化的内容与形式，又必须从系统构建学校文化的精神层面入手，充分体现中小学的办学理念与教育功能；既要将学校文化尤其是精神文化内化到学校文化建设的承担者、执行者、享受者的观念之中，又必须在课堂教学过程中通过师生观及师生关系的变革来完成教学文化这一核心学校文化的转型。

"欲知明日之社会，且看今日之学校。"学校文化既是现实社会文化的反映，又是未来社会文化的雏形与蓝图，学校文化的变革就意味着人才培养理念的变革、教育意识与方法的变革，不能不引起我们的重视，不能不把它作为教育改革的一项重要内容。

---

① 何祖建：《从校园文化到文化校园》，《光明日报》2008年12月3日。

第十二章

教材驱动课程与教学变革的逻辑与路径

自 21 世纪以来，全球范围内掀起了课程改革的热潮，时至今日，课程改革正在迈入深水区。这轮课程改革的主要驱动因素是新教材的编写和使用，并以此作为"自变量"驱动教学方式的变革，进而培养适应时代发展需求的新人。在中国，教材建设作为国家事权理念的提出，进一步强化了教材在教育事业发展中的功能。教材承载着特定的意识形态，传递人类文化的精华，引领教师教学改革之方向，塑造未来公民之素养，这些使得教材的思想性、基础性、教学性等多重属性凸显出来，教材驱动的教学改革将成为未来课程改革的主要取向。然而，教材何以驱动教学变革？其基本逻辑与路径又是什么？这些理论问题依然有待深入探讨。

第一节 教材的历史演进及其与教学关系的嬗变

厘清教材与教学的关系，是探讨教材何以驱动教学改革的逻辑起点，教材与教学的发展史正是透视这一问题的历史坐标。教材是师生开展教学的基本媒介，教材发展史是一部人类媒介技术发展史。伴随着媒介技术的发展，教材形态经历了从"前教材"、手抄教材、印刷教材再到数字教材的漫长演化进程,目前呈现出全媒体教材共存的局面。在历史发展的不同时期,教材的表现形态和介入教学的程度不断发生变化。在教材诞生之前,人类的教育活动已经存在。教育直接起源于人类的交往活动,[①] 在人类教育产生后的很长一段时间,教师是教育内容的活的载体,人们通过口耳相授、行为示范的方式传递经验,并据此形成了"主体(口)—主体(耳)相传"的教育模式。此时,教材直接包含在社会交往的情境之中,尚处于潜在的形成状态。教材与教学发生关联始于教独立形态教材的形成,大体上经历了三个发展阶段。

一 手抄时代的教材:教材辅助教学

教材的最初形态是手抄教材,此时教材与教学的关系表现为"教材辅助教学"。随着教育的不断发展并从社会中分化出来,技术也越来越多地参与教育活动,教育活动需要借助一些技术化的物品(如教材、教具等)来实现,主体对主体的教育活动演变为"主体—中介(技术)—主体"模式,[②] 教材在主体间的交往中充当了中介的角色。在布鲁巴克看来,古代世界纸和墨水的发明以及15世纪印刷术的发明是教育技术两次最出名的先例。[③] 文字的产生和成熟孕育了早期的质料教材,它们成为主体之间交流的中介之一,使人体器官初步得到了延伸。这一时期,知识可以依靠简牍、缣帛、纸张等物化载体进行异步、单向传播。不过,囿于简牍的笨重、缣帛的昂贵和纸张的稀少,加之手工抄写的速度较慢且容易抄错,口头传播和对话教学依然十分盛行。此时,教材主要以辅助的形式作用于教学,人类社会进入印刷时代之后,这一情况才有了较大改变。

二 印刷时代的教材:教材支配教学

随着印刷时代的到来,教材与教学的关系逐渐演化为"教材支配

---

① 叶澜:《教育概论》,人民教育出版社2006年版,第42页。
② 牛瑞雪:《以教学价值引领数字教材建构》,《中国教育学刊》2020年第9期。
③ 瞿葆奎、徐勋、施良方:《教育学文集(第10卷)·教学(中册)》,人民教育出版社1988年版,第504页。

教学"。随着印刷技术的兴盛,书籍更加普遍并成为十分重要的教学媒介。16世纪中叶,书籍出版的标准化格式逐渐形成,①纸质教材发展为"标准化的教科书"。这种教材由于可被批量生产而得以广泛使用,随后它便与班级授课制这种教学组织形式稳定地联系在一起,创造了巨大的教育价值。伴随着欧洲"古登堡印刷术"的出现,法国教育家吕斯·拉米斯将印刷课本应用于课堂教学,并将其置于课堂教学中的至高地位,推动西方文化从个别化的手抄传统向批量化的印刷传统转变。②赫尔巴特更是将教材和教师置于教学的中心位置。由此,教材逐渐由边缘走向中央,成为主要的课程资源,教材对于教学的作用力不断加强,并经由教师的操控而最终对教学形成支配,这一状况持续了四个世纪之久,其背后的现实根基是工业化社会中的标准化和批量化生产方式。

教材的大规模使用是适应制度化教育发展的产物,它对教学所带来的影响具有价值两重性。从积极的一面来看,教材的基础性、经典性和系统性特征对于帮助学生在短期内系统获取文化知识、确保基本教学质量至关重要。从消极的一面来看,教材对教学可能产生的负面效应亦不容小觑。其一,教师、学生、教材是教学三个基本要素,教材对教学作用的强化极易陷入"教材中心论"和"教材至上论",进而压制学生的主体性。其二,将教材等同于教学资源,容易窄化学生的学习视野。事实上,无论教科书多么精彩绝伦,都不应作为学习过程的唯一资源。③其三,生活世界和科学世界是人生存的两个家园,教材中所构筑的世界圈囿于科学世界,当系统知识和间接经验成为教材的主角,远离生活世界的教学便很容易出现。于是,杜威在《民主主义与教育》中警醒我们,从间接的教育转到正规的教育,有着明显的危险;正规教学的材料仅仅是学校中的教材,和生活经验的教材脱节;正规的教学容易变得冷漠和死板。④陶行知在1931年发表的《教学做合一下之教科书》中将

---

① 郭文革:《教育的"技术"发展史》,《北京大学教育评论》2011年第3期。
② 王攀峰:《教科书研究方法论》,广东教育出版社2019年版,第40页。
③ L. N. Tanner, "Critical Issues in Curriculum", *National Society for the Study of Education*, 1988: 122 – 147.
④ [美] 约翰·杜威:《民主主义与教育》,王承绪译,人民教育出版社2001年版,第13页。

当时中国的教科书视为"没有维生素的书","以文字为中心而忽略生活的教科书,好比是有纤维而无维生素之菜蔬,吃了不能滋养体力"①。

三 数字时代的教材:教材重构教学

数字时代来临后,教材与教学的关系进一步发展为"教材重构教学"。数字教材的发展经历了1.0阶段、2.0阶段、3.0阶段和4.0阶段四个阶段,1.0阶段数字教材是电子音像教材(电教教材)。② 20世纪以降,人类社会进入了电子媒介时代,广播、电视等大众传媒开辟了新的教育前景,承载着特定教学内容的幻灯片、投影片、录音磁带和录像带等各种非书本教材引入教学,作为数字教材前身的电子音像教材应运而生。它把文字教材中的内容以形象化的形式表现出来,在一定程度上弥补了文字教材的缺陷,突出了文字教材的重点,化解了难点。③ 不过,大众传媒"传播的单向性"特征最终还是限制了电子音像教材在教育教学中的应用价值,所以它并未从根本上动摇纸质教材的正统地位,真正为传统学校教育带来彻底变革的是支持双向对等交流的数字传播。

到了20世纪90年代,随着传播媒介的演变呈加速度进行,数字传播时代悄然而至,数字教材从静态数字教材(2.0)发展为多媒体数字教材(3.0),并进一步演化为立体化数字教材(4.0)。当前,数字教材正朝着智能化、数据化、平台化的方向进化,并逐步具备了人机智能交互、教学信息互联、学习数据自动采集与精准分析等多种功能。虽然在未来的一段时间内,数字教材仍不可能完全取代纸质教材,但数字教材的出现和迅速发展却使教学系统得以重构。当教材以质料形式存在时,教材与师生这两个主体性要素以及教学方法、反馈等活动性要素共同存在并相互作用。数字教材在一定程度上改写了传统的"教材"概念,拓展了教材的教学潜能。鲜明的智能化特性和强大的交互性功能使

---

① 陶行知:《陶行知谈教育》,辽宁人民出版社2015年版,第90页。
② 王润:《数字教材何以推动教学变革:逻辑与路径》,《湖南师范大学教育科学学报》2021年第5期。
③ 陈达章:《中小学音像电子教材建设中的思考》,《中国电化教育》2000年第12期。

得数字教材初步具备了主体性，逐渐摆脱"物"的规制，成为一个与教师、学生类似的"主体"。数字教材可以记录学生学习过程、引导学生学习路径、评价学生学习结果。这样一来，由于数字教材在课堂中的介入，教材与教学系统中教学主体、教学方法、教学评价等要素之间的界限不再泾渭分明，而是逐渐走向融合。

第二节 教材驱动课程与教学变革的逻辑表征

不同教材的形态与内容有别，编审制度各异，其背后的价值取向、编写理念亦相差悬殊，这些成为推动教学形成变革的重要驱动力，教材驱动的课程与教学变革遵循着特定的逻辑理路，具体表征为以下四点。

一 教材内容选择的价值逻辑

课程是实现社会控制的一种基本手段，课程并非价值中立的，教材内容作为课程的重要载体，也必然体现出特定的价值倾向性，它往往成为主流意识形态的代言人。就此，阿普尔从文化批判的角度提出，教材输送的是具有鲜明意识形态的"官方知识"。教材内容经教材编制者的拣选、加工与呈现而承载价值，进而制约教学价值取向，这一过程通过两个步骤达成。一是经由教材编制者对教材内容的筛选而维护和宣扬某些意识形态话语，同时抑制和悬置另一些意识形态话语。前者得以进入教材和课堂，为教师所阐释并被纳入学生的接受视野，而后者往往因其未在教材中呈示，教师在教学中一般不会刻意渲染，造成它们成为事实上的"空无课程"。然而，正如德里达所指出的那样，"未说的话"与"未写的文"和已说的话一样重要。教科书中"未说的话"与"未写的文"正是对某一特定文化和意识形态所进行的过滤、排除和空无化处理，"空无"昭示着不可以教什么，最终造成学生对之产生"选择性遗忘"，没有记忆自然也就没有了认同。二是经由教材编制者对教材内容的加工、呈现而将选入教材中的意识形态话语赋予特定的价值色彩。具有主流意识形态的知识进入教材获取了"合法化"身份，同时，一些具有非主流意识形态的知识虽然也进入教材,但有可能被刻板化、边缘化书写,甚至被扭曲。无论哪种知识,当它们被纳入显性课程的范畴时,在教材中以显性叙述的方式呈现,对师生产生直接的影响;当它们被纳入隐蔽课程的范畴时,在教材中以隐性渗透的方式显现,对师生带来潜移默化的影响。"教材像教室结构一样,会影响学生或教师的价值观,这点他们自己都未必认识到。"[1] 当然,教材内容的价值选择牵引但并不决定教学价值取向,作为教材的使用者,师生以其所信奉的价值观念及其文本理解的"前见"为基础对教材进行一定的价值重构。

二 教材结构编排的教学逻辑

教材结构编排是在特定的教育理念下将教材内容组织起来形成系统所采用的方式,旨在促进学生形成结构化的知识体系,提升学科素养。"为了使教育经验产生累积效应,就必须将它们组织起来,使之互相强化。这样组织就成了课程编制过程中的一个重要问题,因为它会极大地影响教学的效果。"[2] 合理的教材结构编排会促进教学,反之,不当的教材结构编排则会削弱教学效果,教科书里大量分散的知识和术语对于深入理解、掌握知识的原有体系是很大的障碍。[3]

教科书(textbook)是对文本(text)进行"编织"(texere)的书本(book)。最初的教材不太注重"编织",以至于文化经典直接被用作教材的情况在学校教育中一度普遍存在,相应地,讲授、记诵、抄写经典等教学方式较为流行。随着时代的发展以及课程与教材理论的不断成熟,古代的教材逐渐发展成为现代意义上的教科书,教材编排体系也随之日益完善。以改革开放后40余年中国的教学改革来看,教材编排体例的变化是推动教学方式转型的重要因素。强调"双基"的教材是学科基本知识和基本技能的载体,是对教学大纲所规定的学科知识的

---

[1] [美]埃利奥特·W. 艾斯纳:《教育想象——学校课程设计与评价》,李雁冰主译,教育科学出版社2008年版,第92页。
[2] [美]拉尔夫·泰勒:《课程与教学的基本原理》,罗康、张阅译,中国轻工业出版社2014年版,第88页。
[3] [苏联]Л. В. 赞科夫:《教学论与生活》,俞翔辉、杜殿坤译,教育科学出版社2001年版,第55页。

"逻辑汇编"和权威解释，教学活动只是教材的展开过程，学生的学习就是对教材的理解、记忆和"掌握"。[①] 这是一种以知识获取为旨归的教材编排体例，"传递—接受式"教学占据主流。强调"三维目标"的教材，将知识获取的方法、过程以及价值体现在教材编排体例中，教学方式随之转向强调自主学习、合作学习、探究学习。强调"核心素养"的教材，全面注重人的素养形成，在真实情境中解决复杂问题以发展高阶思维，教材编排更加关注三维目标的整合，"活动—探究"单元设计、主题单元设计、大单元设计等编排方式在新一轮三科统编教材中得到充分体现，实践性学习、整体学习、大单元教学等成为教学方式的必要补充。

三 教材形态转换的媒介逻辑

教材形态是教材的外部形状、样貌特征及其内部构造。教材形态的变化是媒介技术发展、教学理念革新的必然结果，它反过来又成为促进教学理念革新和落地的推动力。教材从最初以简牍、缣帛为载体发展到以纸张为载体，从抄写不一的"手抄教材"发展到统一版式并装订成册的"标准化教科书"，契合了人们对现代主义范式下客观性、确定性和普适性知识的追求，促使教学过程不断走向规范化，同时在无形中形塑了"标准化教学"和"同质化教学"，迎合并支撑着"以教为中心"的传统教学观念。20世纪以来，教材形态创新至少在沿着以下两条路径发展。一是在不改变纸质教材自身形态的前提下进行适当改良。比如，20世纪30年代，教育家李廉方在其教学实验的基础上创立了"廉方教学法"，这种教学方法不采用课本，应用卡片之处甚多，在识字教学上颇有成效，[②] 在革新中国教学之弊病上贡献良多，并促使当时深受实用主义教育影响的中国本土课程综合思想和科教学实践未因盲目照搬国外而水土不服，流于表面化和形式化，而是真正落到了实处，产生了实效。又如，近年来在中国职业教育领域倡导探索活页式教材、工作手

---

① 余文森：《从"双基"到三维目标再到核心素养——改革开放40年我国课程教学改革的三个阶段》，《课程·教材·教法》2019年第9期。

② 郭戈：《"廉方教学法"述评》，《河南大学学报》（社会科学版）1992年第3期。

册式教材，通过教材外在形态的变化适应并促进了产教融合、工学结合教学理念的落地。二是彻底突破纸质教材的局限，探索教材的数字化形态。当前，依托于人工智能和大数据等前沿技术，并实现了与教学平台的对接，数字教材逐步具备了人机智能交互、教学信息互联、学习数据自动采集与精准分析等多种功能，极大地丰富了教学资源，延伸了教学时空，将学习者重新带回到教育活动的中心，促使他们更加灵活地开展个性化学习、自适应学习、深度学习、具身学习，并引发了教学方法、模式、评价等方面的深度变革，由此实现了从教学理念到操作程序，再到教学中师生关系的重构，推进教材向学材转变，满足了知识爆炸、创新导向的信息化社会和人人能学、处处可学的学习化社会对人才培养规格的新需要。尽管全媒体时代以信息化为主要特征，但在教材的编写与使用方面，却呈现出了全媒体共存的特征，并不是一种媒体代替另一种媒体的线性发展关系，而是多种媒体同时存在于现代课堂教学之中。这一逻辑恰恰证明教材形态的多样化给教师和教学带来巨大的挑战，未来的教师既是现代媒体运用的高手，更是多种媒体结合使用的能手。

四 教材编审制度的变革逻辑

教材编审制度指的是教材编写与审查的制度，它是教材管理制度的核心。教材编审制度可分为国定制（又叫统编制）、审定制和自由制三种，教材编写和审查主体的不同是三者的主要区别。国定制是由国家教育行政部门统一组织编写教材，统一审查，供全国各地学校统一使用；审定制中，教材一般由民间具有教材编写资质的出版机构、教育团体或个人编写，由政府主管部门统一审查合格后供各地和各学校选用；自由制也是由民间自由编辑和出版教材，学校自由选择，但无需政府部门审定。在国定制和部分审定制的教材制度框架下，教学变革多以"自上而下"的方式展开，遵循"研究—开发—推广"逻辑，即在新的教育理念下由学科专家统一研制新教材，随后以制度保障为基础推行使用新教材并借此引发教学改革。这就形成了一种"自上而下"的教学变革范式，具体表征为"学院式"和"行政式"，是以教育专家或学者为主体，基于教育理论指导的一种科学化行动，主要依赖官方机构的强制力量,通过教育教学政策、制度或指令展开统一行动,①形成制度化变革,这是中国传统教学变革的主导范式,它与中央集权的教育管理体系相适应。与此同时,中国鼓励各地方、各学校的自主教学改革,形成"国家主导为主,地方自主为辅"的教学改革模式。例如中国既有 21 世纪以来国家层面的基础教育课程改革,又有新基础教育、主体性教育、新教育实验等多种地方性或民间的教育教学改革,二者相得益彰,共同开展基础教育的课程与教学改革。

上述教材驱动教学的逻辑从教材的内容与价值、结构与顺序、形态与媒体、制度与变革等问题内在的逻辑关系,构成一个完整的逻辑体系。教材编写、教材使用、教材评价、教材修订等都要体现这些逻辑关系,并使其成为教材驱动教学改革的基本原理。

第三节 教材驱动课程与教学变革的实现路径

一 立足教材价值逻辑研发优质适学教材

教材诱发教学产生积极变革的前提在于编好每一本教材,形成中国特色高质量教材体系,使之能够充分释放"培根铸魂、启智增慧"的功能。教材是人才培养的重要依托,人才培养问题归根结底是"培养什么人、怎样培养人、为谁培养人"的问题,切实回应这一时代之问是教材研发的首要议题,也是彰显教材价值逻辑的内在诉求。这需要以"立德树人、为国育才"为根本遵循,据此筛选和厘定教材内容,确保教材内容在政治性、思想性、民族性上具有正确的导向。针对一段时期以来,一些意识形态较强的学科(如历史、政治、语文等)甚至出现某些版本教材的内容与国家要求不符、观点与国家提倡的主流观点有较大出入的问题,②新时代中国重启教材统编工作,三科统编教材进一步

---

① 罗生全、赵佳丽:《大数据引领教学变革的机遇、逻辑与行动》,《中国教育科学》(中英文)2020 年第 4 期。

② 张贵勇:《思考与碰撞:教材多样化时代的机遇与困扰》,《中国教育报》2009 年 8 月 7 日。

强化了马克思主义在意识形态领域的主导地位，并有机渗透了中华优秀传统文化、中华民族共同体意识、社会主义核心价值观等，有力彰显了教材的价值逻辑。如何通过教材培养人？这需要将主流意识形态以"纵横贯通、显隐结合"的原则加以组织和呈现。"纵横贯通"就是要将主流意识形态以连续性、顺序性和整合性的多样化方式贯穿于各个学科和各个学段的教材中，形成一个纵向衔接、横向联系的有机整体。"显隐结合"就是实现主流意识形态在教材中"显性呈现"与"隐性呈现"的并行不悖和相互补充。直截了当的价值条目罗列和知识叙述等"显性呈现"使得教材所承载的核心价值更加鲜明，便于教师直接教学和学生直接吸收，但要避免陷入单向灌输的窠臼；通过榜样示范、道德叙事、活动牵引等方式将核心价值生活化、故事化、主题化以进行"隐性渗透"是教材传递核心价值的新趋势，在中国新时期的统编教材中得到了充分体现，这种润物无声的方式有助于教师在教学中引导学生通过探究、发现去建构核心价值观，进而促成价值内化和价值升华。

立足价值逻辑研发教材是一项"铸魂工程"，"优质"和"适学"是判定这一工程成效的关键标准。"优质"是对教材质量规格的总体要求，伴随着中国教育发展水平的不断提升，受教育者对优质教材的需求变得更为迫切。由国家组织学科专家统一编写并统一使用的统编教材，因其编写人员更具权威性、研制过程更具规范性、教材审查更具严密性，确保了教材质量。"适学"是对教材使用价值的必要考量，判定基准是"宜教易学"，要求教材在内容选择、难度设定、编排风格等方面要适恰于师生。"适学教材"不是说教材要绝对化地适应每一位师生，但应满足不同区域、不同生活经验、教学能力和学习基础的师生群体的基本需求，处理好"教材统一性要求与学校差异性需求的两难平衡"[1]，统编教材的研制和使用要在"如何以一本高质量教材解决全国各地差异极大的教材适应性问题"[2] 上下功夫。

---

[1] 程良宏、黄晓茜：《统编教材的载体属性及其学校化实施》，《课程·教材·教法》2020 年第 11 期。

[2] 陈霜叶：《探索中国教材制度建设的比较优势与可能形态》，《全球教育》2019 年第 12 期。

二　把握教材结构逻辑促进教材"活化"

学科专家基于人才培养目标进行的教材研制活动属于教材的"一次开发",其所形成的教材主要表征为一个物化的文本,是潜在的供师生使用的对象,为教学变革储备势能。要将这种"势能"转化为"动能",将教材所蕴藏的能量由静止状态和潜在状态变为运动状态和现实状态,就需要对教材进行"活化"。吉登斯的结构化理论用结构(规则和资源)与能动者(行动者)之间的关系诠释社会活动,以此审视课堂教学可以发现:师生是课堂教学中的"行动者",师生共同使用的教材是课堂中的"配置性资源"。[①] 一方面,作为课堂教学中的配置性资源,教材先于教学活动而存在,教材一旦形成,便成为一种制度化的"超个人"的客观存在,对师生及其教学活动形成约束。另一方面,师生等主体作为具有能动性的行动者,势必通过对教材的重新诠释和二次开发而激活教材。当下,中国教材运作以"自上而下"为主导范式,教材研制、发行、选用制度正在逐步健全,统编教材有力诠释了主流意识形态,创新了教材编排体例。在此背景下,如何吸纳不同层面的行动者积极参与变革,不断汇集变革的力量以活化教材就变得尤为迫切。

加拿大教育改革专家迈克尔·富兰在变革的复杂性中启示我们,每个人都是变革的动力。[②] 在教材活化的过程中,需要激活教学变革中的多方力量,通过能动者的联动形成变革的合力。其一,各级教育部门作为能动者,要组织好教材培训工作,统筹开发与教材相配套的课程资源。在这方面,2020年疫情防控期间开通的"国家中小学网络云平台"提供了丰富而优质的学习资源,有效支撑了教师备课和学生自学。其二,学校作为变革的核心场域,要成为一个学习型组织,通过引导教师反思、开展同伴互助、实施专业引领三种方式进行校本教研,充分激发变革的内生力量。其三,师生作为最为关键的能动者,要正确解读教材

[①] 王鉴、王文丽:《结构化理论视角下的课堂教学变革研究》,《山西大学学报》(哲学社会科学版)2019年第3期。

[②] [加拿大]迈克尔·富兰:《变革的力量——透视教育改革》,中央教育科学研究所、加拿大多伦多国际学院组织翻译,教育科学出版社2004年版,第51页。

并灵活使用教材。教师解读新教材中，尽可能地抛却那些有可能导致误解的"前见"，正确领会教材编制理念，进而以课程标准、学生学情为主要依据，在原有教材的基础上，萃取教材所隐含的能够促进学生成长的元素，实现教材内容的重组、拓展和延伸，推动教材的二次开发，将教材中的知识结构进行转化并纳入学生的认知结构。在此过程中，教师要熟知并运用所在地域的地方性知识，实施文化回应性教学，将自身的主体意识、能动力量和变革活力充分激发出来，促使新教材扎根课堂情境生发教学变革。

三 依据教材媒介逻辑处理全媒体教材关系

教材历经数千年的发展，目前逐渐形成了日趋完备的纸质教材与快速发展的数字教材共生的全媒体教材，认清教材媒介逻辑是正确理解和处理全媒体教材关系的基本依据，教材发展的媒介逻辑是媒介形态演进规律在教材领域的体现。"就媒介史看，新媒介的崛起和旧媒介的变革，并不是依照转型的轨迹，而是不同媒介自成一型，从而导入到一个新旧媒体共存的张力格局。"[①] 习近平总书记指出："传统媒体和新兴媒体不是取代关系，而是迭代关系；不是谁主谁次，而是此长彼长；不是谁强谁弱，而是优势互补。"[②] 由此出发，不同媒介形式教材之间是共存而非替代，是叠加演进而非线性进化的关系。纸质教材和数字教材是不同媒介应用于教育领域的产物，它们共存于现代课堂教学之中。

在认清这一逻辑的基础上，应结合不同媒介的传播属性，促使不同形态教材在达成特定教育目标上起到共促共生、此长彼长、优势互补的效应。教材在教育教学系统中是作为中介、资源而存在的，它服务于特定的教育目标和育人目的，纸质教材和数字教材在实现这一目的上各有所长。纸质教材以呈现文字和图片为主形成了"文字传播"，知识在纸质教材中以线性方式编排并进行结构化处理，纸质教材和文字传播背后所蕴含的"书面文化"对于培植学生的逻辑思维、涵养理性精神具有

---

① 黄旦：《试说"融媒体"：历史的视角》，《新闻记者》2019年第3期。
② 中共中央宣传部编：《习近平新时代中国特色社会主义思想学习纲要》，学习出版社、人民出版社2019年版。

不可替代的作用。数字教材以处理声像、视频、大数据等信息为主形成了"数字传播",表现出信息量大、传播渠道多元、即时性和交互性强的特征,这更贴近"数字一代"学生的接受特点。如果说媒介是人的延伸,那么新兴媒介则是旧媒介的延伸,它可以弥补旧媒介功能上的一些不足。据此,教学中应合理使用数字教材以弥补纸质教材所不具备的功能,充分发挥数字教材在扩充学习资源、复原知识场景、促进个性化学习等方面的独特优势,以更好地实现教育目标。比如,有研究者指出:当前的中小学教材在表达中华优秀传统文化时主要以纸质形态、线性叙事的方式将文化符号静态呈现,难以让学生感受与中华优秀传统文化"在一起"的过程特征,就此问题,可以运用可视化技术手段使得中华优秀传统文化符号情境化、仿真化、活态化,[①] 这正是纸质教材"难为"而数字教材"可为"之处。一方面,要通过数字教材拓展纸质教材的功能,扩充信息容量、补充最新知识并实现知识"由静变动"的转化。另一方面,要用纸质教材来规约数字教材并消解其潜在风险,在学生使用数字教材因身处知识海洋之中而迷失学习方向、面对良莠不齐的信息而缺乏辨识力、点击一个个超链接而形成碎片化学习并偏离了教学目标时,要通过纸质教材再现核心知识、经典知识和结构化知识,及时将学生拉回到课堂教学的场域,有效化解数字教材之"忧"同时更好地体现其"优",由此实现纸质教材和数字教材的共促共生、此长彼长和优势互补。纸质教材与数字教材共存并不断融合的结果是形成全媒体教材,全媒体传播的逻辑是从媒介中心转向受众中心,未来的全媒体教材开发和使用必将基于这一逻辑而引导教学变革,营造学生主体、学习本位的课堂生态。

四 坚守教材变革逻辑发挥教材教学功能

历史上存在三种教学样态,一是基于教师经验的教学;二是基于教材的教学;三是基于课程标准的教学。"基于教师经验的教学"就是教

[①] 吴小鸥、李想:《中小学教材建设对中华优秀传统文化的创造性转化》,《教育研究》2019年第8期。

师凭借自身所具备的知识和所信奉的理念开展教学,① 它普遍存在于普及教育之前,伴随着标准化教科书的出现而逐渐衰微,但未曾消亡;"基于教材的教学"在普及教育时代之后、国家课程标准出现之前占据主流;"基于课程标准的教学"则是有了国家课程标准之后教学的理想状态。当前,这三种教学并非后者取代前者的替代关系,而是彼此共存并相互交融的共生关系,几乎每位教师的课堂上都有这三种教学的影子,差别只是谁占的比大一些而已。由此出发,教师的课堂教学是否发生积极变革,变革程度如何,实际上是由这三重并非来自同一方向的力量所共同施加作用力:一是教师个人的教学惯习;二是师生使用的教材;三是隐于其后的课程标准。据此,应在"课标—教材—教师"的三维互动框架下正确认识教材。

一方面,教师作为使用教材的行动者,并不总是起到助推教学改革的作用。行动者在其中若不是推动进步的施为者,就是朝向变革发展中的障碍。② 新教材与旧教材所承载的教学理念以及与之匹配的学习方式往往有所不同。教师长年累月使用旧教材,所积累的经验若不加以反思、拓展和改进,势必在教学中形成固化的教学惯习、路径依赖和"舒适地带",这很容易成为教师接受新教材和教法的行动障碍。为此,应谨防教师表面上使用了新教材,但却是用旧的理念解读新教材,用固有的教学经验开展课堂教学,最终导致新教材使用陷入搁浅状态,这需要通过转变教师的教学观念、加强对教师的新教材培训等方式精准施策。

另一方面,课程标准是教材编写和使用的主要依据。在基础教育阶段,教材是核心课程资源但并非唯一的课程资源。较之于课程标准,教材更为具体、直观,与教学实践联系更为紧密,这就使得教材具有影响教学的天然优势,容易造成"强教材弱课标"的局面,新中国成立后纠缠了我们近半个世纪之久的"弱化了课程标准的权威性,过度强化

---

① 崔允漷:《课程实施的新取向:基于课程标准的教学》,《教育研究》2009年第1期。
② [法]阿兰·图海纳:《行动者的归来》,舒诗伟、许甘霖、蔡宜刚译,商务印书馆2008年版,第1页。

了教科书的作用"① 即其真实写照。新时期以来,中国用课程标准重新取代教学大纲,借此推动了"基于课程标准的教学",打破了"教教材"的教学观,这笔历史遗产值得继承。当前,在学术研究、政策制定和社会舆论等层面,教材已成为各方关注的焦点,同时,还应基于课程标准规约教材编制和教师教学的理论逻辑,注重对课标和教材的深入研读,最终实现"基于教材的教学"与"基于课程标准的教学"的平衡。

---

① 石鸥:《百年中国教科书论》,湖南师范大学出版社2013年版,第17页。

第十三章

教师评价改革：从破"五唯"到立"四有"

长期以来，中国教师评价中的"五唯"（唯分数、唯升学、唯文凭、唯论文、唯帽子）现象突出，严重背离了科学的教师评价方向，影响了教师队伍建设的质量，阻碍了教育事业的健康发展。2018年9月10日，习近平总书记在全国教育大会上指出："要坚决克服唯分数、唯升学、唯文凭、唯论文、唯帽子的顽瘴痼疾，从根本上解决教育评价指挥棒问题。"① 2020年10月，中共中央、国务院印发了《深化新时代教育评价改革总体方案》（以下简称《方案》），这是新时代中国关于教育评价系统性改革的纲领性文件。《方案》提出"改进结果评价，强化过程评价，探索增值评价，健全综合评价"②，对各教育阶段和教育主体提出了具体的评价改革方向和任务，这对于提高中国的教育治理能力和水平，实现教育现代化和建设教育强国均具有重大意义。破除"五唯"痼疾，重构教师评价体系，扭转不科学的教育评价导向已经迫在眉睫。

第一节 教师评价改革的意义

由于历史文化及社会现实等原因，长期以来中国教师评价标准强调

---

① 习近平：《论坚持全面深化改革》，中央文献出版社2018年版，第473页。
② 中共中央、国务院：《中共中央 国务院关于深化新时代教育评价改革总体方案》，新华网，2020年10月14日。

具体的量化指标，不论基础教育还是职业教育和高等教育，对于教师的评价越来越重视所教学生的成绩、升学率，并与教师的绩效挂钩，对于教师的考核与职称评定以及晋升职务，均过度强调教师的文凭、发表的论文、获得的荣誉等，甚至在一些地区和学校逐渐异化为"唯分数""唯升学""唯文凭""唯论文""唯帽子"的"五唯"教师评价标准。这种评价严重偏离了教师教书育人的初心，广大教师为此苦不堪言，将大量的时间与精力投入片面追求学生考试分数、片面追求升学率和想方设法发表论文、取得文凭、获得各种荣誉帽子上，影响了教师安心投入立德树人伟大事业的积极性，进而影响了教育教学的质量。这种不科学、不合理的教师评价观暴露出诸多问题，显然已不再适用，教师评价改革进入了关键转型期。

在价值取向方面，"五唯"注重教师应达成的各项指标数量，轻视每项指标的达成质量和效果，尤其忽视教师的本职工作和首要任务是教书育人，没有把立德树人和师德师风作为评价教师工作成效的第一标准。这种价值取向助长了教师的功利主义思想，不利于构建教师潜心育人的教育生态环境，违背了教育的本质和初心。在评价目的方面，"五唯"注重奖惩性评价，对教师评价的目的主要是为了考核教师，并以此为依据施以奖励或惩处，忽视诊断性评价和发展性评价。奖惩是教师评价的一个目的，但不是唯一的目的，教师评价应该是帮助教师诊断问题，促进教师专业发展，以便更好地教书育人。在评价主体方面，"五唯"的评价主体较为单一。一方面缺乏校外评价主体的参与，家长、社会、企业、行业参与教育质量评价的能动性没有充分调动起来，市场、社会评价作用发挥有限，第三方评价、业内同行评价发展不充分的问题；[1] 另一方面又缺乏校内多元评价主体的相互补充，教师自身、同事、学生、学校评委会之间尚未形成一个系统完善、相互配合的评价主体。在评价内容方面，"五唯"过分强调分数、升学、论文、文凭、荣誉等指标的达成，将其视为评价教师的唯一标准，过于偏激。毋庸置

---

[1] 涂端午：《教育评价改革的政策推进、问题与建议——政策文本与实践的"对话"》，《复旦教育论坛》2020年第2期。

疑，这些指标可以从一个方面反映教师的素质和能力，但只以此为标准则是以偏概全。教师具有多重身份和任务，只有考虑到教师工作的复杂性，注重综合性评价才有可能真正客观地评价教师。在评价方法方面，"五唯"过分强调指标量化，采用一种操作简单、直指结果的"一刀切"方式。这种评价方式"是按照同质化、同一化的标准来评价不同层次范围、不同责任区间以及不同利益诉求的教育体系的参与者"①。虽然便于操作，但忽视了不同阶段、不同类型教师的差异性，且注重结果性评价，忽视过程性评价和增值评价。传统的"五唯"评价标准对教师专业发展、教育科研事业、学术生态环境等方面均产生了不良影响，破除"五唯"痼疾势在必行。

"五唯"之弊的根本在"唯"，分数、升学、文凭、论文、荣誉帽子本身没有错，它们是教师工作的评价指标，错在"唯分数""唯升学""唯文凭""唯论文""唯帽子"上，因为过于量化评价教师工作绩效，而把这些指标奉为圭臬，背离了教师评价的初心。"五唯"问题表面上是将"指标量化"视为唯一评价标准，其实质是缺乏对教师职业的正确认识。对于表层问题，要以改进结果评价，强化过程评价，探索增值评价，健全综合评价为核心，对现行的教师评价目的、评价主体、评价内容、评价方式进行系统改革，引导建立更加具有针对性、发展性、多元性、综合性、增值性的教师评价新机制。对于实质问题，需要明晰教师的根本使命和"四有"好老师的标准，进而树立正确的教师评价价值取向。习近平总书记指出："教师重要，就在于教师的工作是塑造灵魂、塑造生命、塑造人的工作。"② 教师担负着培养担当民族复兴大任的时代新人，承担着培养德智体美劳全面发展的社会主义建设者和接班人这一重任，其工作效果直接关系未来的社会形象与品质，是一项极其重要和复杂的工作，具有特殊性。因此，对教师的评价不能只

---

① 林小英、陆一：《分层与自主：重整中国基础教育事业评价体系的纵横逻辑》，《全球教育展望》2020年第3期。
② 习近平：《做党和人民满意的好老师——同北京师范大学师生代表座谈时的讲话（2014年9月9日）》，人民出版社2014年版，第4页。

停留在对各项指标的达成，而要回到教书育人的根本使命上去，把师德师风作为第一评价标准，把认真履行教育教学职责作为评价的基本要求。习近平总书记提出的"四有"好老师的标准，有理想信念、有道德情操、有扎实学识、有仁爱之心，就十分明确地确立了新时代教师应该具备的素养框架，是落实新时代中国教师评价改革的指导思想，也是构建新时代教师评价指标体系的内容体系。

中国教师评价的改革正处在从破"五唯"到立"四有"的转型期。从破"五唯"到立"四有"，教师评价一定要把握好二者之间的辩证关系。破"五唯"是教育评价改革的主旋律，总方向，破"五唯"绝不是不要分数、升学、文凭、论文、荣誉，而是把教师评价中的"五唯"问题解决好。对于教师工作而言，学生的分数与升学率，应该是教师工作成效的具体表现，教师的文凭、论文、荣誉也是教师工作业绩的直接证明，问题的关键是在克服"五唯"评价倾向的过程中，如何把分数、升学率、论文、文凭、荣誉等有机地融入"四有"的评价体系之中，形成综合的、科学的教师评价制度和体系。当前要警惕那些借着破"五唯"之势而彻底否定教师工作中可以把握的具体指标的错误做法，一些学校中出现的不敢讲成绩、不敢讲升学、不敢讲论文、不敢讲文凭、不敢讲帽子的错误做法比"五唯"更为有害。破"五唯"与立"四有"之间是同一问题的两个方面，破"五唯"不能"一刀切"，在没有立"四有"之前，要坚持"以破促立，在破中立，以立促破，在立中破，破立结合，以立取破"的原则，完成由破到立的转型。"五唯"更多是操作性的，是已经形成的旧评价体系，"四有"更多是方向上的引领，二者"一旧一新""一实一虚"，在"新旧之间""虚实之间"如何过渡，绝非轻而易举、一朝一夕的事。新时代教师评价要"引实入虚、以新破旧"，在立"四有"的过程中有机地、辩证地融入教师评价的具体指标，形成科学有效的教师评价制度。

首先，破"五唯"而立"四有"的教师评价改革，是教师评价正本清源的体现。教师评价的初心使命是促进教书育人工作，让教师将更多的时间和精力潜心教学、钻研教改、掌握教法、锻炼能力，最终实现教师的专业成长与发展，并以此保证教育教学的质量。教师工作不是简单的照本宣科，而是一项融智力、体力、智慧、情感一体的工作，教师不仅承担着教授知识的任务，而且承担着塑造学生品性、品格、品位的使命，是教书育人一体化的工作，极具复杂性和特殊性，需要广大教师投入全身心方能胜任的工作。"五唯"评价导致教师评价越来越偏离教师工作的初心，越来越导致教师努力方向的偏差，使评价与教师工作"两张皮"。"四有"标准扭转了不科学的评价观，指明了教师评价的方向，有利于教师树立育人为本的职业观，促进自身专业发展，将教书育人与教学研究、专业发展等有机统一起来。

其次，破"五唯"而立"四有"的教师评价改革，有助于教师对学生评价的改革。教师可以不受"五唯"评价的限制，可以把过去片面追求分数、升学、文凭、论文、帽子的时间和精力投入教书育人的本职工作中，"四有"好老师要更加关注学生在学习过程中的成长与收获，注重学生的全面发展，转变学生的评价观。习近平总书记在全国教育大会上强调，我们的教育要培养德智体美劳全面发展的社会主义建设者和接班人。"四有"标准的确立可以解决教师在评价学生上"唯分数""唯升学"的错误做法，通过教师评价变革学生评价，使教师在教学实践中不仅关注学生的智育发展，也开始加强德育、强化体育、重视美育和劳动教育，真正推进学生的全面发展，形成对学生科学正确的评价理念与方法。

最后，破"五唯"而立"四有"的教师评价，是整个教育评价的重要组成部分，教师评价改革有利于推动政府、学校、学生评价的转变，进而对优化教育评价生态具有重要意义。"四有"好老师标准可以纠正评价教师的"五唯"痼疾，进而纠正评价学生的"唯分数""唯升学"的错误思想，有助于教育系统内部整体的破"五唯"评价转型，有助于转变各级政府的教育政绩观与评价观；各级各类学校以"四有"好老师为标准，评价考核教师，可以帮助教师落实立德树人根本任务，切实将立德树人成效作为奋斗目标，有助于转变各类学校的评价观；"四有"好老师标准使教师关注学生的全面发展，使其成为担当民族复兴大任的时代新人，有助于转变教师对学生的评价观。只有政府、学校、教师、学生评价观的整体转变，才能构建良好的教育评价生态环境。

第二节　教师评价改革的路径

"唯分数"的真正内涵包括两个方面：一方面是指教师在评价学生的时候，把学生的考试成绩作为评价学生的唯一手段，给学生成绩排名次，根据学生的分数和名次把学生分成三六九等；另一方面是指学校在评价教师的时候，以教师所教学生的考试成绩作为评价教师工作成效的唯一手段，把学生的考试成绩与教师的绩效、评优、职称评定等挂钩，把教师分成三六九等。"唯分数"的痼疾在中国教育体系的各级各类学校中均明显存在，不仅影响了学生的发展方向，而且影响了教师队伍建设的质量。近年来中国学前教育实践中出现过较为严重的"小学化"倾向，幼儿园"在评价中'重智轻能'和'重结果轻过程'，通常采取标准化测验的评价方式，以可观察、可测量的知识和技能作为主要的评价指标"[①]。学前教育"小学化"是"唯分数""唯升学"痼疾在幼儿园渗透的表现，表明基础教育领域"唯分数""唯升学"根基之深厚，这对学前教师评价具有较大的影响。基础教育阶段是"唯分数"和"唯升学"的重灾区，学生普遍通过机械记忆、题海战术来提高学习成绩，教师在评价学生时，目光仅仅瞄准学生的升学考试，一门心思抓成绩，根据考试内容调整教学内容，形成了以考定教的思维定式。学校在评价教师的时候，同样把学生的考试成绩和升学率作为唯一指标，与教师的评奖评优直接挂钩。普通高中阶段更是以高考升学率为主要指标来评价教师和学校，形成了畸形的育人方式。高等教育阶段的教师评价是"唯文凭""唯论文""唯帽子"的重灾区，与此同时，在各类评奖评优中，重成绩轻能力的现象也普遍存在。职业教育阶段缺乏一套科学的评价手段和评价标准"对学生的评价主要采用传统的成绩评价模式，考试考核的成绩仍然是决定学生技能优劣的主要标准"[②]。职业教育中

---

① 李相禹、康永祥：《幼儿园教育"去小学化"的制度基础及对策建议》，《教育科学研究》2014 年第 7 期。

② 李小娟：《高职学生素质能力评价研究》，《教育研究》2013 年第 5 期。

本该加强的能力培养被轻视了,代之以知识测试的"唯分数"评价方法,严重影响了职业教育的职业性特点,对"双师型"教师队伍建设有着较大的影响。"唯分数"现象一方面导致学校片面追求智育发展,轻视美育、体育、劳动教育对学生成长的积极意义,不利于学生个性养成和全面发展;另一方面导致教师着重"育分"忽视"育人",只钻研提分策略,不注重理论学习和能力提升,加剧了教师功利化思想,违背了教师职业教书育人的本真。

"唯升学"是指以中考、高考为核心形成的家长、学校、社会盲目追求升学率的错误思想和文化氛围,将学生是否升入好的学校作为评价学生成败的标准,将教师所教学生升学率的高低作为评价教师教学能力的主要标准。"唯升学"现象主要集中在基础教育阶段,这个阶段学生要经历小升初考试、中考、高考三次较为重要的升学考试,每次考试的升学率是学校排名的重要指标,甚至是唯一指标。为了提高升学率,很多学校通常默许部分学科教师任意占用体育课、美术课、劳动课、班会,有更多时间学习考试内容;经常组织全校范围或各年级范围内的阶段性考试,"月考""周考"屡见不鲜,教师将教学的重点放在培养和训练学生应付各种各类的考试,形成了单调"刷题"的应考战术;甚至还在正式高考前,劝部分学业成绩较低的学生放弃参加考试以提高升学率。学校的绝大多数活动都是围绕提高升学率展开,学校已不再是学生学习与成长的地方,而是训练做题的辅导机构,教师也逐渐变为辅导学生做题的教书匠。这种"唯升学"的现象一方面导致基础教育学校本身出现等级划分,部分学校通过宣传、炒作中考、高考"状元"和升学率,吸引了更多优秀的教师和生源,进而创造更高的升学率。多年来不能解决的"择校"问题便由此产生。职业教育同样受升学率的影响较大。中国普通高中与职业教育分流中最大的问题在于,成绩优秀者进入了普通高中教育,成绩较低者进入了职业学校。"职业教育沦为低分者的接收处,更加剧了学生和家长对职业教育的歧视心理,使职业教育陷入不良循环中。"[①] 职业教育内部,又出现了不注重教育教学质量

---

① 邢欢:《论深化教育评价体系改革》,《河北师范大学学报》(教育科学版)2019年第3期。

而注重升学率的倾向，许多地区又把升入高职和普通大学的升学率作为评价教师和学校的重要指导，导致职业教育办学重心的偏移。高等教育中以大学英语四六级通过率和考研率等作为评价学校、教师和学生的标准的做法正在逐渐地加强，把学生的学位证与英语四六级证挂钩，把教师津贴与学生英语四六级通过率挂钩，由此而产生了高等教育中的片面追求升学率的现象。有些地方院校，大学生一入学，学校就有组织地开展考研的教育，轻视系统的专业教育，全校性的考研之风的兴起，正是高等教育评价与教师评价方向偏离的主要体现。

"唯文凭"是指各级各类用人单位将文凭作为直接判断教师能力、选人用人的唯一标准。学历与教师资格确实有着密切的关系，中国对各级各类教师的学历条件也有一定的要求。《关于全面深化新时代教师队伍建设改革的意见》指出："结合实际，逐步将幼儿园教师学历提升至专科，小学教师学历提升至师范专业专科和非师范专业本科，初中教师学历提升至本科，有条件的地方将普通高中教师学历提升至研究生。"[1]但在"唯文凭"导向下，学校的选人用人标准远远高于此条件，形成了教师比拼学历的不良倾向。比如江苏省2009年、2015年和2020年幼儿教师专科及以上学历规划指标分别为68%、90%和100%，其中本科及以上学历分别为14%、35%和60%。[2]可见，学前教育阶段教师文凭本科化已成为趋势，甚至还出现了个别学前教育机构只招收研究生学历教师的案例。基础教育阶段中，很多城市学校招收本科文凭教师已是最低要求，开始要求教师必须毕业于"985""211"院校，"双一流"大学和学科。高等教育阶段对各类人才的学历要求也逐渐升高，甚至出现只招收博士学位的辅导员的情况。职业教育阶段将"双师"内涵简单理解为持有"双证书"，鼓励教师考取文凭，忽视素质能力的提升。"唯文凭"一方面助长了社会中盲目追求名校的风气，家长常以学校的优劣来判断学生的好坏，忽视了学生的健康成长。另一方面误导了社会

---

[1] 中共中央、国务院：《关于全面深化新时代教师队伍建设改革的意见》（2018-01-31），http://www.gov.cn/zhengce/2018-01/31/content_5262659.htm。

[2] 陈秋苹、曹玉兰：《学前师资招聘引发的合力培养诉求与思考》，《中国教育学刊》2014年第7期。

其他行业的选人用人标准,各行各业都出现人才"高消费"状况。单以文凭作为判断人才的标准,不仅忽视了学生的能力提升和全面发展,更加剧了社会矛盾。

"唯论文"是指学校将论文数量作为教师科研能力考核、晋升职称、评奖评优的唯一指标。基础教育阶段,教师的论文数量是晋升职称的一项重要指标,很多教师由于缺乏专业理论素养,无法完成指标,最后甚至不惜花钱买版面来发表论文,这些论文与教师的教学研究没有多大关系,更谈不上对教师的专业发展的促进作用。高等教育阶段更是以论文数量直接作为评判教师科研能力的唯一标准。高校教师不仅承担着科学研究的职能,还在人才培养、社会服务等方面发挥着重要作用,"唯论文"导致高校教师一味追求论文数量,严重分散了其在其他工作上的时间和精力,甚至在教育教学职责方面都开始敷衍懈怠,逐渐丧失了教书育人的初心。"目前高职学院教师职称评审的标准主要考察的是学术水平和科研能力等方面的业绩,对于老师的实践教学能力没有明确要求。"[①] 职业院校在评价教师时并没有突出职业教育的特点,仍以科研能力作为评价教师的主要标准,这对建设高质量"双师型"教师队伍起到了严重的制约作用。"唯论文"不仅使教师在一味追求论文数量上分散了大量时间和精力,不利于潜心教书育人,而且也阻碍了中国科研水平的发展,教师不愿花费时间进行持久性的研究,而是集中精力产出功利性成果,造成科研的虚假繁荣。破"唯论文"不是不要论文,而是在教师成为研究者的背景下,强调教师从事有意义的研究,强调论文的质量。

"唯帽子"是指以教育部门、学校等机构对教师授予的荣誉称号和头衔作为评价教师的重要指标。"帽子"是教育部门、学校赋予杰出教育工作者的一种荣誉称号,对国家实行各项人才计划,鼓励广大教师投身教育教学、科学研究具有重要意义。无论是学前教育阶段和基础教育阶段的各级各类"优秀教师""教学名师",还是高等教育领域的"院

[①] 李宏伟、徐化娟:《新时期职业教育"双师型"教师队伍建设策略研究》,《中国高等教育》2020年第9期。

士""长江学者""杰出青年""万人计划"等,这些称号能够起到在教师群体中树立标杆,引领示范的作用。但"唯帽子"的评价方式使很多学校将"帽子"与奖励直接挂钩,造成了众多教师只争取"帽子",不提升内涵,甚至忽视教育教学工作,一门心思出成果的现象。此外,"唯帽子"也造成用"帽子"占取更多教育资源,再用更多资源获取更多"帽子"的现象,这对年轻教师发挥教学科研积极性,乃至对整个教育事业的活力都有一定影响。因此,"唯帽子"同样助长了教师的功利主义思想,对教书育人为本的根本使命和良好的学术生态产生了阻碍。

可见,"五唯"现象在学前教育、基础教育、职业教育和高等教育阶段的教师评价中均有表现,产生一系列教育问题,造成不良的社会影响。破除"五唯",其核心是通过改进结果评价,强化过程评价,探索增值评价,健全综合评价,最终改变现有的教师评价价值取向、评价目的、评价主体、评价内容和评价方法。首先,各级各类学校要把"破五唯"作为教师评价改革的突破口,要反思教师评价的制度与文化,改革"五唯"评价教师的理念与方法。各级各类学校在评价教师时,要确立正确的价值取向,明确教师的本职工作和根本使命是教书育人,坚决克服重科研轻教学、重教书轻育人的现象。学校要精简教师的其他工作任务,创造机会和平台帮助教师真正实现专业发展,鼓励教师投入时间钻研教学内容、提升教学能力,以便更好地教书育人。同时,把立德树人成效作为评价教师和学校的根本标准,"要正确地看待教育结果,在分数、升学率和文凭表象的背后,更重要的是培养人形成正确的世界观、价值观和人生观,以及理想信念、道德修养、思想境界、社会责任、审美素养、情感意志、合作意识、创新精神等,这是立德树人的根本。"[1] 其次,各级各类学校要坚持帮助教师实现专业发展的评价目的,创建社会各界参与的多元评价体系。学校要注重过程性评价,要允许教师在教学中进步较小,在科研中遭遇困难,在教育教学、科学研究

---

[1] 刘振天:《教育评价破"五唯"重在立"四新"》,《国家教育行政学院学报》2020年第11期。

的过程中帮助教师发现不足，获得成长。要强化增值评价，减少横向比较，注重纵向比较，让教师通过自身努力，进而获得进步的喜悦。学校评判中会产生好老师，家长和学生心目中也有好老师。因此，对教师的评价不仅需要学校参与，还要社会参与、学生参与，多元的评价主体更能观照教师的多样性，更能给予教师公正的评价。最后，各级各类学校要以综合素质作为评价内容，重点审核教师师德，并采用分类评价的方法。教师有多重身份，具有多项工作，不能简单以"分数""论文"等作为评价教师的唯一标准。要采用建立综合评价体系，从多方面、多角度评价教师各项能力。其中，师德是重点评价的内容。要通过教师法对教师的师德规范，通过教师专业标准对师德规范，通过教师工作考核对师德的规范。实行师德一票否决制，建立新的师德评价的体系，并处理好师德评价与教师整体评价的权重、师德评价与教师绩效的关系等问题。各阶段、各类型学校的教师工作内容和工作重点各不相同，要拒绝"一刀切"的标准，对教师进行分类评价，结合各自的工作特点，制定适宜的评价标准。

第三节　教师评价改革的策略

教师评价改革中，破除"五唯"顽瘴痼疾只是第一步，更重要的是确立新的教师评价标准。习近平总书记提出的"四有"好老师标准，是对新时代教师的新要求，是中国教师评价的指导思想。"四有"好老师标准，是科学合理定位教师职业，让教师回归教书育人初心的重要依据，也是目标清晰地发展教师，为教师立身，勾勒科学评价之"魂"的重要基础。[1]

一　做有理想信念的教师

理想因其远大而为理想，信念因其执着而为信念。理想信念决定着

---

[1] 杨志刚：《怎样建构科学的教育评价体系》，《中国教师报》2020年12月9日。

教师工作的方向和立场，也决定着教师的言论和行动。教师的理想信念不仅决定了对党和国家教育方针的理解，对教育目的的贯彻，也形成了对教师职业的认识和对学生的态度。首先，教师要有实现共产主义的远大理想，要有为中国特色社会主义培养人才的坚定信念，而且要把这种理想信念教给学生，以此来武装学生的头脑，使学生继承和发扬这种理论信念。当前，教师要努力培养担当民族复兴大任的时代新人，培养德智体美劳全面发展的社会主义建设者和接班人。"教育和引导学生热爱祖国、热爱人民、热爱中国共产党，教育和引导学生心中要有国家和民族，意识到肩负的责任，牢固树立为祖国服务、为人民服务的意识，立志成为党和人民需要的人才。"① 这种革命理想信念根植于家国情怀，成长于责任担当，是我们国家宝贵的精神遗产，直接关乎国家的未来和民族的命运，是教师最重要的理想信念。在教师评价中，要把立德树人、铸魂育人的理想信念与其言行对应起来，尤其是在教师队伍中倡导为国育才、乐于奉献的精神与工作作风。其次，教师还要有立德树人的职业理想和甘当人梯坚定信念。"培养什么人、怎样培养人、为谁培养人"是教师工作的初心使命，立德树人的首要之义，是培养有理想、有担当、讲奉献的社会主义新人。教师评价要把教师的职业理想与信念转化为教师的日常行为，转化为培养人的具体工作，对于甘当人梯、默默奉献的教师工作给予肯定与支持。最后，教师要树立终身学习的理念，不断成长，摆脱教育实践中的功利化，从"育分"走向"育人"，在每一堂课中落实课程思政的任务，把立德树人的根本任务落在实处。在教师评价时，要把教师专业发展的态度与水平、课程思政的意识与能力、教书育人的成效与业绩作为重要指标。习近平总书记强调："广大教师要做学生锤炼品格的引路人，做学生学习知识的引路人，做学生创新思维的引路人，做学生奉献祖国的引路人。"新时代的教师评价，要把是否作为学生学习生活中帮助者和引路人，是否作为帮助学生健康成长和获得发展作为重要内容。

---

① 教育部课题组：《深入学习习近平关于教育的重要论述》，人民出版社2019年版，第131页。

在新时代的教师评价体系中,要把教师是否有理想信念以及如何落实理想信念作为重要的内容。在教师评价中,重点评价教师立德树人的思想与行为,通过对教师在课程建设、教材开发与研究、培养学生质量、教学时间与精力投入、对学生的态度与方法等方面行为与事迹的考核,确定教师模范,引导教师投身教书育人的伟大事业之中。在教师评价中要突出教师职业理想与甘做人梯的信念,将教师的工作重点放在教学和研究工作上,从教学质量与人才培养质量的角度评价教师工作的成效。在教师评价中要加强专业发展的理念,对于教师的培训进修、学历教育、职称评定等做综合评价,形成多元指标评价体系。以云南省丽江华坪女子高中校长张桂梅为例,她几十年如一日,始终把教书育人、立德树人作为自己的人生理想和奋斗目标,矢志不渝、执着追求,为党和人民的教育事业奉献了自己的一切。这位身患十余种疾病的"燃灯"校长用生命撑起山里的免费女子高中的事迹被报道之后,成为2020年度感动中国人物,也成为2021年全国脱贫攻坚楷模。张桂梅没有显赫的文凭、论文、帽子,有的只是对教育事业崇高的理想和信念,有的是对山里孩子的无私帮助和奉献,有的是党和人民教育事业的忠诚和责任。新时代的教师评价就是要以张桂梅这样的教师为榜样,引导广大教师树立崇高的教育理想,坚定为教育事业奉献一切的信念,一心扑在教育事业上,全心全意教书育人,培养全面发展的社会主义事业的建设者和接班人。在中国大地上,那些扎根乡村无私奉献的乡村教师们,他们更多是怀着教育回报家乡的梦想,以崇高的道德要求自己,投身祖国教育最需要的乡村教育事业之中,不断涌现出感动中国的优秀教师。

二 做有道德情操的教师

道德情操通常指道德情感和操守的结合,是构成道德品质的重要因素。道德之情重在道德认知与情感的培养,道德之操重在道德意志和道德行为的坚守,这是道德结构完整的表述。"师者,人之模范也";"学为人师,行为世范";"吐辞为经,举足为法";"经师易得,人师难求",等等。其中的"模范""世范""为法""人师"等均是对教师道德情操的表述。教师是教育事业的第一资源,师德是教师素养的基础底色，崇高的师德是 21 世纪每位教师所应具备的基础素养，是教师实现立德树人这一育人目标所要走好的第一步。习近平总书记指出："引导广大教师以德立身、以德立学、以德施教。"① 教师只有在具备基本师德的基础上，才能立身、立学、施教，才能继续为推进教育现代化贡献力量。教师之道德情操，通常表现在两个方面，一个是教师个体之德行，又称私德；另一个是教师群体之德行，又称公德。在私德方面，教师不仅要有一般公民所具备的道德品质，而且教师作为公民道德教育者，要有更高的道德品质要求。教师要有立德为学的情操——为学而教、为教而学、学而不厌、诲人不倦；教师要有立德为生的情操——了解学生、尊重学生、热爱学生、服务学生；教师要有立德为国的情操——崇尚学术、教书育人、立德树人、铸魂育才。在公德方面，一方面，广大教师要在教育教学中践行社会主义核心价值观，彰显榜样示范作用，通过以身作则、率先垂范、言传身教去塑造学生的心灵和品格；另一方面，广大教师要坚守职业道德底线，热爱教育事业，不断追求进步，获取专业发展，无私奉献，关心学生。通过教师公德，塑造教师在社会公众面前的良好形象，使教师群体成为优良品质的带头人，社会文明的体现者，促进全社会形成尊师重教的良好环境。除了公德和私德，教师道德还有底线道德与崇高道德之分。底线道德是教师职业的基本道德，是职业要求的准则，违背底线道德就不适合从事教师职业，因此，教育行政部门对不同领域的教师的底线道德都作出了相应的规定，如，根据《教师法》的内容和教育部《中小学教师职业道德规范》，许多地区和学校制定出台的《中小学教师十不准》，根据《高等教育法》和大学教师行为规范，教育部制定了《研究生导师指导行为准则》等。符合了教师职业的底线道德，只是达到了从事教师职业的基本要求，远远不能称之为优秀的教师。教师职业是奉献的职业，其道德境界还有崇高的追求。所谓崇高的道德是在基本道德的基础上，教师不断通过加强自身修养，提高自己的道德认识水平，甘愿将自己的时间、精力、智慧，

---

① 习近平：《习近平谈治国理政》第二卷，外文出版社 2017 年版，第 379 页。

甚至生命都奉献给教育事业，形成敬业爱岗、爱护学生、钻研业务、团结同事、锐意改革、忘我工作、无私奉献、不计得失、甘做人梯的崇高品质。从教师的底线道德到崇高道德，需要通过教师个体自我修养的不断积累，更需要社会和教育评价体制与机制的引导与培育。新时代的教师道德情操评价，要制定不同类型、不同层次的教师的师德评价体系，以底线道德作为基本要求，鼓励和倡导教师形成和发展崇高师德，将量化评价与质性评价有机结合起来，将道德基本要求和道德崇高发展有机结合起来。不仅是教育行政部门为教师道德情操画红线，而且要鼓励和引导教师有一种崇高品质、卓越品质的价值追求。

新时代的教师评价要把师德师风作为评价的灵魂，实行师德师风一票否决制。在具体的评价过程中，各级教育主管部门要把师德师风建设作为教师队伍建设的重中之重工作来抓，把师德规范作为评价教师的核心指标。各级各类学校要把师德建设与评价结合起来，引导广大教师做立德树人的教育模范，做德才兼备的人生导师。在教师的评价指标体系中，明确教师私德、公德的具体内容，形成多元评价主体，让教师同事、家长、学生共同参与师德评价，形成严格的师德一票否决制度。教师个体在加强自身私德方面，在日常行为、课堂教学、师生交往、同伴互助、校际合作等方面，严格要求自己，真正体现一位合格的人民教师的修养。在公德方面，以社会主义核心价值观要求自己、教育学生，维护教师良好的知识分子形象，树立积极正面的社会形象。全社会都要形成尊师重教的风尚，引领和鼓励广大教师在不触碰和违背底线道德的基础上，追求崇高道德，形成广大教师爱岗敬业、乐于奉献、爱护学生、教书育人、立德树人、铸魂育人的良好教风和钻研教学、钻研教材、钻研教法、研究学生、改进教学的扎实学风。

三 做有扎实学识的教师

教师立德树人，不仅要有高尚的道德情操，更要有扎实学识。扎实学识不仅是教师安身立命之本，更是行动之利器。"习近平总书记说的扎实学识，包括了专业技能等教师从教需要的知识、能力与教育智慧。"① 首先，扎实学识意味着教师要具备系统全面的专业知识。当前随着信息技术的发展，拓宽了人们获取知识的渠道，知识不再独属于教师。因此，教师不仅需要传统意义上广博的科学文化知识、精深的专业知识、基本的教育教学知识，还需要根据社会发展，积累丰富的教育实践知识、教育技术知识、科学研究知识等。其次，扎实学识意味着教师要具备深厚的教学能力、自主学习能力和合作研究能力。教师要根据立德树人的根本任务，准确把握每节课的教学目标，合理调整教学内容，综合采用教学方法，恰当运用教学评价，突出互联网时代的教育特征，切实提高教学能力。在今天这样一种知识大爆炸的时代，为教师带来了很多挑战，教师要具备终身学习的能力，随时补充新理念新方法新技术，自主提高专业能力。教师要乐于接受别人的建议，要积极吸纳别人的优秀成果，结合自己的教学实际，在实践中不断反思，使其切实能为我所用。教师个体的进步是有限的，教师成为研究者，还要通过专家引领、同伴互助、自我反思，将教研结合，以研促教，以教带研，成为教学与研究的双骨干。最后，扎实学识意味着教师要掌握教学智慧。教学对象具有特殊性，极具复杂性，这意味着教师不仅要获取理论知识，更要教师适应教学的需要，充分运用所学，融会贯通，产生智慧，成为教学实践的能手和高手。做有扎实学识的教师，不仅是在教师教育阶段，完成本学科本专业的全部课程，还要掌握教育学、心理学、教学法的知识，成为合格的准教师。在成为教师之后，还要在实践中生成和发展实践性知识。随着时代的发展，信息技术和学习理论成为教师教育教学中不可或缺的知识。教师在知识的获得方面，不再是一次完成论，而是需要终身学习，在教中学，在学中教，教学相长。面临人工智能时代的到来，教师的知识结构面需要开放、持续更新，教师在专业发展的过程中持续不断地完善自己的知识结构，这就需要教师形成不断更新的知识观和知识获得能力，这比知识本身更为重要。

新时代的教师评价，紧紧抓住教师的扎实学识这一基本功，形成相

---

① 教育部课题组：《深入学习习近平关于教育的重要论述》，人民出版社2019年版，第136页。

应的评价指标体系。教师扎实的知识的获得，不仅得益于教师教育的课程与教学，与教师的学历有着密切的关系，更与教师的专业自主发展、同伴合作研究、专业进修提升等分不开，教师评价不能唯"文凭"，要综合教师专业发展中的多种因素，形成科学合理的评价内容。评价教师的能力也不能"唯论文"，而要把教师的课堂教学效果、同事的评价、学生的评价、教学研究能力、教学改革的能力等综合起来，形成教师评价的能力指标。教学智慧的评价更是需要评价教师创造性开展教学改革、创造性促进学生身心发展、创造性推动学校变革等智慧结合起来，把那些真正的教育家校长和教师作为新时代的教育先进工作者、教书育人模范，使真正有扎实学识的教师成为新时代立德树人的楷模。评价教师的扎实学识，更要把教师投入专业发展因素考虑在内，不仅要评价教师获得扎实学识的形式、过程和结果，而且要评价教师实践性知识与教学研究的能力，引领广大教师做有价值的研究，出好论文，不断提升教师的教学能力和水平，让更多的教师在专业发展上走出"高原期"，迈向卓越教师。[1]

四 做有仁爱之心的教师

仁者爱人，教师之仁爱之心的核心在于爱生，如果一个教师不爱自己的学生，就永远不能成为好老师。仁爱之心是教师作为师长对下一代的真情实感的表达。加拿大教育家马克斯·范梅南认为，现代社会因为父母都要去工作，孩子交给了学校，作为教师，要让孩子的父母放心，教师就要努力成为"父母替代者"，即像孩子的父母一样去爱孩子，教育孩子。[2] 中国教育家陶行知先生，捧着一颗心来，不带半根草去，提出教育是爱的事业，并倡导爱满天下，作为教师，不仅要爱自己学生，还要爱这个社会所有的人。仁爱之心意味着教师眼中要看到学生，心中要接纳学生，尊重学生的个性，包容学生的不足，给予学生温暖和关怀。仁爱之心意味着一种科学的教育观和人才观。教师面对的每一个学生，都是有个

---

[1] 李子建、蒲永明、梁霞：《教师"职业高原期"的成因与迈向卓越教师的策略》，《当代教育与文化》2021年第1期。

[2] ［加拿大］马克斯·范梅南：《教学机智——教育智慧的意蕴》，李树英译，教育科学出版社2001年版，第8页。

性、有思想的特殊个体，这种差异是客观存在的。有仁爱之心的教师要平等对待每一位学生，尊重学生的人格，不侵犯学生的权益，不歧视学生的缺陷，尊重、理解、包容、信任每一位学生。这不仅是一种情感表达，更是一种科学理念。仁爱之心是教师进行教育教学工作所采取的一种态度。学生存在着差异，这意味着教师不仅要尊重差异，更要根据学生不同的认知水平、学习能力、个性特点，凭借自己的教育智慧及时调整教学计划，因材施教。有仁爱之心的教师会让每一位学生都能在学习中取得进步，收获喜悦，充分发挥每一位学生的优势特点，帮助学生全面发展。这种因材施教的方法不仅可以帮助学生健康成长，更有助于实现教育公平。

新时代的教师评价要把教师的仁爱之心作为评价的重要内容，重点评价教师对待学生、同事、家长的态度与方法，尤其是对待学生的态度与方法。教师是否有仁爱之心，就是要评价教师对待所有学生的态度与方法，是否对学生有爱心、耐心、真心，就是要评价教师是否对每一位学生都充满仁爱之心，无差别、无歧视、无偏见，公平公正地教育学生，就是要评价教师在帮助学生发展，解决学生生活与学习困难中所作所为。对那些一味追求成绩与升学率，不顾学生全面发展与身心健康的教师，要进行教育和培训，彻底转变教师观念，培养教师仁爱之心，把时间和精力投入对学生的学习与生活、健康与发展的关注上，俯下身子，做学生心目中的好老师。这种仁爱之心的好老师旨在变革师生关系中单纯的传递知识的事际关系，加强"人际关系"与"情际关系"，形成民主、平等、良好的新型师生关系。①

习近平总书记指出："一个人遇到好老师是人生的幸运，一个学校拥有好老师是学校的光荣，一个民族源源不断涌现出一批又一批好老师则是民族的希望。"② 新时代的教师评价改革转型从破"五唯"到立"四有"是一个明确的方向，各级教育行政部门与各级各类学校，在

---

① 王鉴：《论教师专业发展之"教"与"学"及其关系》，《云南师范大学学报》（哲学社会科学版）2019 年第 6 期。

② 习近平：《做党和人民满意的好老师——同北京师范大学师生代表座谈时的讲话（2014 年 9 月 9 日）》，人民出版社 2014 年版，第 4 页。

此基础上要因地制宜地制定相应的教师评价政策与评价体系,通过教师评价,正确引导教师开展学生评价改革,进而变革整个教育评价的生态环境,为新时代教育事业的健康发展奠定良好的基础和指示明确的方向。

第三编

中国基础教育教学改革前沿问题研究

课程与教学改革最终必须回到课堂这"最后一公里",这种回归离不开课堂教学方式的变革。课堂教学方式变革一直是我国基础教育课程与教学改革的重要内容,也是实施新课程与教学的主要抓手。从"自主、合作、探究"新型学习方式的落地生根到"坚持素养导向、强化学科实践、推进综合学习、落实因材施教"教学改革建议的持续推进,我国基础教育课堂教学方式发生了根本性变化,初步形成了中国特色的课堂教学方法体系。

第十四章

中国基础教育课堂教学的独特性及价值取向

当西方人文社会科学研究的实证主义走向黄昏的时候，中国随之迎来了人文社会科学研究中实证主义的黎明。人文社会科学研究确实与自然科学研究有着本质的不同，人文社会科学不能效法自然科学的实验研究方法，不能走实证研究之路，而应迈向实践研究的征途。于是，现象学、阐释学等倡导独特的人文社会科学研究方法逐渐兴起。[①] 教育学作为一门人文社会科学，近年来同样面临着实证主义与反实证主义的双重挑战，一方面国内正如火如荼地勃兴实证研究的热潮，另一方面又在全国范围内形成了丰富多彩的反实证的独特研究方法，这在使教育学的研究呈现多元的同时，也造成了一些乱象。教学论的研究置身其中，使研究方法及其价值选择的问题更为具体。教学活动的本质属性是什么？教学研究是不是要走实证路线？教学研究有什么样的独特性？其价值取向是什么？等等……对于这些问题的思考与回答，直接关系教学论发展的生命力，在学科建设中显得尤为重要。

---

① 关于人文社会科学研究独特性问题的认识，是在反实证主义的过程中逐渐确立起来的。最早在19世纪，施莱尔马赫、狄尔泰等提出阐释学，指出人文社会科学研究独特的研究方法是理解。到了20世纪，出现了胡塞尔、海德格尔、伽达默尔等倡导的现象学、存在哲学等，他们提出回归生活世界、回到实事本身等理念，把解释学作为人文社会科学研究的哲学基础并形成独特的研究方法。

第一节　中国基础教育课堂教学活动的独特性

20世纪80年代，中国教育理论界在"实践是检验真理的唯一标准"大讨论的背景下，开展了关于教育本质问题的争论，其中教学论研究领域最有影响的讨论便是关于教学本质问题的讨论了。中国学者以马克思主义认识论为指导，在苏联教学论观点的基础上，总结并形成了关于教学本质问题的"特殊认识说"。王策三先生在《教学论稿》和《教学认识论》中系统阐述了这一观点，并使其成为一个相对完整的理论体系。教学认识论认为，教学活动是一种特殊的认识活动，既肯定了教学过程本质上是一种认识过程，即主体对客体的能动反映过程，又强调这种认识不同于一般认识或其他形式的认识，有其特殊性，即它是学生个体的认识，具有间接性、有领导、有教育性三个基本特点。[①] 教学认识论强调教学活动作为一种特殊的认识过程对于揭示教学过程中的普遍规律提供了总的方向和根本线索，也为教学论的科学化作出了重要贡献。同时，教学认识论又区分了教学认识相对于一般认识的特殊性，为教师帮助学生发展认知能力提供了一定的方法指导，对于当时强调"双基"的基础教育而言，有重要的指导作用。尽管教学认识论也强调促进学生的身心发展，但是它把教学活动的重心放在认知活动领域，即知识的掌握领域，而对于教学活动促进人的发展的其他属性认识不足，比如对于教学活动的思想性和道德性、教学活动的情感性和非认知因素、教学活动的实践性，等等，忽略了教学活动中无法按照认识的普遍规律去把握的更为复杂的人文特性，导致教学活动中只注重学生的认知发展，故从20世纪末这一理论便受到了广泛质疑和批判。

20世纪90年代，李秉德先生和李定仁先生结合马克思主义实践论的观点，以系统论为方法，重新思考教学活动的本质问题，对教学认识论做了一定的修改和发展。他们认为："教学过程是一个包括认识和交

---

① 王策三：《教学论稿（第二版）》，人民教育出版社2005年版，第110、115页。

第十四章 中国基础教育课堂教学的独特性及价值取向

往实践两个方面的活动过程,是一个认识与交往实践统一的过程"。① 这一观点拓展了传统教学论对教学活动本质的认识,强调教学过程不仅是一种认识活动,而且是一种交往实践活动。这就要求在教学实践中,教师不仅要通过传授知识发展学生的认知能力,也要注重在学校教育活动过程中发展学生的交往实践能力。21世纪之初,叶澜先生基于新基础教育的实践探索,从"生命"的更高的层次重新认识教学活动,对教学认识论进行了批判。叶澜先生指出:"把丰富复杂、变动不居的课堂教学过程简括为特殊的认识活动,把它从整体的生命活动中抽象、隔离出来,是传统课堂教学观的根本缺陷。"② 她进一步提出要走出构成论的局限,用生成论的思想方法去认识动态的教学过程,重点把握教师的教与学生的学之间的关系,"将'教学'作为一个分析单位,来认识教学过程中师生活动关系的内在不可分割性、相互规定性和交互生成性"③。这种用动态生成的方法去重新认识教学活动的观点,完全突破了传统教学认识论的"大框架",立足于对师生生命价值的关怀与尊重,通过学科育人的方式,让课堂焕发出生命的活力。随着21世纪以来中国基础教育课程改革的实施与推进,一些参与基础教育课程改革的专家学者开始对教学认识论展开了否定性的批评,以改变传统课堂中传授知识的单一做法,并以此为突破口变革学生的学习方式。钟启泉、有宝华教授对教学认识论进行了彻底的否定,他们将"教学认识论"比作"发霉的奶酪",认为其展现的是一种精英主义教育价值观和应试主义教育模式。④ 而课堂教学"是由种种要素构成的复杂过程""倘若从教学哲学的角度审视一下课堂教学的本质,那么,可以认为,课堂教学归根结底乃是人格成长的场所"⑤。这种对教学活动本质的再认识,引

---

① 李秉德主编:《教学论》,人民教育出版社2001年版,第23页。
② 叶澜:《让课堂焕发出生命活力——论中小学教学改革的深化》,《教育研究》1997年第9期。
③ 叶澜:《课堂教学过程再认识:功夫重在论外》,《课程·教材·教法》2013年第5期。
④ 钟启泉、有宝华:《发霉的奶酪——〈认真对待"轻视知识"的教育思潮〉读后感》,《全球教育展望》2004年第10期。
⑤ 钟启泉:《概念重建与我国课程创新——与〈认真对待"轻视知识"的教育思潮〉作者商榷》,《北京大学教育评论》2005年第1期。

领中国基础教育由精英主义走向大众主义，各学科通过知识与技能、过程与方法、情感态度价值观三个维度的目标，共同促进学生的成长与发展。随着信息技术的不断发展，教育理论界又开始思索面向未来且具有国际竞争力的人所应具备的各项能力，随之提出了核心素养的理念。教学活动也将立德树人作为首要任务，引领教学实践通过发展学生的核心素养使学生成为全面发展的人，回归了教育培养人的初心。核心素养理念及其学科培养体系的提出，立足于学生作为人的成长与发展，是对教学认识论单一维度的再次否定。

从教学认识论的提出到发展完善，再到对它的批判与否定，这个过程表明了中国学者对教学活动独特性的认识在不断深化，且呈现出多元的观点。毋庸置疑，教学作为一种特殊的认识活动，是教学活动的属性之一，但只将教学作为一种特殊的认识活动，是不能涵盖教学活动的复杂性和独特性的。教学作为一种培养人的实践活动，关涉人的精神世界的成长，因此更多地体现出一种人文的特性，这种特性要求教学实践活动及其教学研究并不是一味地去探寻规律，还要根据一定的文化与情境寻求解释与理解。因此，从传统教学认识论中的探寻规律到现代教学论寻求解释与理解，教学活动的独特性正在不断地彰显。如果把教学活动视为规律性重复发生的现象，则必然是单一教学认识论的观点，而把教学活动看作是一种创造性地培养人的实践活动的话，其多样性正是其人文性与创造性的体现。正是基于对教学活动独特性的认识，中国学者对教学活动人文性本质的认识也逐渐呈现出多元化的特点。比如，有学者认为教学活动是一种交往过程。这种观点认为教育作为一种促进人的发展的特殊社会实践活动，更典型地体现了人类活动可通过语言进行交往的特点，进而提出"教学即交往，没有交往就没有教学""教学交往就是在教学过程中，以具有一定意义的语言为中介的人与人之间的相互影响、相互促进的活动"[①]。有学者将教学视为学生生命成长的过程，认为教学是师生人生中一段重要的生命经历，教学目标应促进学生的全面发展，课堂教学应发挥师生的生命活力。也有学者突出教学中的创造性

---

① 陈旭远：《关于交往与教学交往的哲学认识》，《东北师大学报》1998年第5期。

特点，认为教学是一种艺术创作过程，"教学艺术乃是教师娴熟地运用综合的教学技能技巧，按照教学规律和美的规律而进行的独创性教学实践活动"①。还有学者认为，教学是一种能发挥主体能动性的建构过程，"认识并非主体对于客观存在的简单的、被动的反映，而是一个主动的、不断深化的建构过程，即所有的知识意义都是通过内在表征过程主动建构出来的；在知识意义建构过程中，主体已有的知识、经验有着特别重要的作用，即所有知识意义是随着学习环境的变化而处于不断发展之中"②。上述观点，都是对教学活动作为人文精神活动的独特性的反映，是对教学认识论的批判，这也使我们逐渐认识到教学活动的独特性在于，教学活动是一种有目的、有计划、有组织地开展的关于人的身体与精神健全发展的人文活动，有其艺术性与创造性特征。教学活动的人文性，则需要用人文社会科学独特的方法去解释并理解。如果说，把教学活动作为一种特殊的认识活动，是对教学科学性的反映的话，那么，教学活动作为人的精神发展的活动，则是对教学人文性的反映。教学活动的科学性与人文性，正如一只手的"手心"和"手背"，是有机地统一在一起的，教学论历史上曾经出现的科学与艺术之争，正是各执一端、分离"手心"与"手背"的认识误区的集中反映。③ 长期以来，教学人文性没有被重视起来，导致教学陷入唯科学主义的倾向。教学活动不仅仅是科学活动与人文活动的有机统一，而且人文活动属性是教学的本质属性。作为科学的教学活动，可以通过预设来进行，作为人文的教学活动，则需要通过创造来完成，教学活动只有进入创造的境界，才能真正促进人的精神世界的发展，才能真正将人的德性、品性、知性、心性、善性、美性等精神世界综合建构起来。

---

① 李如密：《教学艺术的内涵及四个"一点"追求》，《上海教育科研》2011年第7期。

② 丁家永：《建构主义与教学心理学研究的新发展》，《南京师大学报》（社会科学版）2000年第5期。

③ 教学是艺术还是科学的争论主要发生在20世纪50年代，代表人物是海特（Highet）和盖伊（Gage）。海特认为教学是一门艺术，而不是一门科学，因为教学涉及人的感情和人的价值观念，是科学鞭长莫及的领域。盖伊则认为，教学是一门科学，应按科学的规律来组织活动，教学即使有艺术的成分，那艺术活动也有其内在的条理性和规律性，很适合作科学的分析。后来又有加拉格尔（Gallagher）等人参与争论，但教学作为科学与艺术双重的属性得到了学术界的普遍认同。

第二节 中国基础教育课程教学研究的独特性

既然教学活动不限于特殊认识活动，还是一种人文的、精神的成长的活动，那么，教学研究就要根据人文活动的特点而开展研究，不再把学科建设的目标定在探寻科学的规律方面，而应依据人文活动研究的特点，建立一种解释意义的人文科学。教学研究在研究对象、研究者、研究方法和理论体系方面呈现出自身的独特性。

一　教学研究对象的独特性

教学研究的对象是教学现象。教学现象是"在教学活动过程中表现出来的有关教学的比较表面的、零散的和多变的外部联系，是教学活动过程中可以看得见、摸得着的各个方面"[①]。教学现象不同于日常生活中的其他现象，是一种特殊的人文社会活动现象。

如何理解教学现象的属性呢？即教学现象是社会现象，还是人文现象？这一问题主要由教育学的学科属性决定的。有关教育学属于社会科学还是人文科学的问题，历来存在着争议。有学者认为"以人为出发点，又以关于人的哲学为理论基础，并归结到人自身的发展，这就是教育学，也正是教育学属于人文科学之缘由所在"[②]。也有学者认为"把教育学说成人文学科自有其道理。但就此把教育学归属于人文科学则有矫枉过正之嫌。所以，教育学作为一门综合科学相对比较适宜，也更有利于教育学学科的自身发展"[③]。我们认为，教育学的学科属性取决于教育研究的对象，而教育研究的对象可以分为宏观教育现象和微观教育现象，"研究宏观教育现象即教育事业的教育学为宏观教育学，其学科属性为社会科学；研究微观教育现象即教育活动的教育学为微观教育

[①] 王鉴：《论教学现象及其研究方法》，《教育研究与实验》2006年第6期。
[②] 张楚廷：《教育学属于人文科学》，《教育研究》2011年第8期。
[③] 王洪才：《教育学：人文科学抑或社会科学？——兼与张楚廷先生商榷》，《教育研究》2012年第4期。

第十四章 中国基础教育课堂教学的独特性及价值取向

学,其学科属性为社会科学与人文科学的融合"①。因此,教育学应当属于一种人文社会科学。作为教学现象属于微观教育现象,具有较强的人文特性。

关于教学活动现象的社会性,教学论中一直有明确的认知。教学活动是一种人类的社会活动,所以教学现象必然存在社会性的一面。因此在社会科学追求科学化的过程中,教学论也在努力完成着自身的科学化,这就容易把教学活动简单理解为一种社会现象,轻视了其作为人文精神活动的本质属性。强调教学活动是一种特殊的人文活动,并不意味着否定它的社会活动属性。首先,"教学现象总是发生在教学活动的构成要素及其相互关系中"。教学活动的构成要素有多种划分方式,有人认同三要素、有人认同五要素,也有人认同七要素。无论教学活动有几个要素,教学现象都不是静止地存在的,而是动态地存在于人与人、人与环境等的整体而又错综复杂的关系中。这种关系是以人为基础,在人与外界的对话和交流中形成的社会实践活动,所以教学现象必然有其社会性的一面。其次,教学活动的主要目的是将人从自然人逐渐培养到社会化的人,这里面包含了一定的社会价值取向,反映了一定社会对人才培养的基本要求。所以,教学现象必然受这种社会价值取向的影响,表现出明显的社会性。最后,教学活动中存在一些普遍现象,可以通过一些社会科学的方法去探寻其中的一般规律,以便更好地掌握教学现象的科学性。因此,从研究方法层面讲,教学现象也表现出一定的社会性。

教学活动同时是一种人文的精神活动,所以教学现象也存在人文性的一面。尽管教学现象存在于人与人、人与环境之间的社会实践活动中,但这种社会实践活动是以人为基础的活动,我们不仅要考虑各种复杂关系背后的社会性,更要考虑由于人的存在而形成的精神、文化、价值层面之间的对话和交流。无论是教育者还是受教育者,在教学活动中不仅表现出各自本身所具有的精神和价值,而且在不断地交往与对话中,逐渐丰富自己的精神世界,扩展自己的文化世界,使人成为更好的人,使教学真正成为人类的精神活动。教学活动的目的不仅要让自然人

---

① 王鉴、姜振军:《教育学属于人文社会科学》,《教育研究》2013年第4期。

成为社会人，也要让其从自然人成为文化人。人类社会不仅拥有日常生活世界，而且还建造了一个精神文化世界，"虽然人类学习无法直接从日常生活世界中学到的精神文化产品的需要而生，但又具有为精神文化世界的延续、发展提供新的'人源'的重要任务"①。所以，教学活动的另一个目的就是为继承和发展精神文化世界提供"人源"，也就是培养文化人，关注学生个人精神世界的成长和发展，因此教学现象具有人文性。尽管教学活动中存在一些普遍规律，但更多的是关于个人情感、心理、精神等内隐性的心理特质，很难用简单的科学方法去探寻规律，更多的是用一些人文科学的方法阐释现象背后的意义，把握教学活动中的独特性与特殊性。因此，在方法的应用方面教学现象也表现出一定的人文性。

总之，从教学研究的对象——"教学现象"出发，教学研究有其自身的独特性，教学现象作为一种社会现象，它具有社会科学的属性，可以按社会科学的方法来研究，这也是教学研究中一些实证主义研究能够兴起的根本原因。但是，这种研究只是看到了教学现象的表面的特征，而没有真正把握教学现象的精神特征，所以不能说是真正的教学研究。真正的教学现象是建立在社会现象基础之上的一种人文活动，是人的精神发展的实践科学，它具有人文科学的属性，需要在真实的情境中创造性、智慧性地开展研究，因此适合用人文科学的方法来研究，这种研究才能真正触及教学活动的本质，才能逼近教学研究的价值。

二 教学研究者的独特性

教学研究者主要由两类群体构成，一类是理论研究者，主要包括各研究机构和大学中的教学专业研究者；另一类是实践研究者，主要指基础教育中从事学科教学工作的广大教师。由于教学活动发生的主要场所是课堂，所以两类研究者主要是相遇在教学现象发生的课堂中。

---

① 叶澜：《重建课堂教学过程观——"新基础教育"课堂教学改革的理论与实践探究之二》，《教育研究》2002年第10期。

教学专业研究者的研究目的"在于从理论上真正地去阐释课堂中存在的种种现象,从多学科的角度去说明课堂中出现的种种问题"[①]。由于教学活动是一种人文社会活动,所以教学活动中的教学现象必然会涉及多学科的复杂现象。从跨学科的角度来讲,教学研究既要从社会学的角度去把握规律,又要从人类学的角度关照个体经验。从教育学内部来讲,既要从教学论、课程理论的角度探寻教学规律,还要结合学习论、信息技术论等具体的学科加以分析和阐释。总之,教学专业研究者应该具备多学科专业素养,才能有效把握课堂中的复杂现象,完善和发展教学理论。专业研究者的研究路径是从"在这里"(being here)到"去那里"(going there),再到"回到这里"(coming home)。专业研究者首先要在自己的工作场域中积累研究教学现象所需要的多学科素养,做好充足的理论准备;然后进入课堂,在课堂中做研究,真实地感受教学活动的特殊性,并通过观察、访谈等方法,收集第一手资料;在收集了足够的资料后,专业研究者要再一次回到自己的工作场域,用理论分析资料,进而把握教学规律、发展教学理论。专业研究者一般采取客位研究的方法,研究别人的课堂。专业研究者以"局外人"的身份进入课堂,与课堂中的教学活动保持着一定距离,能够以自己的文化观念相对客观地看待教学现象,并获取研究资料。这样就出现了一个问题,作为专业研究者,深入中小学课堂做研究,其理论与方法方面的素养直接决定着研究成果的水平,如果研究者保持客观,就不应参与课堂教学活动之中,而如果研究者要想体验与参与课堂教学,就必然存在一定的主观性,为了解决这一问题,研究者提出了主位与客位结合的研究,但问题并没有得到有效地解决,即教学研究者的主观与客观的悖论问题。而这恰恰是教学研究者作为一种人文现象的研究者,研究者既是应用一定的理论与方法开展研究工作的主体,应避免研究的主观性,同时,研究者又是参与实践活动的主体,研究者自己就是研究的工具,应体现其主观性,这样,研究者的主观性与客观性的统一成为人文社会科学研究的一个主要特点。否定了研究者的主观性,也就否定了人文社会科学研究

[①] 王鉴:《课堂研究引论》,《教育研究》2003年第6期。

的独特性。

教师作为研究者，其特点不同于理论研究者，他们擅长的是经验，缺乏的是理论与方法，尽管教师成为研究者可以在一定程度上解决这一问题的现状，但作为实践研究者，他们更应该发挥他们实践研究的优势。教师研究自己的课堂，其目的主要是就自己课堂中出现的问题进行深入研究，以改进课堂教学并提高教学的质量和效果。由于教学活动的独特性，使得教师在教学活动中不仅会面临一些预设性问题，更会面临大量的生成性问题，通常的情况是，预设性的问题是教学科学性的体现，生成性的问题是教学人文性的体现，这对教师的研究提出了较大挑战。教师作为研究者的研究路径是遵循"在这里""去那里""回到这里"的路线的。"去那里"接受一定的专业理论与方法的训练，确实可以帮助教师提高研究的能力，但面对大量的教学实践中生成的具体问题，教师需要的是人文的行动研究，即通过参与体验课堂教学，从研究者与实践者结合的角度去发现问题、分析问题并解决问题。"在这里"决定了教师作为研究者一般采取主位研究的方法，以"局内人"的身份研究自己的课堂。从研究者的角度讲，教师的行动的、实践的研究，正是人文社会科学研究者的独特性的体现，教学活动过程中的研究随时在改进教学活动，研究不论超前还是滞后，都指向教学的改进，这种研究便有明显的情境性与问题性，难以洞察其中的规律，但便于形成实践者和研究者普遍容易接受的理解与解释。

在真正的教学研究中，除了理论研究者和实践研究者各自独立地开展研究外，更多的是两者形成教学研究共同体，开展合作研究。专业研究者进入课堂，与教师形成合作伙伴关系，在收集资料的同时，还可以就课堂中出现的具体问题与教师展开讨论，对教师提供一定的理论指导，帮助教师改善教学。教师带着教学问题进一步深造学习时，也可以和研究者形成合作伙伴关系，除了学习理论基础，还可以与研究者讨论研究自己面临的教学问题，提出可能的解决方案，并再次回到教学实践改善教学。虽然理论研究者与实践研究者研究教学的目的并不同，但二者完全可以以课堂为纽带形成多种形式的合作研究，既发展教学理论，又提高教学质量，这是当前极力倡导的一种研究方式。这种研究方式的最大优势在于解决了长期困扰教育理论与实践的主观与客观的问题，有机地把教学研究的主观性与客观性统一在研究者的合作之中。理论研究者"旁观者清"，客观性强，但难以参与体验教学作为一种人文的社会活动，因此为了客观而影响了对教学研究的人文性的体验；实践研究者"当局者迷"，主观性强，但难以应用一定的理论与方法开展研究，虽然有了人文性的体验，但缺乏对教学研究客观性的把握。只有二者的通力合作，才能完美地解决主客矛盾，使教学研究更加符合人文社会科学研究的独特性。

三　教学研究方法的独特性

教学活动是一种特殊的人文社会活动，有其复杂性，"认识复杂的教育系统的活动，在方法体系上同样需要综合，要克服简单的、抽象的和静止的认识教育问题的思想方法，放弃寻找普遍的、万能的教育模式和教育规律的企图"[1]。同时，也不能忽略其中的文化因素。格尔茨认为，"文化就是一些由人自己编织的意义之网，因此，对文化的分析不是一种寻求规律的实验科学，而是一种探求意义的解释科学"[2]。所以，教学研究方法的独特性在于，研究教学活动需要综合应用如现象学、解释学、符号学等人文社会科学方法，主要用质性研究的方法去阐释教学现象及其背后的意义。

19世纪，孔德实证主义的提出引起了社会科学移植自然科学研究方法的变革。尽管这为社会科学的科学化发展有一定贡献，但由于忽视人文社会科学研究对象的特殊性，这种移植并不能深刻揭示人文社会科学的规律。19世纪末至20世纪初，关于人文社会科学研究的一些新的方法论逐渐形成。德国哲学家胡塞尔关注人的内在观念，以纯粹的意识为研究对象开创了现象学。卡西尔认为人是生活在符号世界的符号动物，他关注人类生活的意义世界，以人类创造的文化，如语言、各类宗教、文学作品等为研究对象开创了符号学。以伽达默尔为代表的解释学

---

[1]　叶澜：《教育研究方法论初探》，上海教育出版社2014年版，第325页。
[2]　[美]克利福德·格尔茨：《文化的解释》，韩莉译，译林出版社2014年版，第5页。

则将理解看作人的一种存在方式，将研究目的定为探寻所有"理解"方式的普遍性。这些学说都开始意识到人文社会科学与自然科学在研究对象上的本质区别，跳出了自然科学研究范式的限制，逐渐形成了适合人文社会科学的独特研究范式，并为此后形成的具体教学研究方法产生了深远影响。

最近20年里，中国兴起了实证主义研究的热潮，各种实证主义的学术会议、论文评奖方兴未艾且极具影响力，一时间成为中国教育研究的显学，似乎无量化、无实证就是非科学研究。在这种思潮的影响下，各学术期刊都看重量化研究，把量化研究看成实证研究，看成科学的研究。于是出现了教学研究中大量使用数据和模型，一些有理科背景的研究者如鱼得水，玩起了教学研究中的数字游戏，甚至出现了为了数学模型而数学模型、为了数据而数据的虚假研究。① 以教学研究为例，如果从课堂教学社会学的角度来研究，是把教学活动理解为一种特殊的社会活动，就应该按照社会学的研究方法研究教学；如果从课堂教学文化学的角度来研究，是把课堂教学活动理解为一种人文的精神活动，就应该用解释学的方法研究教学；如果从所谓实证主义的角度来看，则会在课堂教学活动中搜集大量的数据并建构相应的模型，有的还要计算出课堂教学的各种数值来说明课堂教学的结构和特点，更有甚者把课堂教学分解成复杂的若干阶段、若干环节、若干步骤、若干要素等，把本来通俗易懂的课堂教学人为地复杂化，成为教师无法，甚至研究者自己也无法理解的过度研究，并标榜为所谓的科学研究。教学研究中钟情于实证研究而过度数据化和模型化的倾向，是错误和有害的，它不仅偏离了教学活动的本质把握，而且带坏了学风。教学研究方法的独特性在于研究者深入课堂教学活动之中，通过观察分析课堂教学现象，与课堂主体的对话交流，以专业的理论与方法为工具，发现课堂教学中真实发生的问题并为解决问题而进行研究。因此，教学研究的方法主要为人文社会科学

---

① 经济学、社会学、心理学界已经逐渐开始对迷信数据、盲目使用数据与模型的研究进行批判与反思。这种试图通过数学元素的添加使其变成一门科学的做法是不合理的，过度数学模型崇拜以及对人文社会科学思想的忽视，使人文社会科学研究脱离了现实并且阻碍了理论的发展。教育学也应该反思这种研究方法上的错误导向。

的研究方法。在此基础上,可以开展混合研究,即定量与定性的混合研究、定量内部的混合研究、定性内部的混合研究等,尤其是定性内部的混合研究。我们近20年来倡导的"课堂志"研究就是一种定性方法内部的混合研究。"课堂志"不是某种单一的研究方法,而是一套研究方法的组合,它是由"观察、访谈、深描、解释"等具体的方法组合而成的。在实践中,既可以单独使用某一方法研究课堂,也可以将其作为一整套的组合套路使用。同时,"课堂志"也是一种方法论,它倡导人文社会科学研究的独特性,受阐释学的影响而强调对课堂教学现象的描述与解释;受现象学的影响而强调"回到教学实事本身"来研究教学;受结构化理论的影响而认为课堂教学活动发生在一种交织关系中。① 无论是作为具体方法的"课堂志",还是作为方法论的"课堂志",都是一种典型的人文社会科学研究方法。我们强调使用人文社会科学方法论,用质性的方法阐释现象及其背后的意义,并不意味着要否定量化研究的方法,而是旨在阐明适合教学研究独特性的方法是质性的方法,所谓量化研究主要是一种获得数据资料的手段,数据背后的意义如何解释,还需要质性研究方法来进一步完成。

四 教学理论体系的独特性

因为教学研究对象、教学研究者、教学研究方法方面的独特性,决定了教学理论的独特性。从本质上讲,教学理论体系应该是一种在归纳体系基础上的演绎体系,没有归纳的演绎是无根的,没有演绎的归纳是浅显的,在归纳基础上的演绎才是可信和可靠的。

教学研究的理论体系并不是一成不变的,它是随着教学研究的成果积累而从量变到质变的。一般来讲,教学理论体系的建构有两条路径,一条是教学理论体系的构建、完善、科学化,即教学论的"演绎体系";另一条是在教学理论与教学实践双向互动中发展教学论,即教学论的"归纳体系"。② 演绎体系注重对已有理论的逻辑论证,主要材料

---

① 王鉴:《课堂志:作为教学研究的方法论与方法》,《教育研究》2018年第9期。
② 王鉴、田振华:《从演绎到归纳:教学论的知识转型》,《教育理论与实践》2013年第4期。

是古今中外已经较为成熟和公认的教学理论，或者从其他学科如哲学、心理学、社会学中移植来的理论，这种以逻辑思辨为主要方法的研究，以一定的概念体系与理论框架为结构，形成了教学论的一个学科体系。归纳体系注重从教学实践中个别的或特殊的教学经验事实出发而概括出一般性的教学理论，归纳体系是一种源自教学实践的路径，能为教学理论的不断生成提供源头活水的研究。归纳的教学论以教学问题为逻辑起点，以一定的理论与方法为基础，形成对教学问题的系列研究，这种归纳的教学论体系是开放的，是不断发展的，随着研究问题的深入与量的积累，归纳的教学论体系便逐渐成熟。当前，教学论学科体系建设中主要的问题在于，演绎的体系不以归纳的体系为基础和依据，归纳的体系难以通过逻辑建构而形成更高层面的理论。因此，教学研究理论体系的内容由两部分构成，一部分源于理论的再生，但更多的是源于课堂教学实践，且前者要以后者为基础，后者要以前者为目标。作为一种开放的教学理论体系，源于课堂教学实践的理论部分需要经常被补充和完善，之所以如此，主要有两方面的原因：一是教学活动是一种人文社会活动，具有即时性、不确定性和非预期性等特点，这就决定了教学活动中必然会出现层出不穷的生成性的教学问题，这些问题没有确定的答案，也难以用现存的理论准确解释。针对具体问题的研究，研究者需要在充分关照教学活动人文属性的基础上，在具体的情境中，通过对相似问题的大量研究，归纳出一般原理，进而不断补充教学理论。二是指导教学实践的需要。当教师面对纷繁复杂的教学现象时，会遇到很多教学难题，这个时候一些教师会去寻求理论的帮助。但是，这些难题却很难用单一的、抽象的教学理论加以解决。因此，教学实践需要更多与时俱进、与真实的教学生活联系紧密、能够真正指导教学实践的教学理论。基于此，研究者需要不断从教学实践出发，研究真实的教学问题，积累丰富、典型的教学案例，形成教学理论的"质料"。这种在教学实践中产生的"质料"就是教学理论产生的源头活水，通过对"质料"的进一步归纳演绎，最终形成一种基于课堂生活的教学理论体系。

第三节 中国基础教育课堂教学
研究的价值取向

一 从教学活动的本质出发把握教学研究的独特性

教学活动的本质是一种有目的、有计划、有组织的关于人的精神成长活动，它不同于一般的人文精神的创造活动，是人的精神创造活动的奠基与成长活动。在教学实践中，要充分理解教学活动的关于人的精神成长特性。首先，理解教学活动是由多个要素组成的复杂的结构，其复杂性主要表现为有人的参与互动。教学中最基本的要素有三个，教师、学生、教学内容。教学是教师与学生在以教学内容为中介的对话与交往中发生的，它不是物与物或人与物之间的信息交换，而是人与人之间的互动交流。因此不能以简单静止的视角去观察这一整体，而要在充分考虑教师与学生生命价值的基础上，在特定的情境中以整体动态的视角分析和尊重每一个个体生命的意义与表达。只有充分尊重人的价值，才能重视教学活动中的生成性、即时性和特殊性，才能避免试图用简单的方法解决教学现象的问题。其次，理解教学活动是动态生成的。尽管教学活动作为一种人文相的活动，具有一定的预设性，但更主要的是生成性。[1] 当以动态的观念重新认识教学活动时，其生成性的特点便得到凸显。无论是教学主体、教学内容还是教学过程，生成性教学中蕴含着大量的非预期性与不确定性，承认这种不确定性就意味着摆脱了对人的价值无涉的追求，转向对人的价值关联的尊重。教师在教学中要观照教学主体的价值诉求，关注教学内容与教学过程的动态发展趋向，避免凭借简单技术性的教学方法达成教学任务，要充分调动教学智慧，促进个人与学生的共同成长。最后，理解教学活动的终极目标指向人的全面发展。人的全面发展是马克思主义基本原理之一，当前有学者基于马克思主义对"全面发展的人"的经典论述，将"全面发展的人"的内涵主

---

[1] 王鉴、张晓洁：《论教学的二重性》，《高等教育研究》2007 年第 1 期。

要概括为承认人的自主性、社会性和文化性,并提出在自主发展、社会参与、文化基础这三个领域中凝练中国学生发展核心素养。[①] 当前课堂教学中,要将核心素养作为教学活动的终极目标,承认人具有自主性、社会性和文化性,体现出将学生作为一个整体生命的尊重。教学研究就是要尊重教学活动的本质,从研究取向上走人文主义的研究路线,以教学中的人的生命成长为逻辑起点,建构教学中人与人的关系、人与物的关系、人与事的关系。从教学的三个基本要素出发,对教学所涉及的要素进行全面系统的研究,构建生命发展为逻辑起点的教学理论。从教学活动的动态生成属性出发,以情境性、生成性为特点,以人文主义的体验与解释为基本方法,达成教学研究独特性的理解。从教学活动的学生主体出发,将教学研究的重点放在学生生命的整全性与全面性的发展上,以学生核心素养的形成与发展作为教学研究的重点,形成现代信息技术背景下融教学论、课程理论、学习论、信息论为一体的现代教学论体系。

二 从人文社会科学研究的特点出发把握教学研究的独特性

人文社会科学研究的重点不是寻求规律,而是探寻理解和解释。在教学实践中,教师要把教学活动理解为一种学生精神成长的人文活动,而不能局限于特殊的认识活动。知识的获得只是学生精神成长的一个方面,是智育的主要内容,除此之外,学生道德品质的形成与发展,人格的形成与健全,心理品质的形成与发展,各种能力的不断提升与创造性思维的形成,均属于人文精神发展的属性。教学实践活动是一种人文活动,教学研究就要以此为价值取向,从人文社会科学研究的特点出发把握教学研究的独特性。首先,要突出人文社会科学的研究对象——人的特殊性。自然科学是研究自然界各种物质的形态、结构、性质及其运动规律的科学,而人文社会科学是指研究人类社会各种现象的所有学科的总称。教学的对象和实施者都是人,教学研究作为一种人文社会科学研

---

① 林崇德:《构建中国化的学生发展核心素养》,《北京师范大学学报》(社会科学版) 2017年第1期。

究,也要突出人的重要价值。教学不仅是教师和学生参与的一种实践活动,更是其人生发展中不可或缺的重要阶段,教师和学生的人生价值都应在课堂教学得到体现。教学研究要尊重教学中师生共同的生命价值,将教师和学生作为一个完整的生命来对待,而不是将其作为一种物来研究。其次,要根据具体情境选择合适的研究范式。"自然科学家通常普遍接受某一个普遍的范式,而在人文社会科学家当中,却很少有这样一种为人们所普遍赞同的统一范式。"[1] 由于研究对象的特殊性,导致人文社会科学的研究很难找到一种统一的范式,而需要考虑具体的情境。教学活动发生在不同的情境中,是一种由教师和学生的人际关系与当下的环境交融为一体所形成的独特情境,因此研究也应针对不同的教学情境,选择适合当下情境的研究范式,避免寻求一种普遍的、万能的范式。最后,倡导使用多种研究方法。教学活动是复杂且动态的,因此很难用单一的研究方法清晰探究其中的意义。教学实践中应综合使用多种研究方法,并以质性混合研究方法为主,探究教学要素之间的关系,解释在具体情境下形成的教学现象背后的意义。

三　从课堂教学问题的解决出发来把握教学研究的独特性

"实践中不断涌现的'苦恼的疑问'是人类实践的特有魅力,也是理论创新、理论发展的奥秘所在。质言之,理论是问题之树盛开的花朵、结出的果实。"[2] 课堂中的问题是课堂教学实践盛开的花朵、结出的果实,是课堂教学理论创新与发展的源头活水。课堂中的问题既有人的问题,也有事的问题,也有人与事、人与物的关系的问题,问题层出不穷,但总的来说有两大类,即课堂中的课程问题与课堂中的教学问题。课堂中的问题的产生是受不同的文化、时间、地点、人事等多种因素影响的,是制约和影响教学质量与效果的重要因素,教学研究就要结合具体的文化、历史、时间、地点、人事来把握教学问题产生的真实原

---

[1] 马颖、蒲十周:《论自然科学与人文社会科学研究方法的异同》,《福建论坛》(人文社会科学版) 2005 年第 4 期。

[2] 本刊编辑部、方军:《理论是问题之树盛开的花朵——〈中国社会科学〉2021 年重点选题构想》,《中国社会科学》2021 年第 1 期。

因，显然这种研究具有很强的情境性和相对性，是人文科学的研究范式。课堂问题的解决，也不能千篇一律，简单地模式化解决，而就结合问题产生的文化背景、历史条件、人事关系等具体分析，针对性地施策，方能做到有的放矢。课堂问题的解决有利于教师改革教学和提升教学质量，教师成为研究者就是与理论工作者在伙伴协作的过程中，通过解决课堂问题而促进自己的专业发展，进而实现教学质量的整体提升的。因此，以有意义的真问题为研究的对象，是人文社会科学田野研究和实践研究的特点，问题的生成具有情境性和复杂性，研究者就要深入问题产生和问题解决的实践之中，通过观察、访谈、深描、解释的课堂志研究方法，不断解决课堂问题并形成解决课堂问题的经验与方案，这种研究就是一种实践研究，与自然科学的实验研究在研究对象、研究变量、研究方法、研究价值等有着本质的不同。教学研究者把握了课堂中的课程与教学中存在的具体问题、真问题、有意义的问题，分析了这些问题产生的原因，并有效地解决了这些问题之后，本身就把握了教学研究的独特性。为此，由教学理论研究者、教学实践工作者和教研员共同组成的教学研究共同体，在学校课堂教学实践活动中，通过合作开展行动研究，就是要以"问题"为中心，就是要将教学活动的本质属性与教学研究的独特性有机地结合起来。对于理论工作者来讲，他们对人文社会科学的研究方法已经有所掌握，他们在价值取向上通常会走一条人文主义的研究道路，反对那种过度量化和复杂化、模型化的研究之路。但他们对课堂中的问题并不敏感，对课堂问题的类型、生成机制、解决策略并不擅长。这就要求理论工作中多深入课堂实践，多观察与研究课堂问题，并与教师合作解决这些问题，在解决问题的过程中把握教学研究的独特性。教师成为研究者，对大多数教师来讲，他们对课堂中的问题并不陌生，可以说他们在日常的教学实践中，时时能遇到问题，能发现问题，并且经常在解决层出不穷的问题。但他们多凭经验而解决问题，缺乏对问题本身系统深入的研究，这主要是因为一线教师缺乏研究问题的方法。所以，在教师专业发展的培养与培训工作中，要加大对教师专业研究能力的整体提升，让教师成为教学实践的能手和教学研究的高手，并通过教学研究不断促进教师教学实践水平的提升。广大教师也需要不断地研究自己教学实践中的问题，教师的"在这里"就是在课堂中关注自己实际遇到的困惑和问题，基于自己的经验和专业学习找寻解决问题的策略和方法。教师经过"在这里"的实践思考后，就需要"到那里"进行专业的理论学习和提升，然后再"回到这里"，回到自己的课堂生活中，用自己所掌握的人文主义的研究方法把握课堂教学实践的属性，用人文主义的研究方法开展课堂问题的研究，真正让教学研究体现出人文主义的研究方法和教学本质属性双重的独特性。

四　从课堂教学论的理论出发把握教学研究的独特性

课堂教学论是一种什么样的教学论？难道还有不属于课堂的教学论吗？确实如此，有的教学论就不属于课堂教学论，而是所谓的理论教学论，这种教学论要么从逻辑的思辨中研究教学，要么从其他学科的理论中推演教学，却从来不到课堂教学现象发生的场域中去研究教学，因此，这种教学论与课堂教学没有多大关系。这就是这种教学论中小学教师看不懂、也不感兴趣的原因所在了。真正的课堂教学论，是通过对课堂教学现象的研究而形成的与教学活动密切相关的教学理论，它来自实践，回归实践而指导实践，当然实践不可能直接产生理论，而是在解决问题的过程中形成了理论。因此，课堂教学论是在课堂研究过程中建构起来的教学理论体系，是一种归纳的教学论学科体系，也是一种开放的教学论体系。归纳体系注重从教学实践中个别的或特殊的教学经验事实出发而概括得出一般性的教学理论，归纳体系是一种源自教学实践的路径，在教学实践中，需要不断从问题出发，研究真实的教学问题，通过研究来积累丰富、典型的教学案例，形成教学理论的质料层。"没有质料层的所谓学术'原创'其实是空疏的，也经不起历史的检验，因为它本身就缺乏历史的维度。"[①] 这种由教学实践产生的质料层就是教学理论产生的源头活水，通过对质料层的进一步归纳演绎，最终形成一种基于本土的、经得起历史检验的课堂教学理论体系。课堂教学论的生命力在实践，课堂教学论的价值也在实践，课堂教学论一旦形成，它就可

---

① 邹诗鹏：《学术原创的三个层面》，《光明日报·学术版》2005年11月1日。

以成为研究者把握教学活动特殊性的指导性理论，研究者同时又在能动地建构这种课堂教学论体系，形成了理论结构的二重性。研究者正是在真正的课堂教学理论与方法的训练中成长，在这种理论与方法的指导下从事教学研究，才能把握教学研究活动的特殊性，才能从问题出发，把教学活动理解为一种人的精神成长的实践活动，才能把教学研究活动理解为问题解决并完善实践的理论工作。

第十五章

中国基础教育课堂教学方式的变革特点

2023年5月《教育部办公厅关于印发〈基础教育课程教学改革深化行动方案〉的通知》（教材厅函〔2023〕3号），旨在有组织地持续推进基础教育课程教学改革，使教师教学行为和学生学习方式发生深刻变化，教与学方式改革创新的氛围日益浓厚，基础教育课程教学改革形成新气象。[①] 中国基础教育课程改革20余年来，课堂教学方式的变革始终是落实新课程改革的重要手段。21世纪之初，中国基础教育教学方式从传统的讲授教学方式向"自主、合作、探究"的新型教学方式转变，目的是让学生从被动接受者成为主动学习者，让学生成为生活和学习的主人。随着新课程改革的纵深推进，2020年新修订的普通高中课程方案和2022年新修订的义务教育课程方案均提出了素养导向的课程体系，倡导"素养导向、综合学习、学科实践、因材施教"的教学方式，目的在于培养学生在真实情境中解决真实问题的能力。在课程改革20余年之后审视中小学教学方式变革的特点与存在的问题，既有一定的实践意义，也是教育理论界关注的重要话题。那么，20余年来中小学课堂教学方式究竟发生了怎样的变化？中小学教师是如何理解和使用不同类型的教学方式的？未来教学方式变革有什么趋势？对这些问题

---

① 中华人民共和国教育部：《教育部办公厅关于印发〈基础教育课程教学改革深化行动方案〉的通知》（教材厅函〔2023〕3号），2023年5月9日。

开展调查研究,有利于落实教育部"教学方式变革行动方案",有利于进一步深化基础教育课程教学改革。

第一节 中国基础教育课堂教学方式变革问题的提出

国内学者关于教学方式的理论研究主要集中在教学方式的概念与属性研究、教学方式的变革历程研究、不同类型教学方式之间的关系研究三个方面。在教学方式的概念与属性方面,有研究者认为:"教学方式的概念是一种复合的概念而非单一的概念,同时指涉一组繁复的概念或活动流程,拥有不同于一般方法的独特性。"[1] 有研究者总结了教学方式相对性、从属性、局限性、互补性等属性。[2] 在教学方式变革历程研究方面,还有研究者总结了新中国成立 70 多年以来中国教学方式研究的变革历程,[3] 有研究者对国外教学方式中国化的变革历程进行了回顾。[4] 也有研究者从文化变革的视角出发,提出中国教学方式变革与发展的文化趋向是:文化批判——剖析教学方式的文化基础及其独特之处;文化寻根——探寻中国传统教学方式蕴含的精华;文化创生——融合中外古今的教学智慧生成新的富有生命力、独特性、符合时代精神和社会文化需求的教学方式。[5] 还有研究者认为学科实践作为学科育人、实践育人的突破口,为核心素养时代回答如何育人的问题提供了新的范式。[6] 在不同类型教学方式关系的研究方面,有研究者建构了中国基础

---

[1] 钟启泉:《教学方法:概念的诠释》,《教育研究》2017 年第 1 期,第 95—105 页。
[2] 王坦:《试论教学方法的基本属性》,《课程·教材·教法》2002 年第 7 期,第 25—27 页。
[3] 赵鑫、李森:《我国教学方法研究 70 年变革与发展》,《课程·教材·教法》2019 年第 3 期。
[4] 李允:《国外教学方法中国化的 70 年历程:贡献、羁绊及超越》,《课程·教材·教法》2019 年第 10 期。
[5] 李森、赵鑫:《教学方式变革的文化审视》,《课程·教材·教法》2011 年第 4 期。
[6] 崔允漷、张紫红、郭洪瑞:《溯源与解读:学科实践即学习方式变革的新方向》,《教育研究》2021 年第 12 期。

教育课堂教学方式的基本体系，即"讲授法是学生获得间接经验的基本方法，实验探究与活动体验方法是联系学生直接经验与间接经验的有效方法，学科实践法是学生获得直接经验并理解和运用间接经验的主要方法"①。总之，新课程改革以来，在中小学教学方式变革的过程中，学界较为普遍重视对这一问题的研究，形成了课程与教学论的研究热点。

国内学者关于教学方式的应用研究主要围绕中小学教师教学方式的选择与使用问题展开。有研究者对中国广西中小学教师和学生进行了问卷调查，发现"独白式讲授法仍牢牢地占据着中国中小学的大多数课堂"，且这种"独白式的灌输在小学阶段和初中阶段更为严重"②。也有研究者对中国教师教学技能和方法进行大规模的调研后发现，"65.8%的教师都会兼用传统教学法和非传统教学法，23.3%的教师选择仅使用传统教学法，而10.9%的教师选择仅使用非传统教学方法"，且"小学阶段教师使用讨论等非传统教学方法的比例最高，达到12.6%，随着学段的上升，非传统教学方法在课堂教学中的使用比例逐渐下降，在高中阶段仅为7.5%"③。还有研究者对中国西部农村中小学使用新型教学方式的现状进行了调查研究，发现"农村中小学教师已经开始尝试使用新型教学方法；不同学历、教龄和科目教师的教学方法有差别，教师新型教学方法的使用处于尝试阶段，教学方法理论知识难以应用在具体教学中"④。关于教学方式的应用研究表明，新型教学方式随着新课程改革的不断深入，正在逐渐被中小学教师普遍接受和使用。研究者通过对教师传统教学方式和新型教学方式选择与使用的调查研究，分析不同学段和不同地区教师教学方式变革的差异，并针对性地提出改进教师教

---

① 王鉴：《我国基础教育课堂教学方法改革及体系建构》，《课程·教材·教法》2023年第4期。

② 朱利霞：《我国中小学课堂教学方法的现状调查》，《集美大学学报》（教育科学版）2001年第4期。

③ 丁钢主编：《中国中小学教师专业发展状况调查与政策分析报告》，华东师范大学出版社2010年版。

④ 王嘉毅、柴江：《新型教学方法在西北地区农村中小学的使用状况》，《当代教育与文化》2009年第1期。

学方式对策与建议。

通过对新课程改革20余年来教学方式变革研究的文献梳理，不难发现，在教学方式变革的理论研究方面，研究者对20余年来教学方式变革的历程研究较多，而对不同教学方式内在的关系研究较少。在教学方式变革的应用研究方面，研究者对中小学教师使用不同教学方式的比例研究较多，而对全国范围内不同地区（东部、中部、西部）、不同学段（小学、初中、高中）教学方式变革的现状研究较少。因此，深化基础教育课程教学改革，亟需加强对中小学教学方式变革的总体情况和不同地区、不同学段教师教学方式差异性情况的调查研究。

一　新课程改革背景下中小学三类教学方式的变革

新课程改革以来，中国中小学首先对讲授法为主的传统教学方式进行了反思和批判。1999年《中共中央　国务院关于深化教育改革全面推进素质教育的决定》（中发〔1999〕9号）指出："积极实行启发式和讨论式教学，激发学生独立思考和创新的意识，切实提高教学质量。"这是对传统讲授教学方式的补充与完善，教学方式改革开始从注重知识传递向培养学生多种能力转变。2001年，《教育部关于印发〈基础教育课程改革纲要（试行）〉的通知》（教基〔2001〕17号）并明确提出基础教育课堂教学方式变革的主要任务是："改变课程实施过于强调接受学习、死记硬背、机械训练的现状，倡导学生主动参与、乐于探究、勤于动手，培养学生搜集和处理信息的能力、获取新知识的能力、分析和解决问题的能力以及交流与合作的能力。"中国基础教育课堂教学方式变革中引入了"自主、合作、探究"的新型教学方式，当然，新型的学习方式还包括了研究性学习、实践性学习、活动扮演学习等，旨在打破单一的讲授法，形成以学习者为中心的教学方法体系，主要表现为实验探究与情境体验的教学方式。经过20余年的实践探索，广大中小学教师对新型教学方式进行不断尝试探索，已经基本成为中小学课堂教学的主要教学方式。随着新课程改革的持续深化与推进，素养导向的课程体系与结构化的教学内容要求教学方式的进一步变革。2020年教育部印发《普通高中课程方案》和语文等学科课程标准，2022年教育部又发布了《义务教育课程方案》和语文等 16 门学科课程标准，标志着中国基础教育课程改革进入新发展阶段，在教学方式的变革上提出了"素养导向、综合学习、学科实践、因材施教"的新任务。为了有组织地持续推进基础教育课程教学深化改革，2023 年 5 月教育部专门印发《基础教育课程教学改革深化行动方案》并明确要求："聚焦核心素养导向的教学设计、学科实践（实验教学）、跨学科主题学习、作业设计、考试命题、综合素质评价等教学改革重点难点问题，探索不同发展水平地区和学校有效推进教学改革的实践模式。"至此，依据中国基础教育教学方式变革的文件精神，不难发现新课程改革 20 余年来教学方式的变革主要包括完善讲授为主的传统教学方式、倡导实验与体验探究的新型学习方式、突出素养导向的实践育人方式等三类教学方式。对于中小学教师而言，在基本适应了"实验与体验探究"的新型学习方式之后，再一次面临着实践育人方式的变革，不仅要重新理解素养导向、综合学习、学科实践、大概念教学、个性化学习等这些全新的概念，而且要在课堂教学活动中尝试并探索学科实践、跨学科主题实践、综合实践等育人方式的操作程序与方法要领，让中小学教师感到困惑的还有不同的教学方式在课堂教学中的关系及应用问题。面对实践中的困惑，理论研究者需要调查中小学教师的观念与方法困境及影响因素，并为其解惑答疑提供理论支持。

二　不同地区、不同学段的教师对不同教学方式的选择使用情况

在中国关于教学方式的研究中，分别就传统讲授方式、新型实验与体验探究方式、实践育人方式都有相关的研究，但对于三者之间关系的研究较少。新课程改革 20 余年的成功经验表明，三种教学方式并非对立或升级取代的关系，而是并存共生的关系。中国基础教育地区差异较大，东部、中部、西部因文化背景、教育条件、教育资源之差异而形成相对有别的教学方式，而且，不同地区的学校还存在城乡之间的差异，因此，需要调查研究不同地区和学校教学方式变革的现状与问题，有针对性地提出改革建议。对于中小学教师而言，不同学段的教师在教学方式变革方面存在差异，如何根据学科特点和学生特点选择不同的教学方

式并在教学活动中形成多元立体的教学方式体系，这才是中国基础教育教学方式改革的目标。对于"实验与体验探究"的新型学习方式，小学教师在课堂教学使用比初中教师积极且效果更为良好，初中教师比高中教师积极且效果良好，因此，新型教学方式改革的重点在普通高中，为此国务院办公厅印发了《关于新时代推进普通高中育人方式改革的指导意见》（国办发〔2019〕29号），提出"基于情境、问题导向的互动式、启发式、探究式、体验式课堂教学方式"。在面对素养导向的实践育人方式改革背景下，综合学习与学科实践成为教学方式改革的重点，通过调查研究小学、初中、高中不同学段教师教学方式变革的现状与问题，才能有针对性地推进中小学教师理解并使用综合学习与学科实践等育人方式，进一步深化课堂教学方式变革，以适应智能化时代学生自主学习的需求。

"调查研究是谋事之基、成事之道，没有调查就没有发言权，没有调查就没有决策权；正确的决策离不开调查研究，正确的贯彻落实同样也离不开调查研究；调查研究是获得真知灼见的源头活水，是做好工作的基本功；要在全党大兴调查研究之风。"[1] 正是在此背景下，本书以全国13个省的3534名中小学教师为对象进行抽样调查，以收集到的一手资料为基础，通过深入教学实践探寻中国基础教育课程改革20余年来课堂教学方法发生的变化，在此基础上分析问题、解决问题，为后续开展"教学方式变革行动"提供实证数据支持和可靠的政策建议。

第二节　中国基础教育课堂教学方式变革的研究设计

在梳理了近20年中国关于教学方法研究文献的基础上，确定了本节的基本内容是调查当前中小学教师使用讲授法等传统教学方式、实验

---

[1]《中办印发〈关于在全党大兴调查研究的工作方案〉》，《人民日报》2023年3月20日第01版。

第十五章 中国基础教育课堂教学方式的变革特点

与体验探究的新型学习方式、素养导向的实践育人方式的现状与问题，以探析基础教育课程改革20年来课堂教学方式到底发生了怎样的变化。因此，本节在文献研究的基础上采用德尔菲专家咨询法编制了《中小学教师教学方式使用调查问卷》，并在全国范围内对中小学教师进行抽样调查。

一 研究对象

本节的对象是中国中小学教师，根据东部、中部、西部教师在教学方法上使用的差异情况，选取13个省份进行分层整群抽样，且尽可能匹配地区、学段、学科、性别等实际分布比例。本次调查共收回问卷3803份，去除对象不符、连续规律作答以及反向题未通过的问卷，最终保留有效问卷3534份，有效率为92.9%。

各省抽样教师数量如表15－1所示，其中小学学段教师1860名，初中学段教师1027名，高中学段教师647名；男教师1045名，女教师2489名；城镇教师占77.6%，乡村教师占22.4%。教师年龄在30—50岁居多，占教师人数半数以上，教龄在20年以上者最多，与被试年龄结构相符合（见图15－1）。教师职称为一级职称的人数最多（见图15－2），达到1364人，其次是副高级和二级，均有800余人；教师学历大多数为本科学历（见图15－3），占总人数的85%。教师所教科目

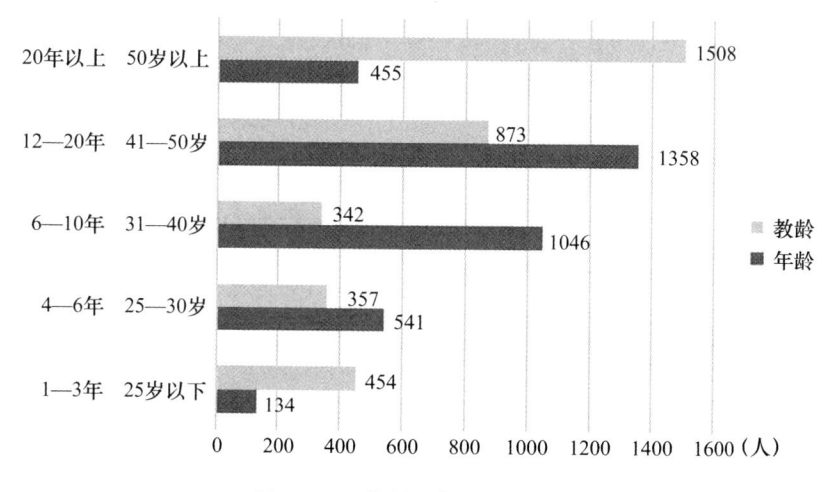

图15－1 教龄、年龄结构分布

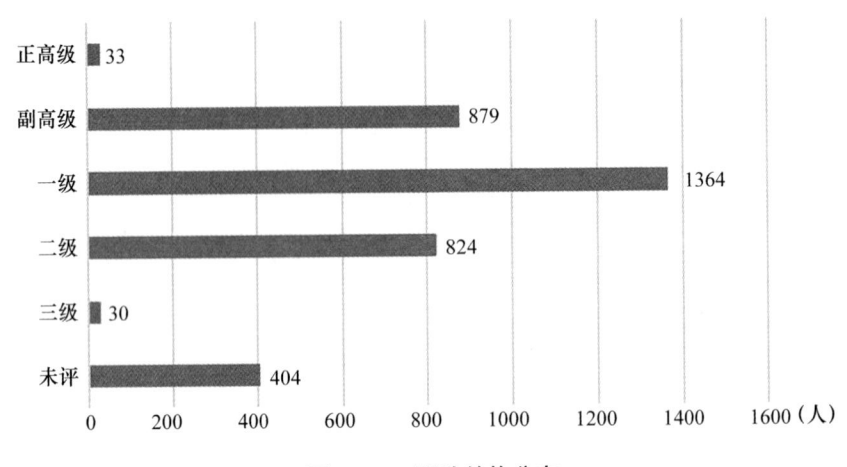

正高级 33
副高级 879
一级 1364
二级 824
三级 30
未评 404

图 15-2　职称结构分布

中（见图 15-4），语文与数学教师人数较多，二者总数占半数以上，其他学科主要包括心理健康、道德与法治、信息技术、书法等。基于以上教师基本信息，发现被试的学段、性别、年龄、教龄、职称、科目等结构均符合抽样标准，所选样本具有一定的代表性。

表 15-1　　　　　　　　　研究对象地区统计　　　　　　　　单位：人

地区	省份	小学	初中	高中	合计
东部地区	北京	20	0	0	20
	江苏	223	140	215	578
	浙江	200	54	16	270
	广东	0	0	22	22
	山东	104	64	0	168
	黑龙江	45	171	0	216
中部地区	山西	178	60	78	316
	河南	102	64	19	185
西部地区	新疆维吾尔自治区	110	117	44	271
	甘肃	140	18	84	242
	宁夏回族自治区	90	95	89	274
	云南	315	170	12	497
	广西壮族自治区	333	74	68	475
合计		1860	1027	647	3534

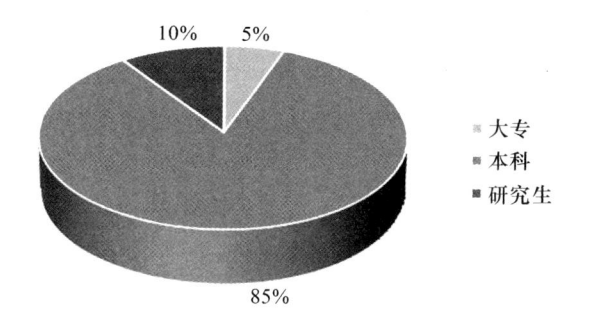

图 15 – 3　学历结构分布

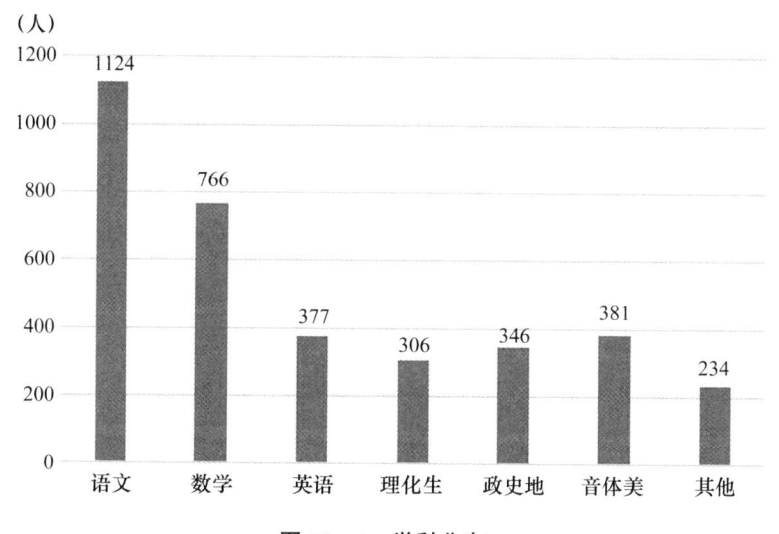

图 15 – 4　学科分布

二　研究工具

本书以编制的《中小学教师教学方式使用调查问卷》作为教学方式现状调查的测评工具。问卷共分为三个部分，第一部分为基本信息调查，包括教师的学校、省份、性别、年龄、教龄、职称、学历、学段、所处位置、所教科目等具体问题。第二部分为教学方式使用现状调查，根据理论研究，"中国基础教育课堂教学方法改革二十余年来，先后经历了变革传统的教学方法、倡导自主合作探究为主的新型学习方式、强化学科实践为主的教学方法等三个阶段。"① 因此研究重点考察讲授法、探究法（人文社会科学的体验探究和自然科学的实验探究）和实践法这三类方法的使用，每种方法分别从认知、行为、效果三个方面进行调查。并且对三类教学方式的使用比重和关系进行调查。其中，认知部分的题目从该方法与直接经验、间接经验关系的认识，对该方法的态度倾向，对该方法优势与不足的认识等几个方面进行具体题目的设计；行为部分从使用该方法的频率、时长、内容的选择、其他方法的补充使用等方面进行具体题目的设计；效果方面主要从知识结构、知识理解、解决问题的能力三个方面进行打分。第三部分为教学方式培训现状调查，主要对教师培训次数，有关教学方式的培训内容、培训效果、学习教学方式的路径等方面进行调查。问卷的第二部分中对三类教学方式的认知与行为采用李克特式五点计分法，各维度的克隆巴赫α系数为：0.621，0.881，0.904，0.9，0.994，0.911，0.994，第一维度的克隆巴赫α系数略低，主要是其中关于讲授法的态度倾向这一题各位老师看法存在较大差异，讨论后选择继续保留这一题目。其他维度说明问卷内部具有较好的一致性。问卷中，对三类方式的评价采用打分形式，其他各题均为单项选择题和多项选择题。对部分题目设计了逻辑关联与选答，比如学科选择"理化生"的教师将对应回答实践法中关于实验探究的题目，而选择其他学科的教师将对应回答关于情境体验探究的题目；对于表示没有使用某类方法的教师，将只回答第二部分中认知部分题目，行为和评价部分不作答。

三 调查过程

本研究项目组于2023年4月上旬开始进行问卷编制及修改工作，5月上旬在两所学校进行预调研，共发放问卷106份，并对部分参与预调研的教师进行访谈，对问卷中有模糊或歧义的题目进行了修改和删除，最终确定问卷。6月进行正式调研，在13个省的中小学进行

---

① 王鉴：《我国基础教育课堂教学方法改革及体系建构》，《课程·教材·教法》2023年第4期。

抽样调查，得到初始数据。研究使用 SPSS22.0 软件对数据进行统计分析，首先，对问卷的三个部分进行初步的描述性分析，得到教师使用教学方法的整体样态；其次，对各维度进行深入分析，得到教师对三类方法的认知、行为、效果的水平现状；再次，进行差异性分析，得到不同类型教师使用教学方法的不同特点；最后，根据数据给出符合实际情况的意见和建议。

第三节　中国基础教育课堂教学方式变革的研究结果

对收集到的数据进行整理和分析后，从中小学教师对三类方式使用的变化及差异性分析、中小学教师对三类教学方式关系的认识及整体使用情况、各维度现状及差异性分析、教学方法的培训情况等几个方面进行具体分析。

表 15-2　　　　中小学教师使用三类教学方式占比统计　　单位:%

		讲授方式	探究方式（实验）	探究方式（情境体验）	实践方式	三类方式兼用
学段	小学	51.39	0.28	51.81	48.62	47.37
	初中	28.69	4.44	24.20	24.36	23.88
	高中	18.14	3.88	13.92	14.40	14.18
位置	城镇	76.09	6.93	69.47	67.80	66.30
	乡村	22.13	1.67	20.46	19.58	19.13
地区	东部	35.48	3.00	32.51	31.86	31.18
	中部	13.90	1.13	12.88	12.31	12.06
	西部	48.84	4.47	44.54	43.21	42.19
总数		98.22	8.60	89.93	87.38	85.43

一　中小学教师使用三类教学方式的情况及其差异性分析

在所调查的教师中，使用过讲授方式的人数占总人数的 98.22%；

使用过探究方式的人数占总人数的98.53%，其中实验探究占8.60%，情境体验探究占89.93%；使用过实践方式的人数相对较少，占总人数的87.38%；三种方式都使用过的人数占总人数的85.43%（见图15-5）。

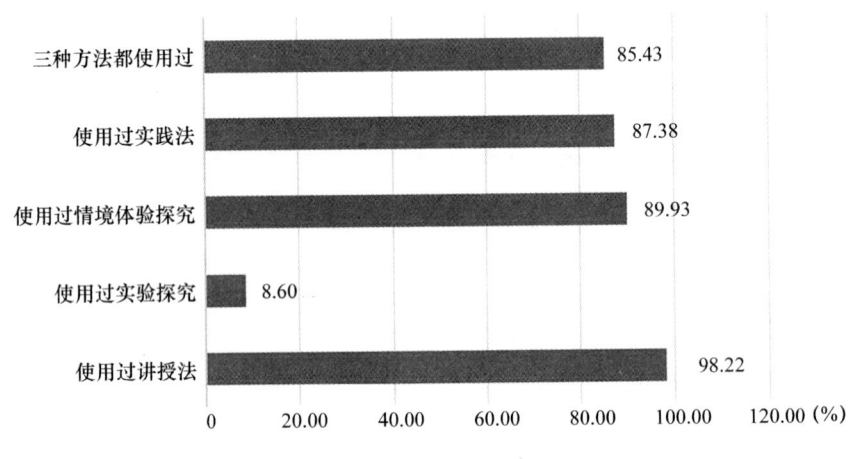

```
三种方法都使用过    85.43
使用过实践法       87.38
使用过情境体验探究  89.93
使用过实验探究     8.60
使用过讲授法       98.22
```

图15-5　中小学教师使用三类教学方式占比分布

教师使用三类教学方式整体呈现出使用讲授方式与探究方式的人数持平，并高于使用实践育人方式的人数的特点。从学段、学校所处位置及地区三个维度进一步分析可知，小学阶段使用探究方式人数相对高于使用讲授方式的人数，且主要以情境体验探究为主；高中阶段使用讲授方式的人数相对高于使用探究方式的人数，这可能与高中所要教授的知识容量和面临的升学压力较大有关。城镇教师使用探究方式的人数略高于使用讲授方式的人数，而乡村教师中这二者之间人数相当，这也反映出城镇教师所具有的教学理念相对更新，更愿意采用体现学生主动性的教学方式。仅在探究方式中，城镇教师使用实验探究方式的人数占使用探究法总人数的9.07%，乡村教师使用实验探究方式的人数占使用探究方式总人数的7.55%，可见乡村地区学校教师对实验探究方式使用相对较少，这可能与乡村学校缺乏必备的实验仪器、药品等有关。西部地区教师使用探究方式的人数略高于使用讲授方式的人数，且差距大于东部和中部地区。仅探究方式的使用中，东部、中部、西部地区使用实验探究方式的人数占使用探究法总人数的8.45%、8.08%、9.12%，可见西部地区使用实验探究方式的人数比例相对较高，而使用情境体验探究的人数比例相对较低。为了更清晰地对比实践育人方式的使用情况，计算得出小学、初中、高中教师使用实践育人方式的人数占各学段人数的92.37%、83.84%、78.67%，城、乡教师使用实践育人方式的人数占城、乡教师人数的87.41%、87.26%，东部、中部、西部地区教师使用实践育人方式的人数占各区域人数的88.38%、86.83%、86.81%，可见随着学段的升高，使用实践育人方式的比例下降，城乡使用实践育人方式的比例相当，东部地区使用实践育人方式的比例相对较高。

二 中小学教师主要使用的教学方式是讲授法和探究法，大多数教师认为新型教学方式与传统教学方式是补充关系

让教师对自己在课堂中使用三类教学方式的比重进行选择，在计算平均值后得出结果（见图15-6），讲授法仍然是中小学教师使用最多的教学方式，占41%，其次是探究法，占36%，最后是实践法，占23%。可见，讲授法和探究法是中小学教师使用主要的教学方式，这一方面表明基础教育课程改革20余年来，教师对于体现学生主动学习的方式的重视程度日益加强，且在教学实践中改变了传统讲授式的灌输教学；另一方面也表明，在讲授过程中结合实验探究与情境体验的教学方式更符合中国中小学生课堂学习的特点。更为可喜的是，素养导向的实践育人方式在中国中小学教师中有良好的基础，有23%的教师在课堂教学中会选择实践教学方式。为了验证三类教学方式在具体的一节课中的使用情况，我们监测了一位高中信息技术课教师的课堂教学情况，因为是普通高中的课堂教学，讲授法仍然是课堂教学的主要方式，时间比例达到了75.08%，但因为教师有意识地重视教学方式的变革，并尝试在学生互动交流、独立学习、小组合作、随堂练习等方面进行了专门设计，时间比例为24.92%。对于新课标倡导的实践育人方式，经常使用的教师比例在80%以上，所教学科全部都为人文社会学科，尤其是语言类，比如语文、英语数量较多。由此可见，目前中国中小学教师对实践育人方式的使用主要集中在文科，理科教师更多的止步于实验探究方法，较少涉及实践育人方式，这与理科经常使用实验法教学的比例基本相当，说明中国基础教育教学方式变革整体上已经打破了单一的讲授法体系，正在建构符合学科特点和学生学习特点的多元化教学方式体系。

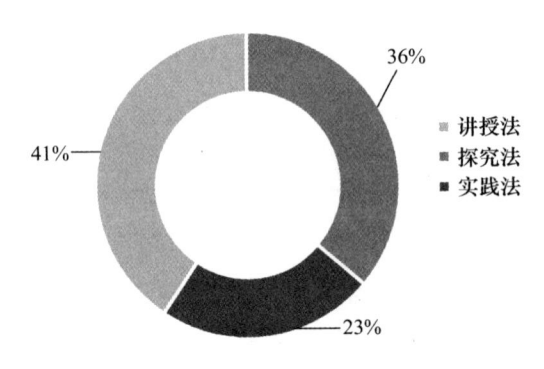

图 15-6　教学方式使用分布

在教师对三类教学方式关系的认识（多选）方面（见图 15-7），3000 名教师认为"三类教学方式相互补充，可以根据具体的活动设计相互补充"，256 名教师认为"三类教学方式没关系，是三种相互独立的教学方式"，993 名教师认为"根据新课标要求，逐渐用新方式取代旧方式"，另外有 71 名教师认为三者之间的关系应该是"相互联系""多管齐下""相互促进"等。我们在访谈中发现，大多数教师能够从观念层面接受新型教学方式，但在教学实践中仍将其与传统教学方式相结合，形成了各自独特有效的教学方式。可见，大部分教师对新课程改革 20 余年来三类教学方式之间的关系具有相对理性的认识，但仍有很多教师对三类教学方式之间的关系认识不够清楚。如果教师认为三类教学方式没有关系，那么就难以正确认识三类教学方式的优势与不足，更难以在课堂中根据具体的教学目标和教学活动完美融合三类方式；如果教师认为三类方式逐渐取代，那么就可能会忽视讲授法和探究法的重要作用，在很多不适合使用实践法的场景生硬套用实践育人方式，造成虚假的实践和表面的实践。

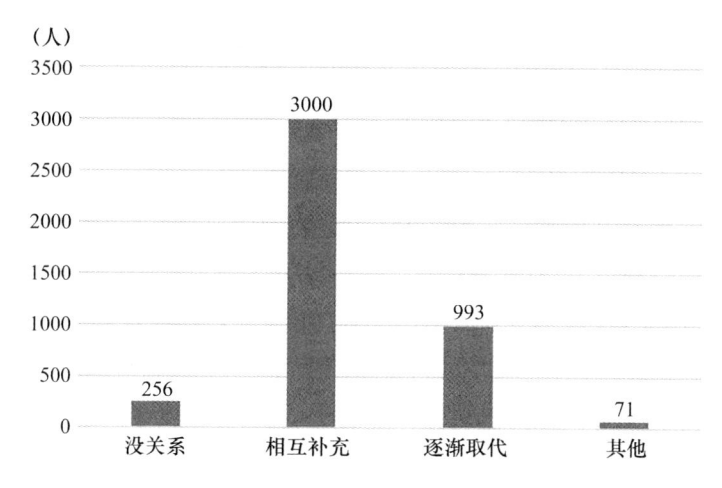

图 15-7 教学方式关系认识

三 教师对单一使用讲授方式普遍持否定态度，对实验探究和情境体验的教学方式持肯定态度，对实践育人教学方式尚处在探索阶段

教师对三类方式的认知方面（见表 15-3），对实验探究和情境体验方式的认知水平得分相对最高（M=4.12），对讲授教学方式的认知水平得分最低（M=3.53），说明教师对单一使用讲授教学方式普遍持否定态度。具体而言，教师对单一讲授方式的态度倾向较为排斥，"我喜欢在教学中使用讲授方式"这一选项的均值最低（M=3.28），而对讲授方式不足的认识均值最高（M=3.98）。这说明基础教育课程改革20余年来，教师对传统讲授方式的不足认识比较深刻，且这一观点也影响了教师对讲授方式的态度倾向，使教师不喜欢在教学中使用单一讲授法。而对实验探究和情境体验方式的认知中，无论是对于探究法与直接经验、间接经验的关系、对探究法的态度倾向、对探究法优缺点的认识，教师均值都较高，说明教师对探究与体验方式各方面的认知水平都较高，且十分为认可。对实践育人方式的认知中，"我能区分实践方式和探究方式（M=3.9）" "我很喜欢在教学中使用实践方式（M=3.87）" 两项得分较低，说明教师对实践方式的概念内涵、判别方式等基本内容还不清楚，以至于教师难以在教学中对其产生较为积极的接纳态度，这可能是因为实践育人方式还是一种全新的理念与方法，很多教

师对其还不熟悉。

表15-3　　各维度平均值、标准差、极值统计

维度	N	M	S	max	min
讲授法认知	3534	3.53	0.66	5	1
探究法认知	3534	4.12	0.59	5	1
实践法认知	3534	4.07	0.54	5	1
讲授法行为	3464	3.82	0.47	5	1.25
探究法行为（实验探究）	304	3.83	0.62	5	1.50
探究法行为（情境体验）	3178	4.01	0.60	5	1
实践法行为	3088	3.77	0.65	5	1

在三类方式的行为方面，发现教师对情境体验的探究法使用得较好，得分较高，其他教学方式方面得分都相对较低，尤其是实践法得分最低（M=3.77）。通过分析教师对三类方式认知与行为之间的相关性可知（见表15-4），传统讲授方式、实践育人方式认知与行为之间以及实验探究法认知与情境体验行为之间的存在显著相关，而探究法认知与实验探究之间不存在显著相关。这说明尽管教师对探究法具有较高水平的认知，但实验探究开展的程度与此并不相关，在访谈中也可以印证这一点，有很多学校教师存在因为赶教学进度省略实验探究的过程，或者以视频代替实验等行为。

表15-4　　"认知—行为"相关性检验

	讲授法行为	探究法行为（实验探究）	探究法行为（情境体验）	实践法行为
讲授法认知	0.180**			
探究法认知		-0.014	0.208**	
实践法认知				0.624**

注：** 指在0.01水平（双侧）上显著相关（此处采用Pearson相关）。

通过分析教师对三类教学方式的评价，发现在学生掌握知识结构方面，实验与体验探究方式取得的效果最好（M=75.71），其次是实践育人方式（M=74.98），最后是传统讲授方式（M=68.38）。在知识理解方面，实践育人方式取得的效果最好（M=76.12），其次是探究方式（M=76.69），最后是传统讲授方式（M=68.38）。在解决实际问题的能力发展方面，教师认为实践育人方式取得的效果最好（M=77.22），其次是实验与体验探究方式（M=77.01），最后是传统讲授方式（M=65.09）。由此结果可见，教师认为讲授方式在帮助学生获得知识结构、知识理解以及发展解决问题的能力三个方面效果都较差，这也与教师对讲授方式的态度倾向有所抗拒有关。

四 城市教师和小学教师使用讲授方式的比重更低，东部地区教师使用讲授方式比重更高、使用实验与体验探究方式和实践育人方式的比重也更低

以教师性别与学校所处的位置分别为因子，对教师使用三类教学方式的比重做独立样本 T 检验，发现不同性别与不同学历之间教师使用三类教学方式不存在显著差异，城市教师使用讲授方式的比重明显低于乡村教师使用教授方式的比重（T=0.386，$p<0.05$）。以不同学段、地区、职称分别为自变量，以三类教学方式的使用比重为因变量，发现存在显著差异。小学与初中、高中使用讲授方式的比重均存在显著差异（F=18.178，$p<0.05$），小学使用讲授方式的比重更低；小学与初中使用实验与体验探究方式存在显著差异（F=5.036，$p<0.05$），初中使用实验与体验探究方式的比重更低；小学与初中、高中使用实践方式的比重均存在显著差异（F=1,6.643，$p<0.05$），小学比重最高。不同地区之间，东部地区与中部、西部地区使用讲授方式的比重存在显著差异（F=13.669，$p<0.05$），东部地区使用讲授法的比重更高；东部地区与中部地区使用实验与体验探究方式的比重存在显著差异（F=3.992，$p<0.05$），东部地区使用实验与体验探究方式的比重更低；东部地区与中部、西部地区使用实践育人方式的比重存在显著差异（F=12.599，$p<0.05$），东部地区使用实践育人方式的比重更低。不同职

称使用讲授方式（F=4.776，p<0.05）与实践育人方式（F=4.105，p<0.05）的比重上也存在显著差异。

根据以上结果可知，城市教师相比于乡村教师更容易接受和使用新型教学方式，城市教师本身的专业能力相对更强，因此在使用教学方式时，也更倾向于使用促进学生主动学习的实验与体验探究方式，也说明新课程改革20余年来，城市对于课堂教学方式的改革更加彻底。小学阶段的教师使用讲授方式相对较少，而使用实验与体验探究方式、实践育人方式相对较多，这与小学升学压力相对较小有关系。东部地区教师使用讲授方式的比重较多，而使用实验与体验探究方式、实践育人方式的比重较少。这一点似乎与经验判断有所不同，究其原因有二。其一，因为尽管在横向比较上，东部地区看似教学方式的改变不如中、西部地区，但纵向比较来看，东部地区使用探究法与实践法的比重并不低，在保证探究法与实践法基本比例的基础上，讲授方式仍然是课堂教学最主要的教学方式，并不意味着讲授法的比重越少越好。其二，因为中西部地区教师对三类教学方式的关系认识不准确，导致过于追求形式上的改变，比如在选择"三类方式是逐渐取代"这一选项的教师中有超过半数的教师来自中西部地区，所以看似中西部地区对课堂教学方式的改革更彻底，但很多教师是为了改变而改变。

五 参加培训是教师学习和掌握新型教学方式的有效路径，教学方式专题培训对教师教学方式变革有积极作用

关于教师一学期的培训次数，2.7%的教师表示自己一学期基本不参加培训，34.1%的教师参加的次数为1—2次，30.5%的教师参加的次数为3—5次，32.7%的教师参加的次数在5次以上。关于教学方式方面的培训（见图15-8），大部分教师表示自己参加过v的教学培训涉及"最新教学方法的介绍""不同教学方法的选择依据""教学方法的相关理论""使用各类教学方法的案例"，其中"使用各类教学方式的案例"人数较多，有2811位教师选择，仅有196位教师表示自己参加的培训没有涉及上述内容。对于培训是否有帮助，55.1%的教师认为"有很大帮助"，42.9%的教师认为"有一定帮助"，2%的教师认为

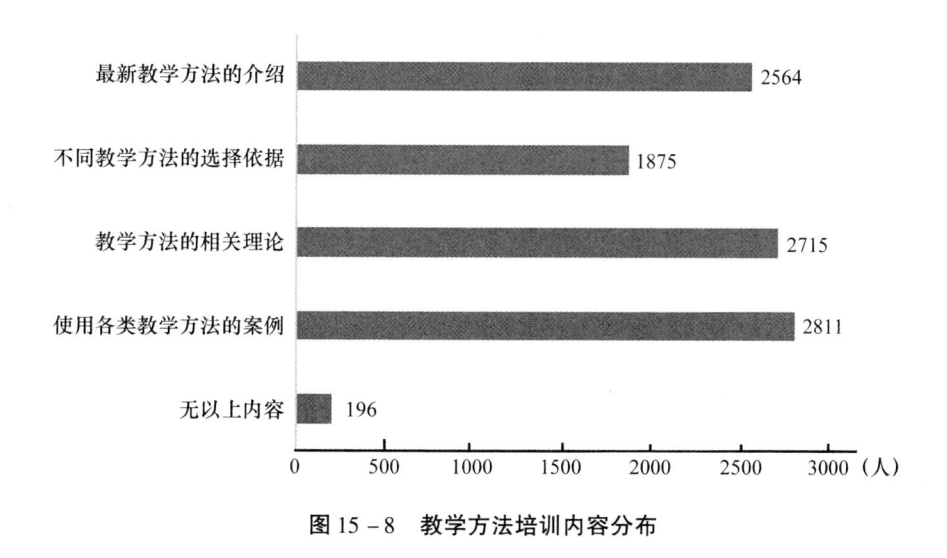

第十五章 中国基础教育课堂教学方式的变革特点

培训内容	人数
最新教学方法的介绍	2564
不同教学方法的选择依据	1875
教学方法的相关理论	2715
使用各类教学方法的案例	2811
无以上内容	196

图 15-8　教学方法培训内容分布

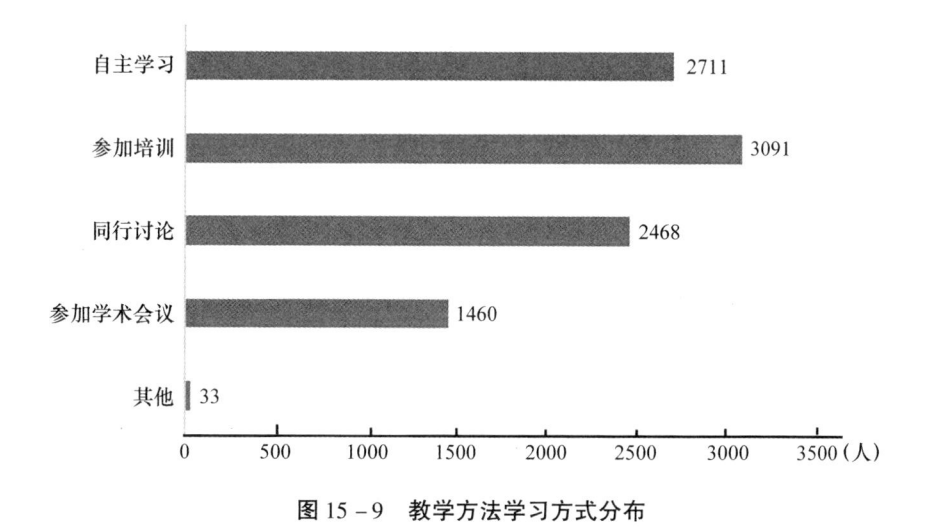

学习方式	人数
自主学习	2711
参加培训	3091
同行讨论	2468
参加学术会议	1460
其他	33

图 15-9　教学方法学习方式分布

"没什么帮助"。可见，大部分教师每学期都能接受到培训，且这些培训对他们都有一定的帮助。关于最新教学方法学习方式的调查（见图 15-9），通过"参加培训"学习的人数最多，其次是通过"自主学习"的方式，再次是通过"同行讨论"的方式，通过"参加学术会议"的方式人数最少，还有极少数的教师通过其他方式进行学习，比如

"网上研修"等。

教师的职后培训是教师专业发展的重要途径，调查发现，教师培训是当前教师学习和掌握新型教学方式的有效路径，且专题性教学方式培训对绝大多数教师有积极作用，说明教师培训发挥了应有的作用。然而，当前教师培训的内容对基础教育改革20余年来三类教学方式的关系与选择依据方面的内容依然欠缺，这也是致使教师对三类方式的认识还存在一些问题的原因所在。同时，不同地区、学段、学校、学科等教师参加培训的次数还存在较大差异，2.7%和32.7%的教师每学期参加培训的次数过少或过多，可能会导致教师难以接触国家倡导的最新教学方式和理念，导致培训占据教师过多教学工作时间，老师疲于应付各类培训，而使培训效果不佳。因此，进一步合理规划职后教师培训的次数、时长、内容等工作是未来教师培训需要重点调整的地方。

第四节　中国基础教育课堂教学方式变革问题的讨论与建议

研究通过对13个省3534名中小学教师进行问卷调查，对中小学教师使用教学方式的现状进行了分析，发现基础教育课程改革20余年来课堂教学方式在持续不断地发生着变化，把握这些变化的特点与存在的问题，根据中国基础教育教学方式变革的目标与任务，提出相应建议。

一　国家政策层面要明确建构中国特色课堂教学方式体系

新课程改革以来，中国基础教育课堂教学方法从单一的讲授法向多元的教学方式转变，最初以"自主、合作、探究"为标志的新型教学方式为基础教育课堂教学注入了生机，随着课程改革的纵深推进，素养导向的综合学习与学科实践成为教学方式变革的新的目标，从而构建了以讲授法为基本方法，以实验探究和情境体验为有效方法，以实践法为重要方法的中国特色课堂教学方法体系。这一体系从理论上理清了不同类型教学方法之间的关系，从实践上为中小学教师结合学科特点和学生特点灵活机动使用教学方法提供了依据。

　　研究发现，目前广大中小学教师在"自主、合作、探究"教学方式的变革方面是成功的，并通过实践理性而形成了"实验探究"与"情境体验"两种有效方式，不仅从观念层面智慧地接受了新型教学方式，而且在课堂教学的应用中能有效地处理不同教学方式之间的关系。但对于素养导向的教学方式的变革却存在着明显的困惑，尤其对传统教学方式与新型教学方式的关系、不同新型教学方式之间的关系存在着较大的困惑，严重影响了教师教学方式变革的态度与方法。究其原因，最根本的是在理论层面，没有从国家政策层面明确不同教学方式之间的辩证关系，致使中小学教师误认为每一次新型教学方式是对原先教学方式的升级替代，在观念理解层面出现了困境。让广大中小学教师从理念层面明确理解不同类型教学方法之关系并在实践中灵活使用，需要在国家政策层面明确不同教学方法之间的辩证关系，建构起中国特色的课堂教学方法体系，同时需要在培训与教研两个方面进行专业的指导与探索。当前教师培训中尽管对最新的教学方式有所介绍，但对基础教育课程改革 20 余年来出现的三类教学方式之间是什么关系、什么情况下该用哪种方式等内容涉及较少，更缺乏结合中小学课堂教学的校本培训。对三类教学方式关系具有正确认识，不仅意味着能合理看待每类教学方式的优势与不足，而且能对每类教学方式都抱有同样的情感倾向，能根据具体需求选择最适合的教学方式。通过高质量教师培训，让教师理解在三类教学方式中，教师应选择少量适合的教学内容采用实践法让学生与生产生活相联系，在"做中学、用中学、创中学"的过程中获得体验和发展；选择部分无法在实践中进行，但可以通过实验探究和情境体验探究的教学内容在课堂中模拟探究，让学生同样在探究活动中获得间接经验，加强理解书本上的知识内容；对于大部分教学内容，教师还是要采用讲授法直接传递给学生间接经验，课堂学习本来就是学生获取间接经验的主要场所，不可能有充足的时间让学生对每一个知识都进行探究学习。在校本教学研究中，学校要依托专业机构建立指导支持机制，聚焦核心素养导向的教学设计、学科实践（实验教学）、跨学科主题学习、作业设计、考试命题、综合素质评价等教学改革重点难点问题，探索不同发展水平地区和学校有效推进教学改革的实践模式，形成典型案例，带动课堂教学方式的整体变革。

二　学校层面要充分发挥实践育人的功能与价值

中国教育方针明确要求教育与生产劳动和社会实践相结合，这就要求中小学的教学方式变革要体现实践育人的价值，在素养导向的课程与教学改革中，加强学科实践、跨学科主题实践、综合实践等活动，加强中小学生劳动教育，让学生在现实世界中解决真实问题。研究发现，尽管中国中小学教师对实践教学法有相对较好的基础，在自己的教学实践中尝试使用过，但对学科实践、跨学科实践、综合实践的内涵与关系的理解方面存在较明显的困惑。素养导向的实践育人方式作为新型教学方式变革的新任务，在课程方案与各学科课程标准中已经明确体现，但是新教材尚未进入课堂教学，广大教师对其理解还停留在理念层面和过去的经验层面，缺乏系统深入的实践探索。素养导向的教学方式变革特别注重实践育人的价值，不仅各学科要有各自的实践活动，而且还必须开展跨学科的实践活动，尤其是相邻学科之间的跨学科实践活动，还要深入生活世界，开展综合实践活动，将五育整合真正体现在实践育人的过程中。"学科实践的学习论意义在于变革学习观念，从学习即行为反应、知识传授与掌握转变为学习即知识的运用、建构与创造等观念。这一观念的变革也使学习方式发生转变，即从坐而论道转向知行合一。"[1]跨学科主题实践活动的设计与开展，超越了学科实践，将相邻学科综合化、结构化，有利于学生形成整体思维与综合方法，对于解决分科课程与教学的弊端有十分重要的价值。综合实践活动是以真实的现实问题解决为出发点，综合学生的知识、能力、方法、经验等，让学生做中学、用中学、创中学，在真实情境中解决真实问题。当前学校层面要主动与师范院校专家共同备课等方式，形成探索教学方式变革的长效机制，积极参与新课程教学方式变革的典型区域和学校的实践探索活动，总结形

---

[1] 陆卓涛、安桂清：《学科实践的内涵、价值与实现路径》，《课程·教材·教法》2022年第9期。

成实践育人的方法体系，充分发挥实践育人的功能与价值，并积累有效的实践育人教学案例，以教师教学行为的深刻变化促进学生学习方式的变革，让学生成为学习的主人，尤其让学生学会在人工智能背景下自主学习的方法与习惯，真正将学生的发展作为第一目标，落实立德树人根本任务。

三 教师层面要积极探索素养导向的教学方式

中国基础教育课堂教学方式变革 20 余年的经验表明，"实验与体验探究"的新型教学方式的推广和使用是成功的，面对素养导向的教学设计，综合学习、大单元教学、学科实践、跨学科主题活动等教学方式仍需要广大中小学教师在实践中开展积极主动的探索活动。《基础教育课程教学改革深化行动方案》明确要求："以基础教育精品课遴选工作为抓手，引导广大教师深入研究课程教材内容和课堂教学规律，创新教学设计和教学方法，鼓励指导每个教师积极参与各级精品课遴选。组织各级优课展示交流活动，开展教学说课评课，示范带动广大教师变革教与学方式，尊重学生主体地位，发挥教师主导作用，注重启发式、互动式、探究式教学，克服单纯教师讲学生听、教知识学知识等现象，引导学生主动思考、积极提问、自主探究。"教育部等十八部门发布的《关于加强新时代中小学科学教育工作的意见》指出："推动中小学科学教育学校主阵地与社会大课堂有机衔接，提高学生科学素质，培育具备科学家潜质、愿意献身科学研究事业的青少年群体。"[1] 这两个重要文件为中国中小学教师教学方式变革指明了方向，确定了重点。研究发现，中国中小学教师对新型教学方式持积极态度，不仅表现在参与培训的积极性与态度上，而且表现在课堂教学方式变革的不断探索与坚持方面，这与中国基础教育长期重视教师培训有关，也与新课程持续鼓励教师积极探索新型教学方式有关。当前鼓励中小学教师积极参与新课程教学方式的专题性培训活动，从观念层面理解和接受素养导向下的新型教

---

[1] 中华人民共和国教育部：《教育部等十八部门关于加强新时代中小学科学教育工作的意见》（教监管〔2023〕2 号），2023 年 5 月 17 日。

学方式，同时，中小学教师还要积极参与校本教研共同体活动，将教学方式的持续变革作为日常教学的研究课题，持续不断地开展研究，形成成功的典型案例，并能形成自下而上自觉的静悄悄的变革。中小学教师要将培训与教研中形成的理念与方法，创造性地应用在课堂教学活动之中，在钻研教材和研究教学规律上下功夫，积极投身精品课程建设与优秀教学案例开发活动，在课堂教学过程中开展综合学习、学科实践、大概念教学、大单元教学、跨学科主题活动、综合实践活动等素养导向的新型教学方式的探索，引导学生做中学、用中学、创中学，通过发挥教师主导作用与学生主体地位相结合的方式，不断深化课堂教学方式改革，使基础教育课程教学改革形成新气象。

总之，20余年基础教育课堂教学方式变革卓有成效，广大中小学教师能够积极探索新型教学方式，并理性理解与处理三类教学方式之间的辩证关系，与此同时，面对素养导向的新型教学方式的变革，许多教师表现出了一定的困惑与迷茫，有些教师甚至重返传统教学方式，因此，深化基础教育课程与教学改革，课堂教学方式变革任重道远，既需要理论研究者厘清不同类型教学方式之关系并助推学校课堂教学改革，也需要实践工作者聚集课堂开展校本教学研究，探索新型教学方式与课程改革的辩证关系，进而从根本上改变中国基础教育的育人方式。

第十六章

中国基础教育实践育人的
内涵、特征与路径

2022年4月教育部颁布《义务教育课程方案（2022年版）》（以下简称"新方案"）以全面培养有理想、有本领、有担当的时代新人为目标，聚焦发展学生核心素养，加强课程内容与学生经验、现实生活、社会实践的联系，设立跨学科主题学习活动，强化课程实践性与课程综合化实施，注重发挥课程间的协同育人功能。新方案在课程实施方面明确要求："加强课程与生产劳动、社会实践的结合，充分发挥实践的独特育人功能。"[1] 因此，在深化基础教育课程改革的背景下，对于广大中小学教师而言，如何深入理解实践育人的内涵与特征，探索实践育人的路径与价值，有着十分重要的现实意义。

第一节 中国基础教育实践育人的内涵

当前，中国基础教育高质量发展亟须加强实践育人，亟须加强学校教育与现实社会和生活实践的联系，使教育与生产劳动相结合、与社会实践相结合，这是新时代基础教育教学方式变革的主要方向。所谓实践

---

[1] 中华人民共和国教育部制定：《义务教育课程方案（2022年版）》，北京师范大学出版社2022年版，第9页。

育人，就是在学科育人的基础上，加强学科实践、跨学科实践和综合实践活动，让学生在真实世界中解决真实问题，将学生直接知识与间接知识结合起来，培养德智体美劳全面发展的时代新人。简言之，实践育人即在实践中基于实践培养具有实践能力的时代新人。实践育人不仅是党的教育方针提出的育人方式要求，也是新时代提高人才培养质量的有效途径。实践育人作为中国共产党教育方针的主要内容，成为指导中国基础教育改革的重要依据。百余年来，中国共产党的教育方针十分重视教育的根本任务与教育的根本问题，并从教育与生产劳动和社会实践相结合的角度，成为新时代培养全面发展人的根本方法。新民主主义革命时期，中国共产党提出"培养无产阶级革命者"的教育方针。新中国的成立、社会主义生产关系的建立，为培育社会主义新人提供了制度保障，在此基础上，毛泽东提出中国共产党的教育的方针是"我们的教育使受教育者在德育、智育、体育几方面都得到发展，成为有社会主义觉悟的有文化的劳动者"。改革开放以后，中国共产党根据改革开放实践进程的需要，先后提出教育方针是：培养"四有新人"，培养德智体美等全面发展的社会主义建设者和接班人，培养中国特色社会主义事业的合格建设者和可靠接班人。中国特色社会主义进入新时代，中国共产党确定的教育方针是"培养德智体美劳全面发展的社会主义建设者和接班人""培养担当民族复兴大任的时代新人"。尤其是党的十八大以来，以习近平同志为核心的党中央高度重视教育工作，决定把劳动教育纳入社会主义建设者和接班人的要求之中，提出"德智体美劳"的总体要求。经第十三届全国人大常委会第二十八次会议审议，《中华人民共和国教育法》第五条修改为："教育必须为社会主义现代化建设服务、为人民服务，必须与生产劳动和社会实践相结合，培养德智体美劳全面发展的社会主义建设者和接班人。"落实新时代党的教育方针，要充分发挥实践育人的价值，让理论育人与实践育人相结合，让教育与生产劳动和社会实践相结合，真正培养出担当民族复兴大业的时代新人，真正实现时代新人的全面发展。

实践育人在中国传统文化中有着十分丰厚的基础。商代伊尹说："弗虑胡获，弗为胡成。"意指不思考怎么能搞清楚，不去做怎么能成大事。春秋时期孔子重视学习，更重视行，带着弟子周游列国，将学习活动与社会实践融为一体。墨子很重视行，提出检验言行的标准是"于何用之"。荀子主张知和行的统一说，他认为："不闻不若闻之，闻之不若见之，见之不若知之，知之不若行之，学至于行而止矣。"汉代董仲舒在谈到知行问题时指出："凡人欲行为皆以其知先规而后行之。"唐代柳宗元对知行问题提出了有创新意义的见解，他认为："夫天之贵斯人也，则付刚使纯粹于其躬，倬为至灵。……刚健之气钟于人也为志，纯粹之气注于人也为明。举斯二者，人伦之要尽是焉。"北宋程颐认为："须是识在所行之先"，"知了方行得"。南宋朱熹继承了程颐的学说并有创新发展，提出了"知行常相须"的观点，并指出"知之愈明，则行之愈笃；行之愈笃，则知之益明"。明代王阳明主张知行合一论，他认为："知而不行，只是未知"，"故遂终身不行，亦遂终身不知"，"知之真切笃实处即是行，行之明觉精察处即知"。到了近代，孙中山先生根据革命实践中的体会，提出了"知难行易"的学说。陶行知从美国留学回来，根据中国的社会现实提出了新的生活教育理论，并将自己的名字由"陶知行"改为"陶行知"，以表"行是知之始，知是行之成"的观点。马克思主义传入中国之后，与中国传统文化中的知行论相结合，形成了中国特色的马克思主义的实践观，其标志便是毛泽东的《实践论》。以马克思主义的实践论为基础，融入中国传统文化中的知行观思想，形成了中国基础教育实践育人的丰富内涵，既要重视各学科系统的间接知识的学习，又要加强在实践中获得直接知识和检验和发展间接知识；既要加强理论联系实际，又要坚持知行合一；既要加强教育与生产劳动相结合，又要加强教育与各种社会实践结合。只有在充分认识新时代实践育人丰富的内涵基础上，才能真正实现实践育人的独特价值。

　　社会实践是人们的存在方式，自从有了人类，就有了人类的社会实践活动。[①] 古今中外许多教育家都基于不同的哲学立场论述了实践在人类历史发展中的重大作用以及实践在个体发展中的独特价值。"实践"

---

① 宫留记：《布迪厄的社会实践理论》，河南大学出版社2009年版，第1页。

一词，是指行动本身即善的目的性行动，这种行动本身具有内在目的，因为行动本身具有内在目的，实践行动与目的是一致的，实践本身以这种目的的价值标准和原则为取向，实践的目的就是实践本身所包含的，实践的方式就是目的的实现本身，实践的性质是受价值规范的。①"育人"就是培养"主动、健康发展的人"②，"育人"就是促进"人的生成与完善"③，即人的发展是衡量"实践育人"内在价值的基本尺度。"实践育人"表达出了实践活动与人的发展之间的手段与目的关系。

马克思主义教育与生产劳动相结合的理论和马克思主义关于实践的理论，为中国基础教育这一新型的"实践育人"方式提供了理论依据。马克思在《资本论》中明确指出："未来教育对所有已满一定年龄的儿童来说，就是生产劳动同智育和体育相结合，它不仅是提高社会生产的一种方法，并且是造就全面发展的人的唯一方法。"④ 恩格斯指出："教育将使年轻人能够很快熟悉整个生产系统，将使他们能够根据社会需要或者他们自己的爱好，轮流从一个生产部门转到另一个生产部门。因此，教育将使他们摆脱现在这种分工给每个人造成的片面性。"⑤ 马克思关于教育与生产劳动相结合的理论，既指德智体美劳这五育以及教育整体都需要密切联系生产劳动，也指要做到五育融合，在五育融合中促进学生的全面发展。也就是说，该理论不仅是培养全面发展人的根本途径，也是各学科教学中加强与生产实践和生活实践相结合的主要依据。马克思的实践观认为："人的本质不是单个人所固有的现实抽象物，在其现实性上，它是一切社会关系的总和。"⑥ 这里的现实性是以物质生活为现实前提存在的包括物质与精神、政治与经济等的一切社会关系，现实的社会关系是在实践中形成的，也就是说，现实的人须以实践为基

---

① 金生鈜：《何为教育实践》，《华东师范大学学报》（教育科学版）2014年第2期。
② 叶澜：《重建课堂教学价值观》，《教育研究》2002年第5期。
③ 鲁洁：《教育的原点：育人》，《华东师范大学学报》（教育科学版）2008年第4期。
④ 中共中央马克思恩格斯列宁斯大林著作编译局编译：《马克思恩格斯全集》第四十三卷，人民出版社2016年版，第510页。
⑤ 中共中央马克思恩格斯列宁斯大林著作编译局编译：《马克思恩格斯文集》第一卷，人民出版社2009年版，第689页。
⑥ 中共中央马克思恩格斯列宁斯大林著作编译局编译：《马克思恩格斯选集》第一卷，人民出版社2012年版，第135页。

础，通过主体的对象性活动实现作为现实的人的主体性存在，进而不断生产和革新自己的全部社会生活和社会关系，人只能在社会关系基础上才具有人的本质。[①]"全部社会生活在本质上是实践的。"[②] 实践是人的本质的根本反映，马克思把物质生产实践看作是人类最根本的实践活动，由物质生产实践产生人的思想意识、精神活动以及社会交往的生活实践，并由此生产出人与自然的关系、人与社会的关系、人与自身的关系。人与自然的关系属于生产实践，人与人的关系及人与自身的关系属于生活实践。可以说，马克思的实践观就是马克思的实践育人观，实践育人即是用实践这一"支点"在改变世界的同时，去改变人、塑造人、创造人本身。[③] 杜威说："我认为使儿童认识到他的社会遗产的唯一方法是使他去实践，使他从事那些使文明成为文明的主要的典型的活动。"[④] 杜威在许多著作中用大量案例论述了学校教学活动与社会实践结合起来的"做中学"的教学方法。显然，实践是人存在、生存、学习的基本方式，教育与社会实践相结合，便构成了"实践育人"的基本内涵，实践作为人的本质，体现了"以人为本"的教育理念，具体而言，就是通过教育与生产实践相结合、与生活实践相结合，协调好人与自然、人与社会以及人与人自身的关系，最终实现人的生命自由、自觉、主动的发展。实践育人作为新时期一种新型育人方式，具有鲜明的时代特征，体现在中国共产党的教育方针之中："教育必须为社会主义现代化建设服务、为人民服务，必须与生产劳动和社会实践相结合，培养德、智、体、美等方面全面发展的社会主义建设者和接班人。"

实践育人是马克思主义理论与中国教育实际问题相结合的产物。马克思主义人的全面发展学说在解决中国基础教育实际问题的过程中，形成了"素质教育""立德树人""培养什么人、怎样培养人、为谁培养

[①] 魏金华：《马克思实践视域中的人学思想》，《教学与研究》2015年第9期。
[②] 中共中央马克思恩格斯列宁斯大林著作编译局编译：《马克思恩格斯选集》第一卷，人民出版社2012年版，第67页。
[③] 成尚荣：《实践育人的理论基础、核心要义与基本形态》，《中国教育学刊》2022年第10期。
[④] 吕达、刘立德、邹海燕主编：《杜威教育文集》第1卷，人民教育出版社2008年版，第11页。

人""中国学生发展核心素养"等中国特色的教育范畴。① 伴随着教育目标的升级换代,教学方法也经历了不同阶段的转型与多样化发展。在教学方法上,从20世纪80年代至新课程改革之前,围绕着"双基"的教育目标,讲授法成为主要的教学方法;21世纪以来,伴随着"三维"教育目标的确定,注重学生学习主体性的发挥,新型的自主、合作、探究学习方式为教学方法改革注入了新鲜血液;2022年教育部颁布了《义务教育课程方案》和各学科《义务教育课程标准》,在教学方法的变革上突出实践育人价值,指出通过实践的方式学习知识,使知识学习向对学生的核心素养教育转化。核心素养是对知识、技能、情感态度等融合的高级素养,是基于学科知识又高于学科知识的跨学科的综合活动和综合实践;核心素养教育是一个偏向实践的概念,是以发展学生核心素养为宗旨的教育活动,指向的是整体性的教育实践活动。② 因此,"实践育人"是落实核心素养教育和响应教学改革新要求的必然选择,意味着课程实施的主要方式是在实践中学习。课程实施的主体是教师和学生,其本质是一种以教学为主的实践活动,它既是人类精神生产和知识再生产的实践活动,又是教师和学生生命存在与交往的生活实践活动。③ 也就是说,学校中的实践育人,就是要让学生回归到生产实践和生活实践中,将教育教学活动与生产劳动、社会实践结合起来,是学生获得直接经验并理解和运用间接经验的主要方法。显然,实践育人并不是与讲授法相斥,讲授法是帮助学生获得间接经验的基本方法,夸美纽斯、赫尔巴特等都论述过讲授法的优势,杜威用"'讲课'一词来指明在一节课的时间内,教师与学生、学生与学生之间最亲密的理智的接触这一具有决定意义的事实"④。讲授法是学生获得基础知识并加深教师与学生间情感联系的重要途径,是实践育人方式的必要组成部分;同

---

① 王鉴:《论我国基础教育课程设计的理论逻辑》,《课程·教材·教法》2022年第11期。
② 王海霞、唐智松、唐一山:《核心素养教育:理论内涵与实践路径》,《中国教育科学(中英文)》2022年第3期。
③ 王鉴、刘莹:《再论课程实施的实践逻辑》,《教育研究》2022年第10期。
④ 吕达、刘立德、邹海燕主编:《杜威教育文集》第5卷,人民教育出版社2008年版,第249页。

时，实践育人需要自主、合作、探究、实验等体验方法来联系学生的直接经验与间接经验，卢梭、裴斯泰洛齐、福禄贝尔等都论述过体验式教学方法对学生发展的重要性，杜威"做中学"的方法，是将教师的知识讲授与学生的体验学习结合起来，实验探究与活动体验方法反映了不同类型知识的教学方法的差异，是实践育人方式的有机组成部分。新方案明确指出："加强知识学习与学生经验、现实生活、社会实践之间的联系，注重真实情境的创设，增强学生认识真实世界，解决真实问题的能力。"[①] 因此，实践育人方式的学习是将课堂中的知识讲授与学校实验室的模拟情境学习结合起来，在社会生活和生产活动等真实的情境中运用与实践并通过真实情境的实践学习进而解决真实情境中存在的问题，融通了包括生产实践与生活实践为一体的生命实践活动。

由此可见，实践育人是指通过教育与生产实践、生活实践相结合，实现学科知识与生活世界相融合，让学生在实践中，以实践的思想和方法，培养解决真实问题的能力，使理论与实践相结合，进而实现人的全面发展的教育目标。实践育人是中国特色学校教育的重要特点，也是基础教育课堂教学方法改革的方向。

第二节 中国基础教育实践育人的特征

实践育人是将教或学的方式定义为实践活动，通过实践凸显育人的主体性与创造性，其特质是从学科视野的知识世界走向以"做"为中心的生活世界，生活世界把社会看作是一个整体，生活世界构成了观察与解决问题的具有优先性的整体背景，回到现实的生活中去，在真实而丰富的情境中通过实践将学科世界与生活世界结合起来，使课程转化为具体而生动的育人实践，进而让立德树人的根本任务落实到教育教学的全过程中。实践是一种育人理念，是课改原则，通过实践的方式育人，

---

① 中华人民共和国教育部制定：《义务教育课程方案（2022年版）》，北京师范大学出版社2022年版，第14页。

是一种面向未来教育的育人方式，实践育人的特征主要表现为目标的整体性、内容的综合性、方法的多元性、结果的生成性。

一 目标的全面性

整体性是实践育人的核心特征，关照的是学生的生活、生命是一个整体。对于学生而言，他们的生活是一个整体，一个总体，他们的世界并没有被分割成"日常生活"与"学校生活"。学生作为完整的、现实的"人"的生命存在是实践育人目标的基本指向。所谓人的完整性，是指人的肉体与精神、理性与非理性、社会性与个性、客体性与主体性等多重关系以及人的自然性、社会性和个体性等多方面的整合。[①] 现实的人是一个由许多因素组成的复合体所决定，"这个复合体是由生物的、生理的、地理的、社会的、经济的、文化的和职业的因素所组成的，而这些方面对于每一个人来说，都是各不相同的；现实的人既有独特性也有类特性和群体性，是三位一体的存在"[②]。马克思指出："人们用以生产自己必需的生活资料的方式，……它在更大程度上是这些个人的一定的活动方式，……个人怎样表现自己的生活，他们自己也就怎样。因此，他们是什么样的，这同他们的生产是一致的——既和他们生产什么一致，又和他们怎样生产一致。"[③] 实践是人的存在方式，实践生成了人的各种特质，人只有存在于实践中，才是完整的、现实的人的统一体，有什么样的实践，就有什么样的人，实践是存在于人的实然与应然状态的自我改造，是人生命不断完善与超越的生成机制。由此，在实践中的学习既整合了学生德智体美等的全面整体发展，又实现了学生个体的个性化成长，实践联结了知识与素养，诠释了学科世界与生活世界的不可分离性。新方案全面强化义务教育课程实施的实践性特征，通过将教学与学生真实的生活世界和社会实践相联系，以确保五育并举、

[①] 冯建军：《回归本真："教育与人的哲学探索"》，中国人民大学出版社2019年版，第43页。

[②] 冯建军：《回归本真："教育与人的哲学探索"》，中国人民大学出版社2019年版，第42页。

[③] 中共中央马克思恩格斯列宁斯大林著作编译局编译：《马克思恩格斯选集》第一卷，人民出版社1972年版，第25页。

五育融合，着重培养学生提出问题、分析问题与解决问题的能力。实践育人整合了学习目标，将学习者的知识、技能、情感等统合在实践过程中，实现了人的主体性、情感性与创造性的有机统一，是人自由、全面发展状态的彰显。"基于横向视角，学科源自社会实践、与儿童当下生活的世界与经验是个整体；基于纵向视角，学科生成于知识发展过程中，与儿童过去、现在和未来的生活亦是个整体。"①

二 内容的综合性

"儿童所关心的事物，由于他的生活所带来的个人的和社会的兴趣的统一性，是结合在一起的。……儿童一到学校，多种多样的学科便把他的世界加以割裂和肢解。"② 只有实施把学生当作完整的"人"的课程，才能体现出实践育人的目标诉求，建构具有生活价值的课程是课程内容整合的应有之义。新方案强调义务教育课程的综合性特征，"加强课程内容与学生经验、社会生活的联系，强化学科内知识整合，统筹设计综合课程和跨学科主题学习。……开展跨学科主题教学，强化课程协同育人功能。"③ 课程的综合性解决了学科课程的局限性而对知识进行了重新整合与再定位，加强了知识的结构化，渗透着课程统整的理念。课程统整是一种课程设计，乃是在不受制于学科界限的情况下，组织的主题来自现有的生活和经验，包含了应把知识应用到与社会和个人相关的重要问题和关注事项之上，以增强人和社会统整的可能性。④ 可见，综合性体现为学科世界、学生经验、社会生活三者的有机整合，是以学习逻辑为纽带整合了学科逻辑与心理逻辑，教师、学生和知识之间的关系被置于一个更广阔的现实情境中进行，所有学习者都与世界、与生活相连，教师与学生组成一个知识建构的共同体，课程应增强学习者获取

---

① 张紫屏：《综合实践活动课程的理论视野》，河北教育出版社2020年版，第29页。
② 吕达、刘立德、邹海燕主编：《杜威教育文集》第1卷，人民教育出版社2008年版，第110页。
③ 中华人民共和国教育部制定：《义务教育课程方案（2022年版）》，北京师范大学出版社2022年版，第5页。
④ ［美］James A. Beane，《课程统整》，单文经等译，华东师范大学出版社2003年版，第3页。

和贡献于知识共享的能力。素养离不开知识，核心素养的培育是以知识的灵活运用为重要基础，素养是在问题解决的具体情境中生成的，素养导向的课程内容要求知识的呈现方式发生转变，转向关注知识的实践性与情境性，也就是说，在复杂问题解决中，知识的运用是以综合性样态呈现的，显然，课程内容综合性的关键表征便是彰显出知识的实践形态，知识成为问题解决的工具、资源，知识成为关系中的"活"的存在。学科实践、跨学科实践、综合实践便是知识综合形态的主要形式，也是实践育人的基本形态，无论哪种形式的实践都注重学习内容的真实性与情境性特征。因此，素养时代的课程整合因而要秉承更高的立意，要从知识整合、问题解决、价值关切三位一体的角度理解课程整合的整体要义。①

三 方法的多元性

杜威说："只有在教育中，知识才意味着一种信息的储存而无关实践，而在农民、商人、医生或者实验室实验员的生活中，这是绝对不可能的。"② 真实情境的引入实质上是学习本源意义上的回归。之后，施瓦布将实践作为课程的语言，他说："学科是一种有益的虚构，但毕竟是一种虚构；如果要使学生变得聪明，那么就应该强调学科的虚构的特性，就必须清楚某种特定的学科虚构可以被转译成学生生活中的实际情形的种种途径。"③ 也就是说，学习不只是认识活动，更应该是实践活动，既要知道知识是什么，还要知道知识是怎么来的和去向哪里，学生在实践中学习知识，在学习知识中实践。新方案凸显义务教育课程的实践性特征，把通过"实践"作为造就全面发展的人的最本质的育人方式，在实践中学习，让学生的学习面向生产世界、生活世界，是教育与社会实践相结合的应有之义。实践教学法是帮助学生获得通达智慧的知

---

① 安桂清：《论义务教育课程的综合性与实践性》，《全球教育展望》2022 年第 5 期。
② ［美］韦恩·霍姆斯、玛雅·比利亚克、查尔斯·菲德尔：《教育中的人工智能》，冯建超、舒越、金琦钦等译，华东师范大学出版社 2021 年版，第 37 页。
③ ［美］艾伦·A·布洛克：《〈塔木德〉、课程和实践：约瑟夫·施瓦布和拉比》，徐玉珍、林立译，教育科学出版社 2011 年版，第 47 页。

识，强调通过在真实的情境中完成学习任务，将学习目标、学习内容、学习方法、学习结果关联为一个整体的学习系统，关心的是"知识的融通"。实践育人并不反对对于构成学习系统的具体探察，而是注重部分与整体的结合，并将对局部的分析放在整个学习系统中进行审视，通过细致周全地分析部分已形成达到对学习活动的整体认识，进而有效发挥学习系统的整体功能。显然，学科实践既注重知识性，也注重实践性。讲授法是学生获取知识的基本方法，有学者认为："学科实践并不是对探究学习的否定和取代，而是体现了人们对学科教育理解的进一步深化，探究本质上也是一种实践形式。"[1] 探究的学习方法是介于认识知识与应用知识之间的一种模拟方法，如物理、化学、生物中规定的实验室实验等都是为学生进入真实的社会生活中生成直接经验打基础。因此，讲授法、探究法、实践法三种方法在课堂教学方法的使用中既彼此独立又相互补充，实践教学法是一套方法或一系列方法，是多种方法的组合，是将讲授、合作、探究等不同的方法有机地组合起来使用，启示我们实践法不是一种普适、永恒的方法，而应根据不同的教学目标要求设计相应的实践活动，目的是回归以学生为中心的学习环境的设计。课程综合化、生活化、实践化，就是要在教学方式层面体现实践育人的高级形态。

四　结果的生成性

实践育人结果的价值在于实现根植于新的时代背景下确立的有理想、有本领、有担当的素养导向的义务教育培养目标，核心素养直接回答了课程"为谁育人、育什么样的人、怎样育人"这一根本教育问题。素养的内涵是知识运用的能力，是个体基于知识而展开的对象化、反省性的情境实践，其实质是一种知识迁移与问题解决的能力与实践。[2] 由新方案与各科新课程标准可知，课程育人功能的实现赋予了实践优先

---

[1] 崔允漷、张紫红、郭洪瑞：《溯源与解读：学科实践即学习方式变革的新方向》，《教育研究》2021年第12期。

[2] 张良、靳玉乐：《知识运用与素养生成——探讨素养发展的知识路径》，《教育学报》2019年第5期。

权，目的是让学生在实践中通过知识的运用实现自我教育和成长。苏霍姆林斯基提出"真正的教育是自我教育"的著名论断，认为只有学会进行自我教育，才可能成为一个真正的人；自我教育的根本特点是人对知识文化继承吸收的自控性、自授性，是从社会个体着眼；教育的根本特点是其在文化传递、继承过程中的师授性、他控性，是从社会整体出发。① 实践实现了教育与自我教育、教与学、间接经验与直接经验的统一与互补。就知识的利用而言，是指要把它和人类的感知、情感、欲望、希望以及能调节思想的精神活动联系在一起，指向人现实而具体的生活，蕴含着个体反思性、批判性与创造性等高阶思维的参与以及新旧知识间的贯通等。② 也就是说，实践育人突出了人的意图尤其是学生个体的精神活动对于整个学习活动的影响，知识并非作为结果式、现成性的存在，而是作为个体与环境相互作用创造、生成的产物以及解决问题的工具与媒介，阐明了学生、教师、学生同伴间、活动和社会情境脉络、惯习等的共存关系，教师和学生作为实践共同体共享课程知识，共创课程意义。因此，实践育人结果的生成性在于教育作为人类具体的社会实践活动之一，其本身具有自身的实践逻辑，知识的学习与运用、生成与迁移是由发生该实践活动的具体的现实情境决定，实践育人的实践逻辑就是教师和学生作为能动者通过知识情境化和学习实践化来表现与生成惯习的实践活动，从认识论上看，只有回归学生学习的情境田野中来把握实践育人的结果才是可行的。

第三节　中国基础教育实践育人路径

学校教育的实践育人，从学科出发，将学科知识的学习与实践相结合，这便是学科实践的路径，在此基础上，根据跨学科的主题开展实践活动，综合学习相关学科的相关知识，还需要进一步将学科知识的学习

---

① 胡德海：《教育学原理（第三版）》，人民教育出版社2013年版，第225—227页。
② ［英］怀特海：《教育的目的》，庄莲平、王立中译注，文汇出版社2012年版，第6—7页。

与现实生活和社会生产结合起来。因此，学科实践、跨学科主题实践和综合实践是学校实践育人的基本路径，三者既相对独立又互相联系，共同构成了中国基础教育实践育人的路径体系。

一　学科实践

新方案强调"强化学科实践"，并对学科实践提出明确要求："注重'做中学'，引导学生参与学科探究活动，经历发现问题、解决问题、建构知识、运用知识的过程，体会学科思想方法。"对于学科实践内涵的理解，大多数学者都是从知识对核心素养的作用来分析，学科知识必须围绕学科育人价值加以选择、设计、组织和实施，通过学科问题解决，最终指向实现知识理解、运用与转化的某一特定学科的学习方式。知识运用与转化的前提是知识理解，学科实践的知识论意义在于促使知识从作为确定性、结果性、现成性等名词形式转化为内蕴运用、探究、实践为核心的动词形式，知识在实践过程中成为个体解决问题的工具、媒介或资源，是动态生成的产物。[①] 有学者提出了学科理解的四个维度：知识（对学科内容的良好理解）、方法（学科如何构建和检验知识）、目的（以学科为解释、解读和实际运用的工具）、形式（学科内重要的符号工具系统，例如，数学、文字或艺术的表达方式）。[②] 可见，学科实践亦是"为理解而教"的学习方式，回答了"学什么""为什么学"以及"如何学"等三个问题，重视支持学生理解学科背后的运作机制，不仅包括陈述性知识，还涉及学科自身的程序性知识，将学科知识内容与学生思维习惯在深度和广度方面同时得到发展，其本质是重视知行合一的学习，帮助学生掌握学科研究方法的过程。事实上，学科理解的四个维度即指学科思想方法，学科思想方法中包含着学科课程思想与学科方法。学科课程思想表现了学科的精神实质，它内隐于学科知识体系之内，统摄学科方法，凸显学科价值，流动于教师的教和学生学的

[①] 陆卓涛、安桂清：《学科实践的内涵、价值与实现路径》，《课程·教材·教法》2022年第9期。

[②] ［美］戴维·珀金斯：《为未知而教，为未来而学》，杨彦捷译，浙江人民出版社2015年版，第157页。

过程之中。① 不同的学科有不同的学科课程思想与学科实践方法，学科实践方法以反映学科独特课程思想的方式体现于各科新课标中，呈现出不同的育人价值。如地理学科的地理实践，是在不同的主题中贯穿地理工具应用和地理实践活动，开展地理户外实践，以培育学生的人地协调观、综合思维、地理实践力等；科学学科将"探究实践"作为科学课程核心素养之一，加强实验教学，可开展观察、测量、调查等学习活动，注重科学概念的理解、创新思维的培养与真实情境的问题解决，等等。总之，学科实践的出发点和落脚点是实现学科育人价值，"人—知"互动是学科育人的逻辑起点。② 构建学生与学科知识的双向互动关系是学科育人的实践诉求，追求的是以厘清学科思想方法为前提，基于大观念、大问题、大任务、主题等创设真实且符合学科方法的学习情境，让知识与个体的经验、情感、思维发生关联，让知识与社会生活发生关联，注重学科思想、课程内容、学习方式、学习结果的内在联系，依托于讲授学习、探究学习、操作学习等不同类型学习方式的综合学习活动。

二 跨学科主题实践

新方案明确提出要统筹设计综合课程和跨学科主题学习，开展跨学科主题教学，要求各门课程用不少于10%的课时设计跨学科主题学习。跨学科主题学习的主要方式中开展跨学科主题实践。跨学科实践的知识论意义在于"跨"是手段而非目的，旨在打破学科间的知识壁垒，整合不同学科知识，基于问题增进学科间的知识联系，让知识在不同学科间发生流动。跨学科是"基于学科而又超越学科，在扎实学科教学的基础上主动跨界，立足某一学科去实现跨越"③。显然，深刻理解学科思想方法是开展跨学科实践活动的前提。跨学科实践以学科实践为基

---

① 陈娜、郭元祥：《学科课程思想的内涵、特征及其对教学的观照》，《课程·教材·教法》2017年第8期。

② 郭元祥：《论学科育人的逻辑起点、内在条件与实践诉求》，《教育研究》2020年第4期。

③ 周素娟：《跨学科主题学习的逻辑理论与教学实践》，《基础教育课程》2011年第11期。

础，是对各类学科实践的整合，旨在培养学生综合运用不同学科知识解决现实问题的能力，促进学生整体的世界观发展。学科实践与跨学科实践两者互为补充、相得益彰。跨学科主题教学是开展跨学科实践的主要形式，项目式学习、问题式学习、探究式学习等学习方式都可视为跨学科主题学习的形式，各科课程标准在课程内容部分阐述了各自跨学科实践的具体安排。如，生物学科的跨学科实践，设置了"生物学与社会·跨学科实践"主题，引导学生综合运用生物学、化学、物理、地理、数学等学科的知识和方法，分析和解决实际问题；化学学科的跨学科实践，提供了10个主题内容，要求能综合运用化学、技术、工程及跨学科知识实现问题解决过程与核心知识的获得、能力和素养的发展自然融合等。可见，跨学科实践是综合课程和实践育人方式的合体，既要突出跨学科实践的"跨学科性"，也要强化跨学科实践的"实践性"。"跨学科性"意味着课程内容的综合化，主题的选择、设计与组织应能实现学科内部、学科间的合作与整合，实现学科内容与学生现实生活、学生情感的整合，具有一定的开放性与延伸性，聚焦发展学生解决问题的能力，发挥好课程的协同育人功能。"实践性"意味着面向生活世界，围绕现实生活和社会发展问题，利用生产生活实例，并结合学生的生活体验激发学生兴趣，引导学生从多学科角度观察、思考和分析问题，理论联系实际，探索多种解决问题的方案，综合解决问题，提升跨学科知识的应用能力。因此，在实施跨学科实践活动时，应做到跨而有"联"，"联"是基于某一学科与其他学科间的内容存在意义关联；跨而有"度"，"度"是基于学科教学需要与学生的最近发展区，处理好学科实践与跨学科实践的关系。总之，跨学科实践是指向学生全面发展的育人方式，真正彰显了人自由、全面的发展状态，反映了实践育人的本质属性。

三 综合实践

新方案在变革育人方式层面提出推进综合实践活动中的工程与技术实践，综合实践活动侧重跨学科研究性学习、社会实践。在义务教育科学学科的新课标中指出，科学为工程与技术提供了理论基础，在广义的理解中，科学也包括工程与技术。根据研究对象的不同，可将科学分为物理学、化学、生物学、天文学、地球科学等分支，在信息社会背景下，信息技术成为衡量教育现代化水平的重要标志。可见，工程与技术实践涉及科学、物理学、化学、生物学、数学、信息技术等多种学科实践，并呈现出相互渗透、交叉融合的特点。科学、工程与技术、信息技术等学科相互促进作用日益增强，共同推动着社会生产力的发展、经济的繁荣和社会的进步，促进了人们生产生活方式的变革以及人类精神文明水平的提升。也就是说，工程与技术实践体现了人类实践最普遍的样式，包含了学生学习所需的全部外在环境和全部社会关系的总和，反映了人类生产实践、生活实践的真实面貌。有学者认为，基于人类实践最普遍的样式，以及从人与自然、人与自我、人与社会的维度来说，实践育人最根本的方式是技术体验实践、生活探究实践、社会参与实践。[①] 应当说，这三类实践是工程技术实践的具体分类，是富含研究性学习的社会实践。可以看出，工程技术实践在学生发展中的重大意义，应重视并强化综合实践活动中的工程与技术实践。此外，综合实践的育人方式也具体运用于学科实践育人的过程中，一门学科反映了人类社会生活某一方面的一种生产方式，这门学科的深化拓展离不开它自身在实践活动中的运行机制，因此，应从通观整体的视角把握学科的综合学习方式，如化学学科的学习，除了教室、实验室外，还可以到社会中的生产化工车间参观学习；地理学科的学习还可以在野外考察和观察；历史学科的学习还可以在研学旅行中感受历史文化等等。综合实践是将学科知识、实验室知识、生活知识三者打通融合，学科中的经验知识为实验室知识和生活知识的获得提供前提，并作为拓展实验研究与生活知识的工具，而实验室知识与生活知识再次巩固和延伸对学科知识的认识。总之，综合实践的育人的场所是丰富的、多元的，学校、实验室、大自然、大社会等都是学习的场所，帮助学生从亲近自然走向亲近科学，从亲近书本知识走向亲近动手实践，从亲近学校走向亲近社会，从亲近教师走向亲

[①] 郭元祥：《实践缺失是我国基础教育的根本局限》，《教育研究与实验》2014年第3期。

近自我，有助于学生从整体上认识自然世界与社会生活，理解自然、社会、科学、技术、环境、生命的关系，形成科学的思维习惯和社会责任感。因此，综合实践的育人方式是回归"以学生为本"的综合学习，能够渗透或融入所有的学科教学与其他教育活动之中，从其本质上看，是通过开展综合育人、实践育人、活动育人，以促进学生身心和谐发展的育人方式，关照了学生的社会性、个体性、整体性的综合全面发展。①

认识和实践是人发展过程中不可或缺的方式，通过实践育人，在实践中育人，可以帮助学生建立起其作为一个完整的"人"与自然、与社会、与自我的内在联系，并在实践中增长处理各种关系的能力，形成"物—我"关系，"你—我"关系和自我关系。因此，离开了实践，人的生成和发展是止步不前的，离开了实践育人，立德树人也是难以达成的。实践育人是一种区别于知识教育又以知识教育为基础的教学方式，对学生生活、社会现实、学生经验等予以高度关切，根本目的是通过引导学生进入生活世界，在真实的自然情境和社会情境中运用已有知识、观念、方法及工具解决实际问题，以形成对自然、对社会、对自我的整体认识，进而发展学生的综合素养。

---

① 殷世东：《综合实践活动育人方式的逻辑与课堂教学重构》，《教育科学研究》2021年第11期。

第十七章

中国基础教育真实情境教学：
内涵、特点与策略

《义务教育课程方案（2022年版）》指出："加强知识学习与学生经验现实生活、社会实践之间的联系，注重真实情境的创设，增强学生认识真实世界、解决真实问题的能力。"① 《普通高中课程方案（2017年版2020年修订）》同时要求："关注学生学习过程，创设与生活关联的、任务导向的真实情境，促进学生自主、合作、探究地学习，注重对学生学习过程的评价，推进信息技术在教学中的合理应用，提高课程实施水平。"② 义务教育和普通高中的课程方案都特别强调通过创设真实情境来提高课程实施的水平，让学生在真实世界中解决真实问题，这是新时代新课程实践育人价值的根本要求。所谓实践育人是指在实践中基于实践培养具有实践能力的时代新人。实践育人有两种主要方式，一种是通过直接的实践活动培养人，另一种是通过创设真实情境培养人。真实情境教学是一种综合性、实践性的教学方式，不仅需要加强学科内部及学科之间知识的统整，而且需要将知识学习与学生经验、现实生活、社会实践有机地联系起来。如何理解真实情境教学的内涵并把握其特点进而有效开展教学活动，是当前中小学教师教学方法改亟须解决的

---

① 中华人民共和国教育部制定：《义务教育课程方案（2022年版）》，北京师范大学出版社2022年版，第14页。
② 中华人民共和国教育部制定：《普通高中语文课程标准（2017年版2020年修订）》，人民教育出版社2019年版，第11页。

问题。

第一节　中国基础教育真实情境教学的内涵

创设情境的教学方法在中国的课堂教学中有着较悠久的历史，李吉林创造性地完成了对情境教学的系统总结，形成了中国语文教学方面最有影响力的教学理论。对广大中小学教师而言，情境教学似乎是一个不言自明的概念，在实践层面较广泛地流行"无情境不教学""无情境不命题"的理念。以语文课程标准为例，《义务教育语文课程标准（2022年版）》中多次提到"创设丰富多彩的真实情境""增强课程实施的情境性和实践性""整合学习内容、情境、方法和资源等要素""学习任务群的实践性、情境性、综合性""真实的语言文字运用情境"等理念，并明确提出要求："创设真实而富有意义的学习情境，凸显语文学习的实践性。"[1]《普通高中语文课程标准（2017年版2020年修订）》中，"真实情境"一词出现34次之多，真实情境教学对新课程实施的重要性由此可见一斑。事实上，创设真实情境的教学在其他学科中同样有着十分重要的价值。当中小学教师真正需要创设真实情境而开展教学活动时，真实情境教学的概念理解就成了一个问题，其使用之广与意义之泛的矛盾愈演愈烈，成为中小学教师开展教学活动的掣肘，这就有必要从真实情境课程出发理解真实情境教学的内涵。

一　真实情境课程

基于情境教学发展的需要，李吉林从"学科情境课程、大单元课程、专项训练情境课程、野外情境课程、过渡性情境课程"五个方面提出了"情境课程"的概念。[2] 近年来，随着中国基础教育新课程方案和各学科课程标准的颁布，情境作为一种课程的组织方式日益显现，尤

---

[1] 中华人民共和国教育部制定：《义务教育语文课程标准（2022年版）》，北京师范大学出版社2022年版，第45页。

[2] 李吉林：《情境课程的开发》，《课程·教材·教法》1997年第6期。

其强调以真实情境的创设组织课程内容。义务教育和普通高中新课标都强调创设真实情境课程。所谓真实情境课程，就是根据一定的现实生活与社会实践线索，整体性地建立每个学科教材中单元与单元之间、单元与学科之间、单元与跨学科之间、单元与现实世界之间的关联，以任务导向组织课程内容。以真实情境设置课程，要求在课程开发与教材编写时，每一学科都要有意识地以真实情境打通知识间的隔墙、打通学科间的隔墙、打通学科与生活实践的隔墙，进而加强课程内容与学生经验、真实生活、社会实践的联系。在统筹设计综合课程与跨学科主题学习活动时，以真实情境为线索，完善综合课程的科目设置，注重学生在真实情境中综合运用知识解决真实问题的能力。

"真实情境课程"类似于杜威倡导的"社会生活课程"，杜威认为："既然学校生活是如此简化的社会生活，那么它应当从家庭生活里逐渐发展出来；它应当开展并继续儿童在家庭里已经熟悉的生活。"[①] 因此，杜威强调游戏、工作、活动、生活等"做中学"的活动课程，并常常以学校中烹调、缝纫、手工等为案例进行论证分析。义务教育新课程设置"强化课程综合性与实践性，推动育人方式变革，着力发展学生核心素养"[②]。普通高中新课程提出创设综合性学习情境，并要求："根据学生发展需求，围绕学习任务群创设能够引导学生广泛参与、深度参与的学习情境。"[③] 真实情境课程设置加强了知识与学生经验、现实生活、社会实践关联。对学生来说，这样的课程就是充满着勃勃生机的学生生活。因此，通过真实情境创设和问题设计，用小故事说明大道理，用生动案例阐释的抽象概念，不仅可以使学科知识成为学生生活的有机组成部分，而且可以让学生通过真实情境完成跨学科主题实践学习任务，还可以让师生走出课堂、走出学校，深入真实的生活与实践中开展综合实践学习。

---

① 吕达、刘立德、邹海燕编著：《杜威教育文集》第1卷，人民教育出版社2008年版，第8页。

② 中华人民共和国教育部制定：《义务教育课程方案（2022年版）》，北京师范大学出版社2022年版，第2页。

③ 中华人民共和国教育部制定：《普通高中课程方案（2017年版2020年修订）》，人民教育出版社2017年版，第8—9页。

二 真实情境教学

因为真实情境课程的设置，课堂教学便要组织与开展真实情境活动。真实情境教学最初是对外语情境教学法的尝试移植，并从中国古典文论里获得丰富的理论滋养。[①]"周围世界"是情境的来源，由此可见真实情境教学是对学生生活世界的回归。"情"由"境"生，"境"为"情"设，并随"情"变。[②] 真实情境教学是对教学对象的情感关注，加强了教学活动过程中的人文关怀。因此，所谓真实情境教学，是针对儿童的思维特点和认识规律，以"美"为突破口、以"思"为核心、以"情"为纽带，以"儿童活动"为途径，以"周围世界"为源泉，让儿童在学习的过程中，获得探究的乐趣、审美的乐趣、认识的乐趣、创造的乐趣，从而使教学真正成为生动活泼自我需求的活动。[③] 真实情境教学是落实学科核心素养的主要途径。以语文教学为例，语文课程具有工具性与人文性相统一的双重性质，真实情境教学极大地发挥了语文课程的人文性，引起学生的共鸣、共情、共思，并以人文性为引领，促进对工具性知识的习得，最终仍以人文性为旨归。普通高中新教材必修上册第四单元《家乡文化生活》的教学，就要创设一个全体学生参与、体验、探究的真实情境，学生可以自主选择"建筑""文学""饮食""历史""人物"等与家乡相关的主题，自主开展"参观""访谈""体验""阅读"等学习活动，并且进行学习成果的交流共享和评价。从课程设置来看，这个单元打破了学科内部知识、跨学科知识、学科知识与现实生活的隔阂，是典型的综合课程。从教学活动来看，这个单元让知识学习与学生生活有机统一起来，打破了教室的边界、校园的边界，把生活中的图书馆、博物馆、影剧院、名人故居等场域当成了教学的具体场域，实现因人因地而异的教学资源的多样生成。由此可见，真实情境教学的价值主要表现为三个方面：第一，师生以真实情境为线索，开发了相应的课程资源。第二，真实情境涵盖了同一主题的教学内容，实现

[①] 李吉林：《为儿童快乐学习的情境教学》，《课程·教材·教法》2013年第2期。
[②] 王鉴、张晓洁：《论情境教学的理论基础》，《当代教育与文化》2011年第5期。
[③] 李吉林：《谈情境教育的课堂操作要义》，《教育研究》2002年第3期。

对动态、静态不同文本甚至是更广义的生活层面上的意义内容的统整。第三，真实情境决定了以学习者为中心的教学组织样态，内隐了评价的要求，且情境贯穿于教学的始终。

回顾中国基础教育课程改革的历程，作为一种教学方式的"情境"是有限的情境，多表现为通过教师语言、多媒体技术等辅助手段来营造的对教学中某一环节起"激趣发思"作用的虚拟情境，情境是人为优化了的环境。[①]"人为"区别于当下教育语境中的"真实"，"优化"区别于"复杂"。一般情境教学的局限性在于情境类型单一，缺乏真实性。针对这一不足，新课程改革呼唤创设真实情境教学，以此加强知识学习与学生经验、现实生活与社会实践的关系，加强学习的综合性与实践性，落实中国学生发展核心素养。

第二节 中国基础教育真实情境教学的特点

杜威认为："学校科目相互联系的真正中心不是科学，不是文学，不是历史，不是地理，而是儿童本身的社会生活。"[②] 儿童本身的社会生活就是儿童真实的生活，真实的情境来自真实的生活，来自儿童熟悉的真实而生机勃勃的生活，像他自己家庭里、邻里间、操场上所经历的生活那样。真实情境教学的目的在于以儿童的生活作为联系知识的纽带，并以此为中心组织教学活动，使之成为一种综合性、实践性的学习活动。教师在组织与开展教学活动时，要充分考虑真实情境教学的特点。

一 真实性

真实情境教学的真实性相对于以往情境教学的虚拟性而言的。虚拟

[①] 李吉林：《为全面提高儿童素质探索一条有效途径——从情境教学到情境教育的探索与思考（下）》，《教育研究》1997年第4期。

[②] 吕达、刘立德、邹海燕主编：《杜威教育文集》第1卷，人民教育出版社2008年版，第10页。

性的情境教学同样有它的价值，是教学活动中也常常被教师们所创设并使用。虚拟的情境教学相对于没有情境的满堂灌教学而言，其价值是明显的。但是，这样的情境多了，或者仅有虚拟的情境教学，学生心里明白这种情境只是为教学而创设的，与自己的生活无关，久而久之，学生便会对其失去兴趣。如果在教学过程中，教师创设的情境是真实性的，来自学生的现实生活，学生的态度与情趣就会大不一样了。真实情境的真实性来自生活的复杂性与多样性，学生的学校生活是一个整体，它与现实生活、社会实践有着千丝万缕的联系。教师在创设教学情境时，既要了解和熟悉学生的共同生活特点，又要了解和熟悉学生个体的个性化生活特点，让多样性与复杂性得到体现。只有以学生的生活世界为基础的真实情境，才能真正激发学生学习的兴趣，并能有效地将学生的直接经验与间接经验联系起来，让学生在真实情境中解决真实问题，培养学生解决真实问题的能力。教师在创设真实教学情境时，一方面，头脑中有一个从宏观到微观的总体框架，突破微观单元的狭窄视野，通过创设真实情境，以大概念为统领，建立从宏观到微观的总体框架；另一方面，教师要系统设计单元教学，从目标设计、过程设计到评价设计，以素养为导向，以真实情境教学为方法，重视充分理解后的迁移应用。

二 情境性

学生的思维发展需要创设真实的情境，让学生产生对学习感兴趣的连续活动，并在这个情境中产生一个真实的问题，然后在一定的材料支持的基础上，进行相应的调查研究、讨论交流，形成解决问题的方法。杜威认为，教学方法的核心在于创设一个实际的经验情境作为思维的开始。正是基于经验情境中学生思维的培养，杜威提出了五步教学法："第一，学生要有一个真实的经验情境——要有一个对活动本身感兴趣的连续的活动；第二，在这个情境内部产生一个真实的问题，作为思维刺激物；第三，他要占有知识资料，从事必要的观察，对付这些问题；第四，他必须负责有条不紊地展开他所想出的解决问题的办法；第五，他要有机会和需要通过应用检验他的观念，使这些观念意义明确，并且让他自己发现它们是否有效。"① 学生在真实的情境中通过直接的生活进行学习，不只是对教材的学习，这些教材的内容会融入情境学习的活动之中。在情境中，学习与学生的生活相联系，让课堂成为学生成长的地方，学生甚至为了联系生活而走出课堂，将学习置于更广泛的、更真实的社会情境之中，情境在此具有明显的统整学生经验与学科知识的作用。真实情境教学使知识生活化、具体化，情境之于知识，犹如"汤"之于"盐"。"盐"需溶入"汤"中，才能被吸收；知识需要融入情境之中，才能显示出活力与美感。② 新课标将真实情境分为个人体验情境、社会生活情境和学科认知情境，这三种情境涵盖了学生的日常学习生活，是对学习情境性特点的具体表征。教师在教学活动中，根据教学内容的安排和学生学习的特点，把握情境教学的方法与策略，创设学生个体体验情境、社会生活情境和学科认知情境，完成综合性学习活动。

三 综合性

真实情境教学的综合性是指学科内知识、跨学科知识、知识与社会生活形成有机关联与综合。真实情境教学与学习任务群有共同的综合性要求，追求语言、知识、技能和思想情感、文化修养等多方面、多层次目标发展的综合效应，而不是学科知识逐"点"解析、学科技能逐项训练的简单线性排列和连接。因此，真实情境教学的情境是一种"靶向"情境，学生在其中被要求对已学习过的若干知识和知做技能进行联结和合并，体现对"一组学业获得"的整合和总结。③ 真实情境教学能实现学科知识、能力的综合，真实情境教学打破了单篇教学内容的限制，甚至打通了不同媒介的内容，走向融合的动态生成性教学，而且，基于多样化的真实情境教学对学生的能力训练增多，实现对能力培养的培养，学会学习成为其重要一环。真实情境教学也能实现不同的学科知

---

① 吕达、刘立德、邹海燕主编：《杜威教育文集》第 2 卷，人民教育出版社 2008 年版，第 161 页。
② 王鉴：《课堂研究概论》，人民教育出版社 2007 年版，第 317 页。
③ ［比］易克萨维耶·罗日叶：《为了整合学业获得：情境的设计和开发（第二版）》，汪凌译，华东师范大学出版社 2010 年版，第 48 页。

识的综合，情境取材于真实的生活，真实生活中的问题往往具有复杂性、综合性，需要调动多个学科领域内的知识与技能才能解决。因此，以真实情境为导向的教学能够实现不同的学科知识的统整。真实情境教学还能实现知识与社会生活的综合，情境教学要回归教育的生活世界，就要将已有知识"悬置"，从实践中学习。"让学生从写字去学写字，从谈话去学谈话，从唱歌去学唱歌，从推理去学推理。"[1] 真实情境教学体现了从知识到素养的育人导向，"从情境中来""到情境中去"的情境认知理论为核心素养的培育提供了路径。[2]

四 活动性

学生真实的生活是活动性的，不是静坐课堂的简单的倾听行为。变革课堂教学方式，就要理解学生生活的价值与意义。学生的生活是学生真实生命经历的过程，与学生的家庭生活、学校生活、社会生活有着密切的关系。传统教学与学生的生活缺乏联系，因而没有或鲜有活动性。真实情境教学的活动性旨在解决教学与学生生活的关系问题，而其途径便是开展具有生活实践特点的情境性活动。真实情境教学具有活动性特点，根本途径是个体参与实践活动，与情境互动。[3] 在课堂教学活动中，除了讨论、问答等让学生参与教学的活动之外，更主要的是鼓励学生开展实验探究、情境体验的活动，还要以学科实践活动和综合实践活动来解决真实问题，在活动中学习，就是结合了学生丰富的生活的学习，是有价值和意义的学习。真实情境教学的活动性不仅包括学习活动本身的丰富性与活动性，还包括学习活动的序列化，是基于具体问题解决的从"输入"到"输出"的活动。

结合上述真实情境教学的特点，在新课程的实施过程中，教师要因地制宜、因时制宜、因生制宜、因学制宜地创设真实情境，组织开展教学活动。教师不仅要引领学生走出课堂，走出学校，回归真实的自然、

---

[1] ［捷］夸美纽斯：《大教学论》，傅任敢译，教育科学出版社2014年版，第132页。
[2] 张良、靳玉乐：《核心素养的发展需要怎样的教学认识论？——基于情境认知理论的勾画》，《教育研究与实验》2019年第5期。
[3] 姚梅林：《从认知到情境：学习范式的变革》，《教育研究》2003年第2期。

社会、生活中,以学科实践、跨学科实践以及综合实践的方式,在真实的世界中让学生解决真实问题,进而将理论知识与实践结合起来,让学科知识综合化,让知识体系结构化,教师还要在学科教学过程中,力所能及地创设真实情境,让学生在实验探究和情境体验中将直接经验与间接经验相结合,将书本知识与实践应用相结合。

第三节 中国基础教育真实情境教学的策略

真实情境教学是基础教育新方案与新课标倡导的新理念,课堂教学是新课程实施的主要渠道,是新教材使用的主要场所,如何在理解真实情境教学内涵和把握其特点的基础上,形成有效的教学策略,是当前课堂教学改革的主要任务。

一 真实情境教学的设计策略

(一) 教师要从生活世界中选取真实情境素材

要为学生创设真实的教育情境,教师首先要回归生活世界,通过回归生活的意蕴而达成人的解放,让教师成长为一个富于感受、不断更新的学习主体。教师还要深入了解学生的生活世界,通过长期与学生的交往交流交融而不断丰富自己对学生生活世界素材和积累。从学生的生活世界中选择蕴含学科真问题的情境,是教师专业发展的基本功。素材的来源可以是浩如烟海的纸质资料,可以是互联网为载体的电子资源,也可以是未经课题化的学生生活与社会生活。教师在选择真实情境素材时应坚持两个基本原则:一是要基于而不囿于学习目标,学习目标在情境的创设中起导向和调节作用,尤其是当情境成为学业质量评价的载体后,开展真实情境教学要考虑"教、学、评"的一致性;二是要以学生的生活经验为出发点,选择贴近学生生活的情境作为教学的素材并与教材结合起来。

(二) 教师要对真实情境素材进行整合与加工

情境素材提供了问题解决的背景,内含任务指令。但教师选取的情境素材还需进行专业的"整合"和"加工"。"整合"相对情境的"大小"而言,"情境"发乎于"情",但要以学科核心素养为教学的共生点。因此,有效的情境要能够容纳更多的意义内容,引发学生多样的体验与思考,实现多维的教学目标,这就要求情境的创设要有较高的整合度。"加工"是对情境的再创造和艺术化处理。尽管情境来自真实的生活,但情境毕竟不是生活本身,进入教学的真实情境不是对生活情境的照抄照搬,而是专业的艺术加工,来源于生活而高于生活。如文学作品的学习或历史知识的学习过程中,教师可以将文学作品或历史当中的情境通过戏剧的方式再现出来,通过学生的扮演活动形成丰富的素材,这些素材需要教师进一步的专业加工而成为下一次教学的新素材,正是在这样的日积月累中,教师对真实情境的创设才能水到渠成,甚至游刃有余。从"还原现场"到"回到现场"的真实情境教学,需要师生之间的想象,需要文字、语言的渲染,在信息化时代,更需要借助多媒体技术为其插上想象的翅膀,音乐、图片、相关的影视片段、角色代入等都是依托信息技术开展真实情境教学的有效方式。

二 真实情境教学的实施策略

(一) 教师要创设真实情境开展教学活动

传统课堂教学方法多以讲授法为主,教师为了解决讲授法存在的问题,经常会结合讨论法、问答法等,但这些学习方法主要还是文本层面的学习。为了结合学生的直接经验,在不同的学科中采用了不同的方法,比如自然科学相关的物理、化学、生物、科学等课程通常会使用实验探究的方法,让学生直观地参与实验而对学习的过程和方法有更深入的掌握,又比如语文、历史、思政等学科教学中通常会创设情境或通过扮演体验的方法开展教学活动,这些都是虚拟的情境,同样有其价值,便于学生将间接知识的学习与直接经验结合起来。在此基础上,创设真实的情境,走出课堂、走出学校开展学科实践活动、跨学科主题实践活动、综合实践活动。真实情境教学与一般的虚拟情境教学不同(见表17-1),越具有真实性的情境教学,实施起来越具有开放性。因此,许多让学生在大自然中和社会实践中进行综合性的学习活动,不仅能够激发学生的学习兴趣，而且能够让学生在真实情境中解决真实问题。

表17-1　　　　　　　　　　真实情境教学的分类

情境类型	特征	操作要义
真实情境	真实的生活情境，无具体文本依托，社会即教学的大文本	开放式课堂，打破教室和学科的边界，回到真实生活现场开展教学，教学的生成性远大于预设性
虚拟情境	借助语言、文字、图片、视频、音乐等手段展开的想象情境，有具体文本依托	半开放式课堂，教学场域局限于教室，借助想象回到现场，教学有预设性和生成性的局限

（二）教师要善于利用真实情境教学的案例库

杜威认为："他要有机会和需要，通过应用检验他的观念，使这些观念意义明确，并且让他自己发现他们是否有效。"[①] 真实情境教学本身就是基于具体问题解决而展开的，情境不只是知识由来的"背景"，还是知识的最终去向。因此要创造条件将学习成果运用到实践中。在真实情境的驱动下，学生在学习中生成了多样的学习成果，王荣生教授称其为"制品"。[②] 这些"制品"以文字作品、视频的形式存留下来，传统的教学到这个程度就终止了。但是新课程还强调将这种案例积累起来，形成案例库，成为教学的资源。教师在教学过程中积累真实情境教学的案例，形成个性化的、学科化的案例库。学校要通过教学研究活动开展专题化、学科化的真实情境教学案例研究，形成学校层面的案例库。真实情境案例的生成与积累，既是学校真实情境教学的探索路径，又是学校教学改革的突破和创新，利用好真实情境案例库开展教学活动，需要教师掌握真实情境教学的具体方法。

三　真实情境教学的评价策略

鉴于真实情境教学搭建的是教学内容与生活的桥梁，并最终作用于

[①] ［美］约翰·杜威：《民主主义与教育》，王承绪译，人民教育出版社2001年版，第179页。

[②] 王荣生：《略述"问题情境"中的探究学习——基于相关译著的考察分析》，《中国教育学刊》2021年第3期。

学习主体，可以从"生活有效性""主体有效性""学科有效性"三个方面构建其评价体系。

（一）生活有效性

生活有效性，是指情境创设基于真实的生活，与学生的生活世界紧密关联，是对真实生活的高度还原。有效的情境能促使学生解决现实生活的真实问题，包括复杂环境中的结构不良问题，并且能够促进学生将所学知识在不同问题中的迁移运用。情境的创设追求与生活世界的趋同，这就使"真实性"成为情境创设的必然要求。真实是指不违背生活世界事理逻辑的真实。基于真实的生活，才能产生教育的真问题，才能引导学生开展对真理的求索，才能为学习成果的运用提供条件。如果学习情境与所学习的材料能够得以应用的现实生活情境相类似，那么学习就能得到最大化。[①] 反之，伪情境会使学生对知识产生的条件产生困惑和不信任，远离真实生活的情境让学生学习如入"无我之境"，一旦让学习者意识到学习与自身无关，教学情境便是低效的。生活往往是复杂多变的，充斥了大量结构不明确、条件不确定、解决途径多样的复杂问题。教学中的问题往往是经过提炼优化了的结构良好问题，这类问题有利于考查学生对概念性知识、事实性知识的掌握，但是不利于学生对程序性知识的掌握。在有限的教学时间内，要考虑情境是否具备同类问题甚至不同问题的可迁移和可类推性。真实的生活会遇到各种各样的具体情境，这些情境，有的具有个性，有的具有共性。具有共性的情境就是我们生活中都能遇到的问题。因此，情境的选择要关注当下人类生活的共同困境，在寻求典型性问题的答案的过程中超越困境。

（二）主体有效性

主体有效性是针对学习主体的效度而言的。教学主体是教学情境存在的价值旨归。[②] 因此，有效的情境创设要在学习活动之前对学习主体有较好的学习驱动，过程中要让学习主体全体参与，深度参与，在学习

---

① 张华：《论核心素养的内涵》，《全球教育展望》2016年第4期。
② 张广斌：《教学情境的结构与类型研究——结构功能主义视角》，《教育理论与实践》2010年第13期。

结果上要能促进学生的多样生成。在学习活动之前，情境的创设要驱动学生学习的驱动力，表现为两个维度，一为情感驱动，一为思维驱动。这两方面在学习者的不同年龄段表现为不同的影响力。教师通过创设真实情境让学生产生认知冲突的情境，从而激发学习者的求知欲、探索欲，这是一种思维驱动，最终能够培养学生良好的思维品质。在学习过程中，情境要具备参与度，参与度是从参与主体的数量和参与的程度来界定的，有两个隐性条件：一为情境要基于学习者已有经验和学习需求；二为情境要具备相对开放性和问题分层性。如果情境让一部分学生无法参与，或让大部分学生参与程度不高，则情境是低效的。真实的情境能允许不同学习者进行不同程度的参与。在学习结果上，情境要能促进学生有丰富多样的生成。有效的情境给知识广阔的激活空间，促进学生的知识建构。由生成反观情境创设，学生的主观能动性越大，生成越多，越具备学习意义，情境就越高效，反之则是低效的。因此，情境有效性与学生发展成正相关的关系。有效的情境，在任务的设置上是可选择的，在学习结果上是多样的。教学的精彩之处并不在于教师的预设之全面，而在于学生生成之丰富。

（三）学科有效性

情境创设还要具备学科属性，要内含学科知识，尊重学科规律，符合学科特点，培养学科能力与核心素养。如果忽略了学科属性，这样的情境教育必将流于形式而不具备长久的生命力。因此，真实情境具有学科适切性、统整性与创新性的特点，教学评价要把握好这一特点。情境的学科适切性要求必须符合学科属性，与教学内容契合。生活情境是广阔的，解决这广阔的生活情境中的具体问题，需要用到不同知识。要开展学科本位的情境教学，就要以学科素养培育为旨归。因此，要选择涵盖学科教学知识的情境，要具备与学科性质相匹配的表达，要言之，情境要有学科味。否则情境对学科教学来说就是无效的。统整性强调情境与学科知识、能力培养、素养培育的深度融合并且贯穿于教学的始终。学习起于情境，围绕情境，终于情境。如果情境只起到激趣发思的作用，那么情境之于知识，水还是水，盐还是盐，并不能成为"汤"。统整情境在教学过程中能够容纳更多的意义内容，有助于学生在这个复杂多变的社会对知识进行迁移运用。实现此情境与彼情境之间的互通、多重情境的互通，帮助学生对于问题形成多元思考和全面把控。① 创新性要求情境创设不能固化，即使针对相同的学科知识，情境也要随着时代的发展有所创新，要能促进学生产生新的联结。如果情境是学习主体反复遇到的，那么就会失去其本身能够使知识活化的意义。已有研究认为，问题情境要描述一个和教学目标相对应的要跨越的"障碍"。情境的固化会消弭这样的障碍，学习就不能产生新的联结。因此，要保障情境统整教学的有效性，就要保持情境创设的创新性。

由此，可以总结形成真实情境教学有效评价的标准体系（见表17-2）。

表17-2　　　　　　**真实情境教学有效性评价标准体系**

一级指标	二级指标	评价要旨
生活有效性	真实性	A1 情境基于真实的社会生活和学生个人生活，不违背事理逻辑，是对生活世界的高度还原
	复杂性	A2 情境能反映真实生活的复杂多变，涵盖结构不明确、条件不确定、解决途径多样的复杂问题
	典型性	A3 情境能代表生活中的共性问题，具备同类问题甚至不同问题的可迁移和可类推性
主体有效性	驱动力	B1 在学习活动之前，情境具备对学生学习的有效驱动力。包括情感驱动和思维驱动
	参与度	B2 在学习过程中，情境具备相对开放性和问题分层性。能允许不同群体学习者进行不同程度的学习参与
	生成性	B3 在学习结果上，情境能促进学生有丰富多样的生成，情境有效性与学生生成成正相关的关系
学科有效性	适切性	C1 情境的创设要内含学科教学内容，情境的表达要具备学科特点
	统整性	C2 情境能与学科知识、学科能力培养、素养培育深度融合。贯穿于课堂甚至课程的始终，对课程内容具有统整作用
	创新性	C3 情境不能固化，即使针对相同的学科教学内容，情境也要有所创新，以促进学生产生新的联结

---

① 李刚、吕立杰：《大概念课程设计：指向学科核心素养落实的课程架构》，《教育发展研究》2018年第Z2期。

总之，真实情境教学是新课程、新标准、新教材倡导的"课程、教学、评价"一体化的理念方法，它是对中国传统情境教育思想的升华，其实质是由"学什么"到"怎样学"的学习范式的根本转型，旨在将知识的学习与学生的生活世界联系起来，通过课堂教学方式的根本变革落实中国学生发展核心素养。

第十八章

中国基础教育综合学习：
内涵、特点与策略

《义务教育课程方案（2022年版）》强调"推进综合学习"，并对综合学习提出明确要求："整体理解与把握学习目标，注重知识学习与价值教育的有机融合，发挥每一个教学活动多方面的育人价值。探索大单元教学，积极开展主题化、项目式学习等综合性教学活动，促进学生举一反三、融会贯通，加强知识间的内在关联，促进知识结构化。"[①]综合学习与综合课程相结合，成为此次课程改革的亮点之一。由于长期受接受学习、机械记忆、重复训练等传统学习方式的影响，变革中小学教师的教学方式和学生的学习方式存在着较大的阻力和困难，为此，中国基础教育课程改革从一开始就提出了"自主学习、合作学习、探究学习"的新型学习方式，经过近20年的探索，中小学教师已经基本上能够较为熟练地以新型的学习方式组织教学活动了，使中小学的育人方式发生了根本性的变革。但是，随着基础教育课程改革的深入发展，加强综合课程建设和完善综合课程科目设置成为基础教育课程改革的新突破口，因而综合学习成为新课程改革中重要的学习方式，旨在培养学生在真实的情境中综合运用知识解决问题的能力。因此，对于广大中小学教师来说，面临着对教学方式上的再一次升级换代，在

---

① 中华人民共和国教育部制定：《义务教育课程方案（2022年版）》，北京师范大学出版社2022年版，第14页。

新型学习方式的基础上再一次广泛组织并开展综合性学习活动，积极探索新技术背景下的学习环境与学习方式变革。因此，深入理解综合学习的内涵与特征，对于中小学教师有效组织并开展综合学习活动有较为迫切的现实意义。

第一节 中国基础教育综合学习的内涵

关于综合学习的内涵的研究，主要有以下五种主要的观点。第一种观点基于心理学视角，认为综合学习（complex learning）中的"综合"与"复杂"同义，复杂学习的本质在于综合，所以综合学习又被称为复杂学习，综合学习涉及的要素多、联结强，并且容易迁移，与难以迁移、单一、碎片化的"简单学习"相对应。[1] 第二种观点基于哲学视角，认为综合学习是从综合课程中逐渐发展而来，是学习内容向学习方式的转变，故认为综合学习中的"综合"与综合课程中的"综合"同义。黄甫全详细论述了 integration 的具体含义，认为它是由"系统的整体性及其系统核心的统摄、凝聚作用而导致的若干相关部分或因素合成一个新的统一整体的建构、序化过程"[2]。这一观点是从哲学意义上对"综合"进行释义，综合课程与分科课程相对应，而综合学习和分科学习相对应的，认为综合学习是一种跨学科的学习方式。第三种观点基于学习论的"三位一体"，提出综合学习是教师与学生一起基于现实的主题和内容，突破学科和教室的限制，在与客观世界、同伴、自己的对话中，形成一种"活动的、合作的、反思的"学习。[3] 第四种观点基于跨学科素养的视角，提出"综合学习"是从儿童需要与社区发展的角度进行创造的教育实践，通过跨学科以推动综合性、多视角的观察和思

---

[1] ［荷兰］杰伦·J.G.范梅里恩伯尔、保罗·A.基尔希纳：《综合学习设计——四元素十步骤系统方法（第三版）》，盛群力、钟丽佳、陈丽等译，福建教育出版社2022年版。
[2] 黄甫全：《整合课程与课程整合论》，《课程·教材·教法》1996年第10期。
[3] ［日］佐藤学：《教师的挑战：宁静的课堂革命》，钟启泉、陈静静译，华东师范大学出版社2012年版，第4页。

第十八章　中国基础教育综合学习：内涵、特点与策略

考，建立知识之间的关联和结构，最终形成跨学科素养。[①] 跨学科素养其最高层面是核心素养的形成，而其组成部分是各个学科素养的发展，经过不同程度的跨学科的学习，最后回归到核心素养这个目标整体。第五种观点基于教育改革的价值观，认为综合学习通过建立多维的"联结"，以增进学习者对所学内容的理解和把握，并在具体实践将其充分应用。联结是根植于整体性思维的联结，各个部分经过多次联结形成一个整体。[②]

上述各观点，均立足自己的理论基础，将综合学习理解为一种整体性与综合性的学习，整体性相对于个别性，综合性相对于分析性，不仅有学科内部的综合学习，而且有跨学科的综合学习，还有学科与生产、生活实践的综合学习。因此，上述观点均将综合学习作为一种学习方式来理解，都在智慧地处理学习活动中的整体与部分的关系，其基本逻辑是"整体—部分—再整体"，并且强调"再整体"在认识上的通观性和在实践中的应用性。

事实上，如何理解综合学习的内涵，应该从两个方面来展开：一方面要从学习方式本身的对应性来理解，即与综合学习相对的学习是什么；另一方面要从综合课程出发来理解综合学习，即以《义务教育课程方案》（2022年版）中对综合课程与综合学习关系的表述为依据。

综合学习应该与原子式学习相对应，二者的区别在于能否结合现实加强各要素之间的联结并形成有机整体。综合学习是基于现实的主题和内容，突破学科和学校的限制，强调知识结构的整体性和个体与他人、社会的关联性，使学习者能够综合运用所学解决现实生活问题的一种学习方式，其终极目标是培养整体发展的人。而原子化的学习是一种碎片化的学习，其哲学基础是原子论思想。原子论最早由古希腊的哲学家德

[①] 钟启泉：《基于"跨学科素养"的教学设计——以STEAM与"综合学习"为例》，《全球教育展望》2022年第1期。

[②] 郭洪瑞、张紫红、崔允漷：《试论核心素养导向的综合学习》，《全球教育展望》2022年第5期。

谟克利特提出，他将自然界巧妙地加以简单化①，认为世界是由不可再分的"原子"组成。② 这一观点促进了希腊科学的发展，但在亚里士多德的批判下受到了一定程度的压制。17 世纪，原子论学说再次被法国哲学家笛卡尔采纳。③ 原子论学说强调现实世界可以逐层分解为微小的原子，以方便深入研究现实中的每一个部分和要素，其各个部分之和就是整体，最终达到对整个世界的理解和把握。原子化学习将复杂的学习系统简单地分割为一个又一个的细微要素，学习者停留于对符号信息的浅层理解与简单识记，最终陷入学习的碎片化和浅表化的泥潭。原本完整的学习目标被分割成一个个彼此割裂、微小的部分，强调各个琐碎的目标在学习完成后会自动加以拼合，这种思维之下隐藏着整体等于各部分之和，事实上世界在无数破裂的镜片中难以照映出真实情况，其忽视了各个部分之间的交互联系。杜威认为这是学校最大的浪费，是对个体生命的浪费。因为"儿童完全不能把在校外获得的知识，完整地、自由地在校内利用；同时另一方面，他在日常生活中又不能应用在学校学习的东西。"④ 为突破原子化学习的局限，促进学习者的整体发展，基于"整体主义"思维的综合性学习逐渐兴起并发展。20 世纪 80 年代，整体主义思维方式在西方逐渐形成，整体主义强调事物之间是彼此依存、相互联系的，通过联结建立有机的统一体，充分发挥整体的作用。怀特海认为世界不是单个物体的集合，而是由各种联合关系结合成的复合体。⑤ 整体主义并非只关注整体，而是在对整体分解为各个要素的基础之上，通过"联结"把各个部分融合为统一的整体，整体主义中的"整体"是方法和结果的统一。整体主义思维在学习领域的主要表现是强调学习过程中知识间的联结性和整体性，以促进学习者形成较为完整

---

① ［英］丹皮尔：《科学史》，李珩译，中国人民大学出版社 2010 年版，第 40 页。

② 崔允漷：《深度教学的逻辑：超越二元之争，走向整合取径》，《中小学管理》2021 年第 5 期。

③ ［荷兰］杰罗姆·J.G.范梅里恩伯尔、艾迪·W.布特、白文倩、盛群力：《学习对象的整体教育观——再利用问题之未来方向》，《远程教育杂志》2013 年第 2 期。

④ 吕达、刘立德、邹海燕主编：《杜威教育文集》第 1 卷，人民教育出版社 2008 年版，第 59 页。

⑤ ［英］A.N.怀特海：《过程与实在》，周邦宪译，贵州人民出版社 2006 年版，第 90 页。

的认知结构并促使知识和方法的运用与迁移。①

《义务教育课程方案（2022年版）》对综合课程与综合学习均作了明确的规定。关于综合课程，要加强课程内容与社会生活和学生经验的联系，强化学科内知识整合，统筹设计综合课程和跨学科主题学习。关于综合学习，要探索大单元教学，积极开展主题化、项目式学习等综合性教学活动，促进学生举一反三、融会贯通，加强知识间的内在关联，促进知识结构化。综合课程是为了解决学科课程的局限性而加强知识的结构化，综合学习是为了解决学习方式的原子化而加强学习的整体化。从知识结构化到学习整体化，强调学科知识结构与学生发展素养的逻辑关系。因此，综合学习不仅是对原子化学习的批判，而且是对核心素养时代学生整体素养的关注，在教育教学活动中具有重要的价值。综合学习是对现实生活世界的回归。现实世界是由个人、社会、自然组成的相互交融的有机整体，②综合学习重视和现实生活的关联，通过建立个人与社会、自然之间的联结使学生获得关于真实世界的见解，形成对真实世界的完整认识，去体验和完善当下的生活和创造未来可能的生活。综合学习蕴含着"整体性"思维，立足于知识结构性的建构和综合运用，是落实核心素养和响应教学改革新要求的必然选择。因此，所谓综合学习，是在整体主义思维影响下，依据知识的结构化与课程综合性的特点，强调学生的学习应加强知识间内在联系、应加强与生活经验联系、应加强与生产实践联系的一种新型学习方式。

第二节 中国基础教育综合学习的特点

综合学习反映了整体思维，由整体是部分之间联结而成。综合学习的特点主要表现为学习目标的整合性、学习内容的现实性、学习方法的综合性以及学习结果的迁移性。

---

① 王海青：《论整体主义教学》，《全球教育展望》2019年第4期。
② 殷世东：《综合实践活动：课程抑或学习方式》，《课程·教材·教法》2019年第4期。

首先，综合学习目标的整合性。原子式学习一般是将学习目标划分为不同部分，然后"分而习之"，知识的完成采用讲解，技能的学习在实习场地进行，态度目标的实现通过角色扮演。[1] 这种分割化的目标设计使习得的知识脱离生活也很难迁移到现实的情境之中。即使新课程改革提出了具体的三维目标，教师仍然较为机械地设计三个方面的目标，好像为了完成不同类型的目标，就要设计专门的教学活动，使得教学的整体性受到严重的破坏。如何从学习目标的设计上考虑教学内容的整体性，就需要综合的学习目标。"综合学习包括了知识、技能和态度的整合，涉及对本质相异的各个组成技能进行协调。"[2] 综合学习目标的整合性不仅使学生学习的知识结构化，而且使教学活动成为学生认知、情感、价值等形成和发展的有机过程。义务教育新方案和各学科新课标都强调课程的综合化，在课程内容的设置上，加强了学科知识的结构化，加强了学科之间以及学科与社会生活的联系，与此同时，在学生学习方式的转变方面，提出综合学习的任务。综合学习目标要整合学科内部的关系、学科之间的关系、学科与生活实践的关系，要打通学科内部知识的边界，也要打通学科之间的边界，还要打通学科与生活知识的边界。综合学习目标的整合性除了学习内容目标的整合之外，还要将学习者的知识与技能、态度与过程、情感与价值等整合在学习活动过程中，尤其要培养学生良好的学习习惯与掌握有效的学习方法。

其次，综合学习内容的真实性。综合学习并不否认学科学习，既追求学科之间的横向整合，又强调将学科内部相互关联的内容进行结合；既指向学科联系，还注重与学校之外生活的综合，强调学生、教师、家长、地区之间的"综合"。综合学习的表现形式具有多样性，可以呈现在一个课时、一个单元、一门课程，甚至多门课程之中。综合学习的主题来源于真实的现实的问题，其目的是让学生所进行的活动与他们个人

---

[1] ［荷兰］杰伦·J. G. 范梅里恩伯尔：《掌握综合认知能力》，盛群力、陆琦等译，福建教育出版社 2017 年版，第 6 页。

[2] ［荷兰］杰伦·J. G. 范梅里恩伯尔、保罗·A. 基尔希纳：《综合学习设计——四元素十步骤系统方法（第三版）》，盛群力、钟丽佳、陈丽等译，福建教育出版社 2022 年版，第 2 页。

命运休戚与共，也促进学习内容迁移到现实生活。学科内部的综合学习活动强调将学科知识结构化的同时，加强学科知识与现实生活的联系，与学生经验的联系，各学科要在真实的问题情境中发展学生解决问题的能力。跨学科的综合学习活动强调学科之间知识的关系，加强不同学科相关知识的融会贯通与综合学习，通过多学科综合学习解决更为复杂的现实问题。如，《义务教育语文课程标准（2022年版）》强调语文课程要突出内容的时代性和典范性，加强课程内容整合，"以生活为基础，以语文实践活动为主线，以学习主题为引领，以学习任务为载体，整合学习内容、情境、方法和资源等要素，设计语文学习任务群"。语文课程内容的真实性体现在学习语文要从学生的语文生活实际出发，创设丰富多样的学习情境，设计富有挑战性的学习任务，引导学生少做题，多读书，读好书，注重学生语言文字运用能力、思维过程、审美情趣和价值立场的培养。联系学生语文生活的内容是真实的语文内容，对语文的"综合学习"提出了新要求：一是语文学习与现实生活进行关联，学习真实有价值的语文；二是设置大任务开展主题性或项目化学习，整体提升学生的语文核心素养；三是确立语文大概念，以学习任务群的方式逐级逐层落实语文综合课程目标。

　　再次，综合学习方法的多样性。综合学习反对只是片面地重视"具观"，即着眼于学习系统的各组成部分的具体探察，而忽视整体认识的"通观"，强调通观与具观的结合。综合学习在学习的前、后阶段尤为重视"通观"，强调整体化的学习目标与真实的学习任务，探讨学习目标、学习内容、学习方法、学习效果等方面的关联，注重整体化知识库的产生与应用。在学习过程中，细致深入地剖析各个部分内容及局部之间的相互关联，并将局部的分析放在整个学习系统的当中进行审视，通过局部与整体在不断地拉远与拉近的过程中，既深入地认识各个部分又形成对学习活动的整体认识。综合学习的具观与通观相结合，使不同的教学方法有机地组合在一起，形成多样化的教学方法。不仅将自主学习、合作学习、探究学习、研究性学习、实践性学习等纳入其方法体系，而且将深度学习、有意义学习、发现学习等有机统合成整体，形成有效教学的方法体系。课程综合化、生活化、实践化，就是要在教学方式体现实践育人的高级形态，通过各学科实践、跨学科主题实践、综合实践，激发学生的好奇心、想象力、求知欲，促进学生自主、合作、探究学习，养成乐于探索、勤于实践的学习习惯，关注学生个体差异，满足不同学习需求，真正做到因材施教。

最后，综合学习结果的迁移性。综合学习的价值在于能将已经学到的相关知识和能力综合应用到新的情境之中。① 怀特海认为"教育是教人们如何运用知识的艺术"②，学习的最终结果是帮助学生自己运用知识。在脑科学的研究当中，运用是一种提取的过程，提取是从森林的小道不断走过的过程，第一次走时荆棘遍布，经过不断运用逐渐形成康庄大道，运用知识就是获得智慧的过程。因为知识在应用之前必须对知识进行选择与分析，使知识个性化、情境化，从而促进知识在陌生问题情境的迁移。综合学习的结果迁移性主要包括以下五类：第一类是学科内知识的综合可使学科知识迁移，有利于学科知识的系统掌握；第二类是相邻学科间知识的跨学科迁移，能够促进不同学科知识整合，发挥触类旁通、举一反三的作用；第三类是多学科之间的相互迁移，整体认知世界、社会和人类，打破学科界限，将知识体系化；第四类是将学科知识迁移到生活生产之中，从而将理论运用到实践，在实践中检验理论；第五类是将知识与能力、情感、价值之间整合，形成全面育人，整体提升学生的核心素养。

第三节　中国基础教育综合学习的策略

教师在进行综合学习设计时，要按照综合学习内涵与特点对学习的目标、内容、方法、评价等进行整体设计，使学习者在综合学习的过程中逐渐生成核心素养。

---

① ［荷兰］杰伦·J.G.范梅里恩伯尔：《掌握综合认知能力》，盛群力、陆琦等译，福建教育出版社2017年版，第6页。

② ［英］怀特海：《教育的目的》，庄莲平、王立中译，文汇出版社2012年版，第7页。

一 设计"输出端"的学习目标

目标是综合学习的首要问题,也是"整体"思维的一种体现,在综合学习活动中统揽全局。综合学习强调目标的综合性、知识的联结性、结果的运用性,要求综合学习的目标除与课程标准、教材、学情紧密结合之外,还要考虑学生的"输出端"①。即学生在学习之后可以与哪些知识联结、在哪些方面进行迁移运用、对学生的现在和未来有什么意义和价值,改变以往只从教师的"输入端"设计目标,避免只目标关注教师的"教"而忽视学生的"学"。这就要求综合学习目标的设计要有利于学生真正理解学习目标的具体要求与意义,而不是仅以一段语言或文字简单论述综合的学习目标。综合学习的目标设计可以从例子或大问题入手,以活动式的前置方式理念设置整体目标,引出需要掌握的核心概念和问题,直指所学内容的本质和重难点,使学生在正式学习活动之前就产生问题雏形和知识的应用范围,学生的思维、情感与技能都能全身心地投入其中,核心概念和知识结构得以建立,学生也逐渐获得对真实世界的整体认识和创造性生活的能力。

二 制定"任务型"的学习内容

学习任务是实现综合学习目标的载体和抓手。学习任务是基于现实生活而设计的真实完整任务,主要包括学习的案例、项目、问题等内容,其将认知、技能和态度相整合。② 学习任务具有整体性,并不是将整个任务直接丢给学生让其自主学习,而要将完整的任务划分为一系列相互关联的问题或任务群,并提供给学习者相应的支持和引导。任务的划分可在学习者对整体任务有一定的概览后,对学习任务进行拆解,划分为不同的学习内容,但强调各部分任务之间的关联,最终还要将各部

---

① [美]格兰特·威金斯、杰伊·麦克泰格:《追求理解的教学设计(第二版)》,闫寒冰、宋雪莲、赖平译,华东师范大学出版社2017年版,第14页。
② [荷兰]杰伦·J.G.范梅里恩伯尔、保罗·A.基尔希纳:《综合学习设计——四元素十步骤系统方法(第三版)》,盛群力、钟丽佳、陈丽等译,福建教育出版社2022年版,第9—13页。

分整合为完整的任务；另外一种方式是学习任务从始至终都是综合性的，只是其简单化的程度有所不同，第一个学习任务是包含所有要素的最简单化的版本，逐渐增大任务的复杂程度，直到可以解决现实生活中的相关问题。在每一个任务类别中，随着学习者素养的不断提升，教师的支持和指导由高到低，逐渐撤离指导的脚手架，使学习者形成自觉的学习能力。这些任务的完成需要知识、技能、情感等方面的整合，通过任务把多种目标相互整合，而不是碎片化地去学习。①

三 创设"真实性"的学习情境

学习任务的完成离不开对真实学习情境的创设，情境是获得信息和使用信息的基础，使学习者认识任务的整体性并理解任务成分，发现部分与部分之间、部分与整体之间的联结。创设真实学习情境，不一定非得到现实生活环境当中学习，而是让学生感受仿佛就在现实环境当中一样，解决现实中的问题。由于虚拟任务环境具有方便教师控制、降低学习成本、允许学习者出错等优势，在很多情况下教师一般让学习者在创设的模拟情境中完成任务。虚拟情境的创设和实际任务环境之间的相似程度应从低到高，即从低物理逼真度到高物理逼真度。因为高逼真度任务环境有太多的"诱感性细节"，可能会对初学者产生过多的干扰；而对于那些较为成熟的学习者，高逼真度的任务环境使他们更容易在现实任务环境相似的环境中综合应用。② 无论环境创设的物理逼真度如何，情境的创设要与生活紧密联系，让学生发现学习情境与生活情境更多的相似之处，使学生在情境中提升自身发现问题的意识和解决问题的能力。创设有利于学生展示机会的情境，要求学生将自己所学运用到生活的情境中，当学生亲自去做或目睹了知识的适用范围和情境，他的思维充满活力，创造精神得到激发。当然，各学科在综合学习的情境也要根

---

① 王文智：《整体取向教学设计视角下的学习任务设计》，《全球教育展望》2022 年第 8 期。
② ［荷兰］杰伦·J. G. 范梅里恩伯尔、保罗·A. 基尔希纳：《综合学习设计——四元素十步骤系统方法（第三版）》，盛群力、钟丽佳、陈丽等译，福建教育出版社 2022 年版，第 30 页。

据实际需求来决定，适当的实践性情境对于学生的综合学习能力提升比虚拟情境更有效。

四 采用"变焦式"的学习方法

综合学习强调通观与具观相结合，其学习方法的设计可以采用"变焦"的隐喻来说明。摄影者在进行拍摄照片时，首先关注的是整体图景而非具体细节，然后聚焦在图景的各个细节部分进行详细的欣赏，然后再转变到广角位置查看整个主景及其他部分在整体中所处的位置。[1] 综合学习始于"缩影"的学习，"缩影"就是完整的学习任务最简化版本或是所学内容的核心概念，然后"变焦"放大查看任务细节并进行必要的专项操练，并把细节练习同任务概览相结合，在"变焦"中进行"通观—具观—通观"的循环，实现整体与局部的转换与掌握，以达到预期的学习目的。综合学习与原子式学习方法的差别在于注重细节之间、局部与整体之间的联系，不断回到整体之中，强调部分在整体中的地位，整体与部分的关系不是割裂的。正如崔允漷教授经常举的一个例子那样，对于狗的学习，可用语言、图片或实物来对狗进行完整的认识，然后把狗进行分解学习，最后将所学的各部分联系起来再次构成一个整体，使学习从具体到抽象，再从抽象到具体。[2]

五 组织"合作性"的学习形式

综合学习的主题和内容来源于现实生活，而生活充满不确定性，没有固定和完美的答案，甚至有时根本找不到解决问题的方案。完成任务所涉及的因素众多，需要团队合作才能顺利完成任务，基于现实生活任务的学习任务也属于团队任务。团队协作的形式在学习中的表现是合作性学习。合作性学习的设计需要引导不同学习者知觉到共同学习目标，使学习者意识到合作的重要性并体验自己和他人合作的快乐。每个学习者在合作学习的过程中都要尽到自己的责任，都必须为合作学习中的其

---

[1] 盛群力：《现代教学设计论》，浙江教育出版社2010年版，第122页。
[2] 崔允漷：《深度教学的逻辑：超越二元之争，走向整合取径》，《中小学管理》2021年第5期。

他成员奉献自己的力量,并且这种责任与奉献必须能得到确认和评价。① 为进一步促进综合学习,合作学习的组织形式往往需要突破年龄和年级的限制,组成水平异质的同伴、小组或全员学习。合作性学习遵循了整体思维取向,首先确定整体目标,个体责任是各个组成部分,个体通过为小组奉献力量重新联结起来组成一个整体来共同完成学习任务。在整个活动中,个体既要考虑自身的要求与兴趣,又要考虑整体的利益,充分发挥整体与部分之间的关系。

六 关注"整体性"的学习评价

综合学习的整合性决定了其学习评价不能只注重过程性或结果性评价,而是要关注评价的整体属性。评价的整体性是指超越对认知、情感、技能等某一方面评价,强调综合学习目标、内容、方法、结果等要素之间的紧密联系,涉及教师、学生、家庭、社会等多重关系主体。评价的焦点是对学习任务的评估,学习任务的表现和完成程度呈现了目标所涉及的相关知能和支持程序。综合学习评价还要与学习情境相结合,学习任务的完成需要在情境中进行,只有回到具体的学习情境,才能充分感知学习者的真实体验,以整体性的视角把握学习中相关要素的关系。在具体情境中通过增加任务变式,使任务情境的表面特征多样化,使学习所得将来能在不同的情境中得到运用。学习评价既要关注个体又要涉及学习共同体,综合学习的形式是合作性的,因此在评价中既要涉及对学生个体的评价又要观察团队合作的密切性。② 取得评价数据的方法不只局限于书面考试,而且还要在学习者完成任务的过程中不断收集资料。③ 从多元、统整的角度搜集学生综合学习的数据信息,为全面、综合、准确判断综合学习状况提供基础,从而对学生进行及时反馈定量的分数评价和定性的描述性评价来帮助学生实现迁移。

---

① 王鉴:《合作学习的形式、实质与问题反思——关于合作学习的课堂志研究》,《课程·教材·教法》2004年第8期。
② 谢翌、曾瑶、丁福军:《过程性课程评价刍议》,《教育研究》2022年第7期。
③ 天笠茂、李季湄:《再论综合学习与综合学习课程》,《教育发展研究》2001年第5期。

第十九章

中国基础教育大单元教学：内涵、特点与策略

《普通高中课程方案（2017年版2020年修订）》首次提出"大概念教学"，"重视以学科大概念为核心，使课程内容结构化，以主题为引领，使课程内容情境化，促进学科核心素养的落实"①。学科大概念的提出，要求学科教学打破传统的单元教学而倡导大单元教学，大单元教学成为落实学科大概念的实践范式。2022年教育部颁布的《义务教育课程方案（2022年版）》明确提出："探索大单元教学，积极开展主题化、项目式学习等综合性教学活动，促进学生举一反三、融会贯通，加强知识间的内在关联，促进知识结构化。"② 中国基础教育新课程改革倡导大单元教学，并将此作为促进知识结构化和落实学生发展核心素养的主要教学方式。如何正确理解大单元教学的内涵？如何在把握大单元教学特点的基础上有效开展大单元教学？这是新课程改革过程中理论与实践领域都需要深入探讨的问题。

第一节 中国基础教育大单元教学内涵

单元，是教材组织和教学活动的基本单位。一般来讲教学单元有两

---

① 中华人民共和国教育部制定：《普通高中课程方案（2017年版2020年修订）》，人民教育出版社2017年版，第4页。
② 中华人民共和国教育部制定：《义务教育课程方案（2022年版）》，人民教育出版社2022年版，第14页。

种类型：一种是依据儿童思维的结构和过程来组织的经验单元，另一种是依据学科知识的逻辑体系来建构的教材单元。大单元是相对"单元"或者"小单元"而言的，学科的教材单元一般称为小单元，综合课程、活动课程、核心课程的单元一般称为大单元。大单元是综合课程视域下的教学组织单位，而一般意义上的单元是学科课程内容的组织单位。但是，基于分科教学的现实生态，新课程改革倡导的大单元不可完全等同于综合课程的大单元。那么，新课程所倡导的大单元教学又该如何理解呢？

首先，大单元教学的内涵要从新课程方案的要求来理解。基础教育新课程方案，不论是普通高中新课程方案，还是义务教育新课程方案，都没有对大单元教学进行明确的定义。这实际上给了大单元教学一个实践的空间。从方案对探索大单元教学以"促进知识结构化"的表述逻辑出发，大单元教学应该表现为一种整合取向的结构化教学理念，没有一个明确的课程范畴，既可以是学科本位的教学，也可以是综合课程教学。开展大单元教学，要根据具体学情和知识本身的关联性，可以以统编教材的自然单元为载体，也可以在自然单元内形成篇章与篇章的有机关联，还可以对教材进行二次开发，形成单元与单元、学科与学科之间的大单元。

其次，大单元教学的内涵要从单元教学的历史演进中来审视。不同于"大概念"的外来属性，大单元教学的发展有其内生的多重因素。考察大单元教学的内涵，既要系统梳理中国传统教育视域下的单元教学的转型，又要考察西方教学理念对大单元教学形成的影响。从国内看，传统文化中的"触类旁通""举一反三"等教育思想蕴含着大单元教学的实践雏形。《周易·系辞上》记载："引而伸之，触类而长之，天下之能事毕矣也。"《周易·乾》有云："六爻发挥，旁通情也。"后世据此二者总结出成语"触类旁通"，借以说明掌握了关于某一事物的道理，而类推同类其他事物的道理。"举一反三"语出儒家典籍《论语·述而》："不愤不启，不悱不发，举一隅不以三隅反，则不复也。"这两个成语中蕴含着大单元教学的两个思想要旨，一是从"触类"和"举一"中可见归纳的思想，从同类事物中归纳概括出方法原理；二是从

"旁通""反三"中可见演绎乃至迁移的要求,将前一阶段归纳所得方法运用于同类事物,最终指向同类迁移甚至异类迁移。通过"旁通"和"反三",实现"天下之能事毕"的教育理想。在中国传统教育思想的指导下,国内教学组织由"单篇教学"走向"单元教学""单元整体教学"。"单元整体教学"可视作"大单元教学"的雏形。以语文教材的编写为例,1935年夏丏尊与叶绍钧主编的《国文百八课》,每课包括文话、文选、文法、修辞,为单元教材构型提供了科学范本。该套教材以系统的单元教材编排驱动教学进行整体性的改革。新中国成立后,语文学科主要以文体聚合选文,形成不同的文体单元。进入第八次课程改革以后,文体单元方式逐渐被人文主题和语文要素双线单元方式取代。[1] 但从教学实践来看,单元教学的思想仅停留于文本层面。无论是以语文知识聚合的单元还是以文体聚合的单元,大部分教学都落入逐字逐句解读的单篇教学的窠臼。语文教学依旧停留在"教教材"的层面。为打破这样的现状,李怀源团队于2005年开始探索单元整体教学,从课程单元、教材单元、教学单元实现知识的融会贯通。"课程单元"也称"经验单元";"教材单元"是依据学科知识的逻辑体系,把性质相同或有内在联系的部分组织在一起;"教学单元"把教师置于课程单元和教材单元实施的领域。三者结合以实现单元整体融合。[2] 语文单元整体教学为单元教学范式建构做出积极的探索。随着教学改革的持续推进,单元教学衍生出"主题教学""群文教学"等变式,这些教学范式以文本互涉为思想基础,进一步推进学科知识结构化,但并未改变基础教育单篇教学的现实生态,究其原因,单元教学的价值追求仍旧是学科知识的大量获取,三维目标中的"知识与技能""过程与方法"对教师来说是更容易取得教学成绩的抓手,单篇教学的大量讲解更容易达成这一目标。2017版普通高中各科课程标准提出各学科核心素养,标志着学习者中心整合取向的教学改革时代正式到来,"人"被作为核心因素

---

[1] 桑志军:《语文教学价值的嬗变:从单元教学到大单元教学》,《中学语文教学》2022年第11期。

[2] 本刊记者:《小学语文单元整体教学的概念、特征及应用——访北京教育学院副教授李怀源》,《小学语文教学》2020年第21期。

置于课程建构的视域中。这迫使课堂教学从教授专家结论向培养专家思维转变，提升学生解决真实性问题的素养。① 解决社会生活中的现实问题成为大单元教学的价值之一。兼具了"学科知识""学习者经验""社会生活"三个整合维度，大单元教学范式才真正建立。

最后，关于大单元教学还要放在教学发展史的语境中来考察。大单元教学影响之大，与西方整体主义教育思潮密不可分。首先，单元教学产生于19世纪末20世纪初的欧美新教育运动，德克乐利提出教学的"整体化"和"兴趣中心原则"，主张把课程分为"个人"和"环境"两大类进行单元教学。② 随后，克伯屈提出"设计教学法"，单元教学实际上是克伯屈设计教学法的具体实施，设计教学法主张以儿童生活为中心，按照儿童心理特点进行跨学科单元设计。③ 近年来，格兰特·威金斯，杰伊·麦克泰格倡导的"大概念教学"对大单元教学的兴起有直接作用。大概念的英文是"big idea"，大概念不是指一个包含了很多内容的、庞大的、语意模糊的词语，也不是一个基础概念，而是学科的核心。大概念相当于一个车辖，既是各种条理清晰的关系的核心，又是使事实更容易理解和有用的一个概念锚点。通过大概念建立学科知识图式，促进结构化教学，形成持久的理解。因此，大单元教学正是基于大概念教学的基础上形成的一种教学组织方式。大单元教学之"大"不是指数量之多，而是在质的层面促进知识的联结，形成结构化的理解。1982年，澳大利亚学者约翰·B.彼格斯和凯文·F.科利斯在皮亚杰的发展阶段论的基础上建立了一种描述智力发展的一般性框架，即SOLO（Structure of the Observed Learning Outcome，SOLO）分类理论，该理论从五个层次对学习效果进行了描述："前结构""单点结构""多点结构""关联结构"和"抽象扩展结构"。④ 五个层级之间主要描述的是

---

① 刘徽：《"大概念"视角下的单元整体教学构型——兼论素养导向的课堂变革》，《教育研究》2020年第6期。

② 沈绍辉：《语文单元教学的产生发展及其本质特征说略》，《榆林高专学报》1996年第4期。

③ 任明满：《大单元教学：历史脉络、研究现状及路径选择》，《课程·教材·教法》2022，年第4期。

④ 付亦宁：《深度学习的教学范式》，《全球教育展望》2017年第7期。

学习者学习质量，对应对知识理解、联结、归纳、抽象概括的程度。单篇教学或传统的单元教学，使大部分学习者停留在单点结构或多点结构的认知层次，而大概念正是促进联结的枢纽。因此，促进学生向关联结构和抽象拓展结构发展，是大单元教学的要旨。

综上所述，大单元教学是在汲取了中国传统"举一反三""触类旁通"教育思想的基础上，受西方大概念教学理念影响，以促进学生思维向关联结构和抽象扩展结构发展进而实现核心素养培育的结构化教学模式。

第二节 中国基础教育大单元教学特点

大单元教学不是对传统单元教学的颠覆，而是批判性地继承了传统单元教学的课程知识取向以及单元组织教学的理念，通过对传统教学的目标重构、内容重构，程序重构最终实现价值重构，因此具有学习者经验统整性、课程内容结构化、学习程序逆向性、学习成果生活化等特点。

一 目标重构——学习者经验统整性

教学目标是大单元教学的逻辑起点。新课程改革以来，教学目标经历了由"双基目标"到"三维目标"再到"核心素养"的演进。核心素养时代的大单元教学，呈现了从知识为本到素养本位的目标重构，实现学习者经验统整，体现在两个方面：一是知识的传授与人的发展的统整。三维目标在知识与技能的基础上加上"过程与方法""情感态度价值观"，使之具有人本主义理念[①]，是对双基教学目标的超越；核心素养着眼于学生发展，引导教学由关注育分向关注育人转变，学习者的发展受到前所未有的重视；二是核心素养对人的整体发展的统整。双基目

---

① 喻平：《发展学生学科核心素养的教学目标与策略》，《课程·教材·教法》2017年第1期。

标和三维目标的弊端在于它们要建立在分而习之的原子式学习的基础上，原子式学习隐藏着整体等于各部分之和的基本假设而难以照映出整个世界的真实情况。① 而核心素养是一个育人统一体。《义务教育语文课程标准（2022年版）》指出，核心素养是学生通过课程学习逐步形成的正确价值观、必备品格和关键能力。是学生在积极的语文实践活动中积累、建构并在真实的语言运用情境中表现出来的，是文化自信和语言运用、思维能力、审美创造的综合体现。② 核心素养是个综合性目标，这促使教师在教学实践中开展整合的教学设计，培养完整而非割裂的人。

二 内容重构——课程内容结构化

怀特海将"仅为大脑所接受却不加以利用，或不进行检验，或没有与其他新颖的思想有机地融为一体"的知识称为惰性知识。这样的惰性知识充斥各科教学乃至学校教育中，是造成学校教育与社会生活脱节的主要原因。况且随着人工智能的诞生和知识大爆炸时代的到来，知识本身执行着意识形态的新控制功能，扮演着对人的理性、批判、否定与创造性的压抑角色，进而造就了"单向度的人"。③ 新的危机迫使教育重新审视课程内容。为促使学生调动学校知识解决真实世界的现实问题，学校课程需要被激活。通过知识点的联结促使其结构化是激活的主要途径。因此以统编教材为载体的大单元教学在内容的编排上做了重大调整，通过三个方面的整合实现课程内容结构化：一是知识整合。高中语文学科以人文主题和学习任务群双线组元，将同一主题下的不同篇章或者异质篇章聚合，以篇章之间的互文见义追求教学的集约效应，实现相互关联的知识之间的整合。二是社会生活整合。人文主题即与社会生活密切相关的重要议题，例如"信息时代的语文生活""劳动光荣"等

---

① 王鉴、刘静芳：《综合学习：〈内涵、特点与实施〉》，《中国教育学刊》2023年第2期。
② 中华人民共和国教育部制定：《义务教育语文课程标准（2022年版）》，人民教育出版社2022年版，第3—4页。
③ ［美］赫伯特·马尔库塞：《单向度的人：发达工业社会意识形态研究》，刘继译，上海译文出版社2008年版，第5—11页。

意义单元，教师也可运用智慧对教材进行二次开发，形成不同的意义整体，充分体现了课程内容情境化。三是学习者中心整合。统编教材的人文主题基于学生生活生成，且每个单元都设有指向文本解读和意义生成的单元学习任务，替代了以往的碎片化问题。大单元教学以单元编排的教材体系建构举一反三的教学逻辑。每个单元就是一个完整的学习事件，一个微课程。①

三 程序重构——教学程序逆向性

建立在大概念基础上的大单元教学，不要求着眼于碎片化的知识教学，就要以问题解决的学习结果为导向，才能实现大单元之大。大单元教学程序的逆向性正是问题解决的结果导向。传统教学的一般程序是：设计教学目标—开展教学活动—进行教学评价。这样的教学往往由于学生不了解学程终点而处于被动学习的状态，效率低下。而大单元教学首先要明确学习的终点在哪里，可采用格兰特·威金斯和杰伊·麦克泰格的逆向教学程序，确定预期结果—确定合适的评估证据——设计学习体验和教学。评估证据是对预期结果的具体量化，知道学程终点和证明方式对学生具有重要的激励作用，这也是将评价融入教学过程的方式，这样的以终为始的教学程序更能促使学生专注于教学过程。

四 价值重构——学习成果生活化

珀金斯和所罗门按照任务的相似性区分了两种迁移：当新任务与原任务相似时，称为"低通路迁移"，当新任务与原任务不相似时，称为"高通路迁移"。大单元教学的价值是促成学生对学习内容的深度理解，以实现对生活的高通路迁移，也即学习成果生活化，这是大单元教学的价值追求。怀特海认为："教育只有一个主题，那就是多姿多彩的生活本身。"多姿多彩的生活是教育的出发点与旨归，不应该被大量的知识

---

① 崔允漷：《如何开展指向学科核心素养的大单元设计》，《北京教育（普教版）》2019年第2期。

符号所蒙蔽。大单元教学有更高的课程内容情境化的要求，以解决生活中复杂多变的问题，培养专家思维。这正是价值重构的过程。大单元教学打破课内与课外、学科与学科、学校与社会、线上与线下的壁垒，实现教学的时空转化，追求基于理解的高通路迁移。因此，大单元赋予了教学超越学校教育的生活价值。

第三节　中国基础教育大单元教学策略

目前大单元教学存在三个实践困境。一是整合之难，大概念的提取、大情境、大任务的创设缺乏具体翔实的操作路径作为指导，对教师开展大单元教学提出了挑战，实践中要警惕过碎过散的教学活动消解了大单元的统整性。二是课时矛盾，大单元教学设计是一个完整的学程设计，以语文学科的自然单元为例，一个单元应该进行不少于9课时的整体性设计，这需要教师在备课时就要处理好各部分的课时安排，大单元教学并不排斥课时教学，但大单元并不等于课时的简单叠加。三是评价之难，大单元教学需要基于大概念完成大任务，落不到实处容易有凌空蹈虚之感，因此要设计可观测的评价任务和有效的评价量表。基于以上困境，大单元教学的实施要遵循提取大概念—凝练教学目标—设计教学评价—开展教学活动的基本逻辑理路。

一　提取大概念

大概念是对教学有统摄作用的少而精的概念，提取大概念是开展大单元教学设计的第一步。大概念在不同层面上有不同的统摄意义，如单元大概念、学科大概念、跨学科大概念。大概念也有不同的形式：一个词、一个短语、一个句子或是一个问题、一个正式理论。提取大概念有两个主要的路径：一是从课程标准、教材、学科知识和专家文本中进行自上而下的提取。尤其要重视文本中反复出现的，对学科知识理解具有重要作用的概念。比如每个单元的人文主题，必备知识与关键能力，都可以作为大概念；二是结合学情和教师特点，经过集体讨论自下而上地生成大概念，这样的大概念往往具有地方课程特色。但在生成过程中要经过集体协商，以提高大概念的科学性。以统编高中语文教材必修下册活动类单元《信息时代的语文生活》为例，结合课程标准里的"跨媒介阅读与交流"任务群对"关注当代网络文化，坚持正确的价值导向，提高语言、文学的鉴赏能力"的要求，也基于学生对中国科幻电影《流浪地球2》的关注现状，将本单元教学大概念提炼为"信息时代的科幻电影鉴赏力"。该大概念指向"科幻电影鉴赏能力"的培养，结合课标对跨媒介阅读的要求，以电影、网络媒介、文学文本等为载体，在真实的语言环境中，进行语言运用与科技反思。当然，以上大概念是单元层面的大概念。如要进行单元之间的统整，还可以结合《乡土中国》整本书阅读与研讨单元，以跨媒介的形式，构建一个可以充分互动、体现阶段性阅读体验的教学时空，解决线下集中教学不能解决的长时阅读问题，提取单元之间的大概念。

二 基于大概念凝练教学目标

大概念确定了教学锚点，但是还要有具体的教学目标指引教学评价和教学活动的开展。大单元教学目标要能对标学科核心素养，还要能指导教学活动的具体开展。以《信息时代的科幻电影鉴赏力》为例，结合课程标准对"跨媒介阅读与交流"的学习目标与内容定位，可以凝练以下四个教学目标：第一，了解常见电影宣传媒介的语言表达特点，学习运用多种媒介展开有效的表达和交流——指向认识多媒介，对标"语言建构与运用"核心素养；第二，能辨识媒体立场，多角度分析问题，形成独立判断——指向辨别媒介信息，对标"思维发展与提升"核心素养；第三，比较不同国家的科幻电影所反映的民族文化心理，能鉴赏科幻电影中的中国式审美——指向善用多媒介，对标"审美鉴赏与创造""文化传承与理解"核心素养；第四，建设跨媒介学习共同体，通过共同体形成对科技与人类文明发展的辩证思考——指向善用多媒介，对标"语言建构与运用""思维发展与提升"核心素养。以上目标从"媒介使用""价值导向""语言表达"三个方面构建"信息时代的科幻电影鉴赏力"，指向教材中"认识多媒介""善用多媒介""辨识媒介信息"三个教学活动，且与学科核心素养对标。有必要强调的是，教学目标是一个统一体，分而述之的形式只是为了对教学目标进行全面的表征，在具体的教学过程中不可机械地分割为相互独立的教学活动，因此要有统整性的教学大情境与大任务。

三 设计教学评价方式

大单元教学实施的效果如何，最终要靠教学评价来测评。因此，结果导向的大单元教学要紧随教学目标之后考虑教学评价的设计，即将教学评价置于教学目标和教学活动之间，既能体现学习结果与教学目标的黏合度，又能让学生在开展学习活动之前知道"要到哪里去"，从而提高教学效率。大单元教学评价设计的原则是：1. 评价方式多元化：过程评价和结果评价、表现性评价和形成性评价相结合。2. 评价主体多样性：自我评价与他人评价结合，师生互评与生生互评结合。这样的评价方式能充分体现学生的主体地位，也能促使学生在教学活动中形成紧密相关的学习共同体。据此，对《信息时代的科幻电影鉴赏力》设计以下五个评价任务及对应的评价方式。1. 影评：给电影《流浪地球2》打分并撰写一句话影评。2. 甄选"我的观影指南"：浏览不同媒介不同平台对于《流浪地球2》的评价，找出感触最深（或认可或反对）的一个进行班级分享并阐明理由，甄选"我的观影指南"——采用学生互评方式，提供"我的观影指南推介会评价表"。3. 辩论：对上一环节的分享中有争议的话题开展辩论，如科幻电影中的国家形象塑造、数字生命的利与弊、中国式审美等——采用小组互评＋教师评价方式，提供《科幻电影辩论会评价表》。4. 修改影评：修改电影评分和一句话影评——介入社会评价，采用网络"点赞""评论"等评价手段。5. 争做最佳影评人选择一个媒介，以视频、文字、音频（文字量不少于800字）等形式将对电影的最终评价发布——介入社会评价，采用网络"点赞""评论"等评价手段。一周后进行成果分享，综合过程评价和网络结果评价评选出班级最佳影评人。五个评价任务都有极强的生活价值，指向具体问题的解决，是可观察与可测量的。其中"观影指南"的生成，既完成了课标与教材对"认识多媒介"的要求，又为学生甄选出了具有参考价值的观影媒介指南，引导学生未来的观影活动。

四 设计并组织教学活动

有了教学目标和教学评价，教学活动的设计水到渠成。但是在进行具体的教学活动设计之前要创设具有统整作用的大情境和大任务。在《信息时代的语文生活》这个案例中，为了体现育人的整体性和大概念的统摄性，以实现大单元之大，将大情境设计为：《流浪地球2》成为近期热映的电影，请从你的角度给该电影打分并撰写一句话影评。该情境涵盖的大任务为"给电影《流浪地球去2》打分"。这是一个非常聚焦的问题情境，落脚点很小，但涵盖的媒介素养和语文学科核心素养很多，是以电影为载体的语言表达、审美表达、价值观念的综合性评判。为高质量完成这个任务需要调动以下语文学习活动：1.（跨媒介）阅读与鉴赏：观看电影《流浪地球2》。2. 表达与交流：尝试从自己的观影体验给电影打分并撰写一句话影评。3. 梳理与探究：浏览并精选不同媒介不同媒体对《流浪地球2》的评价。4. 表达与交流：开展班级交流会，评选观影指南。5. 梳理与探究：对上一环节中的争议性话题开展探究，该环节需要教师提供许多跨媒介的支架性材料供学生思辨。6. 表达与交流：开展班级辩论会。7. 表达与交流：形成结论，修改自己的打分及评论。8. 表达与交流：形成深度影评，自选媒介，以文字、视频、音频形式进行发布。总之，基于大概念的大单元教学设计，需要让大概念经历解构到建构的过程。大概念不是直接灌输给学生的专家结论，而是教师在开展教学之前脑海里的知识图式，该图式在学生脑海里形成的过程便是大概念的习得过程。在《信息时代的科幻电影鉴赏力》这个案例中，学生所接收到的显性任务是完成对《流浪地球2》的评价，在解决这个问题的过程中建构起信息时代所应该具备的电影鉴赏力，这样的建构比记住一些知识的表征更有意义。

第二十章

中国基础教育课堂教学方法改革及体系建构

习近平总书记在中国共产党第二十次全国代表大会报告中指出："教育是国之大计、党之大计。培养什么人、怎样培养人、为谁培养人是教育的根本问题。育人的根本在于立德。全面贯彻党的教育方针，落实立德树人根本任务，培养德智体美劳全面发展的社会主义建设者和接班人。"[1] 中国基础教育课程改革 20 余年来，始终坚持以马克思主义人的全面发展学说为指导，结合中国传统教育的优秀思想和中国教育的实际，形成了关于教育根本问题的认识，确立了立德树人的根本任务，并落实到基础教育课程改革之中。2020 年教育部印发《普通高中课程方案》和语文等学科课程标准，2022 年教育部发布了《义务教育课程方案》和语文等 16 门学科课程标准，标志着中国基础教育课程改革进入新发展阶段。新方案与新课标确立之后，课程改革就进入实施阶段，重点是以课堂教学方法的进一步变革落实新课程方案。经过 20 余年的改革与发展，中国基础教育课堂教学方法逐渐形成了完整的体系，以讲授法为主的传统教学方法，开始向新型的自主、合作、探究的学习方式转变，最终形成"素养导向、综合学习、主题实践、因材施教"的中国

---

[1] 习近平：《高举中国特色社会主义伟大旗帜　为全面建设社会主义现代化国家而团结奋斗——在中国共产党第二十次全国代表大会上的报告（2022 年 10 月 16 日）》，人民出版社2022 年版，第 34 页。

特色实践育人方式。深入理解新课程改革以来中国基础教育课堂教学方法的变革及体系的建构，不仅有利于厘清课程与教学理论层面的一些模糊认识，而且有利于中小学教师更好地以多样化的教学方式组织与开展教学活动，进而提高人才的培养质量。

第一节 基础教育课堂教学方法改革的历程反思

中国基础教育课堂教学方法的改革与中国基础教育的整体改革相一致，主要经历了学习苏联阶段、新课程改革阶段、中国特色教学方法体系建构阶段。第一个阶段是自20世纪50年代到21世纪初的50年，中国基础教育课堂教学方法的形成与发展受苏联的影响，以讲授法为主要教学方法，虽然20世纪八九十年代，针对讲授法存在的问题，在教学方法方面进行了尝试性探索，但基本是对讲授法的补充和完善。第二个阶段自21世纪以来的近20年的基础教育新课程改革阶段，从教学方法上提出了以学生学习为主的新型学习方法，主要包括自主学习、合作学习、探究学习、研究性学习等，从根本上改变了讲授法为主的课堂教学方法存在的问题。第三个阶段是新课程方案与新课程标准确立以后，对教学方法的变革提出了新的要求，强调以学科实践性为主的教学方法，让学生学习的过程与素养发展的过程融为一体。据此，中国基础教育课堂教学方法改革经历了以讲授法为主的教学方法、自主合作探究的新型学习方式、学科实践为主的综合学习等三个阶段的改革发展，最终形成了中国特色多元、互补和完整的教学方法体系。

一 单一的讲授法成为教学方法改革的突破口

从20世纪50年代至新课程改革之前，中国基础教育的主要目标是"双基"，讲授法成为最有效的教学方法，与此同时，结合讲授法存在的一些问题，辅助以讨论法、问答法、训练法等，形成了中国基础教育最基本的教学方法。这些基本方法在传授学科知识和形成学生基本技能方面是有效的，符合学校教育以间接经验为主的教学特点，也符合人类认识的基本规律，因此，讲授法及其辅助方法成为一种流行且普遍使用的教学方法。

随着讲授法越来越走向单一和机械，中国基础教育课堂教学中讲授法的弊端日益暴露，使中小学课堂教学"唯知识"的应试教育倾向愈演愈烈，严重影响了基础教育的教学质量。教学活动不仅仅是获取知识的过程，教学活动还需要结合学生的兴趣与需要，以学生的直接经验为基础，促进学生道德的发展、健全人格的形成和整体素养的提高。为此，1999年中共中央、国务院出台了《关于深化教育改革全面推进素质教育的决定》，并启动了新世纪基础教育课程改革，单一的讲授法教学方式成为课堂教学方法改革的突破口。

二 倡导"自主、合作、探究"的新型学习方式

21世纪以来，中国基础教育课程目标从"双基"调整为"三维目标"，至此，课堂教学方法中增加了自主、合作、探究的新型学习方式，为教学方法改革注入了新鲜血液。《基础教育课程改革纲要（试行）》明确提出："改变课程实施过于强调接受学习、死记硬背、机械训练的现状，倡导学生主动参与、乐于探究、勤于动手，培养学生搜集和处理信息的能力、获取新知识的能力、分析和解决问题的能力，以及交流与合作的能力。"① 新型的学习方式变革拉开了基础教育课堂教学方法改革的序幕，新型学习方法在基础教育课堂教学中的普遍使用，有力地改变了传统教学方法的弊端，有力地推动了中小学育人方式的变革。

在"三维目标"下，注重教学过程与方法成为中小学课堂教学改革的热点。从教学过程来看，教学不仅仅是一种特殊的认识过程，更是一种学生情感、态度和价值观发展的过程。从教学方法来看，教学不仅仅是教师教的方法，还应有学生学的方法，而且教师教的方法要以学生学的方法为基础。从学生的学习方法来看，自主、合作、探究三种新型

---

① 中华人民共和国教育部：《关于印发〈基础教育课程改革纲要（试行）〉的通知》（教基〔2001〕17号），http://www.moe.gov.cn，2022年11月2日。

的学习方法形成一个有机的整体，自主学习突出学生学习的主体性，合作学习强调学生之间相互学习的价值，探究学习旨在结合学生的直接经验与间接经验。新课程改革提出的自主、合作、探究的新型学习方法与传统教学方法不是对立的关系，更不是要替代传统的讲授法，而是在课堂教学方式的变革方面打破单一讲授法，形成教和学并重的方法体系。新课程改革之初，倡导新型的方法，让广大教师产生了不少困惑，即新型教学方法与讲授法之间是一种什么样的关系？以致一些教师在课堂上不敢讲授了，教学活动中出现了形式主义的自主、合作、探究学习，甚至出现了虚假的自主、合作、探究学习。但随着教学理论研究的深化和广大教师实践经验的积累，这一问题逐渐得到有效解决。

三 突出实践育人方式变革

2022年教育部颁布了《义务教育课程方案（2022年版）》和语文等16门学科课程标准，在课堂教学方式的变革上，突出实践育人价值。"加强课程与生产劳动、社会实践的结合，充分发挥实践的独特育人功能。突出学科思想方法和探究方法的学习，加强知行合一、学思结合，倡导'做中学'、'用中学'、'创中学'。优化综合实践活动实施方式和路径，推进工程与技术实践。积极探索新技术背景下学习环境与方式的变革。"[①] 并在课程实施中提出"坚持素养导向、强化学科实践、推进综合学习、落实因材施教"的教学改革建议。强化学科实践成为教学方法改革中的亮点，旨在通过"做中学"引导学生参与学科探究活动，经历发现问题、解决问题、建构知识、运用知识的过程，体会学科思想方法。"加强知识学习与学生经验、现实生活、社会实践之间的联系，注重真实情境的创设，增强学生认识真实世界，解决真实问题的能力。"[②]

传统课堂教学方法中的讲授法不能有效结合学生的直接经验，为此

---

① 中华人民共和国教育部制定：《义务教育课程方案（2022年版）》，北京师范大学出版社2022年版，第5、14页。
② 中华人民共和国教育部制定：《义务教育课程方案（2022年版）》，北京师范大学出版社2022年版，第5、14页。

以自主学习、合作学习、探究学习为主的方法补充了这一不足。学生在课堂学习中需要通过实验探究的方法，将学科学习与生活经验有机统一起来，理科学习中的实验探究方法显得尤为重要。在人文学科与社会学科的学习中，不能用实验的方法联系直接经验，便可以用创设情境的活动体验方法来弥补这一不足，以此加强学生学习知识与现实生活和社会实践的联系。而这种实验探究和活动体验的方法，都是在学校环境中创设的较为便捷的联系实践的方法，它还未抵达人类生活实践与生产实践活动本身。若要联系真实的社会生活和生产实践，需要学生走出课堂，走出学校，让教育与生产劳动相结合，让教育与社会实践相结合，这便是新课程改革所进一步强调的实践育人方式的价值所在。

第二节　中国基础教育课堂教学方法的方法论基础

在教育史上，每一种教学方法的形成与发展背后均有一定的理论支持，即教学方法的方法论。系统考察这些方法论基础，对于进一步认识教学方法体系问题和深化教学方法改革均有重要的指导价值。

一　讲授法及其方法论基础

讲授法的理论基础在赫尔巴特时代就已经成熟了。赫尔巴特认为，讲授法以学生的专心与审思为基础。学生通过专心达到"清楚"与"联合"，通过审思达到"系统"与"方法"。"各种专心活动是应当交替进行的，它们应当相互转化，并过渡到审思；而审思又可变为新的专心。但就其本身而言，每一种活动自身都是静止的。"[①] 静止的专心是能够看清楚各个事物的，这样专心活动才会是明确的。从一个专心活动进展到另一个专心活动，这就把各种观念联合起来了。静止的审思又可以看到许多事物的关系，一种丰富的审思活动产生的最好的次序叫作系

---

① ［德］赫尔巴特：《普通教育学》，李其龙译，人民教育出版社2015年版，第44页。

统。审思活动的进一步就是方法，方法贯穿于系统之中，产生系统的新成分。这样就形成了基于"专心"与"审思"的赫尔巴特"清楚、联合、系统、方法"的四段教学法。① 赫尔巴特的教学法经由日本和苏联传入中国，自20世纪50年代至90年代，一直是中国基础教育课堂教学的基本方法。当然，以讲授为主的教学方法的弊端也是明显的，赫尔巴特也意识到了这一问题，他在论述教学方法时指出："使听者仅仅处于被动状态，并强迫他痛苦地否认自己活动的一切方式，本身就是使人厌恶与感到受压抑的。所以一种连贯的讲课必须能够使学生始终保持急切的期待心理来激发学生，……可以给学生最大限度的自由，这种方式乃是最好的方式。"② 因此，若要克服讲授法之弊端，一方面要激发学生的学习兴趣，另一方面要辅助以讨论法、问答法、训练法等学生能够参与教学的方法。不管怎样改革，以讲授法为主的课堂教学方法的弊端在教学实践中仍然客观地存在着，这也为后来教学方法的持续改革提出了挑战。

二 实验探究与情境体验教学法及其方法论基础

在讲授法之外重视学生学习的方法，在教育史上有着十分丰富的理论。中国古代的教育家都十分重视学生的学习，从孔子到汉儒，再到宋明理学家，都十分看重学生学习在教育中的作用。"孔子的教育不仅重视知识的'学文'，更强调德性的'学道'，'圣人可学'的观念对解释儒家教育思想特色具有重要的意义，特别强调自我学习的观念的重要性，突出'学'和自我的主动性在教育过程中的意义。"③ 汉代经学家主张从儒家经典的学习中形成人的德性与知识，宋代理学家更是将"尊德性"与"道问学"作为培养人的根本问题来讨论，奠定了中国古代教育家立德树人思想的文化根基。西方教育史上关于学生学习方法的探索历史也十分悠久。科学的学习方法始于夸美纽斯的《大教学论·

---

① ［德］赫尔巴特：《普通教育学》，李其龙译，人民教育出版社2015年版，第45页。
② ［德］赫尔巴特：《普通教育学》，李其龙译，人民教育出版社2015年版，第69页。
③ 陈来：《论儒家教育思想的基本理念》，《北京大学学报》（哲学社会科学版）2005年第5期。

教学法解析》。"我们敢于承诺一种伟大的教学法，即，将一切事物教给一切人的无所不包的艺术，它是真正能以确定性教授它们、务使必有成效的教学艺术，它是愉快地进行教授的艺术，即，教师和学生双方都没有烦恼或厌恶，而是双方都引为最大的乐事；它是彻底地而不是肤浅地、浮华地进行教学的艺术，这种教学能导致真实的知识、文雅的道德和最深厚的虔信。"① 为此，夸美纽斯提出适应自然的教育法则，自然怎么样，让儿童模仿自然学习，并以此来矫正学校教学法方面的各种偏差，他所有的教学原则都是按这一模式来论述的。卢梭的《爱弥儿——论教育》十分重视学生的学习方法，开创了儿童学习的全新时代。"这种教育，或来自自然，或来自人，或来自事物。我们的能力和器官的内生发展，是自然的教育；有人教会我们怎样使用这种发展，是人的教育；从影响我们的事物中获得经验，是事物的教育。……如果学生所受到的这三种不同的教育能够彼此协调一致且目标相同的话，他自己就能达到他的目标，这样，他的生活就会很有意义。这样的学生，就可以说是受到了良好的教育。"② 卢梭通过"想象中的学生"爱弥儿从出生到结婚生子的教育过程，根据不同年龄阶段的心理特点设计了独特的教学方法，从而达到根据人的天性培养自然人的目的。卢梭的理论使儿童在整个教育过程中的地位发生了前所未有的改变，让儿童自身潜力的发挥和健康成长成为可能，被喻为教育界哥白尼式的革命。③ 卢梭的教学法思想，通过裴斯泰洛齐的传播而影响到了整个初等教育，通过福禄培尔的发展而影响到了整个学前教育。裴斯泰洛齐实质上创造出初等教育种种行之有效的方法，他的教学法以培养学生的学习兴趣为主，通过绘画、唱歌、写作、体操、采集标本、模型制作、地图绘制、郊游活动等，形成了基础教育流行的教具模型教学法。福禄培尔为年龄太小不能上初等学校的儿童创建了一种新型学校，即幼儿园，实行以游戏活动

---

① [捷]夸美纽斯：《大教学论·教学法解析》，任钟印译，人民教育出版社 2006 年版，第 7 页。
② [法]卢梭：《爱弥儿——论教育》（上册），李兴业、熊剑秋译，人民教育出版社 2017 年版，第 9 页。
③ [美]S. E. 弗罗斯特：《西方教育的历史和哲学基础》，吴元训、张俊洪、宋富钢等译，华夏出版社 1987 年版，第 345 页。

第二十章　中国基础教育课堂教学方法改革及体系建构

为主的教学方法。将卢梭、裴斯泰洛齐、福禄培尔的教学方法有机统一起来并贯通整个基础教育的人便是美国著名的教育家杜威。

杜威虽然肯定了讲授法存在的必要性，依靠教师、书本获取间接的经验是必要的，可以弥补个人直接经验的狭隘性，这是教育的一个必要组成部分。杜威同时指出，过分依靠讲授法获取知识是不足取的，他在《我们如何思维——再论反省思维与教学的关系》中深入剖析了"讲课"的错误观念并深刻指出："这种方法助长思维的被动性，是不言而喻的。在一切有关思维的讨论中，我们都着重强调，被动性是和思维对立的；被动性不仅表示缺少判断和理解，也表示好奇心的减弱，导致思想的混乱，使学习成为一桩苦差事而索然无味。"① 杜威提出以反省思维作为教学方法改革的目的，在《我的教育信条》中论述方法的性质时指出："我认为方法的问题最后可以归纳为儿童的能力和兴趣发展的顺序问题。提供教材和处理教材的法则就是包含在儿童自己本性之中的法则。"② 正是基于儿童学习的能力与兴趣问题，杜威在《儿童与课程》《教育中的兴趣与努力》《明日之学校》《我们如何思维》等著作中大量论述了儿童"做中学"的方法。"我认为使儿童认识到他的社会遗产的唯一方法是使他去实践，使他从事那些使文明成为文明的主要的典型的活动。"③ 为此，杜威专门批判了把学科分成若干科目，把每个科目再分成若干课时，每个课时再分为若干特殊的事实和公式，让儿童一步一步去掌握每一个割裂开来的学科中心的"训练"教学方法。杜威同时批判了把课程教材作为中心的观点和以儿童为中心的观点，并指出这两种类型的理论提出的课程与儿童根本对立的观点，导致了"死气沉沉和墨守成规，乱作一团和无政府主义，是两个学派反复的指控"④。

---

① 吕达、刘立德、邹海燕主编：《杜威教育文集》第5卷，人民教育出版社2008年版，第250页。

② 吕达、刘立德、邹海燕主编：《杜威教育文集》第1卷，人民教育出版社2008年版，第13页。

③ 吕达、刘立德、邹海燕主编：《杜威教育文集》第1卷，人民教育出版社2008年版，第11页。

④ 吕达、刘立德、邹海燕主编：《杜威教育文集》第1卷，人民教育出版社2008年版，第113页。

杜威站在儿童发展的起点与社会培养目标的终点上，分析和论证学校的课程设计与教学方法，提出以儿童的世界和儿童的生活为出发点，以社会的需要为教学的目标，整体设计儿童的课程与教学，教学方法上肯定"讲课"的价值的同时，强调游戏、工作、活动、生活等"做中学"的方法，并常常以学校中烹调、缝纫、手工等为案例进行论证分析。杜威"做中学"的教学方法思想，经杜威来华讲学以及杜威的中国学生宣扬而对中国教育理论与教育实践影响最大。杜威"做中学"的方法，基本还是将学校理解为社会而开展的模拟教学，以游戏、工作、活动、作业、实验、经验、体验等为方式，将知识学习与学生经验结合起来，将讲授知识与学生主动学习结合起来，尚未将学校教学活动与真正的社会实践结合起来。

三 实践教学方法的方法论基础

马克思主义教育与生产劳动相结合的理论和马克思主义关于实践的理论，为中国基础教育实践教学法提供了理论依据，超越了历史上任何教学方法理论。马克思主义教育与生产劳动相结合的理论不仅是培养全面发展的人的根本途径，也是各学科教学中加强与生产实践和生活实践的主要依据。马克思主义的实践论认为："全部社会生活在本质上是实践的。"[①] 人类社会存在的前提无疑是有生命的个人的存在，个人生命的存在包括了人与自然物的关系、人与人的关系以及人自身的关系。人与自然物的关系主要表现在生产实践活动之中，人与人的关系及人自身的关系主要表现为生活实践。因此，教育与社会实践相结合，就是教育与自然相结合，与人类的生活世界相结合，与人类的生产实践相结合，在教学方法上倡导与自然对话、与自己对话、与他人对话的理念，回归自然、回归生活世界、回归生产劳动认识真实世界、解决真实问题。马克思主义实践观的另一个高明之处在于辩证理解理论与实践的关系。"通过拉近与实践之间的距离，以'回归实践、切中实践'的方式，对研究中日益脱离实践的纯粹理论旨趣和'停留于文本'的抽象逻辑演

[①] 中共中央马克思恩格斯列宁斯大林著作编译局编译：《马克思恩格斯选集》第一卷，人民出版社2012年版，第139页。

绎取向加以纠偏与拨正，进而确立理论服务实践的宗旨意识；通过'拉开'与实践之间的距离，以'立足实践、跳出实践'的方式，对理论研究沦为实践附庸的现象加以反思，以理论作为'解释世界'的依据和'改变世界'的导向，进而推动实践的创新与发展。"[1] 基础教育的课堂教学活动通过讲授法让学生系统地掌握间接经验而拉开与实践的距离，又通过实验探究与活动体验的方法让学生的间接经验能够结合直接经验，最后通过学科实践和综合实践让学生获得必然的直接经验并运用间接经验。马克思主义关于教育与生产劳动相结合的理论和马克思主义关于实践的理论，体现在中国共产党的教育方针之中："教育必须为社会主义现代化建设服务、为人民服务，必须与生产劳动和社会实践相结合，培养德、智、体、美、劳等方面全面发展的社会主义建设者和接班人。"实践育人是马克思主义理论与中国教育实际问题相结合的产物，是中国特色基础教育课堂教学方式变革的新趋势。

第三节 中国基础教育课堂教学方法体系

中国基础教育课堂教学改革中先后出现的三种教学方法之间到底是一种什么样的关系呢？有学者认为："学科实践并不是对探究学习的否定和取代，而是体现了人们对学科教育理解的进一步深化，探究本质上也是一种实践形式。"[2] 有学者认为："学科实践不是对探究的否定，而是为探究正名，其提出进一步丰富探究的内涵。学科实践是学科特有的实践，具有学科特性，是各个学科领域的实践。同时，其本质是做事，是用科学的方式做学科的事。"[3] 还有学者认为："实践型课程主要包括学科实践课程和综合实践活动课程两个方面。学科实践更多地关注学科

---

[1] 刘同舫：《马克思主义哲学面向实践的方式》，《哲学研究》2021年第12期。

[2] 崔允漷、张紫红、郭洪瑞：《溯源与解读：学科实践即学习方式变革的新方向》，《教育研究》2021年12期。

[3] 陆卓涛、安桂清：《学科实践的内涵、价值与实现路径》，《课程·教材·教法》2022年第9期。

知识生产过程、知识交流表达与迁移的话,那么综合实践则更多地关注现实问题的发现、分析与解决。"① 在学理层面,三种教学方法并不是冲突的,不存在一种方法比另外一种方法更高明的问题,也不存在谁取代谁的问题。从时间来看,三种教学方法的形成和发展是线性递进的,先有讲授法的形成及其弊端的存在,再有新型学习方式的补充与完善,最后走向了综合性实践教学的高级形态。从空间上来看,三种教学方法在基础教育的课堂教学中是广泛共存的,所有的课堂中都可以有不同的教学方法,讲授法有其合理性,新型学习方式能调动学生学习的积极性,进而解决讲授法存在的问题,综合性实践学习则能将所学所用,并形成对于学生核心素养发展极为重要的直接经验。从逻辑上来看,三种教学方法是相互补充的,讲授法是学生获取知识的基本方法,也是学生获得间接经验的主要方法;自主、合作、探究是介于学科与实践之间的一种模拟的方法,也是一种联系学生直接经验与学科间接经验的有效方法;学科实践则是学生获得并发展直接经验的主要方法,也是联系学生生活世界与社会实践来理解、运用间接知识的方法。鉴于此,当前亟须厘清不同教学方法之间的逻辑关系,建构中国基础教育课堂教学方法的基本体系(见图20-1)。

一 讲授法是学生获得间接经验的基本方法

讲授法是古老的方法,讲授法也是世界范围内使用最广泛的方法。讲授法的优势与不足并存,其优势在于能较系统、较经济地让学生获得并掌握知识,其不足在于学生的兴趣与参与课堂教学的主动性难以体现。因此,教育史上对于讲授法的完善是一个持续不断的过程。夸美纽斯认为:"教学法的含义是教学的艺术。"② 为了使用教授法的过程中,教师和学生都没有烦恼和厌恶,而是双方都引为最大的乐事,夸美纽斯根据自然的原则为教学提出了准确达到预期结果的诸原则、教和学的方

---

① 柳夕浪:《实践型课程:基础教育课程新形态》,《课程·教材·教法》2022年第6期。

② [捷]夸美纽斯:《大教学论·教学法解析》,任钟印译,人民教育出版社2006年版,第7页。

第二十章　中国基础教育课堂教学方法改革及体系建构　　　*367*

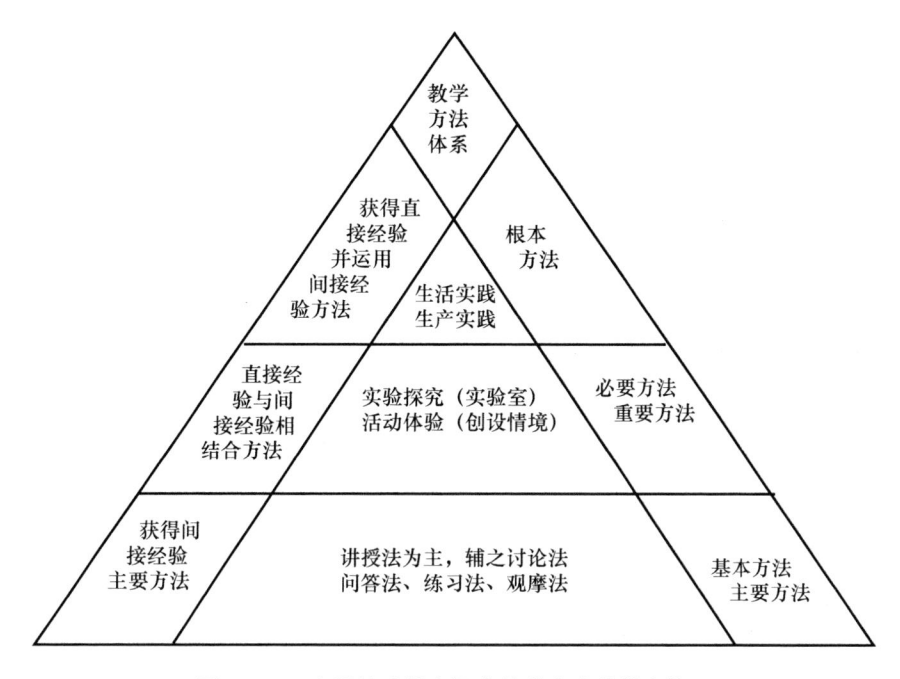

```
                    教学
                    方法
                    体系
              ┌──────┴──────┐
         获得直              根本
         接经验              方法
         并运用    生活实践
         间接经   生产实践
         验方法
      ┌──────┴──────────┴──────┐
    直接经验   实验探究（实验室）   必要方法
    与间      活动体验（创设情境）   重要方法
    接经验相
    结合方法
   ┌───┴────────┴──────────────┴───┐
  获得间    讲授法为主，辅之讨论法      基本方法
  接经验    问答法、练习法、观摩法      主要方法
  主要方法
```

图 20-1　中国基础教育课堂教学方法的基本体系

便性的诸原则、教和学的彻底性的诸原则、教和学的简明性和快速性诸原则。赫尔巴特认为："教学过程或者是综合的，或者是分析的。一般我们可以把任何教学称为综合的，在这种教学中教师本人直接可以决定把所教的内容综合起来；分析则不同于前者，在这方面，学生首先表达他们的思想，然后在老师的指导下分析、纠正与完善这些思想。"[①] 赫尔巴特进一步指出，"讲授应当起到这样的作用，仿佛学生在直接的现场看到和听到所讲述和描写的事物。……因此，必须辅以各种图表等教具。"[②] 杜威用讲课和思维的训练来论证了讲授法在教学中的价值及教师在教学中的作用。"用'讲课'（recitation）一词来指明在一节课的时间内，教师与学生、学生与学生之间最亲密的理智的接触这一具有决

---

① ［德］赫尔巴特：《教育学讲授纲要》，李其龙译，人民教育出版社 2015 年版，第 59 页。
② ［德］赫尔巴特：《教育学讲授纲要》，李其龙译，人民教育出版社 2015 年版，第 61 页。

定意义的事实。"① 讲课的主要弊端在于助长思维的被动性,而改进讲课就要通过三个方面共同努力,讲课应刺激理智的热情、讲课要指导学生形成良好的学习习惯、讲课应当检查学生已经获得的知识。② 为此,教师应是讲课的领导者,不能削弱教师在教学中的作用,教师要有丰富的知识,教师要有专业的知识。"我认为教师不是简单地从事于训练一个人,而是从事于适当的社会生活的形成。"③ 批判教育学家保罗·弗莱雷(paulo freire)认为在讲授(narrative)过程中,其内容,无论是价值观念还是有关现实的实践经验,往往都会变得死气沉沉、毫无生气可言。"教育就变成了一种存储(depositing)行为。学生是保管人(depositories),教师是储户(depositor)。教师单方面滔滔不绝地讲,进行灌输,而学生耐心地接受、记忆和复述,加以存储,这就是储蓄式教育观。"④ 提问式教育作为一种人本主义和解放的实践,试图解决这一问题,但它通过克服权威主义和使人疏离的理智主义,使教师与学生双方都成为教育过程的主体的做法并不可行,真正能解决讲授法弊端的方法应该是从一开始就采用对话的方式。教育正承受着讲授的弊病之苦,解决这一问题的根本方法在于将讲授的内容与对象的特点有机地结合,并通过对话教学的方式让学生参与课堂教学。因此可以通过关注不同年龄阶段儿童的特点和不同学科的教学法特点,结合讨论法、问答法、训练法等对话方式,让讲授法成为一种学生获取间接经验的有效方法。课堂教学中讲授是必要的,也是有效的,没有讲授就没有教学,不能否认讲授法,也不可能否认讲授法,只有不断地完善讲授法,才能真正体现课堂教学以学生获得间接经验为主的活动特点,在此基础上才能开展学生能力的获得与素养的发展。

---

① 吕达、刘立德、邹海燕主编:《杜威教育文集》第5卷,人民教育出版社2008年版,第249页。

② 吕达、刘立德、邹海燕主编:《杜威教育文集》第5卷,人民教育出版社2008年版,第250—255页。

③ 吕达、刘立德、邹海燕主编:《杜威教育文集》第1卷,人民教育出版社2008年版,第17页。

④ [巴西]保罗·弗莱雷:《被压迫者的教育学》,顾建新、张屹译,华东师范大学出版社2020年版,第23页。

二 实验探究与活动体验方法是联系学生直接经验与间接经验的有效方法

不同的学科体现不同的知识类型，不同的知识类型被结构化到不同的学科之中。学校课程既是对学科的体现，又是学生必备核心素养的反映。不同类型的知识形成与发展的路径不同，不同类型的知识在传承过程中的方法也就不同。亚里士多德把人类知识分为三类：理论知识（episteme）、实践知识（phronesis）和制作知识（techne）。[1] 在此基础上，亚里士多德提出了德智体美和谐教育的思想。夸美纽斯倡导"泛智教育"，提出"百科全书式"的教育内容。到了近代，知识社会学兴起，有关知识类型的观点便与学校课程密切联系起来。涂尔干将知识分为"神圣的宗教世界"和"世俗的日常世界"，所有理论性的知识都具有宗教世界的神圣性，而所谓世俗的知识指人们如何以实践的、即时的和特定的方式回应其日常世界。"在所有人类思想史中，没有其他任何事物的两种分类是如此泾渭分明，或者彻底地彼此相对。"[2] 维果斯基区分了科学概念和日常概念，并指出了两种概念之间的关联。"系统化的基础知识首先通过儿童与科学概念之间的接触进入儿童的脑海，然后转化为日常概念，从上到下改变他们的心理结构。"[3] 在分析涂尔干和维果斯基知识类型的基础上，迈克尔·扬提出了未来课程应当基于的原则："第一，课程将继续基于在学校获取的理论知识与人们在日常生活中获取的实践知识之间的清晰的分隔吗？第二，课程将继续采取19世纪就确立的学科形式，还是应该更多地强调实践性的、社会性的技能和知识。"[4] 迈克尔·扬因此放弃了他在《知识与控制》中坚守的课程意识形态性批判理论，而提出："将知识带回来"的课程转向，学校教学法亦开始将实践教学法与传统理论教学法并重。随着自然科学的勃兴，

---

[1] ［古希腊］亚里士多德：《尼各马可伦理学》，廖申白译注，商务印书馆2003年版，第170—171页。

[2] E. Durkheim, *The Elementary Forms of Religious Life* (*Trans. K. Fields*), New York: The Free Press, 1995, p. 53.

[3] L. S. Vygotsky, *Thought and Language*, Cambridge, MA: MIT Press, 1962, p. 93.

[4] ［英］迈克尔·扬：《把知识带回来——教育社会学从社会建构主义到社会实在论的转向》，朱旭东、文雯、许甜等译，教育科学出版社2019年版，第50页。

在人类所有的知识中，自然科学的知识和方法成为所有知识的典范，人文科学和社会科学也以实证的方法为科学化的标志。自然科学的方法是实验法，是一种能够证实或证伪的方法。而人文社会科学在解释学和现象学等方法的影响下，试图建构完全不同于自然科学的实践法，以人类学的田野研究方法为代表。根据不同知识类型的形成方法与研究方法，学校教育的教学方法也遵循同样的逻辑。在教学方法的发展历史上，一直存在着不同学科采用不同教学方法的主张，自然科学的学科知识需要结合实验法，让学生在实验过程中掌握知识并形成科学的方法，自主合作探究的方法就成了学生学习自然科学知识的有效途径。而人文社会科学知识的教学，既然不能用实验方法，那就通过创设情境的活动体验方法形成经验而达于知识的获得与方法的掌握。作为教学方法的实验法和体验法，不管是哪一种方法，它的价值绝不仅仅在于学科知识本身，还有学生学习过程与方法的培养，以及情感态度价值观的形成。那种把整个教学分割开来，用某些方法获取知识，用某些方法训练能力，再用某些方法形成品德的方法是不可取的，而应是多种方法的结合使用形成学生的整体发展。杜威在《教育中的思维》指出："持久地改进教学方法和学习方法的唯一途径，在于把注意力集中在严格要求思维、促进思维和检验思维的种种条件上。"[①] 思维就是明智的学习方法，思维的开始阶段就是经验，教学方法的核心在于创设一个实际的经验情境作为思维的开始。正是基于经验情境中学生思维的培养，杜威提出了五步教学法："第一，学生要有一个真实的经验情境——要有一个对活动本身感兴趣的连续的活动；第二，在这个情境内部产生一个真实的问题，作为思维刺激物；第三，他要占有知识资料，从事必要的观察，对付这些问题；第四，他必须负责有条不紊地展开他所想出的解决问题的办法；第五，他要有机会和需要通过应用检验他的观念，使这些观念意义明确，并且让他自己发现它们是否有效。"[②]

[①] 吕达、刘立德、邹海燕主编：《杜威教育文集》第 2 卷，人民教育出版社 2008 年版，第 150、161 页。

[②] 吕达、刘立德、邹海燕主编：《杜威教育文集》第 2 卷，人民教育出版社 2008 年版，第 150、161 页。

三 学科实践法是学生获得直接经验并理解和运用间接经验的主要方法

不管是实验探究法，还是情境体验法，都不是真正意义上的实践法。真正的实践活动是人的生命实践活动，包括生活实践和生产实践。真正的学校教学中的学科实践和综合实践，就是要让学生回归到生活实践和生产实践中学习，就是要将教育活动与生产劳动相结合、与社会实践相结合。《义务教育课程方案》明确指出："加强知识学习与学生经验、现实生活、社会实践之间的联系，注重真实情境的创设，增强学生认识真实世界，解决真实问题的能力。"学科实践的学习所创设的真实情境与学校实验室和教室里创设的情境是不同的，真实的情境本身在社会生活与生产活动之中，只是此时的真实情境既是实践本身，也是作为实践教学方法的活动，这样，才是现实的世界与真实的问题。仅仅通过学科的实践是不够的，还要通过跨学科的实践，以一定主题为统领，将不同的学科联合起来，以跨学科实践的方式组织学生的学习活动。为了更好地将教学与学生真实的生活世界和社会实践联系起来，学校还要组织综合实践活动。通过学科实践、跨学科主题实践、综合实践的多种实践活动，才能让学生获得丰富的直接经验，让学生在真实世界中解决真实问题，同时，让学生将课堂中掌握的间接经验在实践活动中得到检验和运用，形成学生知识与能力融为一体的综合的素养。

总之，在理解不同教学方法的价值与功能的基础上，有必要明确不同教学方法之间的关系。首先，课堂教学中能用讲授法获得的知识与经验，就没有必要进行实验探究与情境体验，更不需要深入实践。讲授法在基础知识获得和基本技能训练方面有独特效果，在课堂就能开展这样的教学，但必须结合学习的兴趣，必须结合辅助的方法，考虑学生的特点和学科的性质。其次，有些知识和方法以及经验的获得，需要结合实验探究与情境体验，学生才能有体会与认知，并在过程与方法方面特别有价值，在这种情况下教学就要结合实验探究与情境体验的方法，比如物理、化学、生物中规定的实验，比如语言、历史、艺术中创设的情境活动，这些都是为了生成学生的经验，在此基础上发展学生的思维。再次，当有些知识与价值的获得需要深入到社会现实和生产实践之中时，学生就应该走出课堂，走出学校，到现实的世界中解决真实的问题。这三种方法之间存在两种逻辑关系：第一种是次序关系，即课堂教学中首先的方法是学生获得间接知识的讲授法；其次是实验探究与活动体验法，使学生的间接经验与直接经验有效结合；最后是深入实践的真实问题解决方法。在教学过程中，次序并不决定方法的重要性程度，次序是根据课堂教学的认识与实践的关系而确定的。第二种是教学方法之间的比重关系，即课堂教学中不同方法所占的比重问题，可能不同的学科中不同的方法会有不同的比例，但总体来讲，基本概念与原理的掌握需要教师的讲授，在此基础上结合实验探究与活动体验，甚至实践活动，所以日常的教学活动中间接知识的获得还是占比最大，其次是实验探究与活动体验，最后是实践法。也许有人认为，是不是因为实验探究与活动体验以及实践活动需要更多的时间才将教学方法的重点放在讲授方面？其实不然，后面两种方法虽然要花费很多时间，但它们重要且必须，之所以在教学法体系中不占太大的比例，这也是由课堂教学是学生获得间接经验为主的活动的本质属性决定的。当然，如果课堂教学过程中，教师能够根据学科和学生的特点，艺术地处理不同教学方法的次序与比重问题，那才是最好的教学方法。

参考文献

一　主要著作

陈时见：《比较教学论》，江西教育出版社1996年版。

陈侠：《课程论》，人民教育出版社1989年版。

陈向明：《教师如何作质的研究》，教育科学出版社2001年版。

陈玉琨、沈玉顺、代蕊华等：《课程改革与课程评价》，教育科学出版社2001年版。

董远骞：《中国教学论史》，人民教育出版社1998年版。

顾明远主编：《教育大辞典（增订合编本）》（上），上海教育出版社1998年版。

郭思乐：《教育走向生本》，人民教育出版社2001年版。

胡德海：《教育学原理（第三版）》，人民教育出版社2013年版。

黄甫全、王本陆主编：《现代教学论学程》，教育科学出版社2001年版。

黄济、王策三主编：《现代教育论》，人民教育出版社1996年版。

瞿葆奎主编：《课程与教材》（上册），人民教育出版社1988年版。

李秉德主编：《教学论》，人民教育出版社2001年版。

李臣：《活动课程研究》，教育科学出版社1998年版。

李定仁、徐继存主编：《教学论研究二十年（1979—1999）》，人民教育出版社2001年版。

李定仁主编：《教学思想发展史略——历史、现状与发展趋势》，青海人民出版社1993年版。

刘放桐等编著：《现代西方哲学》，人民出版社1981年版。

刘良华：《校本行动研究》，四川教育出版社2002年版。

吕达、刘立德、邹海燕主编：《杜威教育文集》，人民教育出版社2008年版。

南京师范大学教育系编：《教育学》，人民教育出版社1984年版。

裴娣娜主编：《现代教学论》第一卷，人民教育出版社2005年版。

施良方、崔允漷主编：《教学理论：课堂教学的原理、策略与研究》，华东师范大学出版社1998年版。

施良方：《课程理论——课程的基础、原理与问题》，教育科学出版社1996年版。

石鸥：《教学别论》，湖南教育出版社1998年版。

石中英：《知识转型与教育改革》，教育科学出版社2001年版。

王斌华：《校本课程论》，上海教育出版社2000年版。

王策三：《教学论稿》，人民教育出版社1985年版。

王道俊、王汉澜主编：《教育学》（新编本），人民教育出版社1980年版。

王鉴：《实践教学论》，甘肃教育出版社2001年版。

吴康宁等：《课堂教学社会学》，南京师范大学出版社1999年版。

吴康宁：《教育社会学》，人民教育出版社1998年版。

吴立岗主编：《教学的原理、模式和活动》，广西教育出版社1998年版。

吴文侃主编：《比较教学论》，人民教育出版社1999年版。

吴也显等编：《教学论新编》，教育科学出版社1991年版。

徐继存：《教学理论反思与建设》，甘肃教育出版社2000年版。

杨启亮：《困惑与抉择——20世纪的新教学论》，山东教育出版社1995年版。

叶澜、王益民、王枬等：《教师角色与教师发展新探》，教育科学出版社2001年版。

叶澜：《"新基础教育"论——关于当代中国学校变革的探究与认识》，

教育科学出版社 2006 年版。

袁振国主编：《当代教育学》，教育科学出版社 1999 年版。

张楚廷：《教学论概要》，湖南教育出版社 1999 年版。

郑金洲、陶保平、孔企平：《学校教育研究方法》，教育科学出版社 2003 年版。

中华人民共和国教育部制定：《义务教育课程方案（2022 年版）》，北京师范大学出版社 2022 年版。

钟启泉、崔允漷、张华主编：《为了中华民族的复兴，为了每位学生的发展：〈基础教育课程改革纲要（试行）〉解读》，华东师范大学出版社 2001 年版。

钟启泉、黄志成主编：《美国教学论流派》，陕西人民教育出版社 1993 年版。

朱小曼：《教育的问题与挑战——思想的回应》，南京师范大学出版社 2000 年版。

[巴西] 保罗·弗莱雷：《被压迫者的教育学》，顾建新、张屹译，华东师范大学出版社 2020 年版。

[德] 赫尔巴特：《普通教育学》，李其龙译，人民教育出版社 2015 年版。

[法] 卢梭：《爱弥儿——论教育》（上册），李兴业、熊剑秋译，人民教育出版社 2017 年版。

[法] 皮埃尔·布迪厄：《实践感》，蒋梓骅译，译林出版社 2012 年版。

[古希腊] 亚里士多德：《尼各马可伦理学》，廖申白译注，商务印书馆 2003 年版。

[加拿大] 马克斯·范梅南：《教学机智——教育智慧的意蕴》，李树英译，教育科学出版社 2001 年版。

[捷] 夸美纽斯：《大教学论·教学法解析》，任钟印译，人民教育出版社 2006 年版。

[美] S. E. 弗罗斯特：《西方教育的历史和哲学基础》，吴元训等译，华夏出版社 1987 年版。

[美] 加里·D. 鲍里奇：《有效教学方法（第四版）》，易东平译，江苏

教育出版社2002年版。

［美］克利福德·格尔茨:《文化的解释》,韩莉译,译林出版社1999年版。

［美］梅雷迪斯·D.高尔、沃尔特·R.博格、乔伊斯·P.高尔:《教育研究方法导论（第六版）》,许庆豫等译,江苏教育出版社2002年版。

［美］Thomas L. Good & Jere E, Brophy:《透视课堂》,陶志琼译,中国轻工业出版社2002年版。

［美］约翰·富兰克林·博比特:《课程》,刘幸译,教育科学出版社2017年版。

［日］佐藤学:《课程与教师》,钟启泉译,教育科学出版社2003年版。

［日］佐藤正夫:《教学原理》,钟启泉译,教育科学出版社2001年版。

［苏联］达尼洛夫、叶希波夫编著:《教学论》,北京师范大学外语系1955级学生译,人民教育出版社1961年版。

［苏联］叶希波夫、冈查洛夫:《教育学》,于卓、王继麟、傅尚民等译,东北教育出版社1952年版。

［苏联］伊·阿·凯洛夫（总主编）,恩·克·冈查洛夫、勃·朴·叶希波夫、耳·符·赞科夫主编:《教育学》,陈侠、朱智贤、邵鹤亭等译,人民教育出版社1957年版。

［苏联］Π. B. 赞科夫:《教学论与生活》,俞翔辉、杜殿坤译,教育科学出版社2001年版。

［英］迈克尔·扬:《把知识带回来——教育社会学从社会建构主义到社会实在论的转向》,朱旭东、文雯、许甜等译,教育科学出版社2019年版。

二 主要论文

安富海、王鉴:《近年来中国课程与教学论研究的回顾与展望》,《教育研究》2016年第1期。

陈来:《论儒家教育思想的基本理念》,《北京大学学报》(哲学社会科学版) 2005 年第 5 期。

陈霜叶:《探索中国教材制度建设的比较优势与可能形态》,《全球教育展望》2019 年第 12 期。

陈旭远:《关于交往与教学交往的哲学认识》,《东北师大学报》1998 年第 5 期。

成尚荣:《实践育人的理论基础、核心要义与基本形态》,《中国教育学刊》2022 年第 10 期。

程良宏、黄晓茜:《统编教材的载体属性及其学校化实施》,《课程·教材·教法》2020 年第 11 期。

崔允漷、张紫红、郭洪瑞:《溯源与解读:学科实践即学习方式变革的新方向》,《教育研究》2021 年第 12 期。

丁邦平:《反思教学论研究——基于比较教学论的视角》,《课程·教材·教法》2012 年第 9 期。

丁钢:《20 世纪上半叶哥伦比亚大学师范学院的中国留学生——一份博士名单的见证》,《高等教育研究》2013 年第 5 期。

郭戈:《"廉方教学法"述评》,《河南大学学报》(社会科学版) 1992 年第 3 期。

郭元祥:《论学科育人的逻辑起点、内在条件与实践诉求》,《教育研究》2020 年第 4 期。

郭元祥:《实践缺失是中国基础教育的根本局限》,《教育研究与实验》2014 年第 3 期。

侯怀银、谢晓军:《20 世纪中国学者对课程理论学科建设的探索》,《课程·教材·教法》2008 年第 1 期。

靳玉乐、张铭凯、孟宪云:《信息技术时代的课程理论发展》,《华东师范大学学报》(教育科学版) 2019 年第 4 期。

靳玉乐:《中小学生学习效能的现状及提升策略》,《中国教育学刊》2015 年第 8 期。

李秉德:《对于教学论的回顾与前瞻》,《华东师范大学学报》(教育科学版) 1989 年第 3 期。

李秉德:《对于教学论的回顾与前瞻》,《华东师范大学学报》(教育科学版)1989年第3期。

李秉德:《教学理论与教学实践"两张皮"现象剖析》,《教育研究》1997年第7期。

李秉德、李定仁、徐继存等:《教学论学科建设问题的回顾与展望笔谈》,《西北师大学报》(社会科学版)2000年第1期。

李如密:《教学艺术的内涵及四个"一点"追求》,《上海教育科研》2011年第7期。

李政涛:《为这个时代的教育留下高质量的思想成果》,《中国教育学刊》2022年第1期。

李政涛、文娟:《教育学中国话语体系的世界贡献和与国际认同》,《北京大学教育评论》2018年第7期。

廖哲勋:《论中国课程理论学科群的建设》,《课程·教材·教法》2000年第2期。

廖哲勋:《美国课程理论的主要流派》,《课程·教材·教法》1984年第6期。

刘军:《"双主"式翻转课堂教学模式构建及其应用研究》,《电化教育研究》2015年第12期。

刘同舫:《马克思主义哲学面向实践的方式》,《哲学研究》2021年第12期。

刘艳丽:《翻转课堂:应如何实现有效翻转》,《中国高等教育》2015年第19期。

刘志军、刘美辰、肖磊:《数字化时代的教学理论与实践——第十四届全国教学论专业委员会学术年会综述》,《课程·教材·教法》2015年第10期。

柳夕浪:《实践型课程:基础教育课程新形态》,《课程·教材·教法》2022年第6期。

娄雨:《教育学"科学还是技艺"的历史重审——从夸美纽斯出发的思想史研究》,《教育研究》2020年第7期。

陆卓涛、安桂清:《学科实践的内涵、价值与实现路径》,《课程·教材·教法》2022 年第 9 期。

吕晓娟：《基于学生学习力的翻转课堂教学设计》，《电化教育研究》2015 年第 12 期。

罗生全、赵佳丽：《大数据引领教学变革的机遇、逻辑与行动》，《中国教育科学》2020 年第 4 期。

孙宽宁、徐继存：《中国课程理论教材建设 90 年：反思与展望》，《课程·教材·教法》2012 年第 12 期。

唐斌：《杜威的探究性教学论年版出场语境及其视域偏差》，《华东师范大学学报》（教育科学版）2014 年第 3 期。

田爱丽：《翻转课堂中实施探究式教学的应用研究》，《教育发展研究》2015 年第 20 期。

王本陆：《关于加强云课程研究的几点思考》，《课程·教材·教法》2013 年第 12 期。

王本陆、千京龙、卢亿雷等：《简论中小学人工智能课程的建构》，《教育研究与实验》2018 年第 4 期。

王慧君、王海丽：《多模态视域下翻转课堂教学模式研究》，《电化教育研究》2015 年第 12 期。

王鉴、安富海、李泽林：《"互联网+"背景下课程与教学论研究的进展与反思》，《教育研究》2017 年第 11 期。

王鉴、胡红杏：《中国特色现代教学论学科体系的形成与发展》，《教育研究》2020 年第 5 期。

王鉴、李泽林：《探寻课程与教学论研究的"知识地图"》，《教育研究》2019 年第 1 期。

王鉴：《论中国特色的教学论学派》，《华中师范大学学报》（人文社会科学版）2011 年第 1 期。

王鉴、田振华：《从演绎到归纳年版教学论的知识转型》，《教育理论与实践》2013 年第 4 期。

辛继湘：《教学论研究年版理论自觉与实践情怀》，《课程·教材·教法》2012 年第 9 期。

辛涛、姜宇：《学生核心素养模型的构建全球视域下》，《人民教育》

2015 年第 9 期。

徐继存：《教学论的本性与追求》，《教育研究》2010 年第 1 期。

徐学福：《科学教学中的"探究"释义》，《教育科学》2006 年第 2 期。

杨明全：《课程知识的谱系建构及其学术取向的演变：现代课程理论百年发展的钩沉与展望》，《全球教育展望》2020 年第 4 期。

叶澜：《大中小学合作研究中绕不过的真问题——理论与实践多重关系的体验与再认识》，《教育发展研究》2014 年第 20 期。

叶澜：《让课堂焕发出生命活力——论中小学教学改革的深化》，《教育研究》1997 年第 9 期。

叶澜：《让课堂焕发出生命活力——论中小学教学改革的深化》，《教育研究》1997 年第 9 期。

叶澜、吴亚萍：《改革课堂教学与课堂教学评价改革——"新基础教育"课堂教学改革的理论与实践探索之三》，《教育研究》2003 年第 8 期。

叶澜：《重建课堂教学价值观》，《教育研究》2002 年第 5 期。

殷世东：《综合实践活动育人方式的逻辑与课堂教学重构》，《教育科学研究》2021 年第 11 期。

于泽元、尹合栋：《人工智能所带来的课程新视野与新挑战》，《课程·教材·教法》2019 年第 2 期。

余文森：《从"双基"到三维目标再到核心素养——改革开放 40 年中国课程教学改革的三个阶段》，《课程·教材·教法》2019 年第 9 期。

张贵勇：《思考与碰撞：教材多样化时代的机遇与困扰》，《中国教育报》2009 年 8 月 7 日。

赵宁宁：《我是谁?——作为教学论学习者的困境与反思》，《北京大学教育评论》2007 年第 1 期。

周素娟：《跨学科主题学习的逻辑理论与教学实践》，《基础教育课程》2011 年第 11 期。

三 英文文献

Frieda E. Meier, *Compatency Based Instruction for Teachers of Students With Special Learning Need*, Allyn and Bacon, 1992.

Steinar Kvale, *Interviews an Introduction to Qualitative Research Interviewing*, London: New Delhi.

Noel Entwistle, *Handbook of Educational ideas and Practices*, Routledge, 1990.

Durkheim, E., *The Elementary Forms of Religious Life*, New York: The Free Press, 1995.

Mary Frances Rice, Melissa Newberry, Erin Whitin, Ramona Cutr, Stefinee Pinnegar, Learning from Experiences of Non – Personhood, A Self Study of Teacher Educator Identities. Studying Teacher Education, 2015.

A. Lin Goodwin, Clare Kosnik, "Quality Teacher Educators = Quality Teachers? Conceptualizing Essential Domains of Knowledge for Those Who Teach Teachers", *Teacher Development*, 2013.

Ilana Margolin, "Professional Development of Teacher Educators through a 'Transitional Space', A Surprising Outcome of a Teacher Education Program", *Teacher Education Quarterly*, 2011.

A. Lin Goodwin, "Globalization and the Preparation of Quality Teachers Rethinking Knowledge Domains for Teaching", *Teaching Education*, 2010.

Jean Murray, Trevor Male, "Becoming a Teacher Educator Evidence from the Field", *Teaching and Teacher Education*, 2004.

Ken Zeichner, "Becoming a Teacher Educator a Personal Perspective", *Teaching and Teacher Education*, 2004.

Francisco Rios, Carmen Montecinos, Marcela van Olphen, "Lessons Learned from a Collaborative Self – Study in International Teacher Education Visiones, Preguntas, y Desafíos", *Teacher Education Quarterly*, 2007.

Denise Wood, Tracey Borg, "The Rocky Road The Journey from Classroom Teacher to Teacher Dducator", *Studying Teacher Education*, 2010.

Judy Williams, Jason Ritter, Shawn M., "Understanding the Complexity of Becoming a Teacher Educator Experience, Belonging, and Practice within a Professional Learning Community", *Bullock: Studying Teacher Education*, 2012.

Hanne Tack, Ruben Vanderlinde, "Teacher Educators' Professional Development Towards a Typology of Teacher Educators' Researcherly Disposition", *British Journal of Educational Studies*, 2014.

Vygotsky, L. S., *Thought and Language*, Cambridge: MIT Press, 1962.

Schultz, T. W., *Economic Value of Education*, New York: Columbia University press, 1963.

Robin Barrow, *Educational Practice and Sociology*, Martin Robertson and Company Ltd., 1981.

Gronlund, N. E., *How to Make Achievement Test and Assessments*, Needham heights, Allyn and Bawn.

Dvid Hopkins, *A Teachers Guide To Classroom Research*, Open University Press, 1993.

Scientific and Cultural Organization, *Reimagining Our Futures Together—A New Social Contract for Education*, France: the United Nations Educational, 2021.